全国高职高专建筑类专业规划教材

建筑装饰设备工程

主　编　陶继水
副主编　李　涛　刘德泉
　　　　仇多荣　耿　瑞
主　审　汪华胜

黄河水利出版社
·郑州·

内 容 提 要

本书是全国高职高专建筑类专业规划教材，是根据教育部对高职高专教育的教学基本要求及中国水利教育协会职业技术教育分会高等职业教育教学研究会组织制定的建筑装饰设备工程课程标准编写完成的。全书由建筑给水系统、水景工程、建筑排水系统、建筑采暖系统、建筑通风及空调系统、建筑电气系统等10个教学项目组成。

本书主要作为高职高专土建类专业的教学用书，也可供其他相近专业作为教学参考书，同时可供职业岗位培训或建筑及装饰工程技术人员学习参考。

图书在版编目(CIP)数据

建筑装饰设备工程/陶继水主编. —郑州：黄河水利出版社，2017.4

全国高职高专建筑类专业规划教材

ISBN 978-7-5509-1765-1

Ⅰ.①建… Ⅱ.①陶… Ⅲ.①建筑装饰-房屋建筑设备-高等职业教育-教材 Ⅳ.①TU8

中国版本图书馆 CIP 数据核字(2017)第116415号

组稿编辑：王路平　电话：0371-66022212　E-mail：hhslwlp@163.com

出 版 社：黄河水利出版社　　网址：www.yrcp.com

地址：河南省郑州市顺河路黄委会综合楼14层　　邮政编码：450003

发行单位：黄河水利出版社

发行部电话：0371-66026940、66020550、66028024、66022620(传真)

E-mail：hhslcbs@126.com

承印单位：河南承创印务有限公司

开本：787 mm×1 092 mm　1/16

印张：16.5

字数：380千字　　印数：1—3 100

版次：2017年4月第1版　　印次：2017年4月第1次印刷

定价：36.00元

前 言

本书是贯彻落实《国家中长期教育改革和发展规划纲要(2010～2020年)》、《国务院关于加快发展现代职业教育的决定》(国发〔2014〕19号)、《现代职业教育体系建设规划(2014～2020年)》等文件精神,在中国水利教育协会指导下,由中国水利教育协会职业技术教育分会高等职业教育教学研究会组织编写的第二轮建筑类专业规划教材。本套教材力争实现项目化、模块化教学模式,突出现代职业教育理念,以学生能力培养为主线,体现出实用性、实践性、创新性的教材特色,是一套理论联系实际、教学面向生产的高职教育精品规划教材。

随着我国经济的发展和人民物质文化水平的日益提高,人们对建筑物的功能要求也越来越高,人们越来越充分地认识到建筑设备和建筑装饰技术在建筑科学技术中的重要地位。

各类建筑设备的合理选择和安装布置,始终是室内装饰装修设计和施工过程中备受关注的问题。例如,厨房和卫生间的装修一直是各类住宅和公共建筑物装修的重要内容,给排水管道和各种卫生器具,从选型到安装施工都与室内整体的装饰装修密切相关。商场等大型公共建筑中设置的自动喷水灭火系统、空调和通风系统以及各种照明装置,也直接影响到室内顶棚的装饰效果。实际施工过程中,常常会出现各种设备与顶棚装饰物之间发生冲突而"争抢地盘"的情况。如何在满足各种设备自身的使用和安装要求的前提下,处理好与装饰装修工程之间的相互协调关系,是每个从事装饰装修工程的技术人员所必须掌握的基本知识中的一个重要组成部分。

目前在我国建筑装饰行业,从理论研究到生产制造,从工程设计到安装施工,正在逐步形成一支专业化队伍,为人们物质生活水平的提高做出了很大的贡献。但同时也由于种种原因,在实际工程中暴露出的问题也越来越多,亟待解决。本书的主要目的在于使从事装饰工程的技术人员掌握常用建筑设备的基本原理并了解其与装饰工程的密切关系,以便在工程实践中更好地对各工种之间可能出现的问题进行协调和处理。

本书较详细地介绍了与装饰工程关系密切的各类建筑设备的系统工作原理、特性、安装布置要求及其与建筑物主体之间的关系。

本书编写人员及编写分工如下:安徽水利水电职业技术学院陶继水(学习项目0、3、5、8),安徽水利水电职业技术学院李涛(学习项目1、2、7),安徽水利水电职业技术学院仇多荣(学习项目4、6),杨凌职业技术学院耿瑞(学习项目9),广西水利电力职业技术学院刘德泉(学习项目10)。本书由陶继水担任主编,负责全书统稿;由李涛、刘德泉、仇多荣、耿瑞担任副主编;由安徽水利水电职业技术学院汪华胜担任主审。

本书在编写中引用了大量的规范、教材、专业文献和资料，恕未在书中一一注明。在此，对有关作者表示诚挚的谢意！对书中存在的缺点和疏漏，恳请广大读者批评指正。

编　者

2017 年 2 月

目 录

学习项目0 绪 论

建筑装饰设备工程是建筑装饰技术专业的一门必修课,其内容主要包括建筑给排水、暖通空调、建筑电气以及水景工程等方面的内容。

现代建筑物内为了满足生活、生产上的需要,为人们提供卫生、舒适、安全的生活和工作环境,要求在建筑物内设置完善的建筑给排水、热水及饮水供应、建筑采暖、建筑通风及空气调节、建筑电气等系统设备;为美化室内外环境,还设有水景工程、室外泛光照明等装饰设备工程。这些系统设备装设在建筑物内外,统称为建筑装饰设备。

任务0.1 "建筑装饰设备工程"课程的重要性

人们生活水平的不断提高,必然要求居住的环境越来越舒适,在这种情况下,社会的发展直接推动了建筑及装饰工程的发展。远古时代,人们巢居穴处,后来石器的出现,人们开始利用工具建造简单的住房,到明清时期,中国的木结构建筑技术和规模都达到了顶峰。随着国家对基础建设投入的不断加大,一座座高楼像雨后春笋一般出现在中华大地。随着人们生活水平的不断提高,人们对自己所处的建筑空间已经不仅仅单纯从数量上提出更高的要求,而且从质量上也提出了更高的要求,要求环境的美观,有一定的舒适度,这就需要对建筑物添加必要的设备。

建筑装饰设备是为建筑物的使用者提供舒适、安全、健康、高效工作和生活环境的各种设施及系统的总称,包括给排水、热水供应、供暖、通风空调、供电、照明、通信、音响、电视、建筑自动化等设施和系统。

任何建筑,如果只有遮风避雨的建筑物外壳,缺少相应的建筑设备,其使用价值将是很低的。对使用者来说,建筑物的规格、档次的高低,除建筑面积大小的因素外,建筑设备功能的完善程度将是决定性的因素之一。建筑物级别越高,功能越完善,建筑设备的种类就越多,系统就越复杂。从经济上看,一座现代化建筑物的初投资中,土建、设备与装修大约各占1/3。现代化程度愈高,建筑设备所占的投资比例愈大。从建筑物的使用成本看,建筑设备的设计及其性能的优劣、耗能的多少,是直接影响经济效益的重要因素。

建筑设备是现代化建筑不可缺少的有机组成部分,它在整个建筑工程中占有非常重要的地位。

对于建筑装饰专业的工程技术人员来说,掌握一定的建筑设备知识也是必不可少的。以一个商场的顶棚为例,在上面装设的设备往往有灯具、空调的送风口、火灾报警系统的探测器、喷淋系统的喷头。显然这些设备的装设,首先不能破坏顶棚的整体装饰效果,但也必须符合这些设备本身的技术要求。如果一个工程技术人员仅懂得建筑装饰,显然是无法进行上述建筑设备的综合设计和施工的。

随着现代科学技术的发展,建筑设计涉及的领域、门类越来越多,综合性越来越强。

这就要求每一个建筑装饰工程技术人员要尽量拓宽知识面，掌握更多的新技术。

任务0.2 “建筑装饰设备工程”课程的主要内容

各种建筑设备系统在建筑物中起着不同的作用，完成不同的功能。

水与人们的生活息息相关，须臾不能减少。给水系统正是通过管网把清洁的生活饮用水输送到各个用户，又通过排水管网顺畅地把使用过的污废水排入城市污水管网。热水的集中制备和供应，使居住者的生活质量得以显著提高。

建筑给水系统的任务是选定经济、适用的最佳供水系统，将城市管网的水从室外管道输送到各种卫生器具、用水龙头、生产设备和消防装置等处，并满足各用水点对水质、水量、水压的要求。建筑热水供应，是热水的加热、储存和输配的总称。建筑热水供应系统主要供给生产、生活用户洗涤及漱洗用热水，应能保证用户随时可以得到符合设计要求的水量、水温和水质。

消防给水系统，可以有效地减少火灾危害，除建筑结构在规划、设计及建筑材料等方面考虑防火问题外，消防给水系统是重要的防火措施，只要确保供水可靠，一旦发现火情，可及时扑灭火灾。

建筑排水系统的任务是将建筑内生活、生产中使用过的水收集并排放到室外的污水管道系统。

暖通空调系统在严寒的冬季，营造室内温暖如春的环境，免除人们受严寒的困扰；在炎热的夏季，为人们创造一个清洁冷静、舒适宜人的室内空气环境，而不必去面对那令人难以承受的酷热。通风空调系统还能为许多工业生产、科学研究部门提供必需的环境条件，成为生产过程不可缺少的组成部分。

供暖是利用一定的方式和手段，在冬季使室内获得热量并保持一定的温度，以达到适宜的生活条件或工艺条件的技术。

建筑通风系统就是把室内被污染的空气排到室外，同时把室外新鲜的空气输送到室内的换气技术。

空调技术是指对室内空气的各种处理和控制过程，使房间或封闭空间的空气温度、湿度、洁净度和气流速度等参数达到给定要求的技术。空调系统就是通过采用空调技术来实现达到一定温、湿度等参数要求的室内空间及所使用的各种设备的总称。

照明系统除给人们带来光明外，还能创造出五彩缤纷、千姿百态的视觉效果，给人以美的享受；消防系统能保障人们的生命、财产安全；通信系统则通过信息网络，把人们更为紧密地联系在一起，使得时空进一步缩小，工作更有效率；建筑设备自动化系统将整个建筑物内建筑设备系统有机地联系在一起，智能地完成各种指令，自动调节各种设备，使其始终运行于最佳状态，提供一个安全、舒适、高效而节能的工作环境。

选用相应的电器设备（导线、开关等）将电源与用电设备联系在一起组成建筑供配电系统，为城市供电。电气照明系统在建筑物的各个空间，创造各种标准光环境，保证生活、工作和生产活动的正常进行，在特定的环境和场所，用于创造和渲染某种与人们当时所从事活动相适应的气氛，以满足人们心理和生理上的要求。

建筑智能化系统是在传统建筑的构架上，依靠楼宇智能化技术，给建筑加上一个“聪明”的大脑和“灵敏”的神经网络系统，从而可以迅速、经济、高效地实现业主或用户对建筑的使用要求，为用户提供方便和舒适的使用环境。

节能技术和环保技术的不断开发与应用，促进新型设备的不断出现，建筑设备正朝着高效、节能、环保和小型化方向发展。变速电动机和变频控制技术的发展产生了变频水泵和变频风机；强化传热技术研究使空调产品的能效比更高，设备体积进一步减小，重量进一步降低。利用真空排除污水的特制便器，节约了大量冲洗用水；在高层建筑中广泛采用的水锤消除器，有效地减少了管道的噪声；小型的加热器、加湿器、空气净化设备使人们更容易自行调节室内环境。

任务0.3 学习方法

1 结合本专业的特点，抓主要的设备系统

对于建筑装饰技术专业，在了解各种设备系统组成的基础上，可侧重于设备的敷设方式、工艺要求等。例如在给排水系统中，可多了解卫生间的布置；在电气照明中了解灯具布置、选择等；在空调系统中了解送风口、回风口的形式和布置等；在水景工程中了解水景工程的作用、掌握水景造型，熟悉水景工程中的给排水系统及其控制方式等。

结合本专业的特点进行学习，不仅能提高学习兴趣，而且能培养学生综合运用和协调各学科技术的能力。

2 结合本地区的特点

我国幅员辽阔，气候、生活习惯和经济发展程度差异较大，所以要结合本地区的特点进行教学。例如在南方地区，对采暖部分的内容就可以略讲或不讲。对于弱电系统部分的内容，也可根据本地区的实际情况进行选讲、选学。

3 注意观察，增强感性认识

建筑设备工程大多能看得见、摸得着，平时结合课程进度，在现场或到建筑设备商场观察、参观，能给学生一个完整和直观的感性认识，在条件允许的情况下，应多到现场参观和教学。

学习项目1 管材、配件及卫生器具

【教学要求】

通过本项目的学习，使学生掌握管材、配件及卫生器具的类型、特点、连接方式等，强调卫生器具合理布置的重要性。

任务1.1 管 材

室内给排水系统是由各种管材、配件、卫生器具以及必要的增压设备等按照一定的要求有机地组合而成的。无论在工程设计或施工中，都必须对各种常用管材、配件及卫生器具等设备的性能指标和安装要求有充分的了解。各种新型管材的迅速发展，对现代建筑设备工程的设计和施工产生了很大的影响，尤其是在室内给排水工程中，各种新型材料正以迅猛的势头得到推广和普及，代表了该领域内新材料发展的方向。

1 钢管

钢管强度高、承压大、抗震性能好、自重比铸铁管轻、接头少、加工安装方便，但成本高、抗腐性能差，易造成水质污染。

钢管按其构造特征分为有缝(焊接)钢管和无缝钢管两类。有缝钢管承压能力相对较低，故又称低压流体输送管；无缝钢管用碳素结构钢或合金结构钢制造，强度高，内表面光滑，水力条件好，承压能力强，一般在0.6 MPa以上的管道中采用无缝钢管。钢管按其表面防腐处理情况可分为镀锌钢管(白铁管)和非镀锌钢管(黑铁管)。根据镀锌工艺不同分为冷镀锌钢管和热镀锌钢管(见图1-1)。冷镀锌钢管由于保护层不够致密均匀、稳定性差，容易锈蚀，几乎已不用在给水系统中，镀锌钢管中含铅，在使用过程中，镀锌层中的铅分子就会游离在水中，对人体有较大的危害。热镀锌钢管因为保护层致密均匀、附着力强、稳定性比较好、机械强度高，可以承受高的内外压力，管身的可焊性方便制造各种管件，特别能适应地形复杂及要求较高的管线使用，镀锌钢管具有规格齐全，价格低廉，防火性能好，使用寿命长等优点，虽不准用作生活饮用水管道，但在消防给水系统中应用还是很广泛。

图1-1 热镀锌钢管

焊接钢管规格用公称直径 *DN* 表示，有 *DN*10、*DN*15、*DN*20、*DN*25、*DN*32、*DN*40、*DN*50、*DN*65、*DN*80、*DN*100、*DN*125、*DN*150 等。钢管的连接配件有管箍、异径管箍(大小头)、弯头(90°、45°)、异径弯头(大小弯)、三通、异径三通、四通、异径四通、活接头、补芯、丝堵等。

钢管连接方式有螺纹连接、焊接、法兰连接、环压连接、卡箍式连接。钢管螺纹连接方式及连接配件如图 1-2 所示。

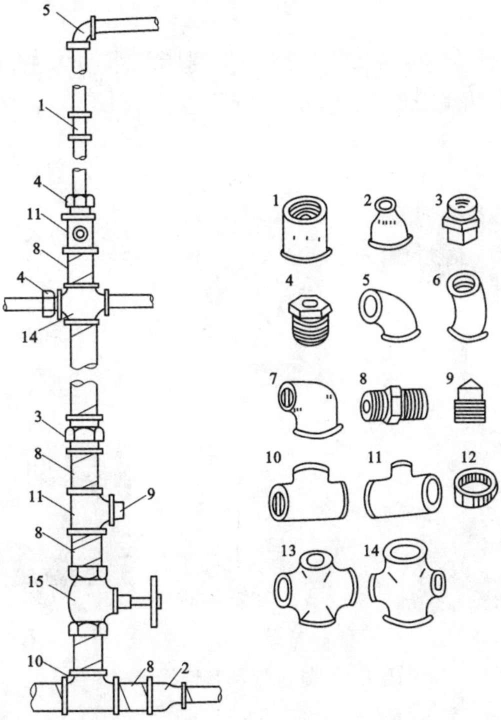

1—管箍;2—异径管箍;3—活接头;4—补芯;5—90°弯头;6—45°弯头;7—异径弯头;8—内管箍;
9—管塞;10—等径三通;11—异径三通;12—螺母;13—等径四通;14—异径四通;15—阀门

图 1-2 钢管螺纹连接方式及连接配件

2 铸铁管

给水铸铁管常用灰口铸铁或球墨铸铁经离心浇注而成,质地较为匀密,管内外壁较光滑一致,出厂前管内外已涂沥青漆防腐。给水铸铁管按压力分为低压管(≤0.45 MPa)、普压管(≤0.75 MPa)和高压管(≤1.0 MPa)3 种,建筑内部给水管道一般用普压管;按接口形式分为承插式和法兰式两种。给水铸铁管与钢管相比,具有耐腐蚀性强、价格低、使用寿命长等优点,多用作管径大于 75 mm 的给水埋地管;其缺点是性脆、质量重、长度小。

给水铸铁管连接方式有承插式、法兰式和柔性接口三种,如图 1-3 所示。

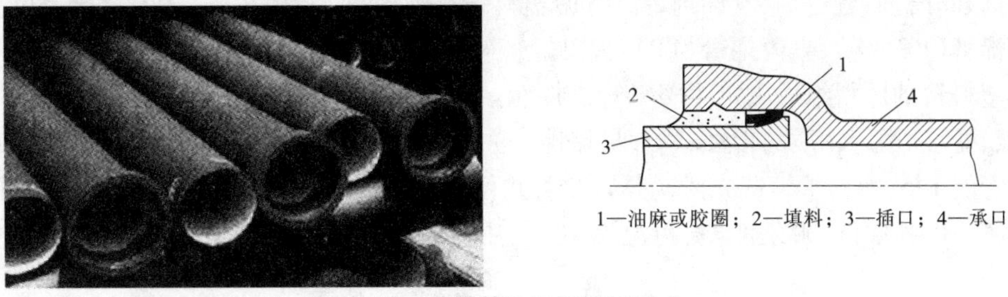

1—油麻或胶圈; 2—填料; 3—插口; 4—承口

图 1-3 铸铁管及承插接口形式

3 复合管

复合管一般以金属作支撑材料，内衬以环氧树脂和水泥为主，也有以高强软金属作支撑，而非金属管在内外两侧，如铝塑复合管，也有金属管在内侧非金属在外侧的。如图 1-4 所示。

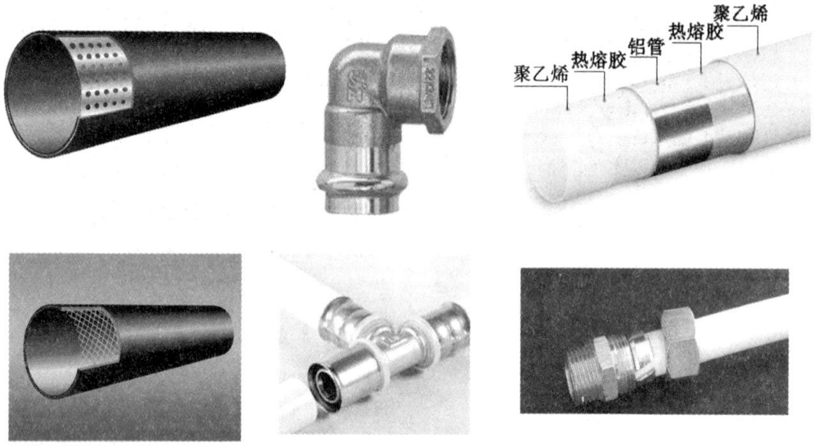

图 1-4　复合管及其连接形式

复合管的优点主要为：

(1)与塑料管比，复合管机械强度高，线膨胀系数小，承压性能稳定，抗水冲击能力强。

(2)与金属管比，复合管卫生性能好，内外防腐；水力条件好，摩擦阻力小；重量轻，安装效率高。

复合管的连接宜采用冷加工方式，热加工方式容易造成内衬塑料的伸缩、变形至熔化。一般有螺纹、卡套、卡箍等连接方式。根据管道金属的材料可分为下列几种：钢塑复合管，不锈钢－塑复合管、铝塑复合管、衬塑铝合金管、塑覆不锈钢管、塑覆铜管等。

4 塑料管

塑料管是合成树脂加添加剂经熔融成型加工而成的制品。添加剂有增塑剂、稳定剂、填充剂、润滑剂、着色剂、改性剂等。常用塑料管有硬聚氯乙烯管(U－PVC)、高密度交联聚乙烯管(PE－X)、聚丙烯管(PP)、聚丁烯管(PB)等，如图 1-5 所示。

塑料管的原料组成决定了塑料管的特性。塑料管有优良的化学稳定性，耐腐蚀，不受酸、碱、盐、油类等物质的侵蚀；物理机械性能亦好，不燃烧、无不良气味、质轻而坚，比重仅为钢管的 1/5；塑料管管壁光滑，容易切割，并可制成各种颜色，尤其是代替金属管材可节省金属。但强度低、耐久性差、耐温性差(使用温度为 －5 ~ 45 ℃)，因而使用受到一定限制。

(1)U－PVC 管。U－PVC 管抗腐蚀力强、技术成熟、易于黏合、价格低廉、质地坚硬，但在高温下有单体和添加剂渗出，只适用于输送温度不超过 45 ℃ 的给排水系统中。

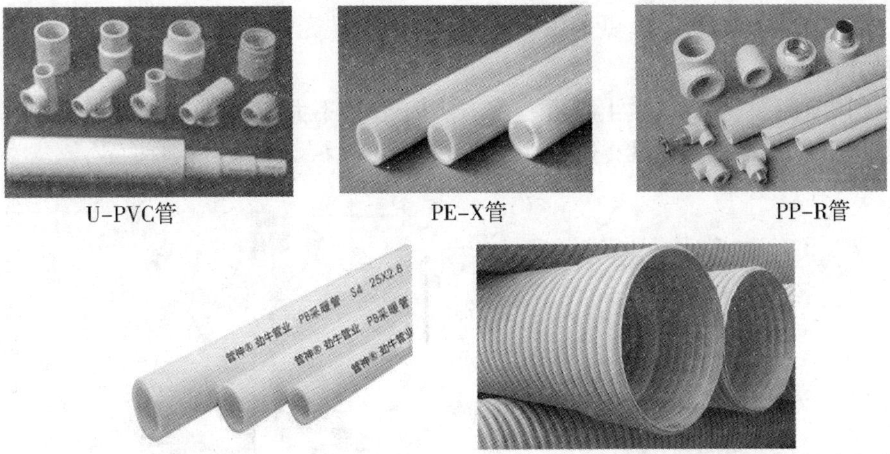

U-PVC管　PE-X管　PP-R管

PB管　U-PVC双壁波纹管

图1-5　塑料管

U－PVC管连接方法有黏结、螺纹连接等。

（2）PP－R 管。聚丙烯管（PP 管）、改性的聚丙烯管（PP－R 管、PP－C 管），耐热性能较好，低温时脆性大，宜用于热水系统。PP－R 管连接方法是热熔连接。

（3）PE 管。聚乙烯管（PE 管）耐腐蚀且韧性好，连接方法为熔接、机械式胶圈压紧接头。PE 管又分为 HDPE 管（高密度聚乙烯管）、LDPE 管（低密度聚乙烯管）和 PE－X 管（交联聚乙烯管），其中 HDPE 管有较好的抗疲劳强度和耐温度性能，可挠性和抗冲击性能也较好；PE－X 管通过特殊工艺使材料分子结构由链状转成网状，提高了管材的强度和耐热性，可用于热水供应系统，但需用金属件连接。

5　其他管材

（1）建筑给水铜管。铜管强度高，韧性好，不易裂缝，具有良好的抗冲击性能，延展性高；重量比钢管轻，且表面光滑，流动阻力小；耐热、耐腐蚀、耐火，经久耐用。但价格高。采用焊接、卡压连接、螺纹连接。

（2）建筑给水薄壁不锈钢管。公称压力 $P_N = 1.6$ MPa。与其他材料的管材、管件、附件相连接时，应采取防止电化学腐蚀的措施。

（3）其他。工程中常用的管材还有混凝土管、钢筋混凝土管、陶土管等。

任务1.2　附件、配件与设备

为了检修、更换设备及配水设施，调节水量、水压，控制水流方向、液位等，在给水管道上应设置相应的阀门和附件。

1　常用阀门

给水管道上使用的各类阀门的材质，应耐腐蚀和耐压。根据管径大小和所承受压力阀门的承压等级及使用温度，可采用全铜、全不锈钢、铁壳铜芯和全塑阀门等。

1.1 截止阀

用于调节流量、水压。截止阀阻力大，适用于管径不大于 50 mm 的管道上；水流需双向流动的管段上，不得使用截止阀。如图 1-6 所示。

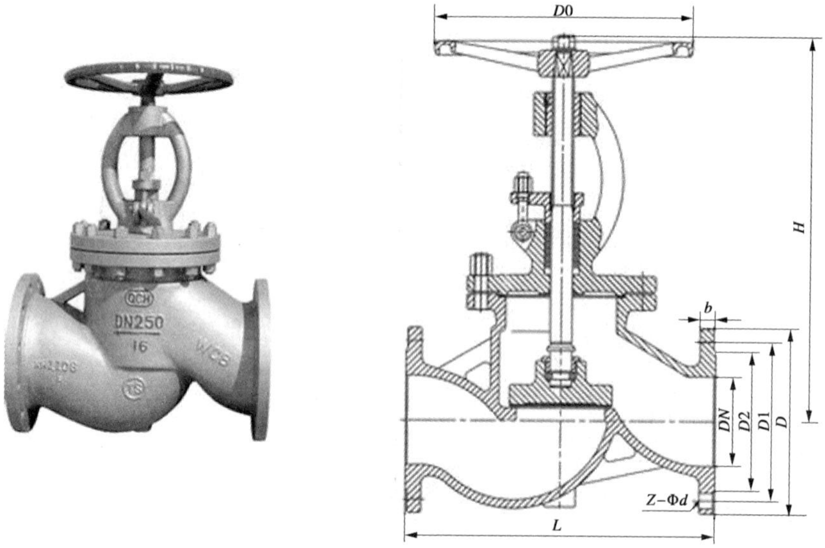

图 1-6　截止阀

1.2 闸阀、球阀、半球阀

用于要求水流阻力小的部位。闸阀阻力小，宜用于管径大于 50 mm 的管道，但水中若有杂质落入阀座易产生磨损和漏水。如图 1-7 所示。

图 1-7　闸阀、球阀、半球阀

1.3 蝶阀

用于安装空间小的场所。蝶阀结构紧凑，体积小，宜在管径大于 50 mm 的管道上使用。如图 1-8 所示。

1.4 其他阀门及附件

1.4.1 多功能阀

多功能阀宜用在口径较大的水泵出水管上。如图 1-9 所示。

1.4.2　止回阀

止回阀用于阻止管道中水的反向流动。关闭后密闭性有要求时宜选用有关闭弹簧的止回阀。安装在给水管道或设有高位水箱给水系统中的止回阀，在管网最小压力或水箱最低水位时也应能自动开启止回阀。如图1-10所示。

图1-8　蝶阀

图1-9　多功能阀

图1-10　止回阀

1.4.3　倒流防止器

倒流防止器是由止回部件组成的可防止给水管道中水倒流的装置，管道回流水可通过阀体上单独的排水口排到管外，排水口应采用间接排水，不应安装在有腐蚀性和污染的环境中。如图1-11所示。

1.4.4　液位控制阀

液位控制阀用于控制贮水设备的水位，有浮球阀、液压水位控制阀等。如图1-12所示。

图1-11　倒流防止器

图1-12　液位控制阀

1.4.5　安全阀

安全阀是为避免管网、密闭水箱（罐）等超压破坏的保安器材。有弹簧式、杠杆式、重锤式和脉冲式等形式。如图1-13所示。

1.4.6　减压阀

减压阀用于给水管网的压力高于配水点允许最高使用压力的减压。用于给水分区的减压阀应既减动压又减静压，且宜设2个减压阀并联安装，交替使用，互为备用。阀后压力允许波动时宜采用比例式减压阀；阀后压力要求稳定时宜采用可调式减压阀。减压阀前应设阀门和过滤器。如图1-14所示。

1.4.7　过滤器

过滤器用于保护仪表和设备。在减压阀、总水表、自动水位控制阀、温度调节阀等阀件前装设过滤器；水泵吸水管上、水加热器进水管上、换热装置的循环冷却水进水管上、分户水表前宜设过滤器。如图 1-15 所示。

图 1-13　安全阀

图 1-14　减压阀

图 1-15　过滤器

2　配水设备

生活给水系统中常见的配水设备主要有水龙头、淋浴器、卫生器具给水阀门、配件等，水龙头、卫生器具给水配件选用应符合现行标准《节水型生活用水器具》(CJ/T 164—2014)的有关要求。如图 1-16 所示。

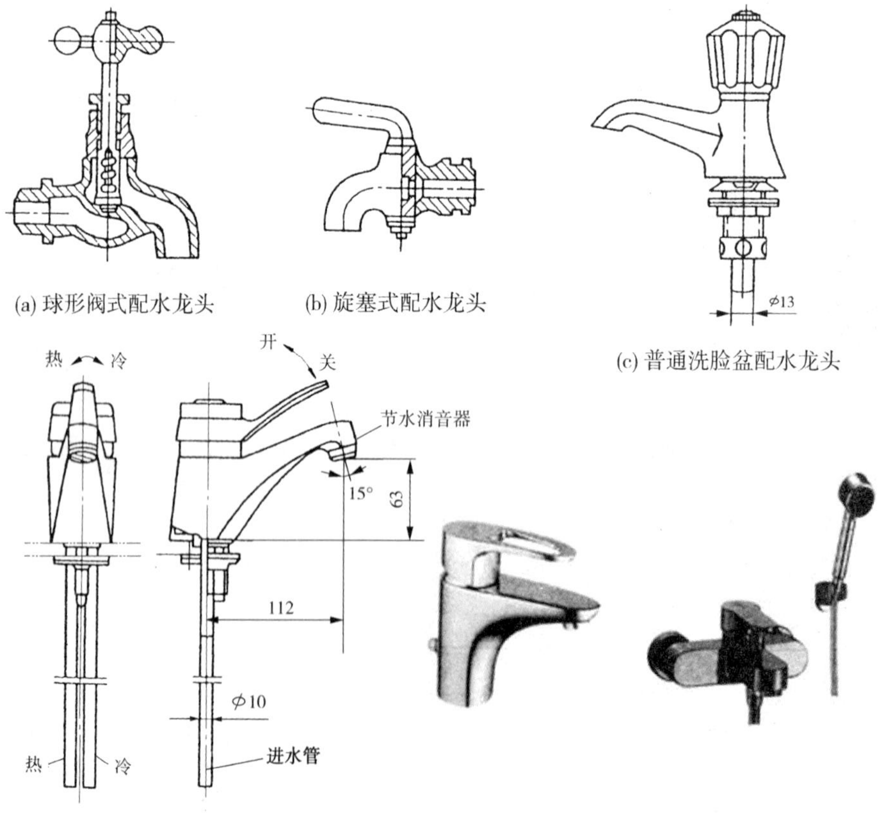

(a) 球形阀式配水龙头　(b) 旋塞式配水龙头　(c) 普通洗脸盆配水龙头

(d)单手柄洗脸盆配水龙头　(e)淋浴水龙头

图 1-16　配水设备　（单位：mm）

配水附件由于经常使用，要求耐久美观，一般用铜材制造，表面镀铬，可长期使用用以调节和分配水流。

3　水表

水表是用来计量用户累计用水量的仪表。

3.1　水表的分类

3.1.1　流速式水表

在建筑内部给水系统中广泛采用流速式水表。这种水表是根据管径一定时，水流速度与流量成正比的原理来测量的。它主要由外壳、叶轮和传动指示机构等部分组成。当水流通过水表时，推动叶轮旋转，叶轮转轴传动一系列联动齿轮，指示针显示到度盘刻度上，便可读出流量的累计值。此外，还有计数器为字轮直读的形式。

流速式水表按叶轮构造不同分为旋翼式和螺翼式。旋翼式的叶轮转轴与水流方向垂直，如图1-17(a)所示。它的阻力较大，多为小口径水表，宜用于测量小的流量。螺翼式的叶轮转轴与水流方向平行，如图1-17(b)所示。它的阻力较小，多为大口径水表，宜用于测量较大的流量。复式水表是旋翼式和螺翼式的组合形式，在流量变化很大时采用。

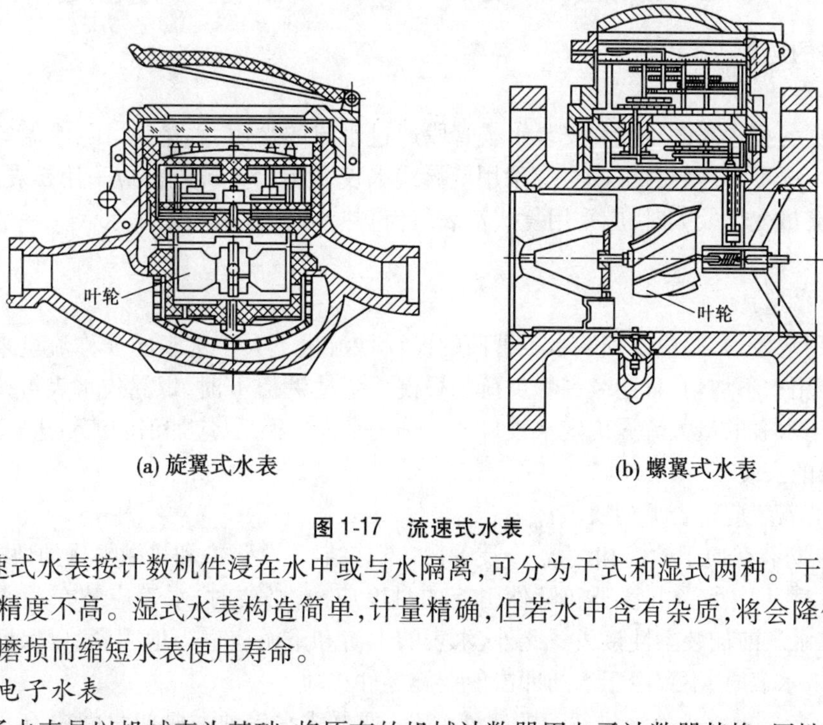

(a) 旋翼式水表　　(b) 螺翼式水表

图1-17　流速式水表

流速式水表按计数机件浸在水中或与水隔离，可分为干式和湿式两种。干式水表构造复杂，精度不高。湿式水表构造简单，计量精确，但若水中含有杂质，将会降低水表精度，产生磨损而缩短水表使用寿命。

3.1.2　电子水表

电子水表是以机械表为基础，将原有的机械计数器用电子计数器替换，用性能可靠的传感器从叶轮上采集信号，按理论转速对应水量计算，显示累计流进管道的水的总量，具有功耗低、体积小、灵敏度高的优点。

3.1.3　IC卡水表

IC卡水表是一种新型的预付费水表，它将用水计量管理水平提高到一个新的台阶。目前市场上的IC卡水表均有预收费、报警检查、加密等功能，使用它不仅可以及时合理地收取水费,而且可以减少因查表带来的人力、财力、物力的巨大浪费。IC 卡水表结构紧凑、体积小,具有抗外界磁场干扰的功能,各项参数采用液晶显示,读数方便、清晰,且机械计数器外露,可用于校验读数。如 1-18 所示。

3.1.4　远程水表

远程水表是一种具有远传发信功能的自来水计量仪表,经配置二次仪表后,即可在一定距离内抄读水表读数。同时,也可在现场直接抄读。其特别适用于小区、居民用水量的远距离集中或分散抄读。如图 1-19 所示。

图 1-18　IC 卡水表

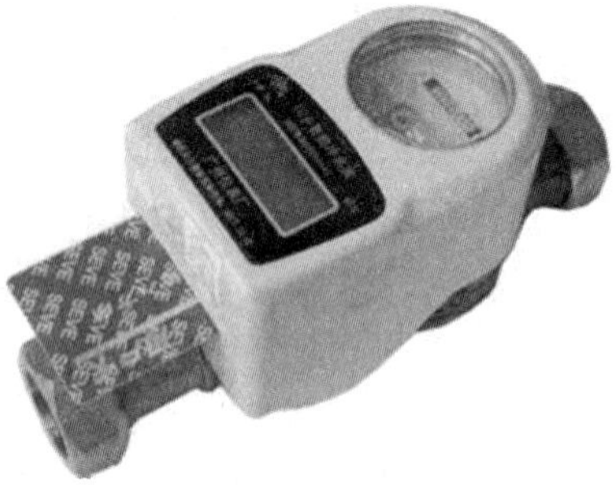

图 1-19　远程水表

3.2　水表的选型

3.2.1　类型选择

应根据各类水表的特性和安装水表管段通过水流的水质、水量、水压、水温等情况选定。一般情况下 $DN \leqslant 50$ mm 时,应采用旋翼式水表;$DN > 50$ mm 时,应采用螺翼式水表;当通过的流量变幅较大时,应采用复式水表;计量热水时,宜采用热水水表。一般应优先采用湿式水表。

3.2.2　口径选择

如果用水较均匀,应以安装水表管段的设计秒流量不大于水表的公称流量来确定水表口径;当用水不均匀,且连续高峰负荷每昼夜不超过 2 ~ 3 h 时,螺翼式水表可按设计秒流量不大于水表的最大流量确定水表口径。选定水表口径后,应加消防流量进行复核。

3.3　水表的安装

水表的安装应符合下列要求:

(1)应安装在便于检修和读数,不受暴晒、不冻结、不受污染和机械损伤的地方。

(2)水表不应承受由管子和管件引起的过度应力,必要时,水表应装在底座或托架上,以及在水表前加装柔性接头。此外,水表的上游和下游应适当地固紧,以保证在一侧拆开或卸下水表时,不致由于水的冲击使设施零件移动。

(3)避免接近水表处流量截面的突然变化,螺翼式水表前与阀门之间应有 8 ~ 10 倍水表直径的直线长度。旋翼式水表应有不小于 300 mm 的直管段。

(4)水流方向应与水表的标注方向一致。

(5)水表前应装设检修阀门,且宜设过滤器。

(6)旋翼式水表和垂直螺翼式水表应水平安装,水平螺翼式和容积式水表可根据实际情况确定水平、倾斜或垂直安装,垂直安装时,水流方向必须自下而上。

4 增压和贮水设备

增压设备主要有水泵、管网叠压供水设备，同时起到增压和贮水作用的有气压给水设备。

贮水设备主要有贮水池（箱）、高位水箱。

4.1 水泵及泵房

水泵是给水系统中的主要升压设备。在建筑内部给水系统中，一般采用离心式水泵，如图1-20所示。它具有结构简单、体积小、效率高且流量和扬程在一定范围内可以调节等优点。

(a)卧式单级单吸离心泵(IS)

(b)卧式单级双吸离心泵(SH)

(c)卧式单吸多级离心泵

(d)立式单吸多级离心泵(DL)

图1-20 几种常见水泵

4.1.1 水泵的选择及设置要求

根据系统所需流量和扬程选择水泵，一般选用离心式水泵。水泵的形式有卧式泵、立式泵、潜水泵等。应选择低噪声、节能型水泵。

水泵应在大部分时间保持高效运行，水泵的 $Q \sim H$（流量—扬程）特性曲线，是随流量的增大，扬程逐渐下降的曲线，对 $Q \sim H$ 特性曲线存在有上升段的水泵，应分析在运行工况中不会出现不稳定工作时方可采用。

生活加压给水系统的水泵机组应设备用泵，备用泵的供水能力不应小于最大一台运行水泵的供水能力。水泵宜自动切换交替运行。

水泵宜自灌吸水，卧式离心泵的泵顶放气孔、立式多级离心泵吸水端第一级（段）泵体可置于最低设计水位标高以下，每台水泵宜设置单独从水池吸水的吸水管。吸水管口应设置喇叭口。喇叭口宜向下，低于水池最低水位不宜小于0.3 m，当达不到此要求时，应采取防止空气被吸入的措施。吸水管喇叭口至池底的净距，不应小于0.8倍吸水管管径，且不应小于0.1 m；吸水管喇叭口边缘与池壁的净距不宜小于1.5倍吸水管管径；吸水管与吸水管之间的净距,不宜小于3.5倍吸水管管径(管径以相邻两者的平均值计)。

当水池水位不能满足水泵自灌启动水位时,应有防止水泵空载启动的保护措施。变频调速泵组电源应可靠,并宜采用双电源或双回路供电方式。

4.1.2 泵房

民用建筑物内设置的生活给水泵房不应毗邻居住用房或在其上层或下层,水泵机组宜设在水池的侧面、下方,单台泵可设于水池内或管道内,其运行的噪声应符合现行国家标准《民用建筑隔声设计规范》(GB 50118—2010)的规定。设置水泵的房间,应设排水设施;通风应良好,不得结冻。

建筑物内的给水泵房,应有减振防噪措施,泵房内宜有检修水泵的场地,检修场地尺寸宜按水泵或电机外形尺寸四周有不小于0.7 m的通道确定,泵房内靠墙安装的落地式配电柜和控制柜前面通道宽度不宜小于1.5 m;泵房内宜设置手动起重设备。

水泵基础高出地面的高度应便于水泵安装,不应小于0.1 m;泵房内管道管外底距地面或管沟底面的距离,当管径为150 mm时,不应小于0.2 m;当管径≥200 mm时,不应小于0.25 m。

4.2 气压给水设备

气压给水设备由水泵机组、气压水罐、管路系统、气体调节控制系统、自动控制系统等组成,具有升压、调节、贮水、供水和控制水泵启停的功能。适用于有升压要求,但又不适宜设置水塔或高位水箱的小区或建筑给水系统,如地震区、人防工程或屋顶立面有特殊要求等建筑的给水系统,小型、简易或临时性给水系统和消防给水系统等。

其工作原理的理论依据是利用气体的可压缩性和玻意耳-马略特定律,即一定质量气体的体积与压力成反比。当水泵工作时,水被送至给水管网的同时,多余的水进入密闭容器(气压水罐),水量增加并将罐内的气体压缩,气量缩小罐内压力随之升高,当压力升至设定压力时,水泵停转,并依靠罐内被压缩气体的压力将罐内贮存的水送入管网,水量容积不断缩小,气量容积不断扩大,罐内压力随之下降,当压力降至某一设定压力时,水泵重新启动,如此周而复始,不断运行。

气压给水设备按输水压力稳定性,可分为变压式和定压式两类,如图1-21所示;按气压给水设备罐内气、水接触方式,可分为补气式和隔膜式。

4.3 生活用水贮水设备

按设置位置的不同,生活用水贮水设备分为贮水池和水箱。

4.3.1 贮水池

贮水池多为钢筋混凝土或砖石结构,也有用钢板、橡胶板等材料建造的。平面形状一般为圆形或矩形,既有单格的,又有多格的。按建造位置不同,水池可分为地下、半地下、地面及架空式四种。水池结构一般由底板和壁板组成,由于工艺需要,有些水池设有顶盖,当平面尺寸较大时,可在池中设中间支柱。生活饮用水贮水设备应符合防止水质污染的设计要求,不宜毗邻电气用房和居住用房或在其下方。

贮水池外壁与建筑本体结构墙面或其他池壁之间的净距,以及高位水箱箱壁与水箱间墙壁及箱顶与水箱间顶面的净距,均应满足施工或装配的要求,无管道的侧面,净距不宜小于0.7 m;安装有管道的侧面,净距不宜小于1.0 m,且管道外壁与建筑本体墙面之间

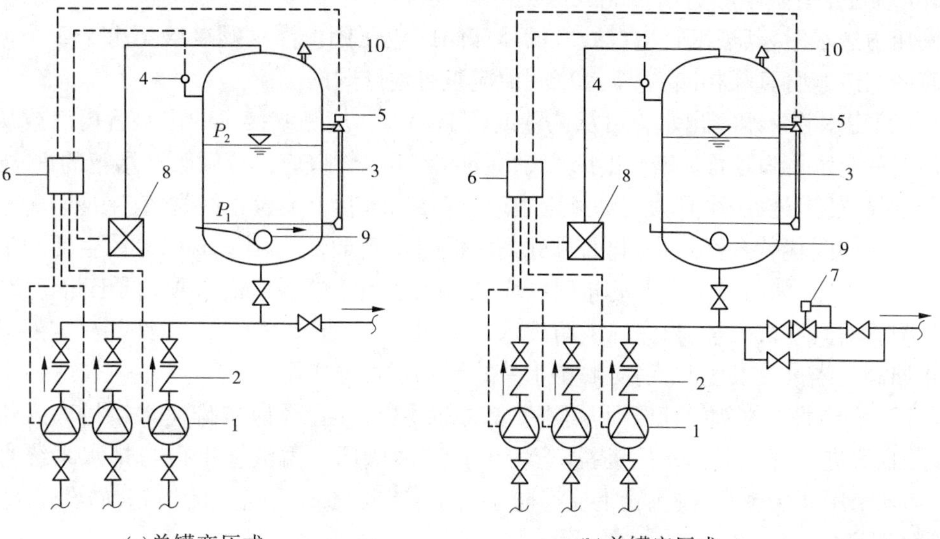

1—水泵;2—止回阀;3—气压水罐;4—压力信号器;5—液位信号器;
6—控制器;7—压力调节阀;8—补气装置;9—排气阀;10—安全阀

图1-21　气压给水设备

的通道宽度不宜小于0.6 m;设有人孔的池（箱）顶,顶板面与上面建筑本体板底的净空不应小于0.8 m。

4.3.2　水箱

水箱按材质分为玻璃钢水箱、不锈钢水箱、不锈钢内胆玻璃钢水箱、钢筋混凝土水箱、搪瓷水箱等。水箱一般配有HYFI远传液位电动阀、HYJK型水位监控系统和HYQX-Ⅱ水箱自动清洗系统以及HYZZ-2-A型水箱自洁消毒器,水箱的溢流管与水箱的排水管阀后连接并设防虫网,水箱应有高低不同的两个通气管(设防虫网),水箱设内外爬梯;水箱一般有进水管、出水管(生活出水管、消防出水管)、溢流管、排水管。水箱按照功能不同分为生活水箱、消防水箱、生产水箱、家用水箱等,严格意义上厕所冲洗水箱和汽车水箱不属于水箱范畴。水箱的配管、附件如图1-22所示。

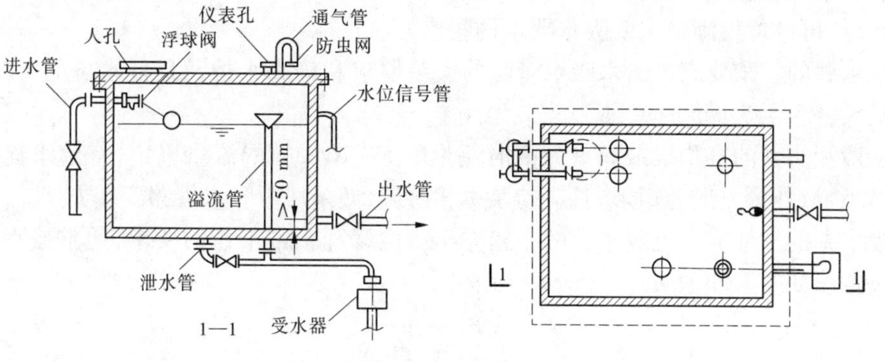

图1-22　水箱的构造

(1)进水管。水箱进水管一般从侧壁接入,也可以从底部或顶部接入。当水箱利用管网压力进水时,其进水管出口处应设浮球阀或液压阀。浮球阀一般不少于2个。浮球阀直径与进水管直径相同,每个浮球阀前应装有检修阀门。

(2)出水管。水箱出水管可从侧壁或底部接出。从侧壁接出的出水管内底或从底部接出时的出水管口顶面,应高出水箱底50 mm。出水管口应设置闸阀。水箱的进、出水管宜分别设置,当进、出水管为同一条管道时,应在出水管上装设止回阀,宜采取阻力较小的旋启式止回阀代替升降式止回阀,且标高应低于水箱最低水位1 m以上。生活与消防合用一个水箱时,消防出水管上的止回阀应低于生活出水虹吸管的管顶(低于此管顶时,生活虹吸管的真空被破坏,只保证消防出水管有水流出)至少2 m,使其具备一定的压力推动止回阀。当火灾发生时,消防贮备水量才能真正发挥作用。

(3)溢流管。水箱溢流管可从侧壁或底部接出,其管径应按排泄水箱最大入流量确定,并宜比进水管大1~2号。溢流管上不得安装阀门。溢流管不得与排水系统直接连接,必须采用间接排水,溢流管上应有防止尘土、昆虫、蚊蝇等进入的措施,如设置水封、滤网等。

(4)泄水管。水箱泄水管应自底部最低处接出。消防和生活合用水箱上装有闸阀(不应装截止阀),可与溢流管相接,但不得与排水系统直接连接。泄水管管径在无特殊要求下,一般采用*DN*50。

(5)通气管。供生活饮用水的水箱应设有密封箱盖,箱盖上应设有检修人孔和通气管。通气管可伸至室内或室外,但不得伸到有害气体的地方,管口应有防止灰尘、昆虫和蚊蝇进入的滤网,一般应将管口朝下设置。通气管上不得装设阀门、水封等妨碍通气的装置。通气管不得与排水系统和通风道连接。通气管一般采用*DN*50的管径。

(6)液位计。一般应在水箱侧壁上安装玻璃液位计,用于就地指示水位。若水箱未装液位信号计,可设信号管给出溢水信号。信号管一般自水箱侧壁接出,其设置高度应使其管内底与溢流管底或喇叭口溢流水面平齐。管径一般采用*DN*15,信号管可接至经常有人值班房间内的洗脸盆、洗涤盆等处。若水箱液位与水泵连锁,则在水箱侧壁或顶盖上安装液位继电器或信号器,常用的液位继电器或信号器有浮球式、杆式、电容式与浮平式等。

(7)吸水井。无调节要求的加压给水系统可设置吸水井,以满足水泵的吸水要求。当室外给水管网能满足建筑内生活给水系统所需水量,而供水部门不允许水泵直接从外网抽水时,可设置仅满足水泵吸水要求的吸水井。

吸水井的容积要满足给水吸水管路的安装要求和最高水位及最低水位的要求,还要大于最大一台泵5 min的流量。

一般吸水井的容积按最高日最高时流量的5~10 min的流量确定,有效水深一般为3.6~4.5 m,外形一般为矩形,且应与泵房相协调,使泵房中吸水管路安装方便。

吸水井的尺寸应满足吸水管的布置、安装、检修和正常工作的要求,通常按吸水喇叭间距决定。如图1-23所示。

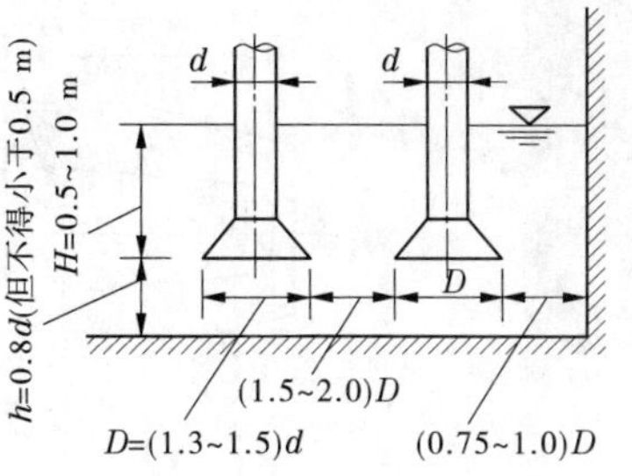

图1-23　吸水管在吸水池中布置的最小尺寸

任务1.3　卫生器具及其布置

1　卫生器具与冲洗设备

1.1　卫生器具

卫生器具指的是供水或接受、排出污水或污物的容器或装置。卫生器具是建筑内部给水排水系统的重要组成部分,是收集和排除生活及生产中产生的污、废水的设备。

各种卫生器具的结构、形式以及材料各不相同,根据卫生器具的用途、装设地点、维护条件、安装等要求而定。

卫生器具及附件在材质和技术方面,均应符合现行的有关产品标准规定,同时随着建筑标准的不断提高,人们对建筑卫生器具的功能要求和质量要求越来越高,主要应满足以下要求:卫生器具的材质应耐腐蚀、耐摩擦、耐老化、耐冷热、不透水、无气孔,具有一定强度,不含对人体有害的成分,一般采用陶瓷、搪瓷、铸铁、塑料、不锈钢、水磨石、复合材料等制作;表面光滑、不易积污纳垢、易清洗、节水消声、设备配套、便于控制、使用方便、便于安装和维修、造型新颖、色彩协调;当卫生器具内设有存水弯时,存水弯内应保持规定的水封深度。

卫生器具按其作用可分为便溺用卫生器具,如大便器、小便器等;盥洗、沐浴用卫生器具,如洗脸盆、淋浴器等;洗涤用卫生器具,如洗涤盆、污水盆等;专用卫生器具,如医疗、科学研究实验室等特殊需要的卫生器具。

1.1.1　便溺用卫生器具

便溺用卫生器具设在卫生间和公共厕所,用来收集粪便污水,包括大小便器和冲洗设备。便溺用卫生器具包括大便器、大便槽、小便器、小便槽等。

1)蹲式大便器

一般用于集体宿舍、学校、办公楼等公共场所(例如防止接触传染的医院厕所),采用高位水箱或带有破坏真空的延时自闭式冲洗阀进行冲洗,压力冲洗水经大便器周边的配水孔将大便器冲洗干净,如图1-24所示。蹲式大便器比坐式大便器的卫生条件好,接管时需配存水弯。

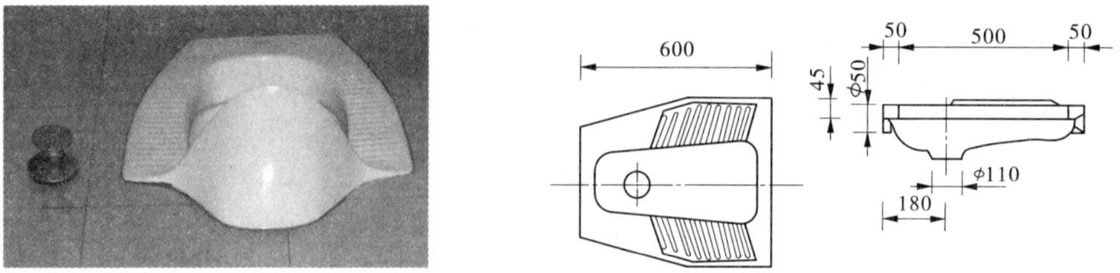

图1-24　蹲式大便器　（单位：mm）

2）坐式大便器

坐式大便器按冲洗的水力原理可分为冲洗式和虹吸式两种。冲洗式大便器是利用冲洗设备具有的水头冲洗，而虹吸式大便器是借冲洗水头和虹吸作用冲洗。坐式大便器采用低位水箱冲洗，构造本身带有存水弯。

（1）冲洗式坐便器。利用存水弯水面在冲洗时迅速升高水头来实现排污，所以水面窄，水在冲洗时发出较大的噪声。其优点是价格便宜和冲水量少。这种大便器一般用于要求不高的公共厕所。如图1-25所示。

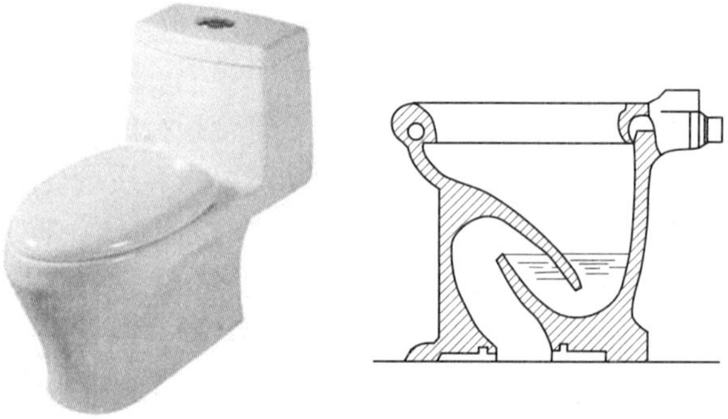

图1-25　冲洗式坐便器

（2）虹吸式坐便器。便器内的存水弯是一个较高的虹吸管。虹吸管的断面略小于盆内出水口断面，当便器内水位迅速升高到虹吸顶并充满虹吸管时，便产生虹吸作用，将污物吸走，如图1-26所示。这种大便器的优点是噪声小，比较卫生、干净，缺点是用水量较大。这种便器一般用于普通住宅和建筑标准不高的旅馆等公共卫生间。

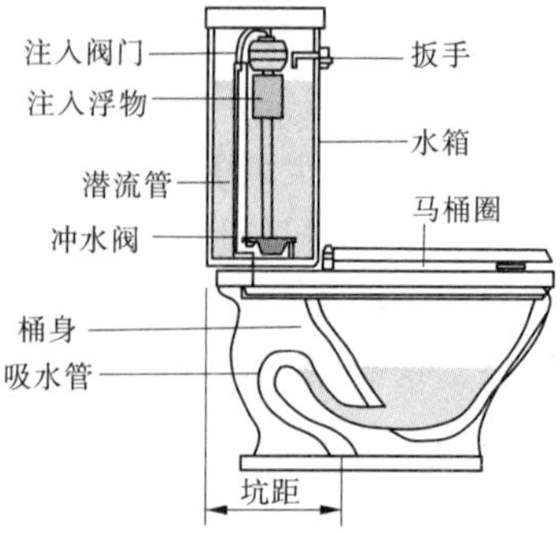

图1-26　虹吸式坐便器

（3）喷射虹吸式大便器。它与虹吸式坐便器一样，利用存水弯建立的虹吸作用将污物吸走。便器底部正对排出口设有一个喷射孔，冲洗水不仅从便器的四周出水孔冲出，还从底部出水口喷出，直接推动污物，这样能更快更有力地产生虹吸作用，并有降低冲洗噪声作用。另一特点是便器的存水面大，干燥面小，是一种低噪声、最卫生的便器。这种便器一般用于高级住宅和建筑标准较高的卫生间里。

(4)旋涡虹吸式连体坐便器。特点是把水箱与便器结合成一体，并把水箱浅水口位置降到便器水封面以下，并借助右侧的水道使冲洗水进入便器时在水封面下成切线方向冲出，形成旋涡，有消除冲洗噪声和推动污物进入虹吸管的作用。水箱配件也采取稳压消声设计，所以进水噪声低，对进水压力适用范围大。另外，由于水箱与便器连成一体，因此体型大，整体感强，造型新颖，是一种结构先进、功能好、款式新、噪声低的高档坐便器。如图1-27所示。因此，广泛用于高级住宅、别墅、豪华宾馆、饭店等高级民用建筑中。

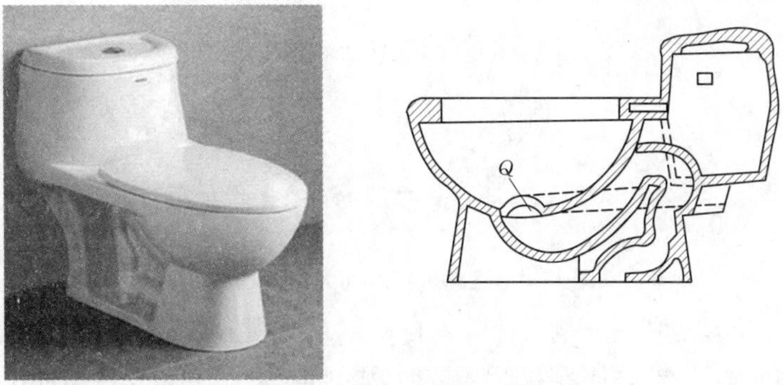

图1-27　旋涡虹吸式连体坐便器

(5)后排式坐便器。后排式坐便器与其他坐式大便器不同之处在于排水口设在背后，便于排水横支管敷设在本层楼板上时选用。如图1-28所示。

(6)自动坐便器。或者叫智能坐便器，用于医疗和老年保健，最初设置有温水洗净功能。如图1-29所示。后经韩国、日本的卫浴公司逐渐引进技术开始制造，加入了集便盖加热、温水洗净、暖风干燥、杀菌等多种功能，但价格较高。目前市场上的智能坐便器大体上分为两种，一种为带清洗、加热、杀菌等功能的智能坐便器，另一种为可自动更换薄膜的智能坐便器。

图1-28　后排式坐便器

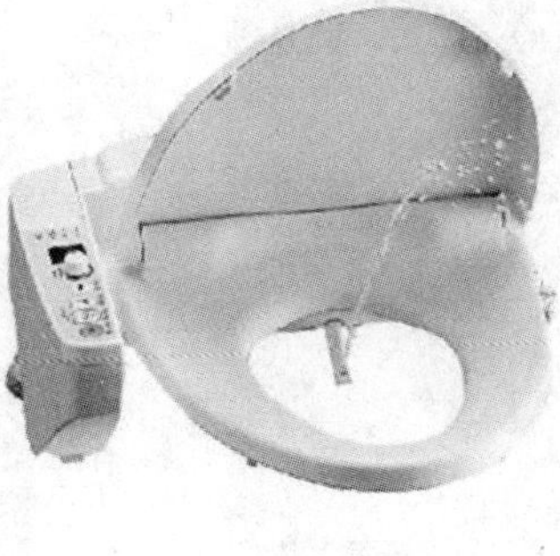

图1-29　智能坐便器

3）大便槽

大便槽一般用于建筑标准不高的公共建筑或公共厕所内，其优点是设备简单，可代替成排的蹲式大便器，常用瓷砖贴面，现在也有不锈钢的，造价低。如图1-30所示。从卫生观点评价，大便槽受污面积大、有恶臭且耗水量大、不够经济。大便槽可采用集中冲洗水箱或红外数控冲洗装置冲洗。

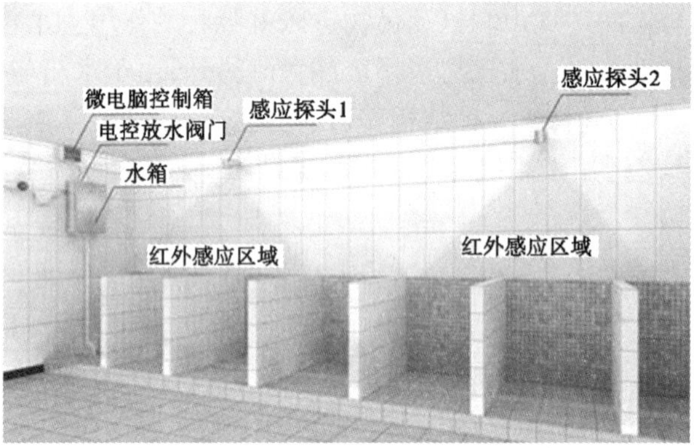

图1-30　红外数控冲洗大便槽

红外数控冲洗装置是利用光电自控装置自动记录使用人数，当使用人数达到预定数目时，水箱即自动放水冲洗；达不到预定人数时，则延时20～30 min自动冲洗一次，如无人如厕，则不冲洗。

4）小便器

一般用于机关、学校、旅馆等公共建筑的男卫生间内，现在有些家庭的卫浴间也装有小便器。小便器按结构分为冲落式、虹吸式，按安装方式分为斗式、壁挂式和落地式。另外还有小便槽。小便槽一般用于工业企业、公共建筑和集体宿舍等卫生间内。

（1）斗式和壁挂式小便器一般悬挂于卫生间的墙上，如图1-31、图1-32所示。

（2）落地式或称立式小便器装置在卫生设备标准较高的公共建筑男厕所中，多为成组装置，如图1-33所示。

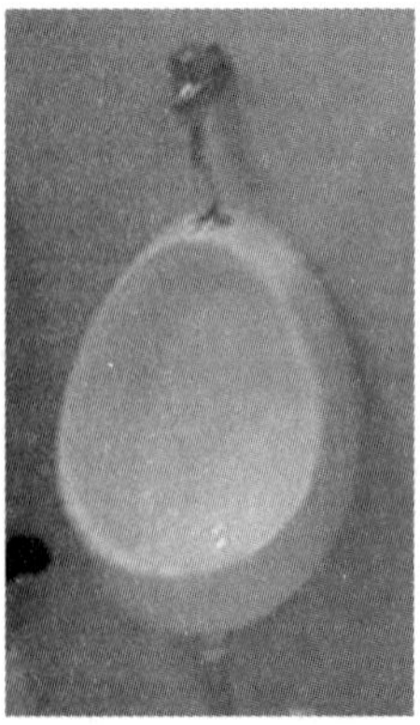

图1-31　斗式小便器

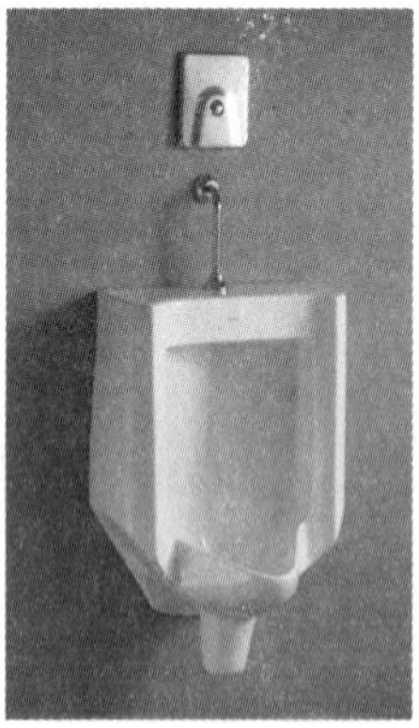

图1-32　壁挂式小便器

图1-33　立式小便器

5)小便槽

一般是沿墙用砖砌筑或混凝土浇筑的浅槽,表面镶贴瓷砖或不锈钢。其结构简单、经济,可同时供多人使用。小便槽由水槽、冲洗水管、排水地漏或存水弯等组成。

除上述常用的便溺用卫生器具外,还有用于特殊场所的不用水或少用水冲洗的新型便器,如用于船舶、动车、飞机上的真空排水坐便器;以压缩空气作动力的压缩空气排水坐便器;自带燃烧室和排风系统,利用瓶装燃气和电热器焚烧粪便,由排风机和风道排除燃烧废气的焚烧式大便器;带有可以封闭并低温冷冻粪便储存器的冷冻式大便器;利用化学药剂分解粪便,装有伸顶通气管的化学药剂大便器;在无条件用水冲洗的特殊场所下通过空气循环作用消除臭味,并将粪便脱水的干式大便器等。

1.1.2 盥洗、沐浴用卫生器具

盥洗用卫生器具主要包括洗脸盆、盥洗槽(台);沐浴用卫生器具主要包括浴盆(浴缸)、淋浴器等。

1)洗脸盆

洗脸盆安装在住宅的卫生间、公共建筑物的盥洗室、洗手间、浴室中,供洗脸、洗手、洗头用。

洗脸盆前沿设有防溅沿,使用时不会溅水。可用流动水盥洗比较卫生,也可以作为不流动水盥洗,有较大的灵活性。洗脸盆有长方形、椭圆形和三角形等。其安装方式有墙架式、台式和柱脚式等。洗脸盆的材质,使用最多的是陶瓷、搪瓷、钢板等。随着建材技术的发展,国内外已相继推出玻璃钢、人造大理石、人造玛瑙、不锈钢、塑料等新材料。洗脸盆的种类繁多,但对其共同的要求是表面光滑、不透水、耐腐蚀、耐冷热,易于清洗和经久耐用等。如图1-34所示。

图1-34 洗脸盆

2)盥洗槽

盥洗槽设在公共建筑、集体宿舍、旅馆、车站、码头等的盥洗室中,一般用瓷砖或水磨石现场建造,也有不锈钢、搪瓷、玻璃钢等材料制作的,有长条形和圆形等形式,有定型的标准图集可供查阅。如图1-35所示。

3)浴盆(浴缸)

浴盆一般设在宾馆、高级住宅、医院的卫生间及公共浴室内,供人们沐浴用。一般用搪瓷、陶瓷、亚克力(有机玻璃)、人造大理石和玻璃钢、塑料等材料制成。

浴盆按形状有长方形、方形和圆形、三角形和人体形等形式;按使用功能分为普通浴盆、坐浴盆和按摩浴盆等;按有无裙边分为无裙边和有裙边两类,如图1-36所示。另外,

还有一些木浴桶等。

图 1-35　盥洗槽

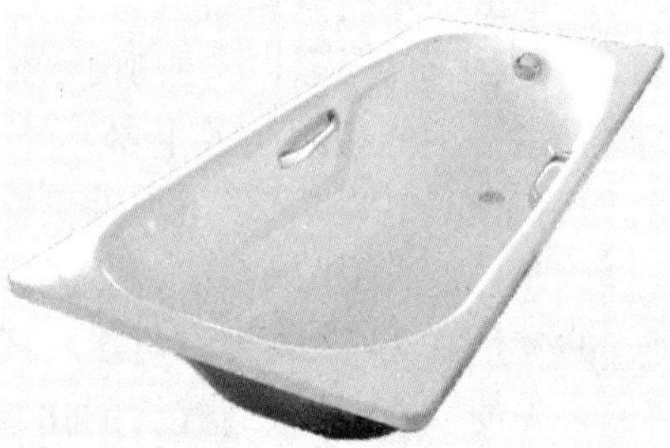

图 1-36　有裙边的浴盆

4)淋浴器

淋浴器是一种占地面积小、造价低、耗水量小、清洁卫生的沐浴设备,广泛用于集体宿舍、体育场馆及公共浴室中。淋浴器有成品的,也有现场组装的。淋浴比使用浴缸的盆浴更省水、省空间,更清洁卫生,比较符合环保理念。在公共浴场、更衣室等不便安设浴缸的地方,淋浴更是首选。

淋浴器由莲蓬头(花洒)、出水管和控制阀所组成。如图 1-37 所示。

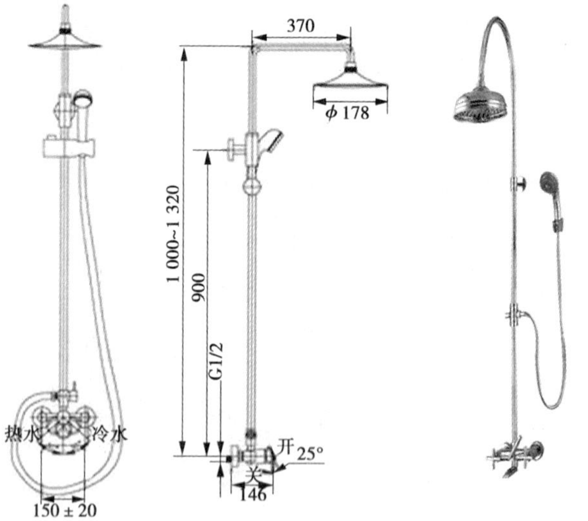

图 1-37　淋浴器　(单位:mm)

淋浴器按供水方式分为单管式和双管式两种;按出水管的形式不同分为固定式和软管式;按控制阀的控制方式不同分为手动式、脚踏式和自动式。莲蓬头有分流式、充气式和按摩式等几种。

1.1.3　洗涤用卫生器具

洗涤用卫生器具即用来洗涤食物、衣物、器皿等物品的卫生器具。包括厨房用洗涤盆、实验室用的化验盆和污水盆等。洗涤盆多为陶瓷、搪瓷、不锈钢、预制水磨石和玻璃制品,有单格、双格和三格的,有的还带有搁板和背衬。

洗涤盆的给水配件包括长脖水嘴、洗涤剂盒、上下水配件等。医院的洗涤盆出于卫生要求一般配冷热调温阀设脚踏式开关或肘式开关，防止交叉感染；随时调节合适的温度；装设鹅颈龙头，端部有减压阀网，使水流柔软松散、噪声小，不会产生溅水现象。如图1-38所示。

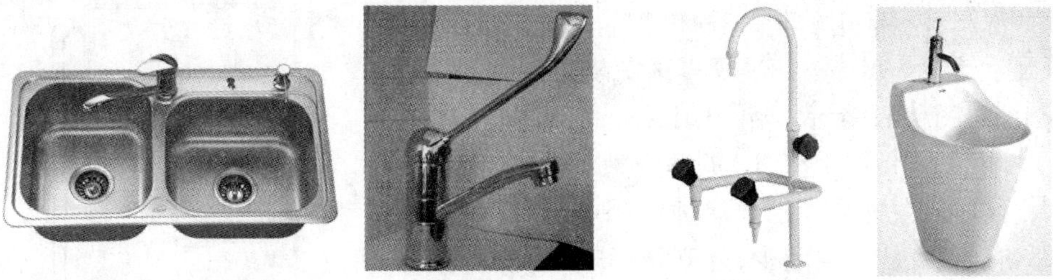

(a)厨房不锈钢双格洗涤盆　　(b)肘式开关　　(c)三口鹅颈龙头　　(d)污水盆

图1-38　洗涤盆、龙头开关及污水盆

污水盆是设置在公共建筑的厕所、盥洗室内，供洗涤、清扫用具、倾倒污废水的洗涤用卫生器具。污水盆多为陶瓷、玻璃钢或不锈钢制品。如图1-38(d)所示。

1.2　冲洗设备

冲洗设备是便溺用卫生器具的配套设备，有冲洗水箱和冲洗阀两种。冲洗设备应具有冲洗效果好、耗水量小，有足够的冲洗水压，在构造上具有防止回流水污染给水管道的功能。冲洗水箱是冲洗便溺用卫生器具的专用水箱，箱体材料多为陶瓷、塑料、玻璃钢等。

1.2.1　冲洗水箱

冲洗水箱按冲洗原理分为冲洗式和虹吸式；按操作方式有手动和自动两种，如图1-39、图1-40所示；按安装高度有高位水箱和低水箱两类。高位冲洗水箱多用于蹲式大便器、大便槽；低水箱也叫低位冲洗水箱，多用于坐式大便器，一般为手动式。

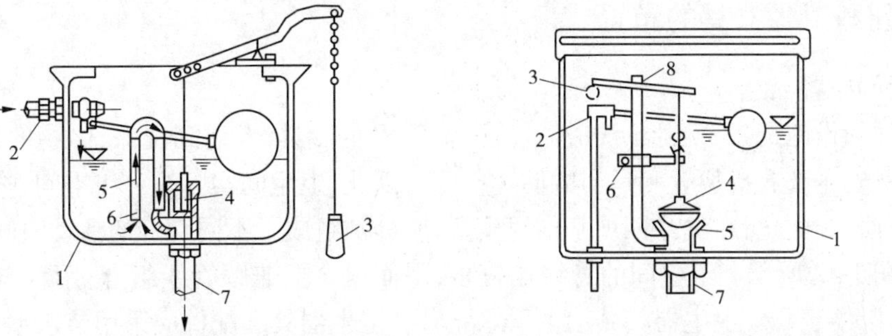

1—水箱；2—浮球阀；3—拉链；4—橡胶球阀；
5—虹吸管；6—管口；7—冲洗管
(a)虹吸式高水箱

1—水箱；2—浮球阀；3—扳手；4—橡胶球阀；
5—阀座；6—导向装置；7—冲洗管；8—溢流管
(b)水力冲洗式低水箱

图1-39　手动冲洗水箱

冲洗水箱具有流出水头小，进水管管径小，有足够一次冲洗便器所需的储水容量，补水时间不受限制，不会造成回流污染等优点。其缺点是冲洗时噪声大，进水浮球阀容易漏水。公共厕所的大便槽、小便槽和成组的小便器常用自动冲洗水箱，如图1-40所示。它不需人工操作，依靠流入水箱的水量自动作用，当水箱内水位达到一定高度时，形成虹吸造成压差，使自动冲洗阀开启，将水箱内存水迅速排出进行冲洗。因在无人使用或极少人使用时自动冲洗水箱也定时用整箱存水冲洗，所以耗水量大。

1.2.2 冲洗阀

冲洗阀包括常用的延时自闭冲洗阀和红外自动冲洗阀及手动冲洗阀等。冲洗阀直接安装在大、小便器冲洗管上，如图 1-41 所示。由使用者控制冲洗时间(5 ~ 10 s)和冲洗用水量(1 ~ 2 L)的冲洗阀叫延时自闭式冲洗阀，可以用手、脚或光控开启冲洗阀。延时自闭式冲洗阀具有体积小，占空间少，外观洁净美观，使用方便，节约水量，流出水头较小，可保证冲洗设备与大、小便器之间的空气隔断的特点。

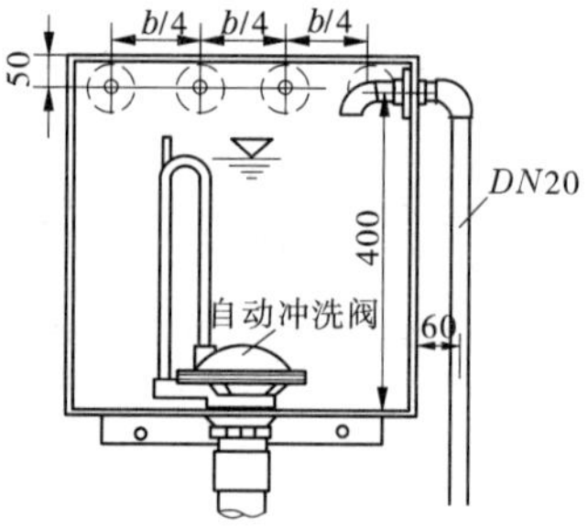

图 1-40 自动冲洗水箱 （单位：mm）

(a)脚踏式自闭冲洗阀　(b)手动式自闭冲洗阀　(c)红外自动冲洗阀

图 1-41 冲洗阀

2 卫生间和卫生器具的布置

2.1 卫生间布置

卫生间的设施配备有便器、洗浴器、洗面器等卫生器具，考虑到洗涤、储物的需要，设计时应注意安排洗衣机位置和适当的储物空间。因此，卫生间实际是一组空间，这组空间围绕着浴、便、洗面化妆、洗涤四项基本卫生活动，分别组成了不同功能的活动空间。卫生间布置如图 1-42 所示。卫生间的管线比较多，平面组合要兼顾管线组合，用水设备应尽可能靠近，以便于几个卫生器具共用上下水立管。卫生器具和配件应采用节水型产品。

卫生间布置要点如下：

(1)给排水管井应尽量靠近卫生洁具。

(2)粪便污水立管靠近大便器，废水立管应尽量靠近浴盆。

(3)冷热水管应布置在靠近检修门处各一侧，便于阀门操作。

(4)给排水与空调共用管井时，一般近检修门一侧为给排水使用。

2.2 卫生器具的布置

一般住宅及宾馆设有浴盆、坐便器、洗脸盆等三件卫生器具；对于要求较高的高级住宅及宾馆，有的还设有妇洗器、小便器等卫生器具。

卫生间内卫生器具布置间距如图1-43所示。

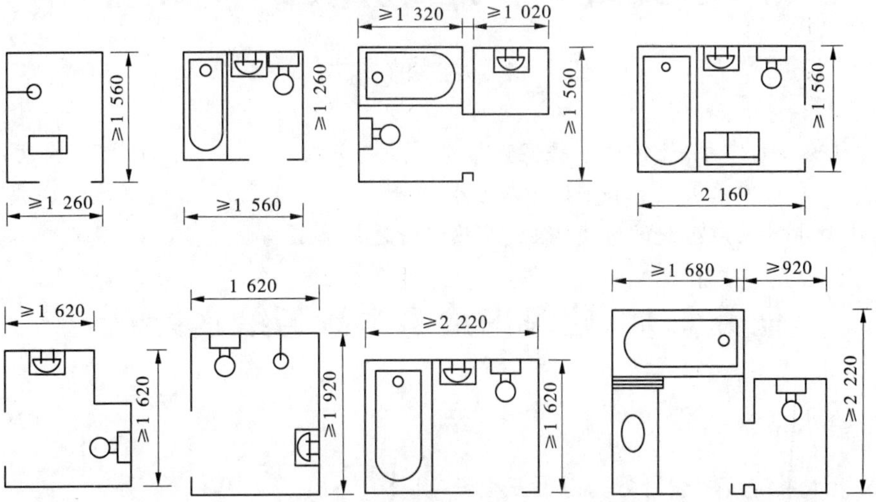

图1-42　卫生间布置示例　（单位：mm）

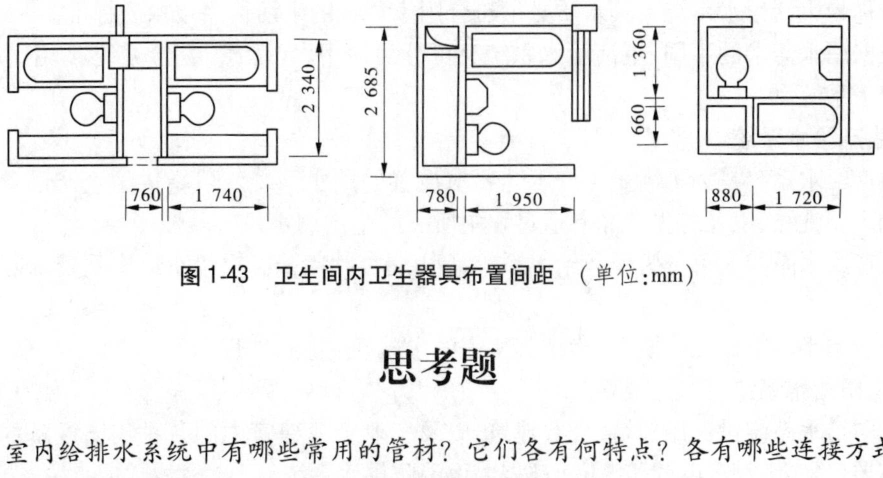

图1-43　卫生间内卫生器具布置间距　（单位：mm）

思考题

1. 室内给排水系统中有哪些常用的管材？它们各有何特点？各有哪些连接方式？
2. 给水系统中有哪些主要配件？其主要作用是什么？
3. 什么是配水附件和控制附件？各有什么特点？
4. 常用卫生器具有哪些？各有哪些安装要求？
5. 如何合理地布置卫生器具？
6. 水表有哪些类型？各有什么特点？水表安装有哪些要求？

学习项目2 建筑内给水系统

【教学要求】

通过本项目的学习，使学生掌握室内给水系统的分类、组成；给水方式，熟悉室内消火栓给水系统、自动喷水灭火系统；熟悉给水管道布置的一般原则、管道的敷设、防腐等处理；熟悉建筑热水供应系统的分类、组成及热水管道的布置与敷设。

任务2.1 建筑内给水系统与给水方式

1 建筑给水系统的分类

建筑给水系统按用途可分为以下三类。

1.1 生活给水系统

供民用、公共建筑和工业建筑内的饮用、盥洗、洗涤、沐浴、烹饪等生活用水所设的给水系统称为生活给水系统。其水质必须符合国家规定的生活饮用水水质标准。

根据用水需求的不同，生活给水系统又可分为饮用水(优质饮水)系统、杂用水系统、建筑中水系统。

1.2 生产给水系统

生产给水系统是为了满足生产工艺要求设置的用水系统。包括供给生产设备冷却、原料和产品洗涤，以及各类产品制造过程中所需的生产用水。

生产给水系统又可分为循环给水系统、复用水给水系统、软化水给水系统、纯水给水系统等。

生产用水应根据工艺要求，确定其所需的水质、水量和水压。

1.3 消防给水系统

消防给水系统供民用建筑、公共建筑，以及工业企业建筑中的各种消防设备的用水。一般高层住宅、大型公共建筑、车间都需要设消防供水系统。

消防给水系统可以划分为消火栓给水系统、自动喷水灭火系统、水喷雾灭火系统。

消防给水系统要保证充足的水量、水压，对水质要求不高。

在一幢建筑物内，可以单独设置以上三种给水系统，也可以根据水质、水压、水量和安全方面的需要，结合室外给水系统，经技术经济比较后，组成不同的共用(或组合)给水系统，如生活、消防共用给水系统，生活、生产共用给水系统，生产、消防共用给水系统，生活、生产、消防三者共用给水系统等。

2 室内给水系统的组成

建筑内部生活给水系统，一般由引入管、给水管网、给水附件、给水设备、配水设施和计量仪表等组成,如图2-1所示。

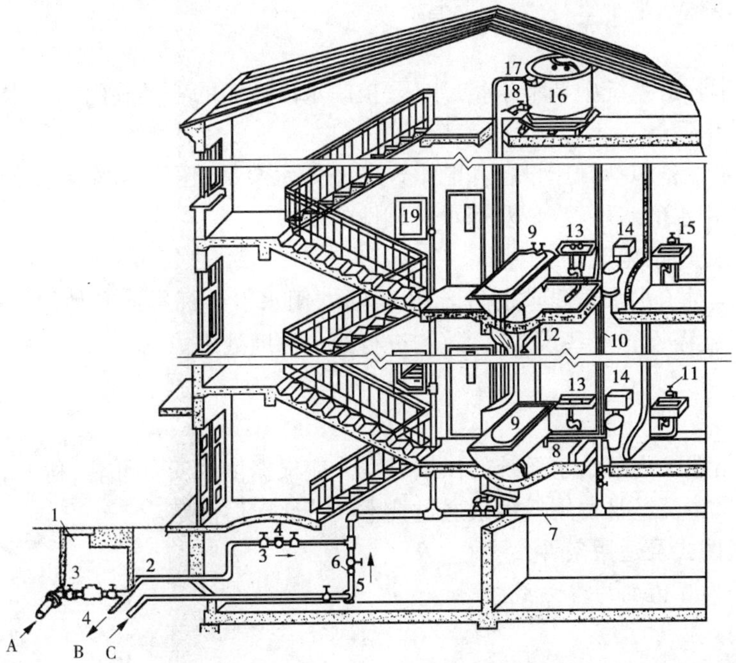

1—阀门井;2—引入管;3—闸阀;4—水表;5—水泵;6—止回阀;7—干管;8—支管;9—浴缸;
10—立管;11—水龙头;12—淋浴器;13—洗脸盆;14—大便器;15—洗涤盆;16—水箱;
17—进水管;18—出水管;19—消火栓;A—从室外管网进水;B—入贮水池;C—来自贮水池

图2-1　建筑内部给水系统

2.1　引入管

单体建筑引入管是指从室外给水管网的接管点至建筑物内的管段。引入管段上一般设有水表、阀门等附件。当用户为一栋单独建筑物时,引入管也称为进户管;当用户为工厂、学校等建筑群时,引入管是指总进水管。

2.2　水表节点

水表节点是安装在引入管上的水表及其前后设置的阀门和泄水装置的总称。水表前后的阀门用以水表检修、拆换时关闭管路,泄水口主要用于系统检修时放空管网的余水,也可用来检测水表精度和测定管道水压值。水表节点分为无旁通管(见图2-2)和有旁通管(见图2-3)两种。对于不允许断水的用户一般采用有旁通管的水表节点。

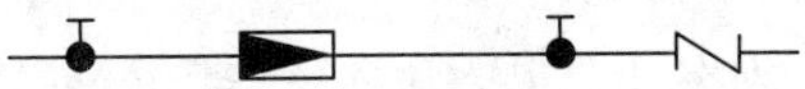

图2-2　无旁通管的水表节点

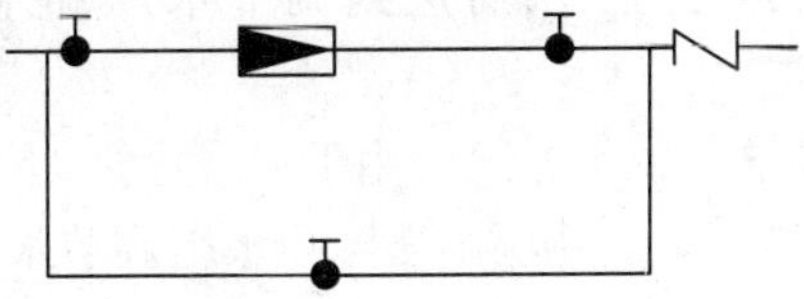

图2-3　有旁通管的水表节点

2.3 给水管网

给水管网包括水平干管、立管和支管。

2.4 给水附件

给水附件指管道系统中调节水量、水压、控制水流方向的各类阀门和配水龙头等。

2.5 增压和贮水设备

增压和贮水设备包括升压设备和贮水设备。如水泵、气压罐、水箱、贮水池和吸水井等,以满足室内用水的水压、水量及用水可靠性的要求。

2.6 给水局部处理设施

当有些建筑对给水水质要求很高,超出生活饮用水卫生标准或其他原因造成水质不能满足要求时,就需设置一些设备、构筑物进行给水深度处理。

3 给水方式

给水方式指建筑内部给水系统的供水方案。应根据供水安全可靠、利于节水节能、便于操作管理和基建及经常费用等因素通过技术经济比较后确定。

3.1 给水方式图式及适用条件

3.1.1 依靠外网压力的给水方式

1)直接给水方式

当室外给水管网提供的水量、水压在任何时候均能满足建筑用水时,直接把室外管网的水引到建筑内各用水点,称为直接给水方式,如图2-4所示。

该给水方式特点:可充分利用室外管网水压,节约能源,且供水系统简单,投资省,减少水质受污染的可能性。但室外管网一旦停水,室内立即断水,供水可靠性差。

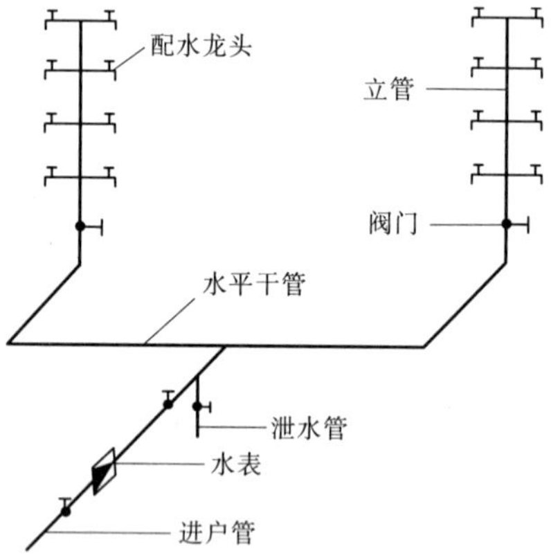

图2-4 直接给水方式

2)单设水箱的给水方式

当室外给水管网提供的水压只是在用水高峰时段出现不足时,或者建筑内要求水压稳定,并且该建筑具备设置高位水箱的条件,可采用这种方式,如图2-5(a)所示。该方式在用水低峰时,利用室外给水管网水压直接供水并向水箱进水;高峰用水时,水箱出水供给给水系统,从而达到调节水压和水量的目的。

这种供水方式适用于多层建筑,下面几层与室外给水管网直接连接,利用室外管网水压供水,上面几层则靠屋顶水箱调节水量和水压,由水箱供水。

如图2-5(b)所示,室外管网直接将水输入水箱,由水箱向建筑内给水系统供水。这种给水方式的特点是水箱贮备一定量的水,在室外管网压力不足时不中断室内用水,供水较可靠,且充分利用室外管网水压,节省能源,安装和维护简单,投资较省。但需设置高位水箱,增加了结构荷载,给建筑的立面及结构处理带来一定的难度,若管理不当,水箱的水质易受到污染。

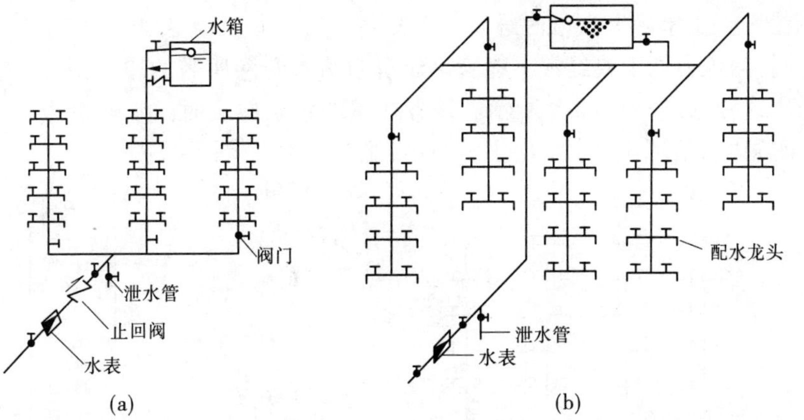

图2-5　单设水箱的给水方式

3.1.2　设有增压与贮水设备的给水方式

1)单设水泵的给水方式

当室外给水管网的水压经常不足时,可采用这种方式。当建筑内用水量大且较均匀时,可用恒速水泵供水,如图2-6所示。当建筑内用水不均匀时,宜采用多台水泵联合运行供水,以提高水泵的效率。

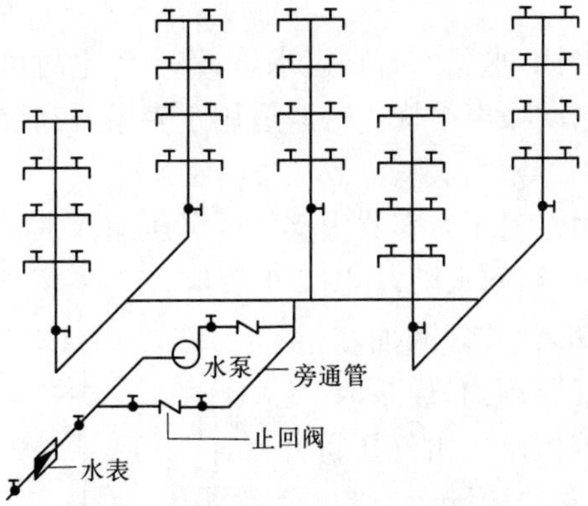

图2-6　单设水泵的给水方式

值得注意的是,因水泵直接从室外管网抽水,有可能使外网压力降低,影响外网上其他用户用水,严重时还可能形成外网负压。在管道接口不严密处,其周围的渗水会吸入管内,造成水质污染。因此,采用这种方式必须征得供水部门的同意,并在管道连接处采取必要的防护措施,以防污染。

2)设置水泵和贮水池的给水方式

当建筑的用水可靠性要求高,室外管网水量、水压经常不足,且不允许直接从外网抽水,或者是外网不能保证建筑的高峰用水,且用水量较大,再或是要求贮备一定容积的消防水量者，应采用这种给水方式，如图 2-7 所示。

这种给水方式避免了上述水泵直接从室外管网抽水的缺点，城市管网的水经自动启闭的浮球阀充入贮水池，然后经水泵加压后再送往室内管网。

3）设置贮水池、水泵和水箱的给水方式

当室外管网压力低于或经常不能满足建筑内给水管网所需的压力，且室内用水不均匀时，可采用这种方式，如图 2-8 所示。该方式中的水泵能及时向水箱供水，可减小水箱容积，又有水箱的调节作用，水泵出水量稳定，能在高效区运行。

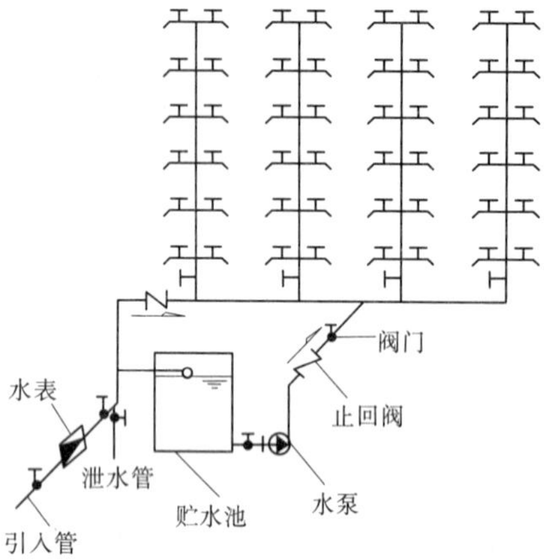

图 2-7　设置水泵和贮水池的给水方式

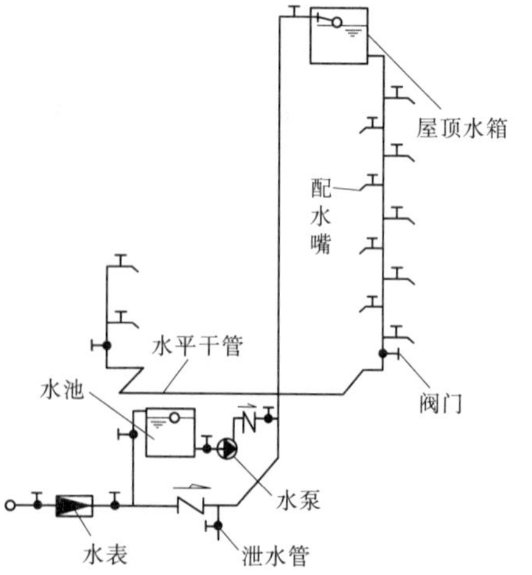

图 2-8　设置贮水池、水泵和水箱的给水方式

这种给水方式由于水池、水箱贮有一定水量，停水停电时可延时供水，供水可靠，供水压力较稳定。但有水泵振动噪声干扰。普遍适用于多层或高层建筑。

4）设气压给水装置的给水方式

气压给水装置是利用密闭压力容器内空气的可压缩性，储存、调节和压送水量的给水装置，其作用相当于高位水箱和水塔，如图 2-9 所示。

水泵从贮水池或室外给水管网抽水，加压后送至供水系统和气压罐内；停泵时，由气压罐向室内给水系统供水。由气压罐调节、储存水量并控制水泵的运行。

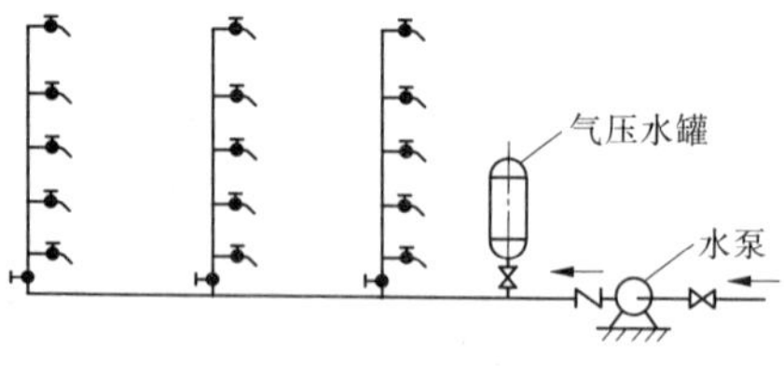

图 2-9　气压给水方式

这种给水方式的优点是设备可设在建筑物的任何位置，便于隐藏，水质不易受污染，投资省，建设周期短，便于实现自动控制等。缺点是给水压力波动较大，管理及运行费用较高，而且可调节性较小。

5）设变频调速给水装置的给水方式

当室外供水管网水压经常不足，建筑内用水量较大且不均匀，要求可靠性较高、水压恒定时，或者建筑物顶部不宜设高位水箱时，可以采用变频调速给水装置进行供水。这种供水方式可省去屋顶水箱,水泵效率较高,但一次性投资较大。

3.1.3 分区给水方式

当室外给水管网的压力只能满足建筑下几层供水要求时,可采用分区给水方式。如图2-10所示,室外给水管网水压线以下楼层为低区,由室外管网直接供水,以上楼层为高区,由升压贮水设备供水。可将两区的1根或几根立管相连,在分区处设阀门,以备低区进水管发生故障或外网压力不足时,由高区水箱向低区供水。

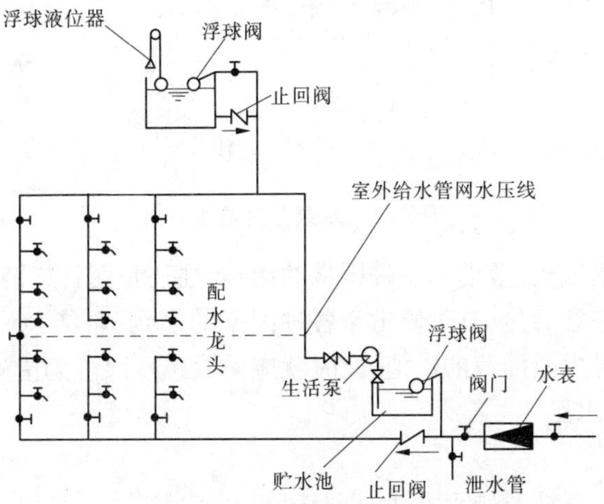

图2-10 分区给水方式

在高层建筑中常见的分区给水方式有水泵并联分区给水方式、水泵串联分区给水方式和减压阀分区给水方式等。

1)水泵并联分区给水方式

各给水分区分别设置水泵或调速水泵,各分区水泵采用并联方式供水,如图2-11(a)所示。优点是供水可靠、设备布置集中,便于维护、管理,省去水箱占用面积,能量消耗较少。缺点是水泵数量多、扬程各不相同。

2)水泵串联分区给水方式

各分区均设置水泵或调速水泵,各分区水泵采用串联方式供水,如图2-11(b)所示。优点是供水可靠,不占用水箱使用面积,能量消耗较少,缺点是水泵数量多,设备布置不集中,维护、管理不便。在使用时,水泵启动顺序为自下而上,各区水泵的能力应匹配。

3)水泵供水减压阀减压分区给水方式

减压阀减压分区给水方式,如图2-11(c)所示。优点是供水可靠,设备与管材少、投资省,设备布置集中、省去水箱占用面积,缺点是下区水压损失大,能量消耗多。

3.1.4 分质给水方式

分质给水方式即根据不同用途所需的不同水质,分别设置独立的给水系统,如图2-12所示。饮用水给水系统水质符合《生活饮用水卫生标准》(GB 5749—2006)。杂用水给水系统,水质较差,仅符合《生活杂用水水质标准》(CJ/T 48—1999),只能用于建筑内冲洗便器、绿化、洗车、扫除等。为确保水质,有些国家还采用了饮用水与盥洗、沐浴等生活用水分设两个独立管网的分质给水方式。

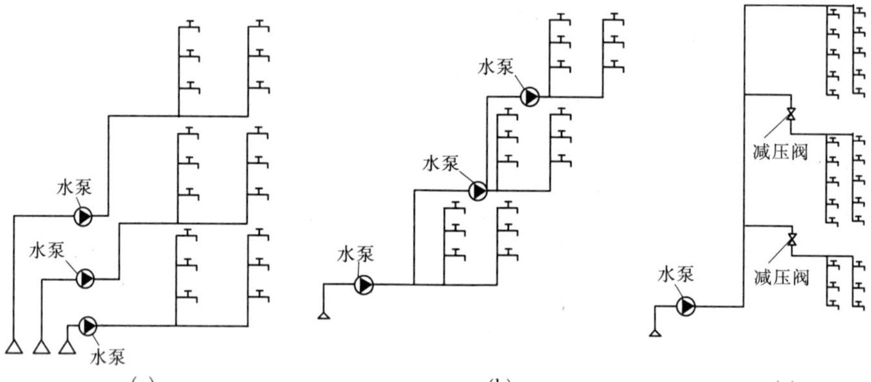

图 2-11　水泵分区给水方式

有些建筑的给水方式，考虑到多种因素的影响，往往是两种或两种以上的给水方式适当组合而成。值得注意的是，有时候由于各种因素的制约，可能会使少部分卫生器具、给水附件处的水压超过规范推荐的数值，此时就应采取减压限流的措施。

3.2　给水系统所需水压

3.2.1　经验法

在初定生活给水系统的给水方式时，对层高不超过 3.5 m 的民用建筑，室内给水系统所需压力（自室外地面算起）可用经验法估算，一般一层为 100 kPa，二层为 120 kPa，三层及以上每增加 1 层，增加 40 kPa。

3.2.2　计算法

系统所需压力计算公式见式(2-1)，如图 2-13 所示。

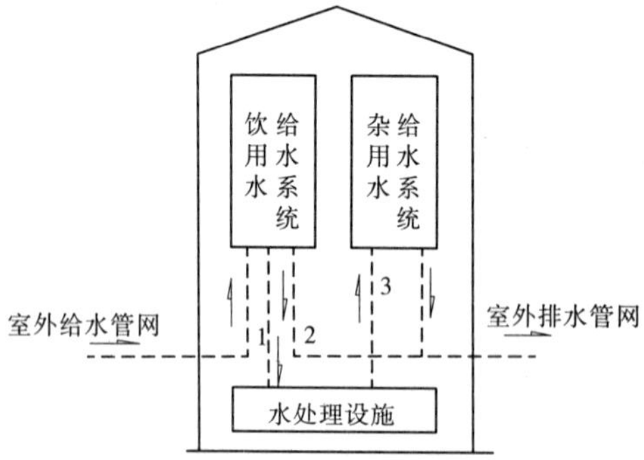

1—生活废水；2—生活污水；3—杂用水

图 2-12　分质给水方式

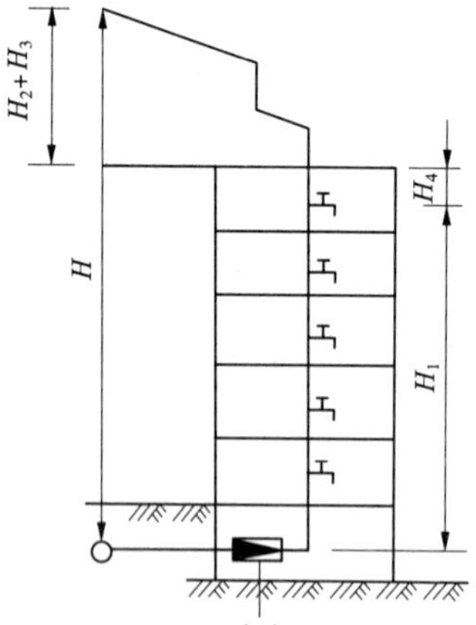

图 2-13　给水系统所需压力示意图

$$H = H_1 + H_2 + H_3 + H_4 \tag{2-1}$$

式中　H——建筑内给水系统所需水压，kPa；

H_1——引入管起点至最不利配水点位置高度所要求的静水压，kPa；

H_2——引入管起点至最不利配水点的给水管路即计算管路的沿程与局部水头损失之和，kPa；

H_3——水流通过水表时的压力损失，kPa；

H_4——最不利配水点所需的最低工作压力（流出水头），kPa。

最不利配水点是指系统内所需水压力最大的配水点，通常位于系统最高、最远点。配水点的流出水头是指各种卫生器具配水龙头或用水设备处，为获得规定的出水量（额定流量）所需的最小压力。

在选择确定室内给水方式时，应将式（2-1）的计算结果与室外管网所提供的压力 H_0（称为资用水头或服务水头）进行比较：

当 H_0 大于 H 很多时，为充分利用室外管网水压，可在允许的流速范围内，适当缩小某些管段的管径，可节省投资。

当 $H_0 \geqslant H$ 时，说明室外管网的水压能够满足室内给水管网所需的压力要求；可采用直接供水的方式。

当 $H_0 < H$，但相差不大时，可适当加大某些管段的管径，减小水头损失，从而减小室内管网所需的压力，避免设置局部的升压设备，以使设计更加经济合理。

当 H_0 小于 H 很多时，通过调整管段的管径也无法使室内管网的水压满足室内给水所需的压力，则应设置升压设备。

4　高层建筑生活给水系统的给水方式

高层建筑若采用同一给水系统供水，由于低层管道内静水压力过大，必然导致超压出流，出现水击、振动、管道和附件损坏等现象。竖向分区供水是解决高层给水系统中低层管道静压过大的主要技术措施，给水系统竖向分区应根据建筑物用途、层数、使用要求、材料设备性能、维护管理、节约供水、能耗等因素综合确定。

（1）建筑高度不超过 100 m 的建筑，宜采用竖向分区并联供水或分区减压的供水方式。

（2）建筑高度超过 100 m 的建筑，宜采用竖向分区串联供水方式。

任务 2.2　给水管道的布置与敷设

1　给水管道的布置

室内给水管道的布置与建筑物的性质、外形、结构状况，卫生用具和生产设备布置情况以及所采用的给水方式等因素有关，并应考虑充分利用室外给水管网的压力。管道布置时应力求长度最短，尽可能呈直线走向，沿墙、梁、柱平行敷设，照顾美观，并考虑施工检修方便。

从配水平衡和供水可靠考虑，给水引入管宜从建筑物用水量最大处和不允许断水处引入。当建筑物内卫生器具布置比较均匀时，应在建筑物中央部分引入，以缩短管网向最不利点的输水长度,减少管网的水头损失。引入管一般设置一条,当建筑物不允许间断供水或室内消火栓总数在10个以上时,需要设置两条,并应由城市环形管网的不同侧引入;如不可能时,也可由同侧引入,但两根引入管间距离不得小于10 m,并应在接点间设置阀门,如图2-14所示。给水引入管与污水排出管外壁的水平距离不得小于1.0 m。引入管穿过承重墙或基础时,管顶上部预留净空不得小于建筑物的沉降量,一般不小于0.1 m,并做好防水的技术处理,如图2-15所示。

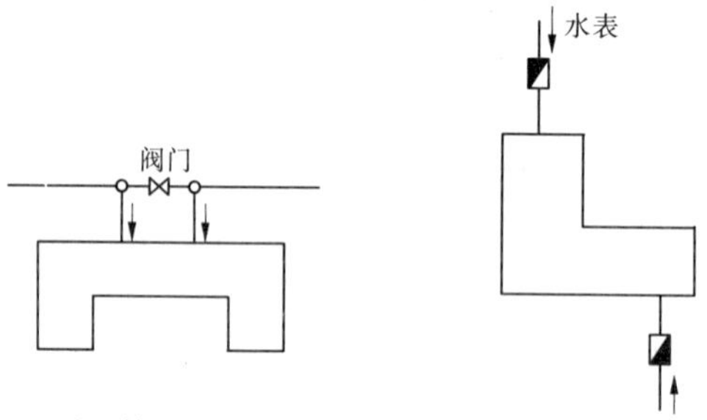

(a)引入管由同侧引入　　(b)引入管由两侧引入

图2-14　引入管布置

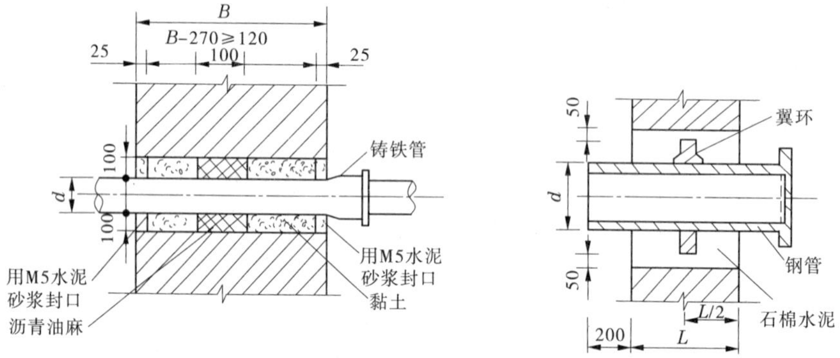

图2-15　引入管穿基础剖面图　(单位:mm)

给水干管应尽量靠近用水量大的设备处或不允许间断供水的用水处,以保证供水可靠,并减少管道转输流量,使大口径管道长度最短。

工厂车间内的给水管道架空布置时,应不妨碍生产操作及车间内的交通运输,不允许把管道布置在遇水能引起爆炸、燃烧或损坏的原料、产品和设备上面。管道直埋地下时,应采取措施避免被重物压坏或被设备震坏,不允许管道穿过设备基础。特殊情况下,应同有关专业协商处理。

室内给水管道不允许敷设在排水沟、烟道和风道内,不允许穿过大小便槽、橱窗、壁柜、木装修,应尽量避免穿过建筑物的沉降缝,如果必须穿过,则应采取相应的措施。

2　布置形式

给水管道的布置按供水可靠程度要求可分为枝状和环状两种形式。

枝状单向供水，供水安全可靠性差，但节省管材，造价低；环状管道相互连通，双向供水，安全可靠；但管线长，造价高。一般建筑内给水管网宜采用枝状布置，高层建筑宜采用环状布置。

按水平干管的敷设位置又可分为下行上给式（见图2-16）、上行下给式（见图2-17）和中分式三种。

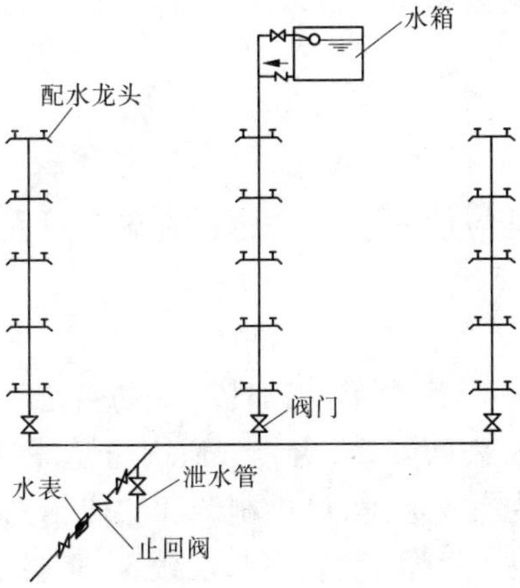

图2-16　下行上给式

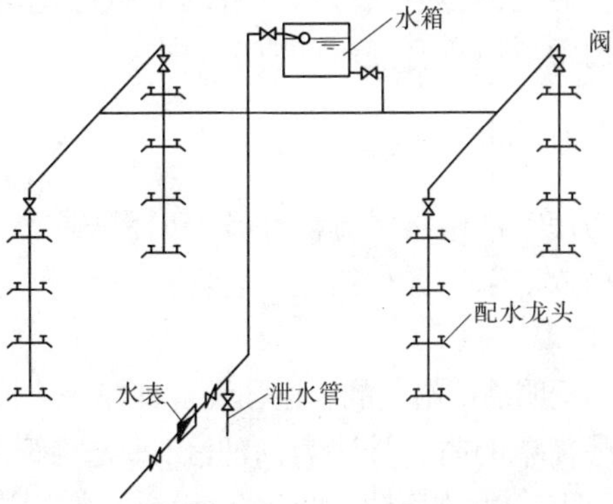

图2-17　上行下给式

干管埋地、设在底层或地下室中，由下向上供水的为下行上给式，适用于利用室外给水管网水压直接供水的工业与民用建筑；干管设在顶层天花板下、吊顶内或技术夹层中，由上向下供水的为上行下给式，适用于设置高位水箱的居住与公共建筑和地下管线较多的工业厂房。

水平干管设在中间技术层内或某层吊顶内，由中间向上、下两个方向供水的为中分式，适用于屋顶用作露天茶座、舞厅或设有中间技术层的高层建筑。

同一幢建筑的给水管网也可同时兼有以上两种布置形式。

3　管道敷设

室内给水管道的敷设，根据建筑对卫生、美观等方面的要求不同，分为明装和暗装两类。

3.1　明装

管道在室内沿墙、梁、柱、天花板下、地板旁暴露敷设。明装管道造价低，施工安装、维护修理均较方便。缺点是由于管道表面积灰、产生凝结水等影响环境卫生，而且明装有碍房屋美观。一般民用建筑和大部分生产车间均为明装方式。

3.2　暗装

管道敷设在地下室天花板下或吊顶中，或在地板下、管井、管槽、管沟中隐藏敷设。管道暗装时，卫生条件好、房间美观，标准较高的高层建筑、宾馆等均采用暗装；在工业企业中的某些生产工艺，如精密仪器或电子元件车间等，要求室内洁净无尘时，也采用暗装。暗装的缺点是造价高，施工维护管理均不方便。

给水管道除单独敷设外,还应考虑到排水、供暖、通风、空调和供电等其他建筑设备工程管线的布置与敷设。考虑到安全、施工、维护等要求,当平行或交叉设置时,对管道间的相互位置、距离、固定方法等应综合有关要求统一处理。给水横管在敷设时应设0.002~0.005的坡度,坡向泄水装置。

当给水管道与排水管道或其他管道同沟敷设、共架敷设时,给水管宜敷设在排水管、冷冻管的上面,热水管、蒸汽管的下面;给水管道与其他管道平行或交叉敷设时,管道外壁之间的距离应符合规范的有关要求。

4 管道防护

为使室内给水系统能在较长时间内正常工作,除应加强维护管理外,在施工过程中还需要采取如下一系列措施进行防护。

4.1 防腐

不论明装或暗装的管道和设备,除镀锌钢管、给水塑料管、铜管外,都必须做防腐处理。

最简单的防腐方法为刷油法,即先将管道及设备表面除锈,明装管道刷防锈漆(如红丹漆)两道,再刷面漆(如银粉)两道。如管道需要装饰或标志,可再刷调和漆或铅油。暗装管道除锈后,刷防锈漆两道。质量较高的防腐方法是做管道防腐层,层数3~9层不等,材料为底漆(冷底子油)、沥青、防水卷材、牛皮纸等。

埋地钢管除锈后刷冷底子油两道,再刷热沥青两道;埋于地下的铸铁管,外表一律要刷沥青防腐,明露部分可刷红丹漆及银粉漆各两道。

工业上用于输送酸、碱液体的管道,除采用耐酸碱、耐腐蚀的管道外,也可将钢管或铸铁管内壁涂衬防腐材料。

为了提高现代生活质量,人们提出了"优质饮用水"这一概念,其目的是使供水能达到直接生饮水水质标准,除目前广泛采用的桶装水供水外,尚可采用管道分质供水方法,即应用各种过滤、消毒、净化措施,在保留水中对人体有益的矿物质和微量元素的前提下,除去对人体有害的有机物和致癌物,通过管道送入各户室内,从而使得生活饮水更加卫生便捷,但这一系统的主要问题是工程造价和维护费用偏高。

4.2 防冻与防结露

给水管道敷设地点温度低于零度时,应采取防冻保温措施,防止管道冻裂。常用的保温材料有稻草、矿渣棉、玻璃棉等,也可在给水系统中设置泄水装置,在冬季将不使用的管道内的水放空。此外,让水在管道内持续流动也可起到防冻作用。

在温度较高、湿度较大的房间,如厨房、洗衣房和用水设备较多的生产车间内,给水管道和设备外壁很容易产生凝结水,称为结露现象。结露不仅使管道外壁上出现凝结水,也加快了管道的腐蚀。对于暗敷在墙体内的管道,出现结露时,还可能使墙面受潮、粉刷脱落,影响到室内的装饰效果。因此,对可能出现结露的给水管道,应做好防潮绝热层,以隔绝湿空气穿透,其做法与一般保温的做法相同。

4.3 防振及噪声控制

室内给水系统产生振动和噪声的原因很多,如管道内压力急剧变化引起的水击,使管道振动而发出噪声;启闭水龙头、阀门,易出现水锤现象,引起管道、附件的振动,水流截面及方向发生变化而发出的水流噪声等。当采用塑料管材时，这些噪声更为明显。

给水管道系统中的振动和噪声应考虑多方面因素来加以控制。从建筑专业的角度来看，应对室内空间按功能要求做出合理布置，泵房、厨房、卫生间等管道较多的房间应尽量不和卧室、起居室等房间相邻。从给排水专业的角度来看，应在保证使用要求的条件下，尽量降低管道内的水压，严格控制给水管道内的流速。在设计给水系统时应控制管道的水流速度，在系统中尽量减少使用电磁阀或速闭型水栓。在高层建筑给水系统中的适当位置设置水锤消除器，以消除水锤噪声。将立管布置在管道井内，管道与管卡、托架之间加上橡胶垫层等措施也能有效地控制或减弱噪声的发生和传播。

任务 2.3　建筑消防给水系统

消防给水系统是专门用于发生火灾时能及时扑灭并防止火灾蔓延的给水设施。

室内消防给水分为消火栓给水系统、自动喷水消防给水系统、水雾灭火系统、蒸汽灭火系统等。由于建筑物的高度不同，火势蔓延速度、火灾危险性、扑救及人员疏散等困难程度不同，所以按照建筑物高度可将消防给水系统划分为低层建筑消防给水系统和高层建筑消防给水系统。

低层消防给水系统是指 10 层以下的住宅和建筑高度不超过 24 m 的其他民用建筑，单层厂房、库房和单层公共建筑等配备的消防给水系统。高层消防给水系统是指 10 层及 10 层以上的住宅和建筑高度超过 24 m 以上的其他民用和工业建筑配备的消防给水系统。低层消防给水系统多采用普通消火栓给水；高层消防给水系统可采用普通消火栓给水，也可采用自动喷水等消防给水。

1　室内消防给水的设置规定

我国《建筑设计防火规范》(GB 50016—2014)规定，在下列建筑中应设置消防给水系统：

(1)厂房、库房和科研楼(存有与水接触能引起爆炸或助长火势蔓延的物品除外)。

(2)超过 800 个座位的剧院、电影院、体育馆和超过 1 200 个座位的礼堂。

(3)体积超过 5 000 m^3 的火车站、展览馆、商店、医院、图书馆等。

(4)超过 7 层的单元式住宅和 6 层的塔式、通廊式、底层设有商业网点的单元式住宅和其他民用建筑。

(5)国家级文物保护单位的重点木结构古建筑。

2　消火栓给水系统

2.1　消火栓给水系统的组成

室内消火栓给水系统是普通建筑广泛采用的给水设备，它由水枪、水龙带、消火栓、消防管道、水源等组成。当室外提供的水压不能满足要求时，还应设置消防水箱和消防水泵。

2.1.1　水枪

消防水枪是灭火的射水工具，如图 2-18 所示。其作用是收缩水流，增加出口水流的流速，使之能够形成一股强有力的充实水柱将火扑灭。充实水柱的长度一般为 7 ~ 10 m，按不同建筑高度要求不同，如图 2-19 所示。

图 2-18　水枪

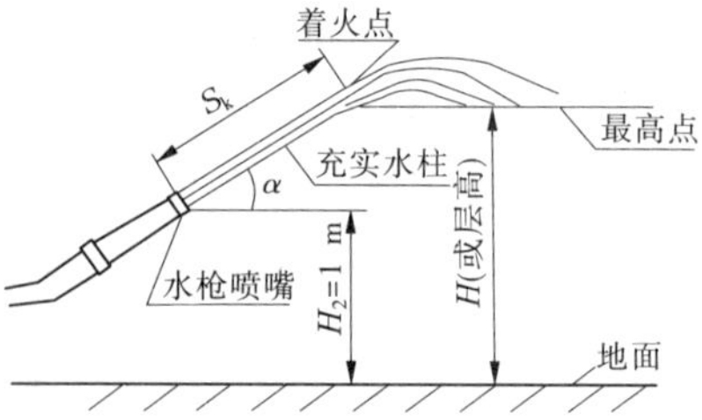

图 2-19　充实水柱

水枪喷口直径有 13 mm、16 mm、19 mm 三种规格，另一端的口径与消火栓口径统一，有 50 mm、65 mm 两种。

2.1.2　水龙带

水龙带是能承受一定液体压力的管状带织物，多采用麻织水带，如图 2-20 所示。可在较高压力下输送水，其长度有 10 m、15 m、20 m、25 m 等几种。水龙带的一头与水枪连接。

图 2-20　水龙带

2.1.3　消火栓

消火栓是消防用水的内扣式接口，球形阀式龙头，有单出口和双出口之分。口径分 *DN*50 mm、*DN*65 mm 两种，双出口口径为 *DN*65 mm，如图 2-21 所示。消火栓通常安装在消火栓箱内，如图 2-22 所示。

2.1.4　消防水喉

消防水喉也称消防卷盘、自救式消火栓、自救水枪、消防软管转轮等。由小口径室内消火栓（口径为 25 mm 或 32 mm）、输水胶管（内径为 19 mm）、小口径开关水枪（喷嘴口径为 6.8 mm 或 9 mm）和转盘配套组成，长度为 20 ~ 40 m，安装于消火栓箱内，如图 2-23 所示。

图 2-21　消火栓

图 2-22　消火栓箱

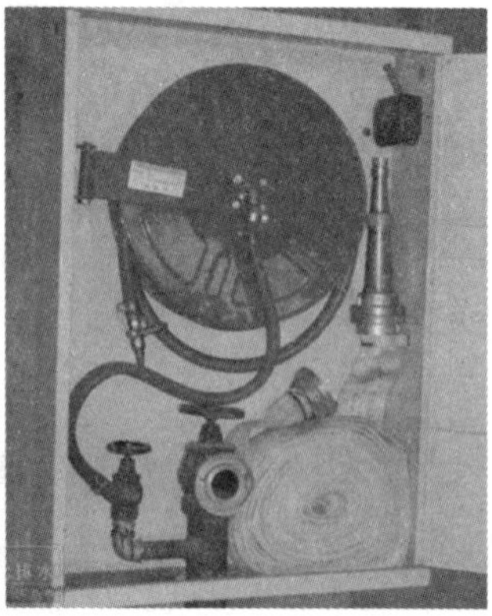

图 2-23　带消防水喉的消火栓

2.1.5　消防管道

消防管道由支管、干管、立管和引入管等组成。引入管一般设一根,但当室内消火栓数较多时,应有至少两条引入管。

2.1.6　水泵接合器

水泵接合器是连接消防车向室内消防给水系统加压供水的装置,一端由消防给水管网水平干管引出,另一端设于消防车易于接近的地方。

水泵接合器分地上、地下和墙壁式三种,如图2-24所示。

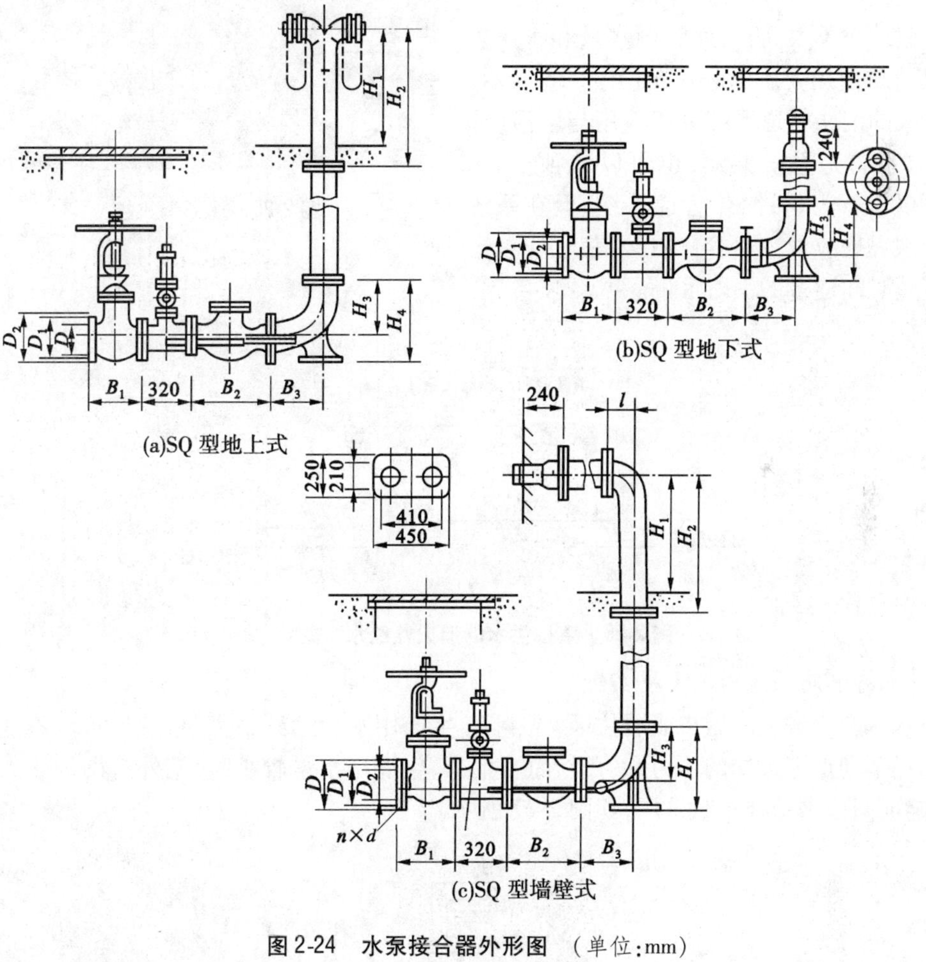

图2-24　水泵接合器外形图　(单位:mm)

2.1.7　消防水箱(池)

消防水箱(池)是指在灭火救援活动中为消防队提供水源的消防设施,一方面,使消防给水管道充满水,节省消防水泵开启后充满管道的时间,为扑灭火灾赢得了时间。另一方面,屋顶设置的增压、稳压系统和水箱能保证消防水枪的充实水柱,对于扑灭初期火灾的成败有决定性作用。消防水池是人工建造的供固定或移动消防水泵吸水的储水设施。消防水箱(池)一般储存10 min的消防用水量,消防水箱(池)可与其他用水合用,并设有防止消防水被挪作他用的技术措施。

2.1.8 屋顶消火栓

为了检查消火栓给水系统是否能够正常运行及保护本建筑免受邻近建筑火灾波及，在室内设有消火栓给水系统的建筑屋顶应设置一个屋顶消火栓，如图 2-25 所示。

2.2 消火栓给水系统的形式

根据建筑物的高度、室外管网的压力、流量和室内消防流量、水压等要求，室内消火栓给水系统可分为以下三类。

图 2-25 屋顶消火栓

2.2.1 直接给水室内消火栓系统

当建筑物不太高，室外管网水量和水压均能满足消防使用要求时采用，如图 2-26 所示。这种方式的消防管道系统可以采用与生活（或生产）给水管道系统共用，也可以单独设置。前者可以节省管材，简化管道系统，但在系统引入管水表处应设旁通管，选择水表也应考虑能承受短时间通过的消防水量。

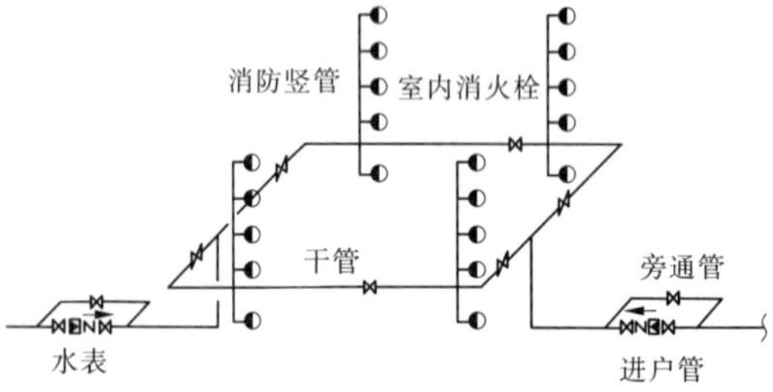

图 2-26 直接供水的消火栓给水方式

2.2.2 设有水箱的室内消火栓系统

在水压变化较大的城市或居住区，当生活、生产用水量达到最大时，室外管网不能保证室内最不利点消火栓的压力和流量，而当生产、生活用水量较小时，室外管网的压力又较大，能向高位水箱补水时采用，如图 2-27 所示。

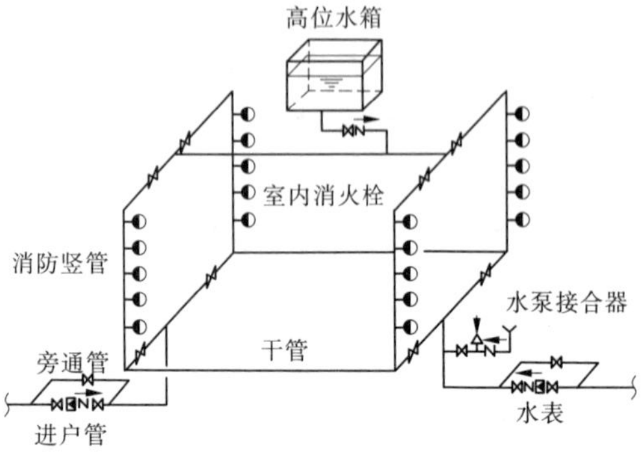

图 2-27 设有水箱的消火栓给水方式

2.2.3　设有消防水泵和消防水箱的室内消火栓系统

在室外管网压力经常不能满足室内消火栓给水系统的水量和水压要求时，可采用图2-28的形式。对消防用水与生活、生产用水合并的系统，其消防水泵应保证满足生活、生产、消防用水的最大秒流量，并应保证室内最不利消火栓的水压。

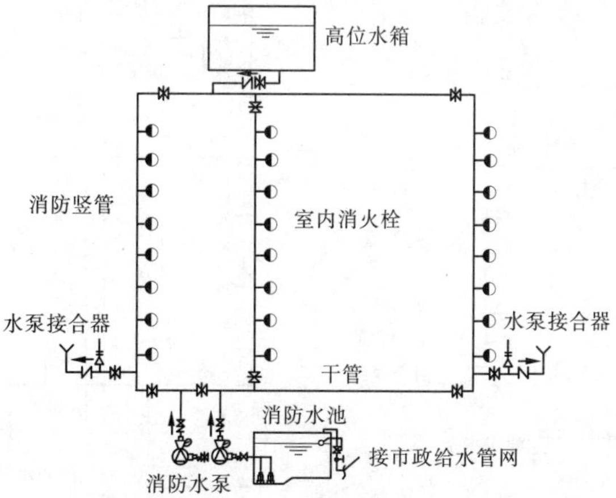

图2-28　设有水泵和消防水箱的消火栓给水方式

2.2.4　高层建筑消火栓给水系统

高层建筑消火栓给水系统按建筑高度划分，有分区和不分区两种形式。

（1）不分区的室内消火栓给水系统。在有大型消防车的城市，建筑高度不超过50 m，或建筑内最低消火栓处静水压力不超过0.8 MPa时可采用不分区的室内消火栓给水系统，如图2-29所示。

（2）分区的室内消火栓给水系统。建筑高度超过50 m或建筑内部消火栓处静水压力超过0.8 MPa时，一般应采用分区给水，如图2-30所示。

串联式可以减少上、下分区的水泵扬程，但增加了下分区水箱容积。并联式水泵集中布置，便于管理，适用于建筑高度不超过100 m的消防给水。

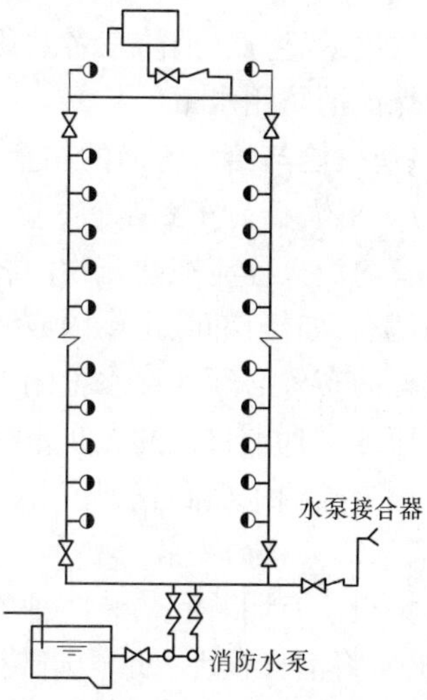

图2-29　高层不分区消火栓给水系统

2.3　室内消防用水量

消防用水量是指消防设施、消防系统等在火灾时的单位时间内用水量及整个火灾延续时间内扑灭火灾所需的用水量，是消防设备、管道等供水能力和消防储水量的设计依据。

室内消防用水量为同时使用的水枪数和每支水枪用水量的乘积。根据消防灭火效果统计，在火灾现场出一支水枪的控制率为40%，同时出两支水枪的控制率为65%。因而初期火灾一般不宜少于两支水枪同时出水，只有建筑物容积较小时才考虑一支水枪。室内消火栓给水系统的用水量与建筑类型、规模、高度、结构、耐火等级和生产性质等因素有关。

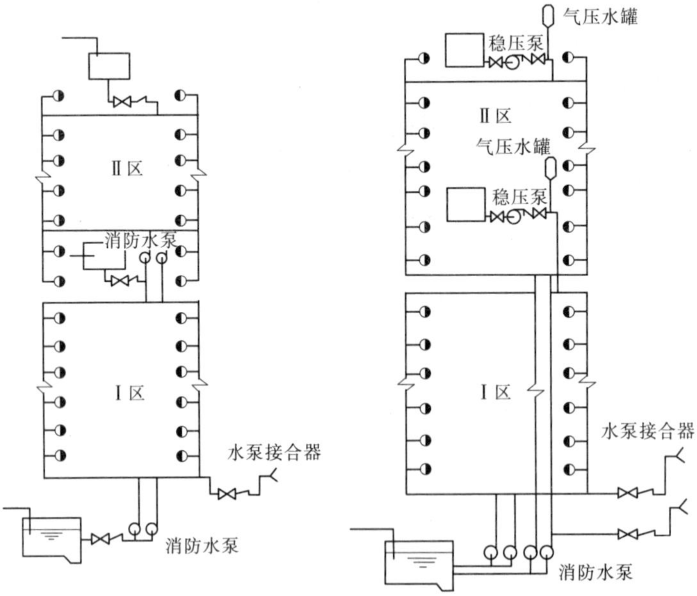

(a)串联式　　　　(b)并联式

图 2-30　高层分区消火栓给水系统

对生活、生产、消防三者共用的室内给水管网，当生活、生产用水达到最大用水量时，应能保证消防用水量。

2.4　消火栓与给水管道的布置

2.4.1　消火栓的布置

室内消火栓应在建筑物内各层布置，其位置应处在明显的、经常有人出入的、使用方便的地点，如楼梯间、走廊内或大厅的出入口等处，消火栓箱门上标有醒目的"消火栓"。消火栓的布置必须保证水枪的充实水柱能够喷射到建筑物的任何角落。消火栓的布置间距还应考虑到消火栓的充实水柱、保护半径以及室内各部位所需的水柱股数。

消火栓的平面布置如图 2-31 所示。

2.4.2　消火栓的安装

消火栓有明装和暗装两种安装方式。对新建建筑物，为节约室内使用面积以及美观起见，常将消火栓埋入墙内暗装，栓口距地面高度为 1.1 m，且应向下或垂直墙面向外，以便于水带与消火栓连接后，迅速向各个方向展开。同一座建筑物内应采用相同规格型号的消火栓、水枪、水带以及相同的安装方法，以便于维护管理和替换使用。墙面装修时，不得采用任何形式覆盖消火栓表面或对消火栓箱进行伪装。

2.4.3　消防管道的布置

(1)建筑物内的消火栓给水系统是否与生产、生活给水系统合用或单独设置，应根据建筑的性质和使用要求经技术经济比较后确定。与生活、生产给水系统合用时，给水管一般采用热浸镀锌钢管或给水铸铁管。单独消防系统的给水管可采用非镀锌钢管或给水铸铁管。

(2)室内消火栓超过 10 个，且室外消防用水量大于 15 L/s 时，室内消防给水管道应

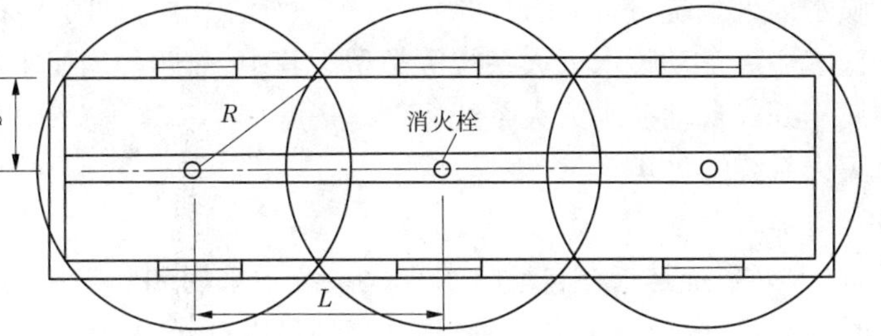

(a)一股水柱消火栓布置

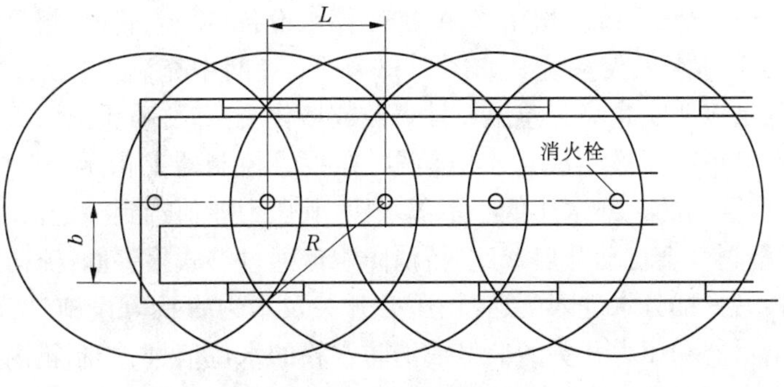

(b)两股水柱消火栓布置

R—消火栓的保护半径；b—建筑物宽度；L—消火栓间距

图2-31　消火栓平面布置

布置成环状，其进水管至少应布置两条。当环状管网的一条进水管发生事故时，其余的进水管应仍能供应全部用水量。对于7～9层的单元式住宅，进水管可采用一条。

(3)超过6层的塔式和通廊式住宅，超过5层或体积超过10 000 m^3的其他民用建筑，超过4层的厂房和库房，如室内消防立管为两条或两条以上，应至少每两条立管相连组成环状管网。对于7～9层的单元式住宅，消防立管允许布置成枝状管网。

(4)阀门的设置应便于管网维修和使用安全，检修关闭阀门后，停止使用的消火栓在一层中不应超过5个，关闭的立管不超过1条；当立管为4条及以上时，可关闭不相邻的两条立管。消防阀门平时应开启，并有明显的启闭标志。

3　自动喷水灭火系统

自动喷水灭火系统是一种在发生火灾时，喷头能自动打开喷水实现控火灭火或者进行防火分割、防火冷却，并同时发出火警信号的消防给水设施。据资料统计，自动喷水灭火系统扑灭初期火灾的成功率在97%以上。鉴于我国目前的经济发展状况，仅要求在人员密集不易疏散，外部增援灭火与救生较困难的性质重要的建筑物和火灾危险性大、发生火灾后损失严重的工业与民用建筑中设置自动喷水灭火系统。

自动喷水灭火系统不适用于存有较多遇水发生爆炸或加速燃烧的物品、遇水进行剧烈化学反应或产生有毒有害物质的物品；洒水将导致喷溅或沸溢的液体的场所。

目前，我国使用的自动喷水灭火系统有湿式自动喷水灭火系统、干式自动喷水灭火系统、干湿式自动喷水灭火系统、预作用自动喷水灭火系统、雨淋自动喷水灭火系统、水幕自动喷水灭火系统、水喷雾自动喷水灭火系统等类型。其中,前四种均属于闭式自动喷水灭火系统,后三种属于开式自动喷水灭火系统。

3.1 自动喷水灭火系统的种类

3.1.1 闭式自动喷水灭火系统

闭式自动喷水灭火系统是指在自动喷水灭火系统中采用闭式喷头,平时系统为封闭系统,火灾发生时,建筑物内温度上升,当室温升高到足以打开闭式喷头上的闭锁装置时,喷头即自动喷水灭火。

闭式自动喷水灭火系统一般由水源、加压储水设备、喷头、管网、报警装置等组成。

(1)湿式自动喷水灭火系统。如图 2-32 所示,管网中充满有压水,当建筑物发生火灾,温度上升到足以使闭式喷头感温元件爆破或熔化脱落时,喷头出水灭火。此时管网中有压水流动,水流指示器被感应送出电信号,在报警控制器上指示,某一区域已在喷水。持续喷水造成报警阀的上部水压低于下部水压,其压力差值达到一定值时,原来处于关闭状态的湿式报警阀就会自动开启。此时,消防水流通过湿式报警阀,流向自动喷洒管网供水灭火。同时,另一部分水进入延迟器、压力开关及水力警铃等设施,发出火警信号。另外,根据水流指示器和压力开关的信号或消防水箱的水位信号,控制箱内控制器能自动开启消防水泵,以达到持续供水的目的。

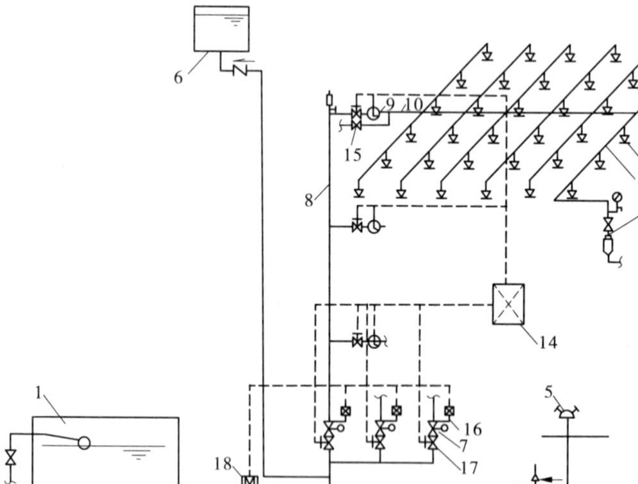

1—消防水池;2—水泵;3—止回阀;4—闸阀;5—水泵接合器;6—消防水箱;7—湿式报警阀组;8—配水干管;9—水流指示器;10—配水管;11—闭式喷头;12—配水支管;13—末端试水装置;14—报警控制器;15—泄水阀;16—压力开关;17—信号阀;18—驱动电动机

图 2-32 湿式自动喷水灭火系统示意图

该系统具有结构简单、使用方便可靠、便于施工、容易管理、灭火速度快、扑救效率高,适用范围广的优点,适合安装在环境温度为 4 ~ 70 ℃的建筑物、构筑物内。但由于管网中充有有压水，渗漏时会损坏建筑装饰和影响建筑的使用。

(2)干式自动喷水灭火系统。与湿式自动喷水灭火系统原理类似，只是控制信号阀的结构和作用原理不同。管网中平时不充水，充有有压空气(或氮气)。当建筑物发生火灾，火点温度达到足以开启闭式喷头时，喷头开启、排气、充水、灭火。该系统灭火时，需先排除管网中的空气，故喷头出水不如湿式系统及时。但管网中平时不充水，对建筑装饰无影响，对环境温度也无要求，适用于采暖期长而建筑物内无采暖的场所。为减少排气时间，一般要求管网的容积不大于3 000 L。

(3)干湿式自动喷水灭火系统。在环境温度满足湿式自动喷水灭火系统设置条件($4\ ℃ < T < 70\ ℃$)时，报警阀后的管段充以有压水，系统形成湿式自动喷水灭火系统；当环境温度不满足湿式自动喷水灭火系统设置条件($T < 4\ ℃$或$T > 70\ ℃$)时，报警阀后的管段充以有压空气(或氮气)，系统形成干式自动喷水灭火系统。该系统适合于环境温度周期变化较大的地区。

(4)预作用自动喷水灭火系统。管网中平时不充水(无压)。发生火灾时，火灾探测器报警后，自动控制系统控制阀门排气、充水，由干式变为湿式系统。只有当着火点温度达到足以开启闭式喷头时，才开始喷水灭火。该系统弥补了上述两种系统的缺点，适用于对建筑装饰要求高、灭火及时的建筑物。

3.1.2　开式自动喷水灭火系统

开式自动喷水灭火系统是指在自动喷水灭火系统中采用开式喷头，平时系统为敞开状，报警阀处于关闭状态，管网中无水，火灾发生时报警阀开启，管网充水，喷头喷水灭火。

开式自动喷水灭火系统由开式喷头、管道系统、雨淋阀、火灾探测器、报警控制装置、控制组件和供水设备等组成。

(1)雨淋自动喷水灭火系统。当建筑物发生火灾时，由自动控制装置打开集中控制阀门，使整个保护区域所有喷头喷水灭火。该系统具有出水量大、灭火及时的优点，适用于火灾蔓延快、危险性大的建筑或部位。平时雨淋阀后的管网无水，雨淋阀由于传动系统中的水压作用而紧紧关闭着。火灾发生时，火灾探测器感受到火灾因素，便立即向控制器送出火灾信号，控制器将信号作声光显示并相应输出控制信号，打开传动管网上的传动阀门，自动地释放掉传动管网中的有压水，使雨淋阀上传动水压骤然降低，雨淋阀启动，消防水便立即充满管网，经过开式喷头同时喷水。该系统提供了一种整体保护作用，可实现对保护区的整体灭火或控火。同时，压力开关和水力警铃以声光报警，作反馈指示，消防人员在控制中心便可确认系统是否及时开启。

(2)水幕自动喷水灭火系统。该系统工作原理与雨淋系统不同的是：雨淋系统中使用开式喷头，将水喷洒成锥体状扩散射流，而水幕系统中使用开式水幕喷头，将水喷洒成水帘幕状，如图2-33所示。因此，它不能直接用来扑灭火灾，而是与防火卷帘、防火幕配合使用，对它们进行冷却和提高它们的耐火性能，阻止火势扩大和蔓延。它也可单独使用，用来保护建筑物的门、窗、洞口或在大空间造成防火水帘起防火分隔作用。

(3)水喷雾自动喷水灭火系统。该系统用喷雾喷头把水粉碎成细小的水雾滴之后喷射到正在燃烧的物质表面，通过表面冷却、窒息以及乳化的同时作用实现灭火。由于水喷雾具有多种灭火机制，其具有适用范围广的优点，不仅可以提高扑灭固体火灾的灭火效率，同时由于水雾具有不会造成液体火飞溅、电气绝缘性好的特点，在扑灭可燃液体火灾、电气火灾中均得到了广泛的应用，如用于飞机发动机试验台、各类电气设备、石油加工场所等。

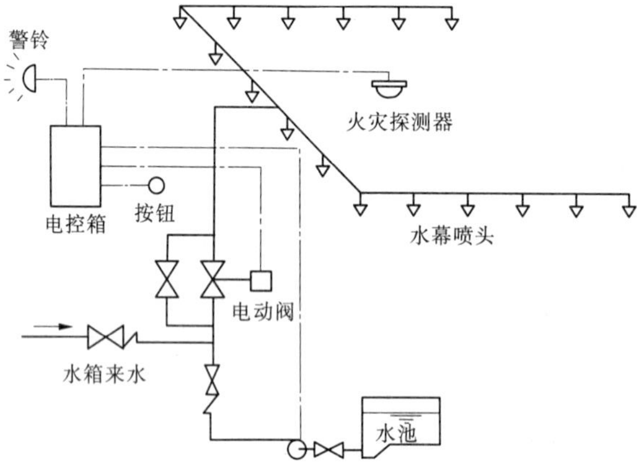

图 2-33 水幕自动喷水灭火系统示意图

3.2 自动喷水灭火系统的喷头与控制部件

3.2.1 喷头

喷头的作用是洒水灭火。喷头有很多种，可分为闭式、开式和特殊式三种。

闭式喷头在系统中担负着探测火灾、启动系统和喷水灭火的任务，是自动喷水灭火系统中的关键部件。

闭式喷头由喷水口、感温释放机构和溅水盘等组成。按感温元件的不同，分为易熔合金洒水喷头和玻璃球洒水喷头。易熔合金洒水喷头的感温元件是由低熔合金锁片封闭的，如图 2-34(a)所示。这种喷头结构简单，感温比较灵敏，成本低，性能稳定，可在各种建筑中安装使用。

玻璃球洒水喷头感温元件是用内装高膨胀性液体的玻璃球封闭喷头，构造见图 2-34(b)。当火灾发生时，室温升高到一定程度，液体膨胀破坏玻璃球，打开喷口喷水灭火。这种喷头具有良好的抗腐蚀性能、体积小、外形美观等特点。适用于各种建筑尤其是展厅、剧院等公共建筑。

闭式喷头的构造按溅水盘的形式和安装方式不同又分为直立型、下垂型、边墙型、吊顶型、普通型等多种形式，如图 2-34(c)、(d)、(e)、(f)、(g)所示。

开式喷头与闭式喷头的区别仅在于缺少由热敏感元件组成的释放机构。它是由本体、支架、溅水盘等组成。按安装形式分为双臂下垂型、单臂下垂型、双臂直立型和双臂边墙型四种，如图 2-35 所示。

3.2.2 报警阀

报警阀的主要功能是开启后能够接通管中水流同时启动报警装置。按系统类型和用途不同，可分为湿式报警阀、干式报警阀和雨淋报警阀三种，如图 2-36 所示。

湿式报警阀用于湿式系统，当喷头开启喷水时，在管道中水流作用下自动打开，并使

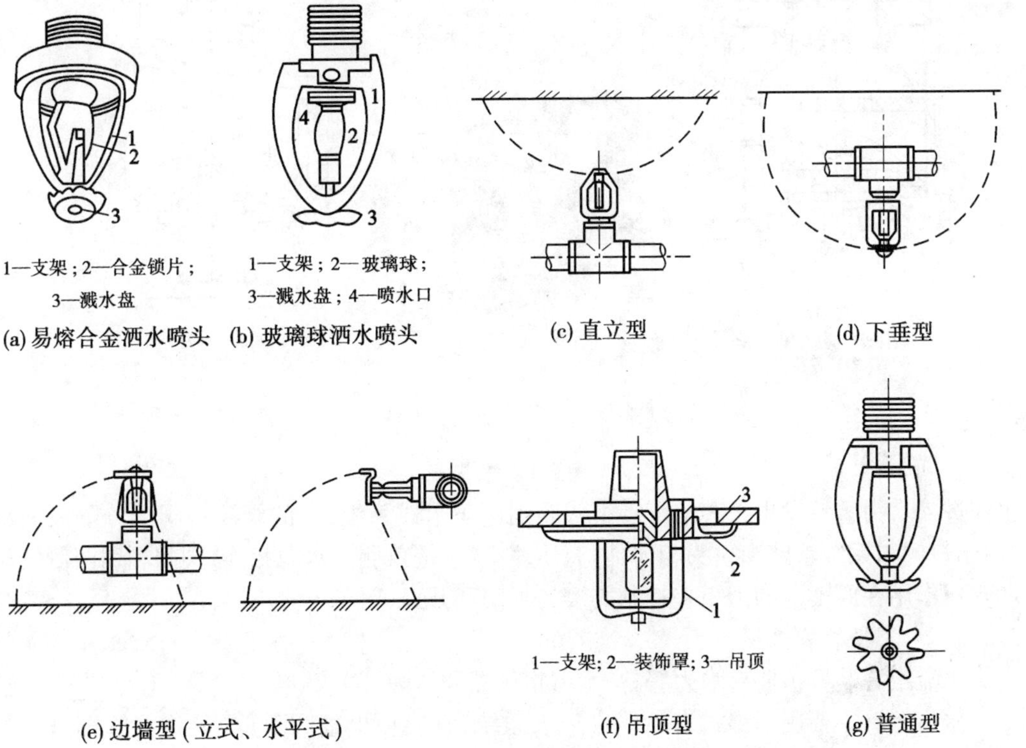

图 2-34　闭式喷头构造及类型

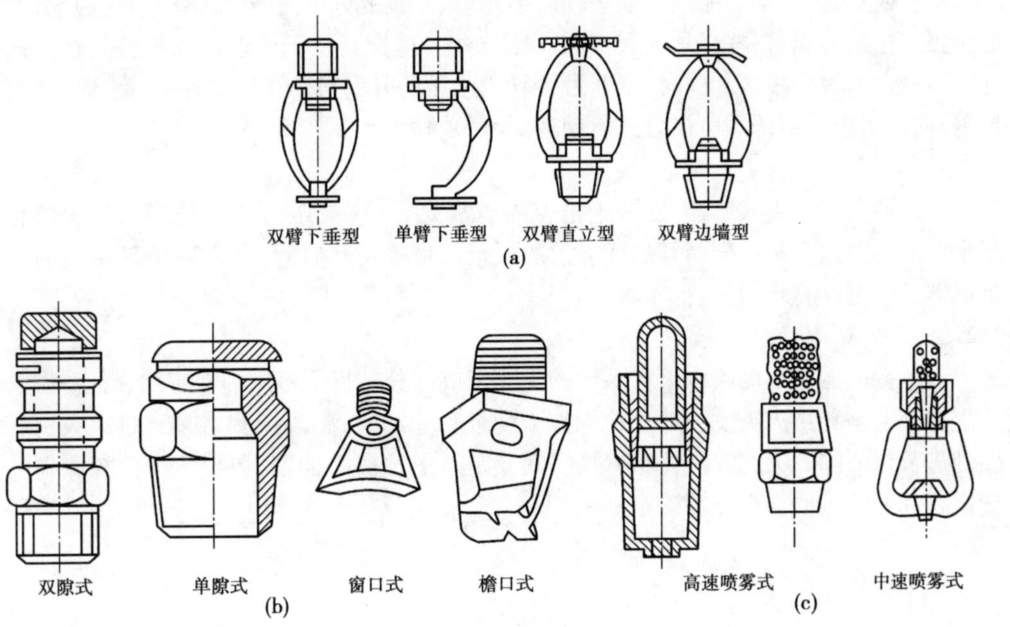

图 2-35　开式喷头构造示意图

1—阀体;2—阀瓣;3—沟槽;
4—水力警铃接口

(a) 座圈型湿式阀

1—阀瓣;2—水力警铃接口;
3—弹性隔膜

(b) 差动式干式阀

图 2-36　报警阀

水流进入水力警铃发出报警信号。干式阀则用于干式系统,它的阀瓣将阀门分隔成两部分,出口侧与系统管路和喷头相连,内充压缩空气,进口侧与水源相连,阀门利用两侧气压和水压作用在阀瓣上的力矩差控制阀瓣的封闭和开启。

3.2.3　水流报警装置

水流报警装置主要有水力警铃、水流指示器和压力开关。

水力警铃主要用于湿式自动喷水灭火系统,宜装在报警阀附近(其连接管不宜超过6 m)。当报警阀打开消防水源后,具有一定压力的水流冲动叶轮打铃报警。水力警铃不得由电动报警装置取代。水流指示器用于湿式自动喷水灭火系统中。通常安装在各楼层配水干管或支管上,其功能是当喷头开启喷水时,水流指示器中桨片摆动而接通电信号,送至报警控制器报警,并指示火灾楼层。压力开关垂直安装于延迟器和报警阀之间的管道上。在水力警铃报警的同时,依靠警铃管内水压的升高自动接通电触点,完成电动警铃报警,向消防控制室传送电信号或启动消防水泵。

3.2.4　延迟器

延迟器是一个罐式容器,安装于报警阀与水力警铃(或压力开关)之间,用于防止由于水压波动原因引起报警阀开启而导致的误报。报警阀开启后,水流需经 30 s 左右充满延迟器后方可冲打水力警铃。

3.2.5　火灾探测器

火灾探测器是自动喷水灭火系统的重要组成部分。目前常用的有感烟、感温探测器。感烟探测器是利用火灾发生地点的烟雾浓度进行探测的,感温探测器是通过火灾引起的温升进行探测的。火灾探测器布置在房间或走道的顶棚下面,其数量应根据探测器的保护面积和探测区的面积计算确定。

任务2.4 建筑热水供应系统

1 热水供应系统分类

1.1 按热水供应系统供应范围分类

热水供应系统按热水供应范围分为局部热水供应系统、集中热水供应系统和区域热水供应系统。

1.1.1 局部热水供应系统

局部热水供应系统是采用小型加热设备在用水场所就地加热，供局部范围内的一个或几个用水点使用的热水系统，如图2-37所示。

局部热水供应系统的热源有蒸汽、燃气、炉灶余热、太阳能和电能等，适用于热水用水点少、用水量小并且分散的建筑。

局部热水供应系统具有设备少、系统简单，造价低，维护管理容易，热损失少，改建、增装方便等特点，但使用不够方便舒适，每个加热装置都要占用建筑面积，由于系统的同时使用率高，使设备的容量较大。

1.1.2 集中热水供应系统

集中热水供应系统是利用加热设备集中加热冷水后通过热水管网送至一幢或者多幢建筑的热水配水点。为保证系统热水温度，需设循环回水管，将暂时不用的部分热水再送回加热设备。如图2-38所示。

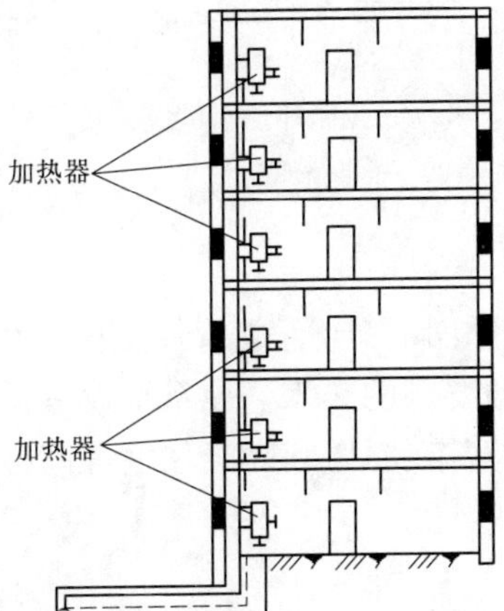

图2-37 局部热水供应系统

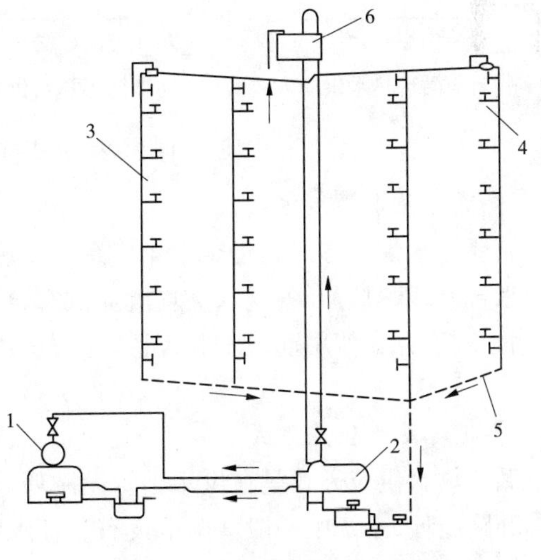

1—锅炉；2—热交换器；3—输配水管网；
4—热水配水点；5—循环回水管；6—冷水箱

图2-38 集中热水供应系统

集中热水供应系统的特点是加热设备集中，便于管理维修，设备的热效率较高，热水成本低，由于同时使用率低，设备总容量小，但系统复杂，初始投资大，需配备专门人员管理，且热损失较大。

1.1.3 区域热水供应系统

区域热水供应系统的热水在热电厂、区域锅炉房或热交换站集中制备，通过市政热水管网送至整个建筑群、居民区或整个工业企业使用。在城市或工业企业热力网的热水水质符合用水要求且热力网工况容许时，也可直接从热水管网取水。该系统供水范围大，自动化控制技术先进，便于集中统一维护管理，有利于热能的综合利用，但热水管网复杂，热损失大，设备、附件多，管理水平要求高，一次性投资大。因此，其适用于建筑布置较集中、热水用量较大的城市和大型工业企业。

1.2 按热水管网的循环方式分类

为保证热水管网中的水随时保持一定的温度，热水管网除配水管道外，还应根据具体情况和使用要求设置不同形式的回水管道，以便当配水管道停止配水时，管网中仍能维持一定的循环流量，以补偿管网热损失，防止温度降低过多。常用的循环方式有全循环热水供应方式、半循环热水供应方式和无循环热水供应方式三种，如图 2-39 所示。

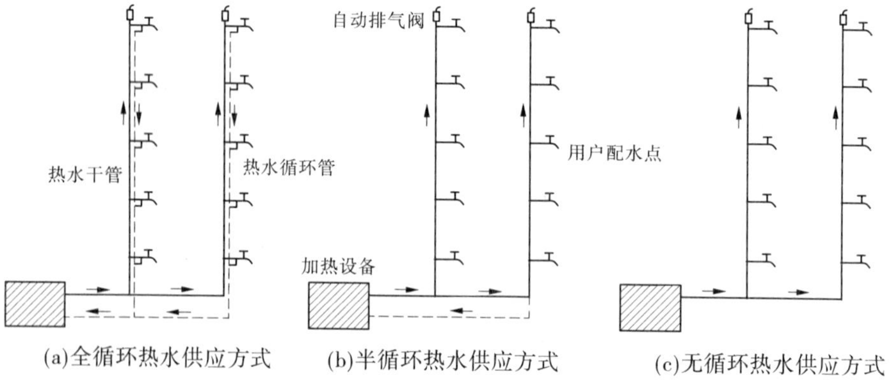

图 2-39 热水循环方式

1.2.1 全循环热水供应方式

全循环热水供应方式是指热水供应系统中热水配水管、水平干管、立管及支管均设有相应回水管道，随时打开各配水嘴均能提供符合设计水温要求的热水。该系统设有循环水泵，用水时不存在使用前放水和等待时间，适用于高级宾馆、酒店和高级住宅等高标准建筑。

1.2.2 半循环热水供应方式

半循环热水供应方式是在供水干管设循环管，管网中的立管和支管不参与循环，只能形成单环路循环，系统中一般情况下设有循环水泵。一般适用于对水温要求不高、不甚严格且支管、分支管较短，用水较集中或一次用水量较大的建筑。

1.2.3 无循环热水供应方式

无循环热水供应方式是指热水供应系统中热水配水管网的水平干管、立管、配水支管都不设任何回水管道。一般适用于热水供应系统较小、使用要求不高的定时供应系统，如公共浴室、洗衣房等。

1.3　按热水管网循环动力分类

热水供应系统根据循环动力的不同可分为自然循环热水供应方式和机械循环热水供应方式两种。

1.3.1　自然循环热水供应方式

自然循环热水供应方式是利用配水管和回水管中水的温差所形成的压力差，使管网内维持一定的循环流量，以补偿配水管道的热损失，满足用户对热水温度的要求。这种方式适用于热水供应系统小、用户对水温要求不严格的系统。

1.3.2　机械循环热水供应方式

机械循环热水供应方式是在回水干管上设循环水泵，强制一定量的水在管网中循环，以补偿配水管道的热损失，满足用户对热水温度的要求。这种方式适用于用户对热水温度要求严格的大、中型热水供应系统。

2　热水供应系统的组成

对于不同的热水供应系统，其系统组成不尽相同。建筑内热水供应系统中以集中热水供应系统的使用较为普遍。集中热水供应系统一般由热源、加热设备、循环管道组成，如图 2-40 所示。热水供应管道一般可分为三部分。

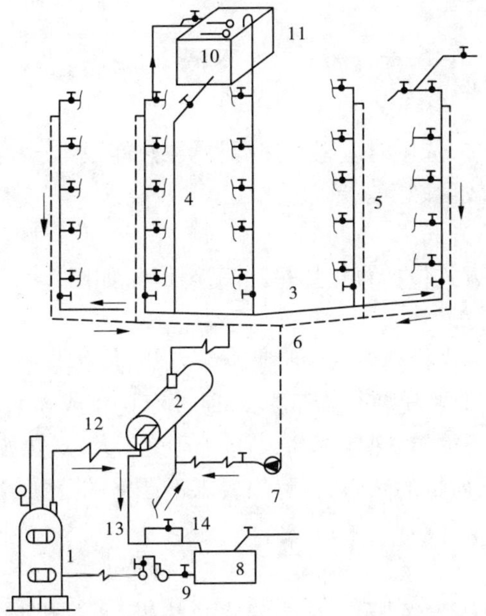

1—锅炉；2—水加热器；3—配水干管；4—配水立管；5—回水立管；
6—回水干管给水管；7—循环水泵；8—冷凝水箱；
9—冷凝水循环泵；10—冷水箱；11—透气管；
12—热媒上升管（蒸汽管）；13—热媒下降管（冷凝水管）；14—疏水器

图 2-40　热水供应系统的组成

2.1 第一循环系统(热媒循环管道)

它是连接锅炉(热源)和水加热器或储水器之间的管道。如果热媒为蒸汽,就不存在循环管道,而只有蒸汽管和凝结水管及其他设备,但习惯上也称为热媒循环管道。

2.2 第二循环系统(配水循环管道)

它是连接储水器(或水加热器)和配水龙头之间的管道。根据使用要求,有的系统只有配水管道而无回水管道。

2.3 给水管道

自来水(或经水箱)接至水加热器或锅炉的给水管道。

集中热水供应系统的工作流程是:锅炉产生的蒸汽经热媒循环管道送入水加热器将冷水加热。蒸汽凝结水由凝结水管排至凝水池。锅炉用水由凝水池旁的凝结水泵压入。水加热器中所需要的冷水由高位水箱供给,热水由配水管送到各个用水点。不配水时,配水管和循环管(又称回水管)仍循环流动着一定量的循环热水,用以补偿配水管路在此期间的热损失。

2.4 附件

由于热媒循环系统和热水供水系统中控制、连接的需要,同时也为了解决由于温度变化而引起的水的体积膨胀、超压、气体离析、排除等问题,热水供应系统常使用的附件有自动温度调节装置、疏水器、减压阀、安全阀、膨胀罐(箱)、管道自动补偿器、闸阀、水嘴、自动排气阀等。

3 水的加热方式及加热设备

水的加热方式有很多,选用时应根据热源种类、热能成本、热水用量、设备造价和维护管理费用等进行经济比较后确定。

3.1 集中热水供应加热方式

集中热水供应加热方式包括直接加热和间接加热,如图 2-41 所示。

3.1.1 直接加热

直接加热方式也称一次换热方式,是利用燃气、燃油、燃煤热水锅炉,把冷水直接加热到所需的热水温度,或者是将蒸汽(或高温水)通过穿孔管或喷射器直接与冷水接触混合制备热水。这种方式设备简单、热效率高、节能,但噪声大,对热媒质量要求高,不允许造成水质污染,适用于有高质量的热媒、对噪声要求不严格的公共浴室、洗衣房、工矿企业等用户。

3.1.2 间接加热

间接加热就是以锅炉产生的蒸汽或高温水作热媒,通过热交换器将水加热。热媒放出热量后又返回锅炉中,如此反复循环。这种系统的热水不易被污染,热媒不必大量补充,无噪声,热媒和热水在压力上无联系,适用于较大的热水供应系统,如医院、饭店、旅馆等。

3.2 局部热水加热方式

局部热水加热方式是采用各种小型加热器在建筑物中的厨房、卫生间或其他辅助用房就地加热,供局部范围内的一个或几个用水点使用。常用的加热器有电加热器、小型燃

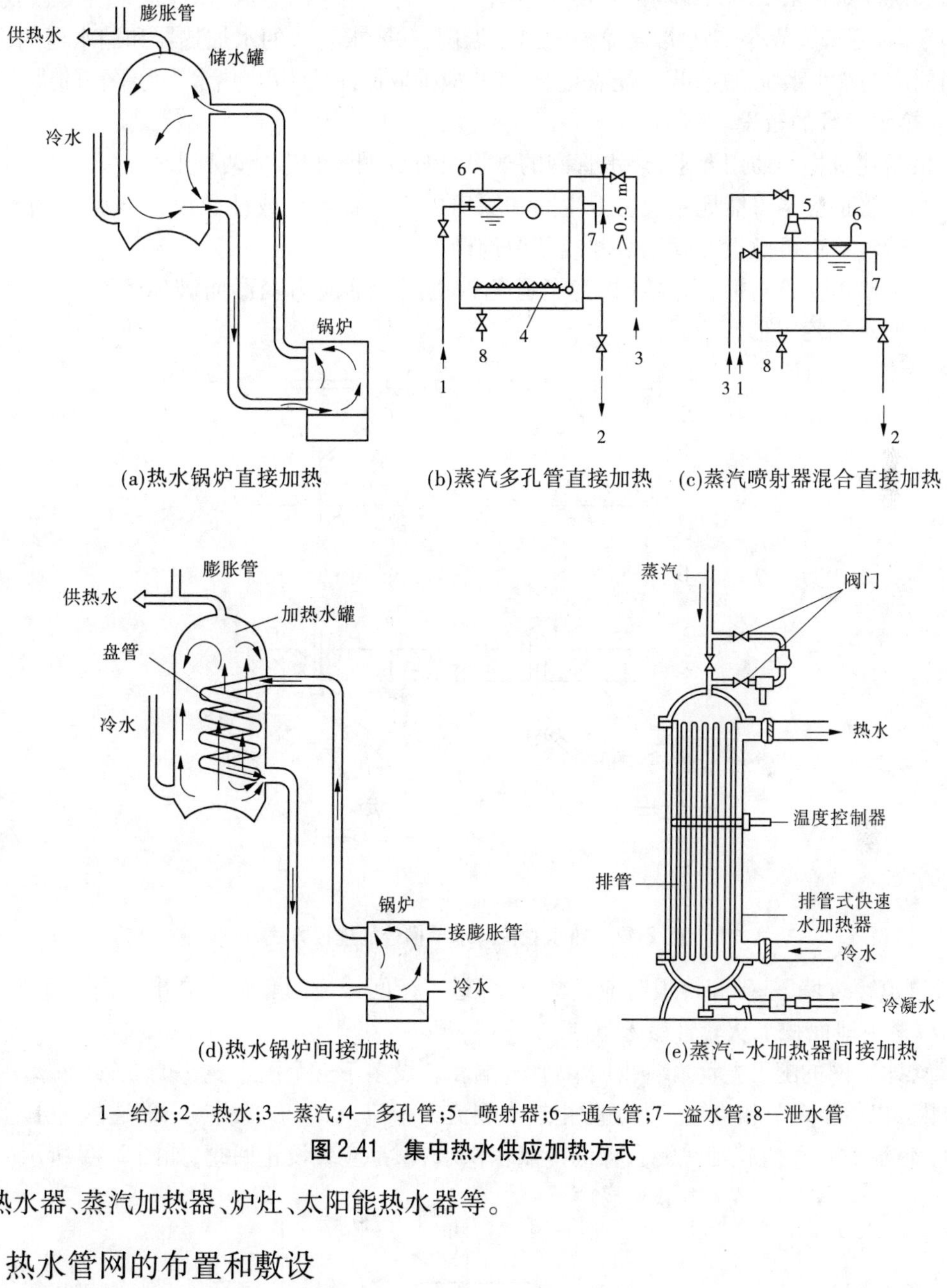

(a)热水锅炉直接加热　(b)蒸汽多孔管直接加热　(c)蒸汽喷射器混合直接加热

(d)热水锅炉间接加热　(e)蒸汽-水加热器间接加热

1—给水;2—热水;3—蒸汽;4—多孔管;5—喷射器;6—通气管;7—溢水管;8—泄水管

图 2-41　集中热水供应加热方式

气热水器、蒸汽加热器、炉灶、太阳能热水器等。

4　热水管网的布置和敷设

4.1　热水管网的布置

热水管网的布置方式分为下行上给式和上行下给式两种形式。

下行上给式热水系统布置时干管可布置在地沟内或地下室的顶部,但不允许埋地。

上行下给式热水系统水平干管可布置在建筑最高层吊顶内或专用技术设备层内,水平干管应有≥0.3%的坡度,其坡向与水流的方向相反,并在系统的最高点处设自动排气阀进行排气。

高层建筑热水供应系统与冷水供应系统一样,应采用竖向分区,以保证系统冷、热水的压力平衡,便于调节冷、热水混合龙头的出水温度,并要求各区的水加热器和储水器的进水均由同区的给水系统供应;当不能满足要求时,应采取保证系统冷、热水压力平衡的措施。

4.2 热水管网的敷设

根据建筑物的使用要求,热水管网的敷设可分为明装和暗装两种形式。

明装管道应尽可能地敷设在卫生间和厨房内,并沿墙、梁或柱敷设,一般与冷水管道平行。暗装管道可敷设在管道竖井或预留沟槽内。

热水给水立管与横管连接时,为了避免管道因伸缩应力变形而破坏管网,应采用如图 2-42所示的乙字形弯管。

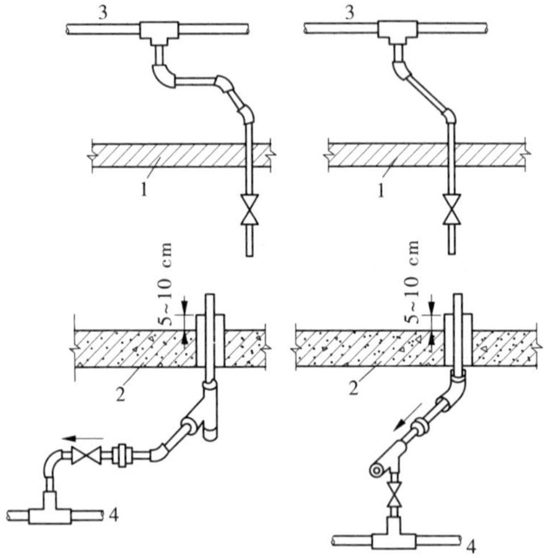

1、2—楼板;3、4—横管

图 2-42 热水立管与水平横管的连接方式

管道穿过墙、基础和楼板时应设套管,穿过卫生间楼板的套管应高出室内地面 5 ~ 10 cm,以避免地面积水从套管渗入下层。

热水管网的配水立管始端、回水立管末端和装设多于五个配水龙头的支管始端均应设置阀门,以便于调节和检修。为了防止热水倒流或串流,水加热器或热水储罐的进水管、机械循环的回水管、直接加热混合器的冷热水供水管,都应装设止回阀,如图 2-43 所示。

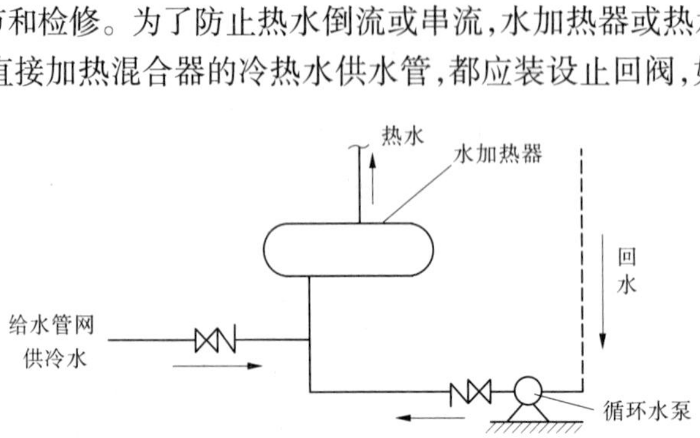

图 2-43 热水管道上止回阀的位置

5　饮水供应简介

饮用水水质标准应满足《生活饮用水卫生标准》(GB 5749—2006)和《饮用净水水质标准》(CJ 94—2005)。

供饮用的水包括开水、饮用净水和冷饮水。开水是指水温为100 ℃的水,将自来水加热至100 ℃并持续3 min;饮用净水是指将自来水深度净化后而成的可直接饮用的水,水温一般在10～30 ℃;冷饮水是指经冷却降温,水温在4.5～7 ℃可直接饮用的水。饮水制备机房应符合以下要求:

(1)通风和照明良好;

(2)不被任何有害气体或粉尘污染;

(3)墙面和地面便于清扫,地面应有排水措施;

(4)便于取用,其供应半径一般不超过75 m,楼房宜每层有开水供应点;

(5)有一定面积,空间高度不宜低于2.5 m,以便于安装和检修;

(6)加热热源应有可靠保证。

饮用水管应采用铜管、不锈钢管或聚丁烯管(PB),配件应采用与管材相同的材料。

6　节能节水

生活热水供应系统所耗能源占建筑能耗的10%～30%,在热水供应系统的设计、应用中合理选择生活热水的热源、管道系统、加热设备等对于建筑节能有重要的作用。

6.1　热源的选择

集中热水供应系统的热源可按下列顺序选择:

(1)工业余热、废热。

(2)地热水资源丰富且允许开发的地区,可根据水质、水温等条件,用其作热源,也可直接用其作为生活热水。

(3)太阳能是一种取之不尽的最有条件推广应用的热源。

(4)有水源(含地下水、地表水)可供热回收利用的地方、气候温暖地区、土壤热物性能较好的地方可分别采用水源、气源、地源热泵制备热源或直接供给生活热水。

(5)选择能保证全年供热的城市热网或区域性锅炉房的热水或蒸汽作热源。

(6)上述条件不存在、不可能或不合理时,可采用专用的蒸汽或热水锅炉制备热源,也可采用燃油、燃气热水机组制备热源或直接供给生活热水。

(7)当地电力供应较丰富,有鼓励夜间使用低谷电的政策时,可采用电能作热源或直接制备生活热水。

局部热水供应系统的热源可因地制宜地采用太阳能、空气源热泵、电、燃气等。当采用电作为热源时,宜采用储热式电热水器,以降低耗电功率。

6.2　管道系统设计

(1)集中热水供应系统应保证配水点处冷热水压力的平衡;

(2)合理设置热水回水管道,保证循环效果,节能节水。

6.3 加热设备的选择

(1)选择燃油燃气热水机组、热水锅炉时,应选用热效率高、排烟温度较低、燃料燃烧完全、无须消烟除尘的设备。

(2)热水循环泵的流量和扬程应经计算确定;为了减少管道的热损耗、减少循环泵的开启时间,可根据管网大小、使用要求等确定合适的控制循环泵启停的温度,一般启停泵温度可比水加热设备供水温度分别降低 10 ~ 15 ℃和 5 ~ 10 ℃。

思考题

1. 建筑给水系统按用途可分为哪几类?
2. 建筑给水系统由哪几部分组成? 各部分的作用是什么?
3. 建筑给水方式有哪几种? 各适用于什么条件?
4. 如何计算建筑给水系统所需水压?
5. 高层建筑内部给水系统为什么要进行竖向分区?
6. 给水管道布置与敷设方式有哪几种? 具体有何要求?
7. 简述消火栓灭火系统和自动喷水灭火系统的组成。
8. 室内消火栓如何布置?
9. 自动喷水灭火系统作用是什么?
10. 热水管网的循环方式有哪几种形式?
11. 简述集中热水供应系统的组成。
12. 热水的加热方式有哪些?

学习项目3　建筑内排水系统

【教学要求】

通过本项目的学习，使学生掌握建筑内排水系统的分类和组成；室内排水管道的布置及敷设；屋面排水系统的类型；污（废）水提升设备及污水局部处理设施设备；高层建筑排水系统；了解给排水工程施工图的组成与内容，掌握给排水工程施工图的识图方法与识图步骤。

任务3.1　建筑内排水系统的分类与组成

建筑内排水系统的任务是将建筑内部的卫生器具或用水设备收集的污（废）水，以及屋面的雨水和融化的雪水，在满足排放要求的条件下，有组织地、及时地、迅速地排至室外排水管网。

1　建筑排水系统的分类

水使用过后改变了原有的化学成分或物理性质，受到不同程度的污染，因此通常把经过使用的水称为污水或废水。一般来说，废水也包括雨水及冰雪融化水。习惯上，把日常生活中使用过的水称为生活污水，生活污水中一般含有较多的蛋白质、动植物脂肪及尿素等有机物；用于清洁洗涤后的水含有肥皂和合成洗涤剂以及细菌、病原微生物等。同样地，把工业生产中使用过的水称为工业废水，其中受到轻度污染的称为生产废水；受到较严重污染的称为生产污水，其中含有不同程度的有害、有毒物质。

建筑内部排水系统根据接纳污、废水的性质不同，可分为三类：

（1）生活污水排水系统。生活污水排水系统是将建筑内生活废水和生活污水排至室外。我国目前建筑排污分流设计中是将生活污水单独排入化粪池，而生活废水则直接排入市政下水道。生活废水经过处理后，可作为杂用水，用来冲洗厕所、浇洒绿地和道路、冲洗汽车等。

（2）工业废水排水系统。用来排除工业生产过程中的生产废水和生产污水。

生产废水是指在生产过程中形成，但未直接参与生产工艺，未被生产原料、半成品或成品污染，仅受到轻度污染的水或温度稍有升高的水，如循环冷却水等，经简单处理后可回用或直接排入水体。

生产污水是指在生产过程中形成，并被生产原料、半成品或成品等废料所污染且污染比较严重的水。如造纸厂排放的污水、纺织漂洗印染污水、焦化厂的炼焦污水等，这些污水污染严重，必须在厂内经过处理后才能排放至室外排水管道。

（3）屋面雨水排水系统。用于排除降落在屋面的雨水和融化的雪水。

2 排水体制

若生活污废水、工业废水及雨水分别设置管道排出室外称为建筑分流制排水，若将其中两类以上的污水、废水合流排出则称为建筑合流制排水。

建筑物内部排水体制确定时，应根据污水性质、污染程度，结合建筑外部排水系统体制，有利于综合利用、污水的处理和中水开发等方面的因素考虑。一般情况下，城市有污水处理厂，生活废水不需回用时，或生产污水与生活污水性质相似时，宜采用合流排水体制。

3 排水系统的组成

排水系统是为了系统地排除污水而建设的一整套工程设施的统称。民用建筑的排水系统由卫生器具或生产设备受水器、排水管系、通气管系、清通设备、抽升设备及污水局部处理构筑物等部分组成。如图 3-1 所示。

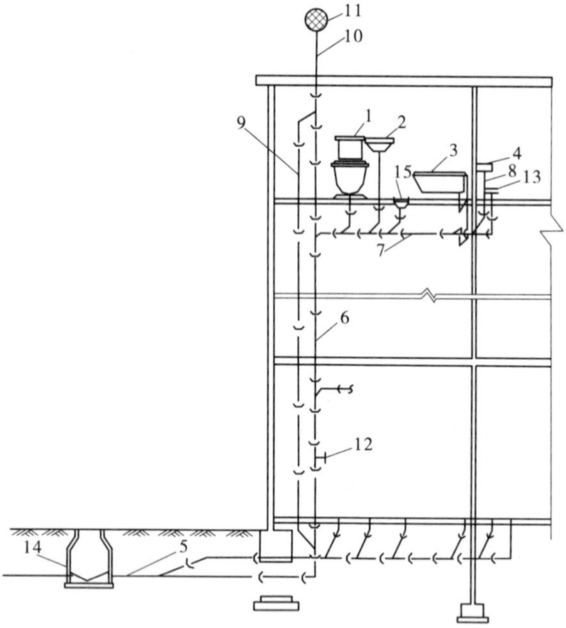

1—大便器；2—洗脸盆；3—浴盆；4—洗涤盆；5—排出管；6—立管；7—横支管；8—器具排水管；9—通气立管；10—伸顶通气管；11—通气帽；12—检查口；13—清扫口；14—检查井；15—地漏

图 3-1　建筑排水系统示意图

3.1　卫生器具或生产设备受水器

卫生器具或生产设备受水器如图 3-1 中的 1、2、3、4、15 所示。

3.2　排水管系

排水管系由器具排水管、有一定坡度的横支管、立管、埋设在地下的总干管和排出管等组成，如图 3-1 中 5、6、7、8 所示。

(1) 器具排水管。连接卫生器具和排水横支管之间的一段短管，除坐式大便器外，其间含存水弯装置。

(2)排水横支管。将器具排水管排来的污水排至立管。由于排水横支管中的水流属重力流,因此应具有一定的坡度坡向立管;其最小管径应不小于50 mm,粪便排水管管径不小于100 mm。

(3)排水立管。承接各排水横支管排入的污水并排入排出管。立管的最小管径不得小于50 mm,并不得小于任何一根与其相连的横支管的管径。

(4)埋地干管。用来连接各排水立管。干管管径不得小于任何一根立管的管径。

(5)排出管。是室内排水立管与室外排水检查井之间的连接管段,它接受一根或几根立管流来的污水并排至室外排水管网。排出管的管径不得小于任何一根立管的管径。排出管埋设于地下,有一定的坡度坡向检查井。

3.3 通气管系

通气管是为使排水系统内空气流通,压力稳定,防止水封破坏而设置的与大气相通的管道。如图3-2所示。

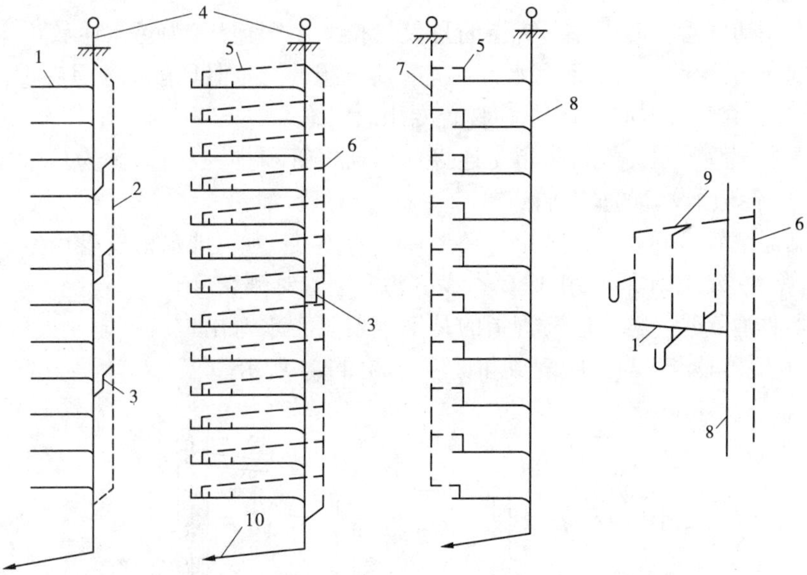

1—排水横支管;2—专用通气立管;3—结合通气管;4—伸顶通气管;5—环形通气管;
6—主通气立管;7—副通气立管;8—排水立管;9—器具通气管;10—排出管

图3-2 几种典型的通气形式

由于建筑内排水管道中是气水两相流,当排水系统中突然大量排水时,可能导致气压波动,造成水封破坏,使有毒、有害气体进入室内。为了防止以上现象的发生,须向排水管道内补充空气,以减小气压变化,防止水封破坏,使水流畅通,同时由于补充了新鲜空气,也可以减缓金属管道的腐蚀。

根据建筑物层数、卫生器具数量、卫生标准等情况不同,通气管系统有伸顶通气管、专用通气管、主通气管、副通气管、结合通气管、环形通气管、器具通气管及专用通气管等类型，分别用于不同的位置。

（1）伸顶通气管。伸顶通气管指的是排水立管与最上层排水横支管连接处向上垂直延伸至室外作通气用的管道。它适用于建筑层数不高、卫生器具不多的建筑物。如图 3-3 所示。

伸顶通气管应高出屋面 0.30 m 以上，并应大于当地最大积雪厚度。对经常有人逗留的上人平屋面，伸顶通气管应高出屋面 2.0 m 以上，并应根据防雷要求，考虑设置防雷装置。通气管顶端应装设风帽或网罩。在通气管周围 4 m 内有门窗时，通气管口应高出窗顶 0.6 m 或引向无门窗一侧。

通气管口不宜设在建筑物挑出部分（如檐口、阳台和雨篷等）的下面。通气管不得与建筑物的通风道或烟道连接。

图 3-3　伸顶通气管

（2）专用通气管。专用通气管指的是仅与排水主管连接，为污水主管内空气流通而设置的垂直通气管道。当生活污水排水立管所承担的卫生器具排水流量超过仅设伸顶通气管的排水立管最大排水能力时，应设置专用通气管。

（3）主通气管。主通气管是指为连接环形通气管和排水立管，并为排水支管和排水立管内空气流通而设置的垂直管道。

（4）副通气管。副通气管是指与环形通气管连接，为使排水横支管内空气流通而设置的通气管道。其作用同专用通气管，设在污水立管对侧。

（5）器具通气管。器具通气管指的是卫生器具存水弯出口端接至主通气管的管段。可以防止卫生器具产生自虹吸现象和噪声。如图 3-4 所示。

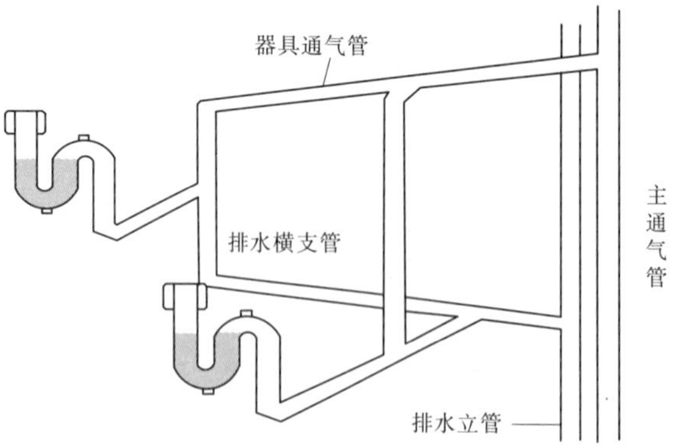

图 3-4　器具通气管

对一些卫生标准与噪声控制要求较高的建筑物，应在各个卫生器具存水弯出口端设置通气管。器具通气管应在卫生器具上边缘以上不少于 0.15 m 处，按不小于 0.01 的上升坡度与主通气立管连接。

（6）环形通气管。指在多个卫生器具的排水横支管上，从最始端的两个卫生器具之间接出至主通气立管或副通气立管的通气管段。如图 3-2 所示。

当污水横支管上连接 6 个及 6 个以上大便器,或连接 4 个及 4 个以上卫生器具并与立管的距离大于 12 m 时,应设环形通气管。环形通气管应在横支管上最始端的两个卫生器具间接出。

(7)结合通气管。为使排水系统形成空气流通环路,通气立管与排水立管间需设结合通气管(或称 H 管件),如图 3-5所示。当污水立管与废水立管合用一根通气立管时,结合通气管可隔层分别与污水立管和废水立管连接。但最低横支管连接点以下应装设结合通气管。

通气管的管径应根据污水管的排水能力及管道长度确定,不宜小于排水管径的 1/2。通气管不得接纳雨水和污废水,管材同排水管管材。

图 3-5　H 管件

3.4　清通设备

污废水中固体杂物和油脂,容易在管道内沉淀、黏糊,降低排水能力甚至堵塞管道。为了保障排水畅通,在管道堵塞时疏通管道,在排水管道系统中需要设置清通设备。一般有检查口、清扫口、检查井以及带有清通门的弯头或三通等设备,如图 3-1 中 12、13、14 所示。

(1)检查口。检查口是带有可开启检查盖的配件,装设在排水立管及较长横管段上,作检查和清通之用。如图 3-6 所示。

(a)铸铁检查口

(b)塑料检查口

图 3-6　检查口

检查口一般装于排水立管上,供立管与横支管连接处有异物堵塞时清掏用,多层或高层建筑的排水立管上每隔一层就应装一个,检查口间距不大于 10 m。但在最底层和设有卫生器具的两层以上坡顶建筑物的最高层必须设置检查口,平顶建筑可用通气口代替检查口。当排水横支管管段超过规定长度时,也应设置检查口。检查口设置高度一般从地面至检查口中心 1 m 为宜,并应高于卫生器具上边缘 0.15 m。

(2)清扫口。清扫口指的是装在排水横支管上,用于清扫排水管的配件(图 3-1 中的 13)。管道被堵时打开清扫口,可以疏通管道,相当于管道尽头的堵头。如图 3-7 所示。

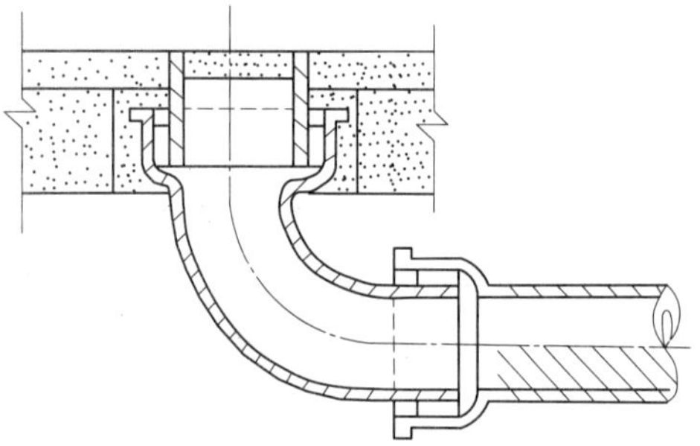

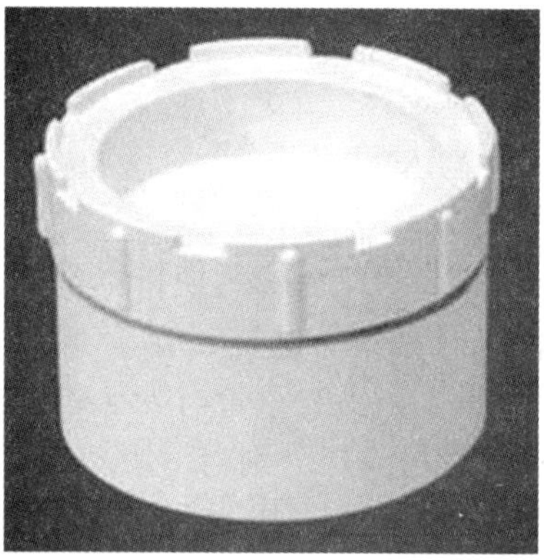

图 3-7　清扫口

清扫口一般装于横管，尤其是各层横支管连接卫生器具较多时，横支管起点均应装置清扫口(有时可用地漏代替)。当连接两个及以上大便器或三个及以上卫生器具的铸铁横支管、连接四个及四个以上大便器的塑料横支管上均宜设置清扫口。

清扫口安装须与地面平齐，排水横管起点设置的清扫口一般与墙面保持不得小于0.20 m的距离。当采用堵头代替清扫口时，距离不得小于0.4 m。

(3)检查井。检查井是用在建筑小区(居住区、公共建筑区、厂区等)范围内，一般设在排水管道交会处、转弯处、管径或坡度改变处、跌水处等，为了便于定期检查、清洁和疏通或下井操作检查用的井状构筑物。检查井有塑料一体注塑而成的，或者用砖砌而成的。如图 3-8 所示。

(a)砖砌检查井

(b)塑料检查井

图 3-8　检查井

排出管与室外排水管道连接处，应设检查井。检查井中心至建筑物外墙的距离不宜小于 3 m。排出管至室外第一个检查井的距离不宜小于 3 m。

3.5　存水弯

存水弯的作用是在其内形成一定高度的水封，通常为 50～100 mm，阻止排水系统中的有毒有害气体或虫类进入室内，保证室内的环境卫生。凡构造内无存水弯的卫生器具与生活污水管道或其他可能产生有害气体的排水管道连接时，必须在排水口以下设存水弯。医疗卫生机构内门诊、病房、化验室、实验室等不在同一房间内的卫生器具不得共用存水弯。存水弯的类型主要有 S(N)形、P 形、U 形三种，如图 3-9 所示。

S(N)形存水弯常用在排水支管与排水横管垂直连接部位；P 形存水弯常用在排水支

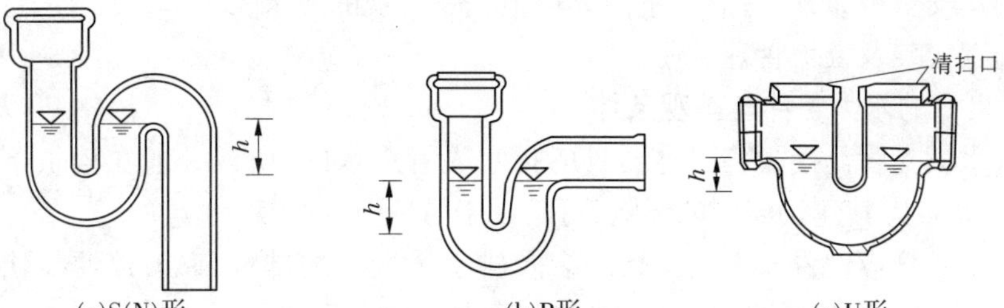

图 3-9　存水弯及水封

管与排水横管和排水立管不在同一平面位置而需连接的部位；U 形存水弯适用于水平横支管，为防止污物沉积，在 U 形存水弯两侧设置清扫口。

存水弯还有其他类型，如瓶式存水弯、存水盒等。

3.6　地漏

地漏是一种特殊的排水装置，如图 3-10 所示。一般设置在经常有水溅落、有水需要排除的地面和经常需要清洗的地面（如淋浴间、盥洗室、厕所、卫生间等）。《住宅设计规范》（GB 50096—2011）中规定，布置洗浴器和布置洗衣机的部位应设置地漏，并要求布置洗衣机的部位采用能防溢流和干涸的专用地漏。地漏应设置在易溅水的卫生器具附近的最低处，其地漏箅子应低于地面 5 ~ 10 mm。

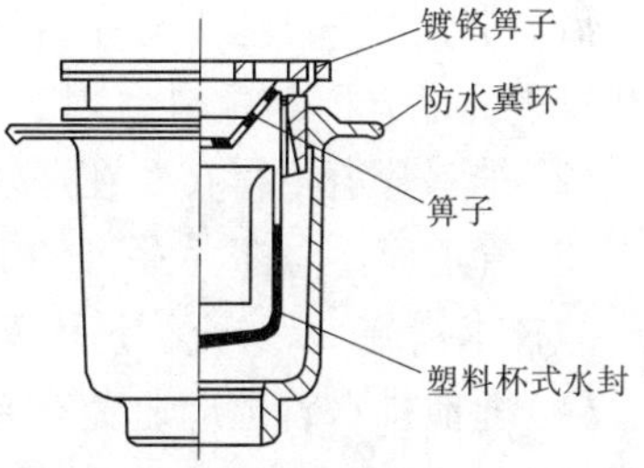

图 3-10　地漏

带有水封的地漏，其水封深度不得小于 50 mm。直通式地漏下必须设置存水弯。

3.7　污水抽升设备

民用建筑中的地下室、人防建筑物、高层建筑的地下技术层、地下室、地下铁道等地下建筑物内的污、废水不能自流排至室外时，必须设置污水抽升设备，如水泵、气压扬液器、喷射器等，将这些污废水抽升排放，以保持室内良好的卫生环境。

3.8　污水局部处理构筑物

当建筑内部污水未经处理不允许直接排入城市下水道或水体时，在建筑物内或附近应设置局部处理构筑物予以处理。

任务 3.2　排水管道的布置与敷设

1　排水管道的布置

建筑内部排水管道的布置与敷设是影响人们日常生活和生产环境的因素之一，为创造一个良好的生活、生产环境，建筑内排水管道布置和敷设应遵循以下原则：

(1) 排水及时、通畅，满足最佳水力条件的要求；

(2) 总管线短，占地面积小，工程造价低；

(3)使用安全可靠,同时满足室内环境卫生及美观的要求;

(4)施工安装及维护管理方便。

1.1 满足良好的水力条件与美观条件

(1)排水横支管是接收各卫生器具的排水支管来水的,所以一般在楼板下或本层地面上布置。若考虑其建筑美观的影响,可暗设于吊顶内。

(2)排水立管应设置在靠近杂质最多及排水量最大的排水点处,以便尽快地接纳横支管的污水而减少管道堵塞的机会,排水立管常设在大便器附近。排水立管不得穿过卧室、病房,并避免靠近与卧室相邻的内墙。对高层建筑和要求较高的宾馆等,排水立管一般暗设在专门的管道井内。

(3)污水管的布置应尽量减少不必要的转角及曲折,尽量做直线连接,以减少堵塞的机会。一根横支管连接的卫生器具不宜太多,排出管应以最短距离通至室外。

1.2 避免对生活、生产的不良影响以及便于管道维护的要求

(1)排水架空管道不得布置在对生产工艺或卫生有特殊要求的生产厂房内,以及食品和贵重商品仓库与配电室内。

(2)排水管道不得布置在遇水易引起燃烧、爆炸或损坏的原料、产品的设备上方。

(3)管道应尽量避免穿过伸缩缝、沉降缝、风道、烟道等,当受限制必须穿越时应采取相应的技术措施,以防止管道因建筑物的沉降或伸缩而受到破坏。

(4)埋地排水管道应避免布置在有可能受设备震动影响或重物压坏处,因此管道不得穿越生产设备基础;当必须穿越时,应做技术上的特殊处理。

(5)排水管道不得布置在食堂、饮食业的主副食操作烹调台的上方。如果受条件限制难以避免,需采取防护措施。

(6)为了避免排水管冷壁面的结露,应采用相应的防结露措施,另外还应注意防腐、防冻。

(7)在层数较多的建筑物内,为防止底层卫生器具因受立管底部出现过大的正压等原因而造成污水外溢现象,底层的生活污水管道可考虑采取单独排出方式。

1.3 保护环境和防止污染的要求

下列设备与容器不得与污、废水管道直接相连,应采取间接排水的方式:

(1)厨房内食品制备及洗涤设备的排水。

(2)生活饮用水储水箱(池)的泄水管和溢流管。

(3)蒸发式冷凝器、冷却塔等空调设备的排水。

(4)医疗灭菌消毒设备的排水。

(5)储存食品或饮料的冷藏间、冷藏库房的地面排水和冷水机融霜水盘的排水等。

2 排水管道的敷设

建筑内排水管道的敷设有明装和暗装两种方式。对室内美观程度要求较高的建筑物或管道种类较多时,可采用暗装方式。明装方式的优点是造价低,施工安装、维修方便,缺点是不美观,积灰结露不卫生。当建筑或工艺有特殊要求时,可在管槽、管道井、管沟或吊顶内暗设,但应便于安装和检修。

排水管的敷设应处理好与建筑结构的关系。

(1)排水立管管壁与墙壁、柱等表面的净距为25～35 mm。排水管与其他管道共同敷设时的最小距离,水平向净距为1.0～1.3 m,竖向净距为0.15～0.2 m。当排水管平行设在给水管之上并高出净距0.5 m以上时,其水平净距不得小于5 m。交叉埋设时,垂直净距不得小于0.4 m ,且给水管应有套管,保护管段长度为给水管外径加4 m。

(2)为防止埋设在地下的排水管道受机械破坏,按不同地面性质,规定各种材料管道的最小埋深为0.40～1.00 m。

(3)排水立管需要穿楼层时,预留孔洞尺寸应大于通过管径50～100 mm,并且应在通过的立管外加套一段套管,现浇楼板预埋套管。如图3-11所示。

图3-11　排水立管穿楼板套管

(4)排出管穿越承重墙或基础处,应预留孔洞,且管顶上部净空不得小于建筑物的沉降量,一般不宜小于0.15 m,或设置在钢筋混凝土过梁的壁孔内,如图3-12所示。

(a)分压拱　(b)壁孔　(c)过梁　(d)套管

图3-12　排水管道穿越承重墙或基础的敷设方式

(5)排水管道的固定措施比较简单,排水立管用管卡固定,其间距最大不得超过3 m。在承插管接头处必须设管卡。横管一般用吊箍设在楼板下,间距视具体情况不得大于1 m。

任务3.3　污水提升设备及污水局部处理设施

1　污废水提升

民用和公共建筑的地下室,人防建筑、消防电梯底部集水坑内,以及工业建筑内部标高低于室外地坪的车间和其他用水设备房间排放的污废水,若不能自流排至室外检查井,必须提升排出,以保持室内良好的环境卫生。

1.1　排水泵

建筑物内使用的排水泵有潜水排污泵、液下排水泵、立式污水泵和卧式污水泵等,如图3-13所示。因潜水排污泵和液下排水泵在水面以下运行,无噪声和振动,水泵在集水池内,不占场地,自灌问题也自然解决,所以应优先选用。立式污水泵和卧式污水泵因占用场地,要设隔振装置,必须设计成自灌式,所以使用较少。

(a)潜水排污泵　(b)液下排水泵　(c)立式污水泵

(d)卧式污水泵

图3-13　污水排水泵

排水泵的流量应按生活排水设计秒流量选定,当有排水量调节时,可按生活排水最大小时流量选定。消防电梯集水池内排水泵流量不小于10 L/s。

排水泵的扬程按提升高度、管道损失计算确定后,再附加一定的自由水头。自由水头宜采用0.02~0.03 MPa。排水泵吸水管和出水管流速不应小于0.7 m/s,并不宜大于2.0 m/s。

公共建筑内应以每个生活排水集水池为单元设置一台备用泵,平时宜交互运行。排水泵应能自动启停和现场手动启停。多台水泵可并联交替运行,也可分段投入运行。

1.2　集水池

在地下室底层卫生间和淋浴间的底板下或邻近地下室水泵房和地下车库内、地下厨房和消防电梯井附近应设集水池,消防电梯集水池池底应低于电梯井底不小于0.7 m。为防止生活饮用水受到污染,集水池与生活给水贮水池的距离应在10 m以上。

集水池的有效水深一般取1~1.5 m,保护高度取0.3~0.5 m。因生活污水中有机物分解呈酸性,腐蚀性大,所以生活污水集水池内壁应采取防腐防渗漏措施。

污水泵站集水池的形式有圆形、半圆形和矩形等多种形式,上口宜采用敞开式,周围加栏杆或短墙,上加顶棚,设梁勾或滑车,以满足吊泥或栅渣的要求。

集水池的布置,应考虑改善水泵吸水的水力条件,减少滞流和涡流,以保证水泵正常运行。集水池前应设置闸门或闸槽,以在集水池清洗或水泵检修时使用。

1.3　排水泵房

排水泵房应设在靠近集水池、通风良好的地下室或底层单独的房间内,以控制和减少对环境的污染。对卫生环境有特殊要求的生产厂房和公共建筑内,有安静和防震要求房间的邻近和下面不得设置排水泵房。排水泵房的设置应使室内排水管道和水泵出水管尽量简洁,并考虑维修检测的方便。

2　污水局部处理构筑物

当建筑内排出的污水不允许直接排入室外排水管道或水体时(水中某些污染物指标不符合排入城市排水管道或水体的水质标准),需在建筑物内或附近设置局部处理设施,对所排污水进行必要的处理。我国目前多采用在民用建筑和有生活间的工业建筑附近设化粪池(含油则需建隔油池),使生活粪便污水经化粪池处理后排入城市下水道或水体。另外,还有沉淀池、隔油池(井)、降温池、沉沙池等都属于污水局部处理构筑物。

2.1　化粪池

化粪池是最初级的污水处理构筑物,污水进入化粪池时,流速降低,水中所含的大量粪便、纸屑、病原虫(如蛔虫)等杂质逐渐沉入池内成为污泥。污水在池中经过12～24 h的沉淀后,水中悬浮物去除50%～60%。沉淀下来的污泥经3个月以上时间的厌氧消化,其中的有机物分解为稳定的无机物,污泥转化为稳定的熟污泥后,清掏外运。化粪池具有结构简单、便于管理、不消耗动力和造价低的优点。但是化粪池去除有机物的能力较差,污水中的BOD(生化需氧量)仅降低20%左右,且由于污水与污泥接触,出水呈酸性,有臭味,尚不符合卫生要求。

化粪池多设置在建筑物背向大街一侧靠近卫生间的地方,应尽量隐蔽,不宜设在人们经常活动之处。化粪池距建筑物的净距不小于5 m,因化粪池出水处理不彻底,含有大量细菌,为防止污染水源,化粪池距地下取水构筑物不得小于30 m。池壁、池底应采取妥善的防止渗漏措施。

化粪池的形状一般多采用矩形,在污水量较少或场地较小时,也可采用圆形化粪池。对于矩形化粪池,当日处理污水量小于等于10 m^3时采用双格,其中第一格占总容积的75%,当日处理污水量大于10 m^3时采用三格,第一格容积占总容积的50%,其余二格各占25%。如图3-14所示。各化粪池隔间顶上都设有活动盖板,作为检查和清掏污泥之用,在水面以上的间壁部分设有通气孔,以便流通空气。矩形化粪池的长、宽、深比例,应根据污水中悬浮物的沉降条件及其含量由水力计算确定,但深度(水面至池底)不得小于1.3 m,宽度不得小于0.75 m,长度不得小于1.0 m,圆形化粪池直径不得小于1.0 m。

化粪池材料一般为砖砌或混凝土浇筑而成,现在有玻璃钢化粪池,如图3-15所示。

2.2　隔油池(井)

食堂、餐饮业的厨房排放的污水中,均含有较多的植物油和动物油脂,随着水温的下降,污水中挟带的油脂颗粒便开始凝固并黏附于管壁上,缩小了管道的断面积,最终堵塞管道。由汽车库排出的汽车冲洗污水和其他一些生产污水中,含有的汽油等轻油类进入排水管道后,挥发并聚集于检查井处,达到一定浓度时,易发生爆炸或引起火灾,以致破坏

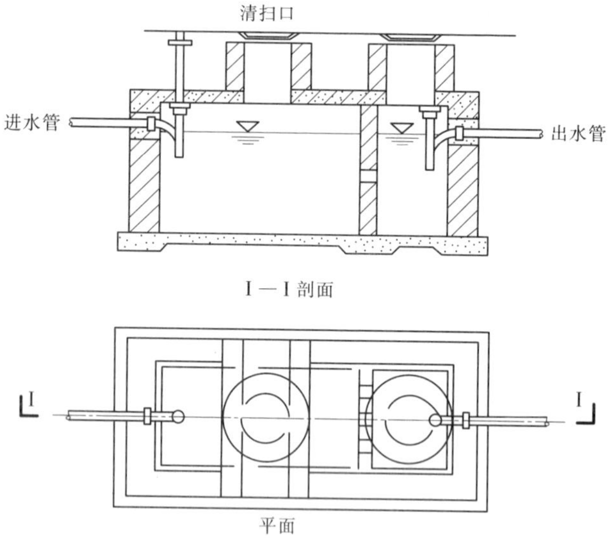

图 3-14　化粪池示意图

(a)砖砌化粪池　　(b)玻璃钢化粪池

图 3-15　化粪池

管道和影响维修人员健康。因此,上述两类污水需进行除油处理后才可排入排水系统。目前,一般采用隔油池(井)进行处理。如图 3-16 所示。

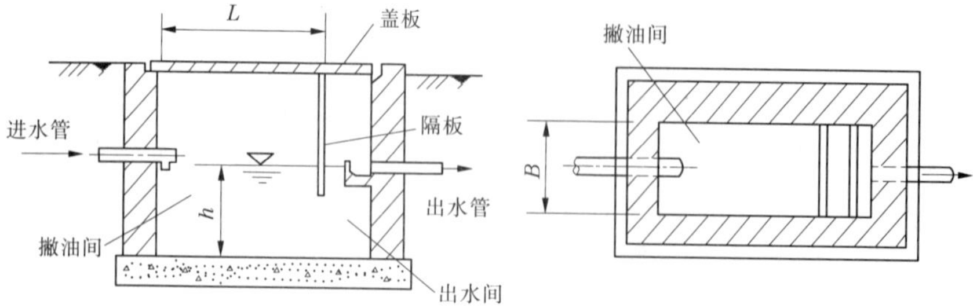

图 3-16　隔油池示意图

含油污水进入隔油池后过水面积增大,水平流速减小,污水中密度小的可浮油自然上浮至水面,收集后去除。

当污水中含有汽油、煤油等易挥发油类时，隔油池不得设于室内；污水中含有食用油、重油等油类时，隔油池可设于耐火等级一、二、三级建筑物内，但宜设于地下，并用盖板封闭。

2.3　降温池

对温度高于40 ℃的污、废水，排入城镇排水管道前应采取降温措施；否则，会影响维护管理人员身体健康和管材的使用寿命。一般可采用降温池进行处理。降温池降温的方法主要有二次蒸发、水面散热和加冷水降温，如图3-17所示。

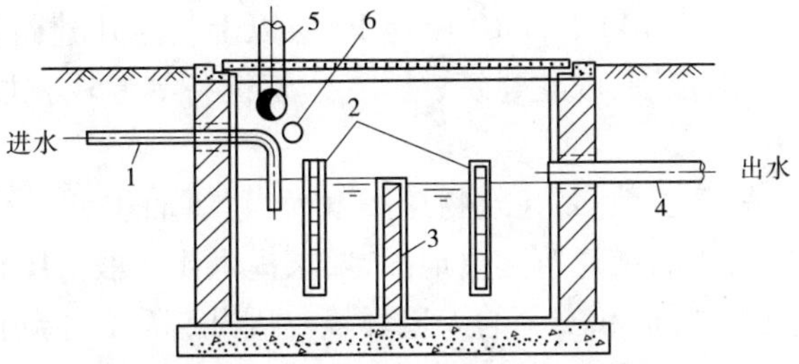

1—排污管；2—隔板；3—隔墙；4—排出管；5—通气管；6—冷水管

图3-17　加冷水降温降温池

一般可在室外设降温池，用冷水（尽可能利用废水）加以混合冷却。对温度较高的污、废水，应尽可能将其所含热量回收利用。

对于设在室内的降温池应密封，并应设有人孔和通向室外的排气管。间断排水的降温池，其容积应按最大排水量与所需冷却水量的总和计算。连续排水的降温池，其容积应保证冷热水充分混合。

2.4　沉沙池

如图3-18所示，污水在迁移、流动和汇集过程中不可避免地会混入泥沙。污水中的泥沙如果不预先沉降分离去除，则会影响后续处理设备的运行。最主要的是磨损机泵、堵塞管网，干扰甚至破坏生化处理工艺过程。沉沙池主要用于去除污水中粒径大于0.2 mm、密度大于2.65 t/m^3的沙粒，以保护管道、阀门等设施免受磨损和阻塞。其工作原理是以重力分离为基础，故应控制沉沙池的进水流速，使得比重大的无机颗粒下沉，而有机悬浮颗粒能够随水流带走，沉沙池主要有平流沉沙池、曝气沉沙池、旋流沉沙池等。

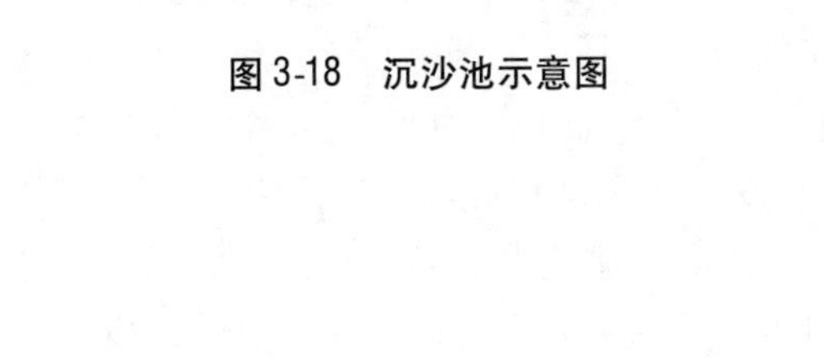

图3-18　沉沙池示意图

任务3.4　高层建筑排水系统

1　高层建筑排水系统特点

1.1　高层建筑及其排水系统的特点

随着经济的发展和科技的进步,人们对高层建筑的需求也越来越多。我国《建筑设计防火规范》(GB 50016—2014)中将10层与10层以上的居住建筑及高度超过24 m的公共建筑列入高层建筑的范围,因此建筑、结构、建筑设备等专业就以此作为高层建筑的起始高度。

高层建筑的特点是:楼层数多,建筑物总高度大,建筑面积大,使用功能多,在建筑内工作、生活的人数多。由于高层建筑远离地面,要求提供比一般低层建筑更完善的工作和生活保障设施,创造卫生、舒适和安全的人造环境。因此,高层建筑中设备多、标准高、管线多,且建筑、结构、设备在布置中的矛盾也多,设计时必须密切配合,协调工作。为使众多的管道整齐有序敷设,建筑和结构设计布置除满足正常使用空间要求外,还必须根据结构、设备需要合理安排建筑设备、管道布置所需空间。

高层建筑的卫生条件要求较高,其排水系统必须通畅,保证水封不受破坏,条件允许的建筑可以采用粪便污水与生活废水分流,以避免水流干扰,改善卫生条件。层数不多的住宅建筑,可设置伸顶通气系统。在高级宾馆等建筑中,一般多装设专用通气系统或环形通气系统。高层建筑的底层排水管应单独排出,以免底层的卫生器具受高层水流的影响而发生冒水的危险。

高层建筑的排水管道数量多而且较长,管材一般多采用排水铸铁管,但强度要比普通铸铁管高,目前国外已较多采用钢管。排水管道的接头应采用弹性较好的材料,且要满足抗震要求。对高度很大的排水立管应考虑消能问题,通常装乙字弯管。

高层建筑一般都建有地下室,有的深入地面下2~3层或更深,地下室所排污、废水要采用抽升设备排入室外排水管。另外,高层建筑中噪声的危害也应引起足够重视,具体应做到在设计上要考虑噪声的预防,在施工上要保证工程质量,在运行中要加强维修管理,尽可能使噪声减到最低程度,为建筑物创造良好的生活和工作环境。

一般在高层建筑内的用水房间旁设置管道井,供垂直走向管道穿行。每隔一定的楼层设置设备层,可在设备层中布置设备和水平方向的管道。对不在管道井中穿行的管道,如果在装饰要求较高的建筑内,可以在管道外加包装。

高层建筑排水设施的特点是服务人数多、使用频繁、负荷大,每一条排水立管负担的排水量大,流速高。因此,排水设施必须可靠、安全,并尽可能少占空间。

1.2　高层建筑排水系统的分类

高层建筑多为民用建筑,其所排出的污水按其来源和性质可分为粪便污水、生活废水、屋面雨雪水、冷却废水以及特殊排水等。近年来由于水源日趋紧张,在一些缺水城市,规定建筑面积≥2万 m^2 的建筑或建筑群,需建立中水系统。这样,建筑排水就需要采用分流排水系统,将分流排放的盥洗、洗涤污水收集处理后再供冲厕和浇洒使用,以提高城市用水的利用率。高层建筑排水系统一般由卫生器具、横支管、立管、排出管、专用通气管、清通设备、抽升设备、污水局部处理构筑物组成。

高层建筑排水系统应满足以下要求：

(1)管道及设备布置应结合高层建筑的特点,尽量做到安全、合理,便于施工安装,并能迅速排出污、废水,防止震动后的位移、漏水；

(2)应保证管道系统内气压稳定,防止管道系统内的水封被破坏和水塞形成；

(3)为污水综合利用及处理提供有利条件,尽可能做到"清""污"分流。

2　高层建筑排水通气系统

高层建筑楼层较多,高度较大,多根横管同时向立管排水的概率较大,排水落差高,更容易造成管道中压力的波动。因此,高层建筑为了保证排水的通畅和通气良好,一般采用设置专用通气管的排水系统。有通气管的排水系统耗用管材增多,造价高,占地面积大,管道安装复杂,如能省去通气管,对宾馆、写字楼、住宅在美观和经济方面都是非常有益的。采用单立管放大管径的设计方法在技术和经济上亦不合理,因此人们在不断地研究新的排水系统。因而,到了 20 世纪 60 年代,出现了取消专用通气管系的单立管式新型排水系统。

人们从减缓立管流速、保证有足够大的空气芯、防止横管排水产生水塞和避免在横干管中产生水跃等方面进行研究探索,发明了一些新型单立管排水系统。这种排水系统,仅须设置伸顶通气管即可改善排水能力。

2.1　苏维托排水系统

1959 年瑞士伯尔尼市职业学校卫生工程教师索摩(Fritz Sommer)研究了高层建筑排水系统的基本要求,首先提出了一种用气水混合器和排气器构成的单立管排水系统,称为苏维托排水系统。它具有自身通气的作用,达到取消通气立管的目的。这样,就把排水立管和通气立管的功能结合在一起了,如图 3-19 所示。

2.1.1　气水混合器

气水混合器由乙字弯、隔板、隔板上部小孔、混合室、上流入口、横支管流入口和排出口等构成。从立管上部流来的废水经乙字弯时,流速减小,动能转化为压能,既起减速作用,又改善了立管内常处负压的状态;同时水流形成紊流状态,部分破碎成小水滴与周围空气混合,在下降过程中通过隔板上的小孔抽吸横支管和混合室内的空气,变成密度轻、呈水沫状的气水混合物,使水流下落的速度降低,减少了空气的吸入量,避免造成过大的抽吸负压,只需伸顶通气管就能满足要求。

从横支管进入立管的水流,由于受到隔板的阻挡只能从隔板的右侧向下排入,不会形成水塞隔断立管上下通气而造成负压。同时,水流下落时可通过隔板上的小孔抽吸立管的空气补气。

2.1.2　气水分离器

气水分离器由流入口、顶部跑气口、突块和空气分离室等构成。沿立管流下的气水混合物,遇到分离室内突块时被溅散,从而分离出气体(70% 以上),减小了气水混合物的体积,降低了流速。分离出的空气用跑气管接至下游 1～1.5 m 处的排出管上,使气流不致

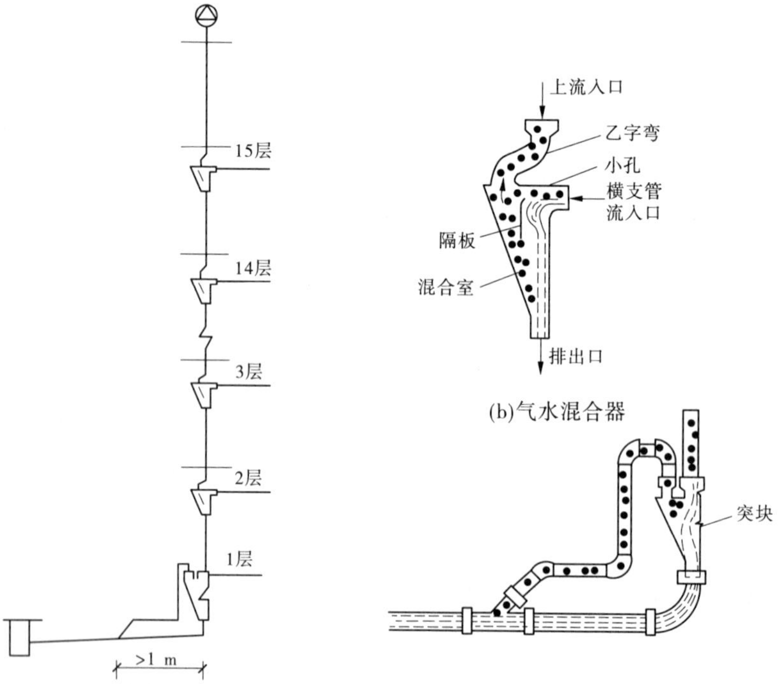

(a)苏维托排水系统

(b)气水混合器

(c)气水分离器

图 3-19 苏维托排水系统及配件

在转弯处被阻，达到防止在立管底部产生过大正压的目的。

苏维托排水系统除可降低管道中的压力波动外，还可节省管材，节省投资 11% ~ 35%，有利于提高设计质量和施工的工业化。

2.2 旋流排水系统

旋流排水系统是法国人勒格、理查和鲁夫于 1967 年共同研究发明的。这种排水系统每层的横支管和立管采用旋流接头配件连接，立管底部采用旋流排水弯头连接，如图 3-20 所示。

2.2.1 旋流接头配件

旋流接头配件由壳体和盖板两部分组成，通过盖板将横支管的排水沿切线方向引入立管，并使其沿管壁旋流而下，在立管中始终形成一个空气芯，此空气芯占管道断面的 80% 左右，保持立管内空气畅通，使压力变化很小，从而防止水封被破坏，提高排水立管的通水能力。

旋流接头配件中的旋流叶片，可使立管上部下落水流所减弱的旋流能力及时得到增强，同时也可破坏已形成的水塞，并使其变成旋流以保持空气芯。

2.2.2 旋流排水弯头

旋流排水弯头与普通铸铁弯头形状相同，但在内部设置有 45°旋转导叶片，使立管内在凸岸流下的水膜被旋转导叶片旋向对壁，沿弯头底部流下，避免了在横干管内形成水跃，封闭气流而造成过大的正压。

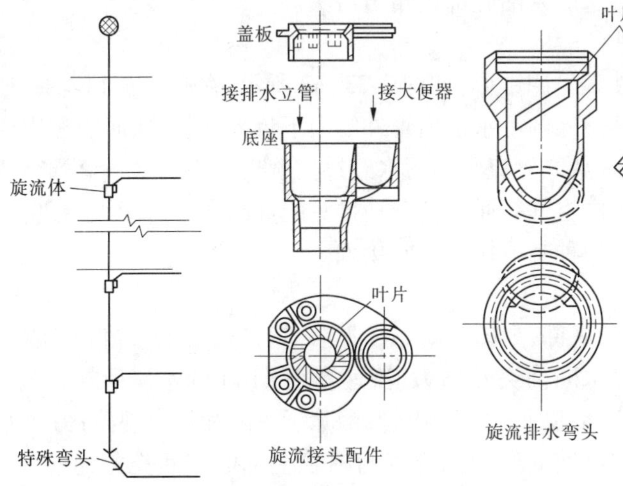

图 3-20　旋流排水系统

2.3　简易单立管排水系统

简易单立管排水系统也称为塑料螺旋管单立管排水系统。为了减少排水管道中的压力波动，提高单立管排水系统的通水能力，而又不使管道配件复杂化。近年来韩国开发的有螺旋导流线的 U－PVC 单立管排水系统，在硬聚氯乙烯管内有 6 条间距 50 mm 的螺旋线导流突起片，如图 3-21 所示。排水在管内旋转下落，管中形成一个畅通的空气芯，提高了排水能力，降低了管道中的压力波动。另外，设计有专用的 DRF/X 型三通，如图 3-22 所示，这种三通与排水立管的相接不对中，DN100 的管子错位 54 mm，从横支管流出的污水沿圆周的切线方向进入立管，可以起到削弱支管进水水舌的作用并避免形成水塞，同时由于减少了水流的碰撞，PVC－U 管减少噪声的效果良好。

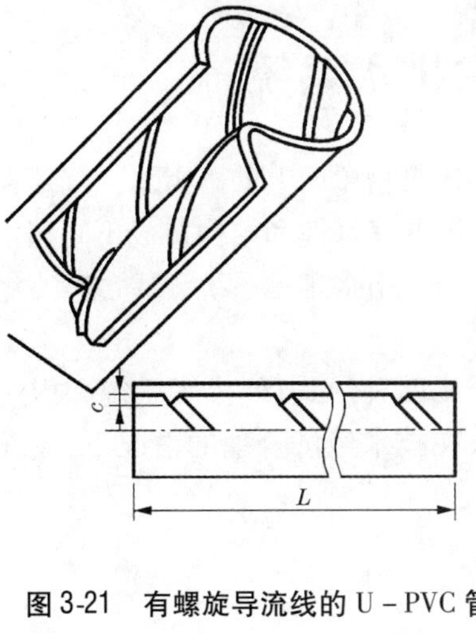

图 3-21　有螺旋导流线的 U－PVC 管

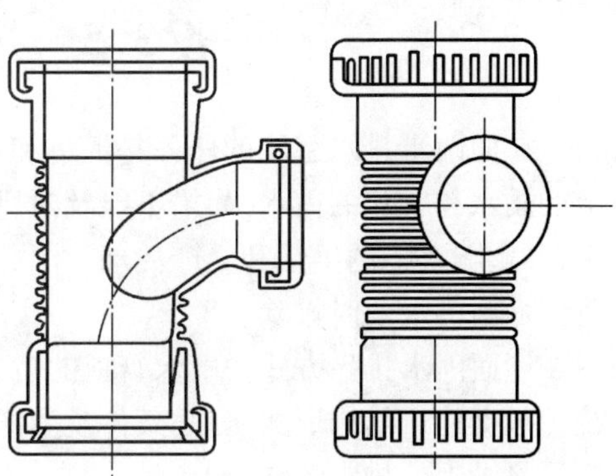

图 3-22　DRF/X 型三通

2.4　芯型排水系统

芯型排水系统是日本的小岛德厚于 1973 年发明的，在各层排水横支管与立管连接处设高奇马接头配件,在排水立管的底部设角笛弯头。

2.4.1 高奇马接头配件

高奇马接头配件,外观呈倒锥形,如图 3-23(a)所示,在上入流口与横支管入流口交会处设有内管,从横支管排入的污水沿内管外侧向下流入立管,从而能够避免因横支管排水产生的水舌阻塞立管。从立管流下的污水经过内管后发生扩散下落,形成气水混合流,下落流速减缓,保证立管内空气畅通。高奇马接头配件的横支管接入形式有两种,一种是正对横支管垂直接入,另一种是沿切线方向接入。

2.4.2 角笛弯头

角笛弯头装在立管的底部,如图 3-23(b)所示,其特点是上入流口端断面较大,从排水立管流下的水流,因过水断面突然增大,流速变缓,下泄的水流所挟带的气体被释放。一方面水流沿弯头的缓弯滑道而导入排出管,消除了水跃和水塞现象;另一方面由于角笛弯头内部有较大的空间,可使立管内的空气与横管上部的空间充分连通,保证气流的畅通,减少压力的波动。

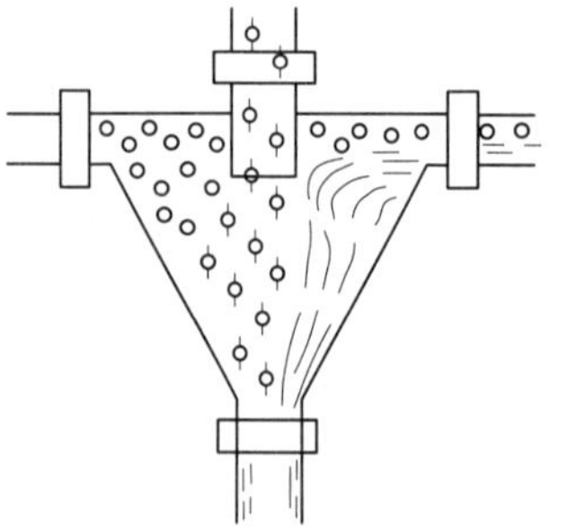

(a)高奇马接头配件

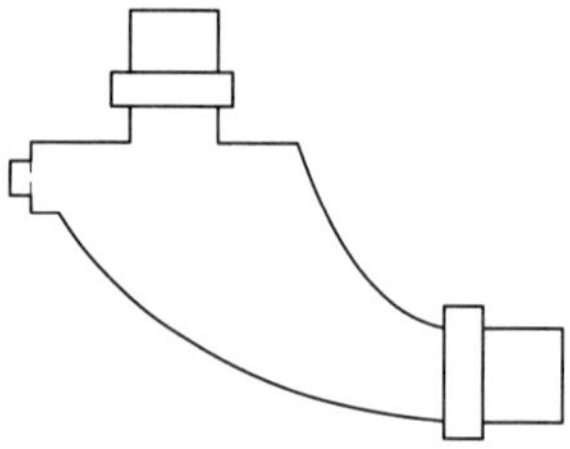

(b)角笛弯头

图 3-23 芯型排水系统管件示意图

任务 3.5 屋面雨水排水系统

屋面雨水排水系统的任务是汇集和排除降落在建筑物屋面上的雨雪水。降落在屋面上的雨水和融化的雪水,如果不能及时排除,会对房屋的完好性和结构造成不同程度的损坏,并影响人们的生活和生产活动。因此,需设置专门的雨水排水系统,系统地、有组织地将屋面雨雪水及时排除。

屋面雨水排除方式按雨水管道的位置不同可分为两种形式:外排水系统和内排水系统。根据建筑结构形式、气候条件及生产使用要求,在技术经济合理的情况下,屋面雨水应尽量采用外排水系统。

1 外排水系统

外排水是指屋面不设雨水斗,建筑物内部没有雨水管道的雨水排放方式。根据设置的形式不同分为檐沟外排水和天沟外排水。

1.1　檐沟外排水(水落管外排水系统)

这种系统由屋面檐沟汇水,然后流入隔一定间距沿外墙设置的水落管(立管),最后泄至地下沟管(或地面)。室外可不设置雨水管渠,排出雨水直接形成地面径流。

檐沟外排水主要组成有檐沟、雨水斗及水落管,如图3-24所示。

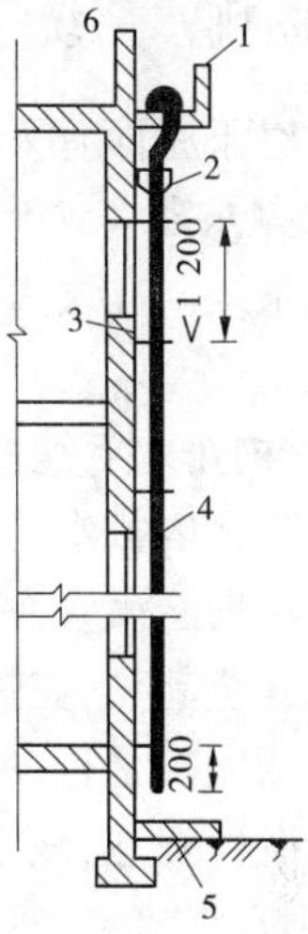

1—檐沟;2—雨水斗;3—管卡;4—水落管(立管);5—散水;6—女儿墙

图3-24　屋面檐沟外排水图(单位:mm)

水落管沿建筑长度方向布置在两侧,根据设计地区的降水量以及管道的通水能力确定一根水落管服务的屋面面积,再根据屋面面积和形状确定水落管设置间距。一般民用建筑水落管间距为8~16 m,工业建筑为18~24 m,直径一般为75~100 mm。檐沟外排水系统适用于小型低层建筑、面积较小的公共建筑、单跨工业建筑。其缺点是排水较分散,不便于有组织排水。

1.2　天沟外排水

天沟外排水,是利用屋面构造上所形成的坡度和天沟,使雨雪水向建筑物两端(山墙、女儿墙方向)汇集,进入雨水斗,并经墙外立管排至地面或雨水道。天沟外排水系统由天沟、雨水斗和排水立管组成,如图3-25所示。天沟外排水系统适用于长度不超过100 m的多跨厂房。天沟的排水断面形式,视屋面的情况,可分为矩形、半圆形、梯形等;天沟应以建筑物伸缩缝为分水线布置,由于一般屋面的伸缩缝长度为40~60 m,故天沟水流长度一般不宜大于50 m,天沟坡度不宜太大,以免屋顶垫层过厚而增加结构的负荷,但过小又易造成屋顶漏水和施工困难,一般以0.003~0.006为宜。当天沟过长时,由于坡度的要求,将会给建筑处理带来困难。为了防止天沟内过量积水,应在天沟顶端壁处设置溢流口。

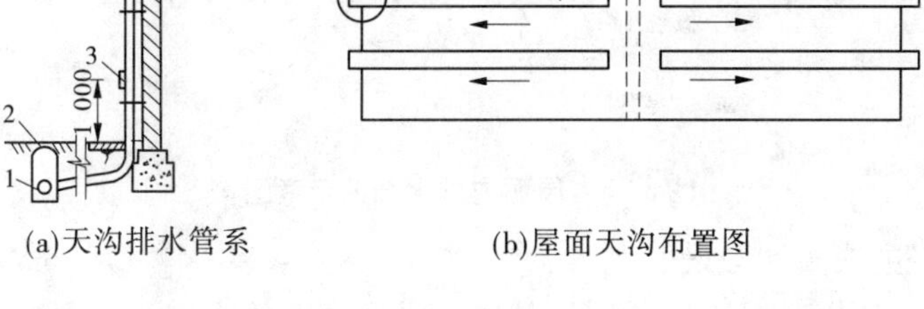

(a)天沟排水管系　　(b)屋面天沟布置图

1—室外雨水管道;2—检查井;3—检查口;4—立管;5—管卡;6—溢流口;7—山墙;8—雨水斗;9—天沟;10—连接管;11—外墙;12—伸缩缝

图3-25　屋面天沟外排水　(单位:mm)

2 内排水系统

对于屋面有天窗、多跨、锯齿形屋面或壳形屋面等工业厂房，其屋面面积大或曲折，采用檐沟外排水或天沟外排水的方式排除屋面雨雪水有困难，因此必须在建筑内部设置内排水系统。高层大面积平屋面民用建筑，特别是处于寒冷地区的建筑物，均应采取建筑内排水系统。

2.1 内排水系统的分类

建筑内排水系统由雨水斗、连接管、悬吊管、排出管、埋地横管和附属构筑物等部分组成。根据悬吊管所连接的雨水斗的数量不同，建筑内排水系统可分为单斗和多斗两种。为了安全起见，在进行建筑内排水系统的设计时应采用单斗系统，如图 3-26 所示。根据建筑物内部是否设置雨水检查井，又可分为敞开系统和密闭系统。敞开系统的建筑物内部设置检查井，该系统可接纳生产废水，方便清通和维修，但有可能出现检查井冒水的现象，雨水漫流室内地面，造成危害。密闭系统是压力排水，埋地管在检查井内用密闭的三通连接，有检查和清通措施，不会出现建筑物内部冒水情况，但不能接纳生产废水。为了安全可靠，一般应采用密闭式内排水系统。

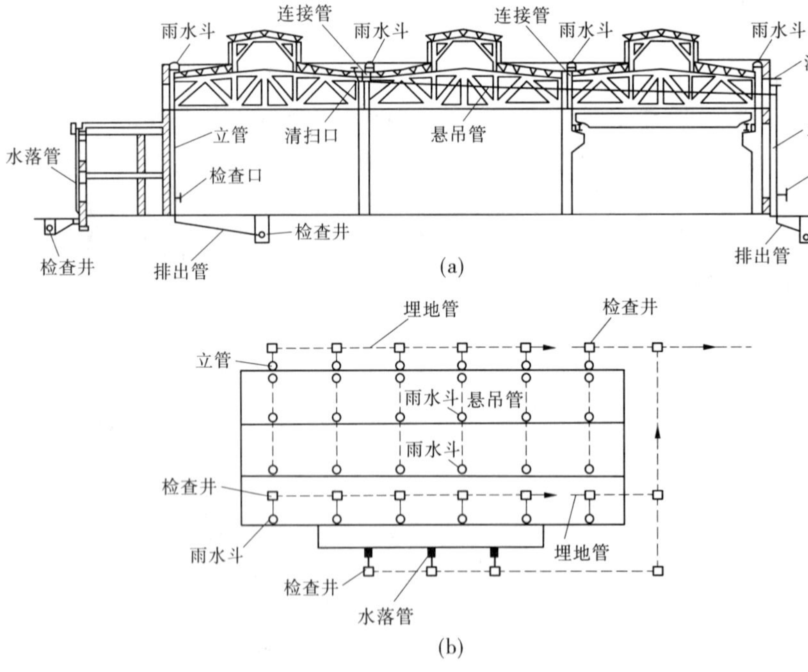

图 3-26 屋面内排水系统示意图

2.2 内排水系统的布置和敷设

(1)雨水斗。雨水斗设在雨水由天沟进入雨水管道的入口处。具有泄水、稳定天沟水位、减少掺气量及拦阻杂物的作用，它是管系的重要组成部分。常用的雨水斗有 65 型、79 型和 87 型等，如图 3-27 所示。在阳台、花台、供人们活动的屋面及窗井处可采用平箅式雨水斗。

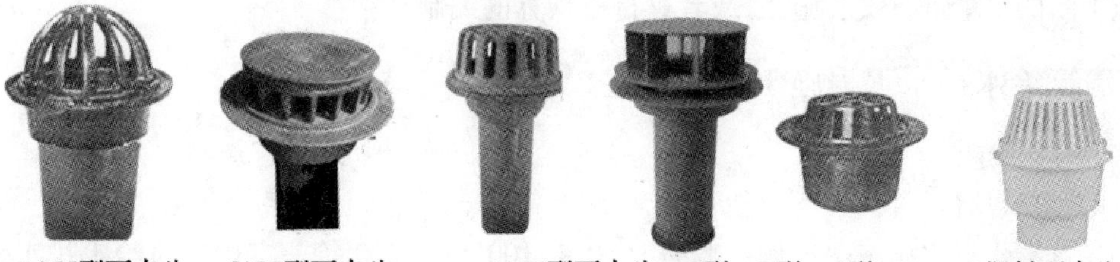

(a)65型雨水斗　(b)79型雨水斗　(c)87型雨水斗—A型、B型、C型　(d)塑料雨水斗

图3-27　雨水斗型号

雨水斗应满足最大限度地迅速排除屋面雨、雪水的要求。布置雨水斗时,应以伸缩缝、防火墙或沉降缝作为天沟排水分水线,各自自成排水系统。当分水线两侧两个雨水斗连接在同一根立管或悬吊管上时,应采用伸缩接头并保证密封不漏水。采用多斗排水系统时,为使泄流量均匀,雨水斗宜将立管对称布置,一根悬吊管上连接的雨水斗不得多于4个,雨水斗不能设在立管顶端。

(2)悬吊管。悬吊管是架空布置的、连接雨水斗和排水立管的横敷管段,悬吊管可承纳一个或几个雨水斗,也可直接将雨水排放至室外敷设的立管。为满足水力条件和便于清通,悬吊管应设不小于0.005的坡度。悬吊管宜布置在靠近柱、墙处,其间距不得大于20 m。悬吊管一般采用钢管或铸铁管。

(3)立管及排出管。立管的作用是接纳雨水斗或悬吊管中的水流。排出管则是与立管相连将雨水引到埋地横管中去的一段埋地横管。一根立管连接的悬吊管不多于2根,立管管径不小于悬吊管管径。为便于清通,立管距地面约1 m处应设检查口。排出管与下游埋地管在检查井中宜采用管顶平接。排出管虽为埋地管,但因该管段属压力流,故排出管应采用铸铁管。

(4)埋地横管与附属构筑物。埋地横管是敷设于室内地下的横管,接纳立管排来的雨水,并将其送至室外雨水管道。埋地横管应满足最小敷设坡度的要求。埋地横管一般可用非金属管材,为便于清通,埋地横管的直径不宜小于200 mm,最大不超过600 mm。

附属构筑物主要有检查井、检查口、排气井等,用于雨水管道的清扫、检修、排气。在排出管与埋地管连接处、埋地管转弯、变径及超过30 m的直线管段上都应设检查井,检查井深不小于0.7 m。为了将进入雨水排水系统的气体释放,在埋地管起端几个检查井与排出管间应设排气井。设置室内埋地横管(敞开系统)时,由于多种因素的影响,起点检查井冒水的机会比下游检查井的机会多,故为避免检查井冒水或造成倒灌,一般在起点检查井不宜接入工业废水管道。

对密闭系统,由于不设检查井,为保证埋地管畅通和清通立管及埋地管转角处的堵塞,密闭系统埋地管靠近立管处应设水平检查口。

任务3.6　建筑给水排水工程施工图

建筑给水排水工程施工图是进行给排水工程施工、监理和概预算编制的重要依据,从事给排水设备安装工作的工程技术人员必须能熟练地阅读建筑给排水工程施工图,并按照施工图的要求进行安装施工，或者进行概预算的编制。

1　建筑给水排水工程施工图的概述

1.1　一般规定

1.1.1　图纸比例

建筑给水排水施工图比例一般为1∶50、1∶100和1∶200等。室内建筑给水排水轴测图（系统图）中，如局部表达有困难，可不按比例绘制。水处理流程图、水处理高程图和建筑给水排水系统原理图均不按比例绘制。

1.1.2　管径标注

管径的标注方式应符合下列规定：①水煤气钢管（镀锌或非镀锌）、铸铁管、PVC管等管材，管径宜以公称直径 *DN* 表示，如 *DN*15、*DN*50 等；②无缝钢管、焊接钢管（直缝或螺旋缝）、铜管、不锈钢管等管材，管径宜以外径 *D*×壁厚表示，如 *D*108×4 等；③钢筋混凝土（或混凝土）管、陶土管、耐酸陶瓷管等管材，管径宜以内径 *d* 表示，如 *d*230、*d*380 等；④塑料管管径宜按产品标准表示方法表示；⑤设计均用公称直径 *DN* 表示管径时，应有公称直径 *DN* 与相应产品规格对照表。

1.1.3　标高标注

室内工程应标注相对标高；室外工程宜标注绝对标高，当无绝对标高资料时，可标注相对标高，但应与总图一致。压力管道应标注管中心线标高，沟渠和重力流管道宜标注沟（管）内底相对标高。如图3-28所示。

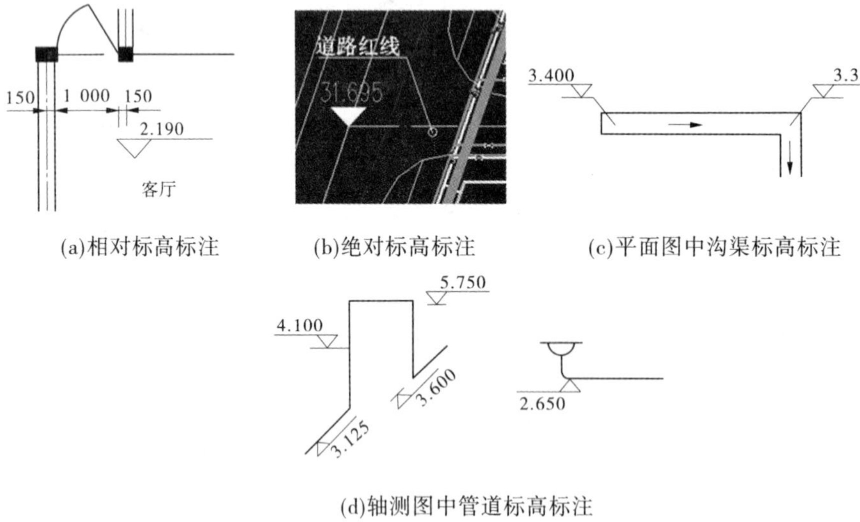

图3-28　标高标注示意图

1.2　常用图例

建筑给水排水施工图常用图例见表3-1～表3-5。

表 3-1　常用管道图例

序号	名称	图例	序号	名称	图例
1	给水管	— J —	10	空调凝结水管	— KN —
2	热水给水管	— RJ —	11	通气管	— T —
3	热水回水管	—RH—	12	消火栓给水管	— XH —
4	废水管	— F —	13	自动喷水灭火给水管	— ZP —
5	污水管	— W —	14	管道立管(X:管道类别，L:立管,1:编号)	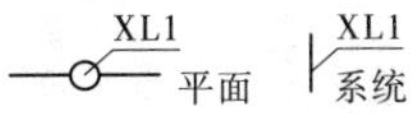
6	雨水管	— Y —			
7	压力污水管	—YW—	15	排水立管	WL1(FL1)
8	管径	*DN*　*D*　*d*			
9	坡度	*i*	16	管长	*L*

表 3-2　常用卫生器具图例

序号	名称	图例	序号	名称	图例
1	水龙头	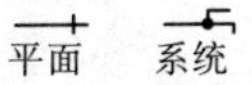	6	小便器	 Ⓕ
2	坐式大便器	 Ⓐ	7	蹲式大便器	 Ⓔ
3	洗脸盆	 Ⓑ	8	小便槽	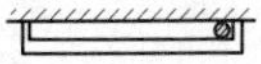
4	洗涤盆	 Ⓒ	9	淋浴喷头	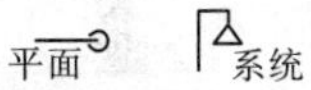
5	浴缸	 Ⓓ	10	圆形地漏	

表 3-3　常用阀门图例

序号	名称	图例	序号	名称	图例
1	闸阀		9	角阀	
2	截止阀		10	自动排气阀	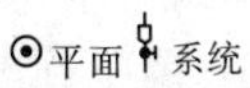
3	蝶阀		11	浮球阀	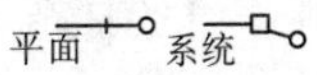
4	球阀		12	液压水位控制阀	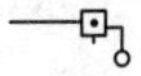
5	单向阀		13	延时自闭冲洗阀	
6	消声单向阀	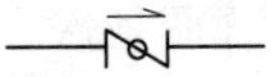	14	溢流阀	
7	减压阀		15	遥控信号阀	
8	水流指示器	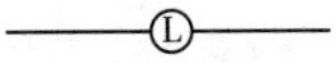	16	湿式报警阀	

表 3-4　消防设备图例

序号	名称	图例	序号	名称	图例
1	水表井		7	室外消火栓	
2	直立型闭式喷头	平面　系统	8	室内消火栓(单口)	平面　系统
3	下垂型闭式喷头	平面　系统	9	室内消火栓(双口)	平面　系统
4	水力警铃		10	水泵接合器	
5	水泵		11	手提式灭火器	
6	管道泵		12	压力表	

表 3-5　其他图例

序号	名称	图例	序号	名称	图例
1	水表		9	Y形除污器	
2	压力控制器		10	检查口	平面　系统
3	可曲挠 橡胶接头		11	清扫口	平面　系统
4	防水套管	刚性　柔性	12	通气帽	成品　铅丝球
5	减压孔板		13	存水弯	S形　P形
6	雨水斗	YD- 平面　YD- 系统	14	波纹管	
7	雨水口(单口)		15	潜水泵	
8	检查井阀门井		16	矩形化粪池	HC

1.3　建筑给水排水工程施工图的组成

建筑给水排水工程施工图包括图纸目录、施工图设计说明、设计图纸(包括平面图、系统图、施工详图等)和主要设备及材料明细表。

1.3.1　图纸目录

建筑给水排水工程施工图的图纸目录应以工程单体项目为单位进行编写。图纸目录一般包括工程项目的图纸目录、使用标准图目录、图例、主要设备器材表、设计说明等。

图纸图号应按下列规定编排:

(1)系统原理图在前,平面图、剖面图、放大图、详图依次在后。

(2)平面图中地下各层在前,地上各层依次在后。

(3)水处理流程图在前,平面图、剖面图、放大图、详图依次在后。

(4)总平面图在前,管道节点图、阀门井示意图、详图依次在后。

1.3.2　施工图设计说明

设计图纸上用图或符号表达不清楚的问题,需要用文字加以说明。主要内容有:工程概况，如建筑的类型、主要技术指标（用水量、水压的要求）等；采用的管材及接口方式；管道的防腐、防冻、防结露的方法；卫生器具的类型及安装方式；所采用的标准图号及名称；其他施工注意事项，如施工验收应达到的质量要求、系统的管道水压试验要求以及有关图例等。

一般中、小型工程的设计说明直接写在图纸上，工程较大、内容较多时，则要另用专页编号，水泵、水箱等设备，须写明型号、规格及运行管理要点等。

1.3.3　设计图纸

1）建筑给水排水平面图

建筑给水排水平面图是给水排水施工图的主要部分，应表达给水、排水管线和设备的平面布置情况。采用的比例与建筑图相同，常用比例为1∶100、1∶50；大型车间可用1∶200。

平面图所表达的内容和深度有以下要求：

（1）绘出与给水排水、消防给水管道布置有关各层的平面，标注主要轴线编号，注明房间名称、用水点位置，注明各种管道系统编号（或图例）。当建筑物内给水排水卫生设备比较集中时，可只画出与其有关部分的建筑平面，其余部分可以不画，画出部分要注明建筑轴线。

（2）绘出给水排水、消防给水管道平面布置、立管位置及编号，标明卫生器具、热交换器、储水罐、水箱、水泵、水加热器等建筑设备的类型、平面布置、定位尺寸。

（3）当采用展开系统原理图时，应标注管道管径、标高。给水管安装高度变化处，应用符号表示清楚并分别标出标高（排水横管应标注管道终点标高）；管道密集处应在平面图中画横断面图，将管道布置定位表示清楚。

（4）底层平面图应注明引入管、排出管、水泵接合器等与建筑物的定位尺寸，穿建筑外墙管道的标高，防水套管形式，污水局部处理构筑物的种类和平面位置等，还应绘出指北针。

（5）标出各楼层建筑平面标高（如卫生设备间平面标高与该楼层平面标高不同应另外加以标注）、灭火器放置地点。

（6）若管道种类较多，在一张图纸上表示不清楚，可分别绘制给水、排水平面图和消防给水平面图。

（7）对于给水排水设备及管道较多处，如泵房、水池、水箱间、水处理间等，当上述平面图不能交代清楚时，应绘出局部放大平面图。

（8）注明管道附件（如阀门、消火栓、消防喷头、水龙头、雨水斗、地漏、清扫口等）的平面布置、规格、型号、种类和敷设方式，以及给水管道上水表的位置、类型、型号、前后阀门的设置情况等。

2）建筑给水排水系统图（轴测图）

建筑给水排水系统图就是给水、排水系统的轴测投影图。它应表达出给水排水管道和设备等在建筑中的空间位置关系，其绘制比例应与平面图一致。系统图上给水排水立管和进、出户管的编号应与平面图一一对应。主要内容如下：

（1）自引入管、干管、立管、支管至用水设备的给水管道的空间走向和布置情况。

（2）自卫生器具至污水排出管的排水管道的空间走向和布置情况。

（3）管道的规格、标高、坡度（设计说明中已交代者，图中可不标注管道坡度）以及系统编号和立管编号。

(4)水箱、加热器、热交换器、水泵等设备的接管情况、设置标高、连接方式。

(5)管道附件的设置情况,包括种类、型号、规格、位置、标高等。

(6)排水系统通气管设置方式,与排水管道之间的连接方式,伸顶通气管上的通气帽的设置及标高。

(7)室内雨水管道系统的雨水斗与管道连接形式,雨水斗的分布情况以及室内地下检查井的设置情况。

(8)底层和各楼层地面的相对标高。

如各层(或某几层)卫生设备及用水点接管(分支管段)情况完全相同,在系统图上可只绘一个有代表性楼层的接管图,其他各层注明同该层即可。

系统图均应按给水、排水、热水等各系统单独绘制,以便于安装和概预算的应用。

3)施工详图

建筑给水排水管道的平面图和系统图都是用图例表示的,它只能显示管道的布置、走向等情况。对于卫生器具、用水设备、水泵及附属设备的安装和管道的连接,以及管道局部节点的详细构造、安装要求等,在平面图和系统图中因受图面比例限制而表达不完善或无法表达的,也无法用文字说明,为使概预算及施工不出现失误,可以将这些部位局部放大比例,画成详图。

详图采用的比例较大,一般为1:50~1:10,图要画得详细,各部位尺寸应尽量详细注明,不应以比例代替尺寸。一般的卫生器具、用水设备、管道附件、管道支吊架等安装详图均有全国通用的给水排水标准图,可视具体情况套用。没有标准图的可自行绘制。

1.3.4 主要设备及材料明细表

对于重要工程,为了使施工准备的材料和设备符合图纸要求,除上述设计说明、给排水平面图、系统图和详图外,还应编制主要设备及材料明细表,应包括编号、名称、型号、规格、单位、数量、重量及附注等项目。施工图中涉及的设备、管材、阀门、仪表等均列入表中,以便施工备料。不影响工程进度和质量的零星材料,允许施工单位自行决定的可不列入表中。简单工程可不编制主要设备及材料明细表。

2 建筑给水排水工程施工图的识读

2.1 建筑给水排水工程施工图识读方法

阅读主要图纸之前,应当先看设计说明和设备材料表,然后以系统为线索深入阅读平面图、系统图及详图。识读时必须将三种图对照起来看,以便相互说明和相互补充,明确管道、附件、器具、设备在空间的立体布置,明确某些卫生器具或用水设备的安装尺寸及要求,只有这样才能真正地将施工图阅读好。

具体的识读方法是以系统为单位,沿水流方向观察。

给水管道的识图顺序是:引入管→干管→立管→支管→用水设备或卫生器具的进水接口(或水龙头)。

排水管道的识图顺序是:器具排水管→横支管→排水立管→排水干管→排出管。

2.2 建筑给水排水施工图识读举例

图3-29～图3-37是某小区住宅楼给水排水施工图,现以这套施工图为例,说明识读的主要内容和注意事项。

设计总说明

一、设计依据

1.《建筑给水排水设计规范》(GB 50015—2003);

2.《建筑给水硬聚氯乙烯管道设计与施工验收规程》(CECS 41:92);

3.《建筑排水硬聚氯乙烯管道工程技术规程》(CJJ/T 29—98);

4.甲方提供的设计资料和要求。

二、项目概况

本工程为住宅楼，地上部分五层，半地下室一层，室内外高差1.50 m。

三、本设计室内生活采用市政管网直接供水方式，水压满足室内水压要求。

四、本设计采用一户一表给水进户系统，所有冷、热水表集中装于室外水表井内，水表井位置现场定。

五、管材、接口及敷设：

1.冷、热水管道水采用PP-R管，S4系列，专用管件，热熔连接，管道安装完毕做0.9 MPa水压试验。室内冷水立管采用150×100PVC线槽沿墙或楼板底扣装。凡室外给水管、地下室热水管均采用4 cm岩棉做保温，外用铝箔包扎；埋地热水管采用聚氨酯做保温，玻璃钢做保护层，做法参03s401。

2.热水由小区集中供应，采取室外干管循环方式。

3.排水管采用U-PVC管及配件，粘胶连接，系统做通水和闭水检验。

4.塑料管道的立管和水平管道的支撑间距不得大于下表规定：

塑料管道的最大支撑间距(mm)

外径	20	25	32	40	50	63	75	90	110
水平管	500	550	650	800	950	1 100	1 200	1 350	1 550
立管	900	1 000	1 200	1 400	1 600	1 800	2 000	2 200	2 400

六、排水管应符合《建筑排水用硬聚氯乙烯(PVU-U)管道安装》(96S406)要求，合理设置伸缩节、支吊架。

横支管坡度：$i \geqslant 0.026$；横干管最小坡度：$De=110$，$i=0.004$，$De=160$，$i=0.003$。

七、排水管的横管与立管连接，采用45°斜三通或45°斜四通；排水立管与排出管端部的连接，采用两个45°弯头连接，当排水管遇偏轴线时，采用乙字弯连接，立管与排出管连接处设混凝土支墩。

八、管道要尽量贴墙，并与土建密切配合，当管道穿越墙壁或楼板时，加装比该穿越管大1~2号的钢套管。穿过外墙或屋面的管道做防水套管，做法参见02s404。

九、图中标高为暂定水管埋深，具体施工时以实际情况核定。

十、本设计除标高以m计，其他均为mm。凡未说明处均按《建筑给水排水及采暖工程施工质量验收规范》(GB 50242—2002)施工。

图3-29 设计施工总说明

序号	图例	名称	规格及型号	数量	备注
1		立式洗脸盆	450×675		档次甲方自定
2		台式洗脸盆		10	档次甲方自定
3		坐便器	660×405×780	10	
4		淋浴器	*De*20	10	档次甲方自定
5		洗涤盆	610×460×200	18	档次甲方自定
6		圆地漏	*De*50	28	档次甲方自定
7		带洗衣机插口地漏	*De*50	12	用于卫生间、厨房
8		洗脸盆龙头	*De*20	20	用于阳台
9		水龙头	*De*20	10	不锈钢
10		冷水表	*De*25+*De*32	8+2	不锈钢
11		热水表	*De*25+*De*32	8+2	
12		截止阀			铜质
13		给水管道			PP-R
14		热水管道			热水用PP-R
15		排水管道			U-PVC
16		存水弯			U-PVC
17		检查口			PVC

图 3-30　图例、设备材料表

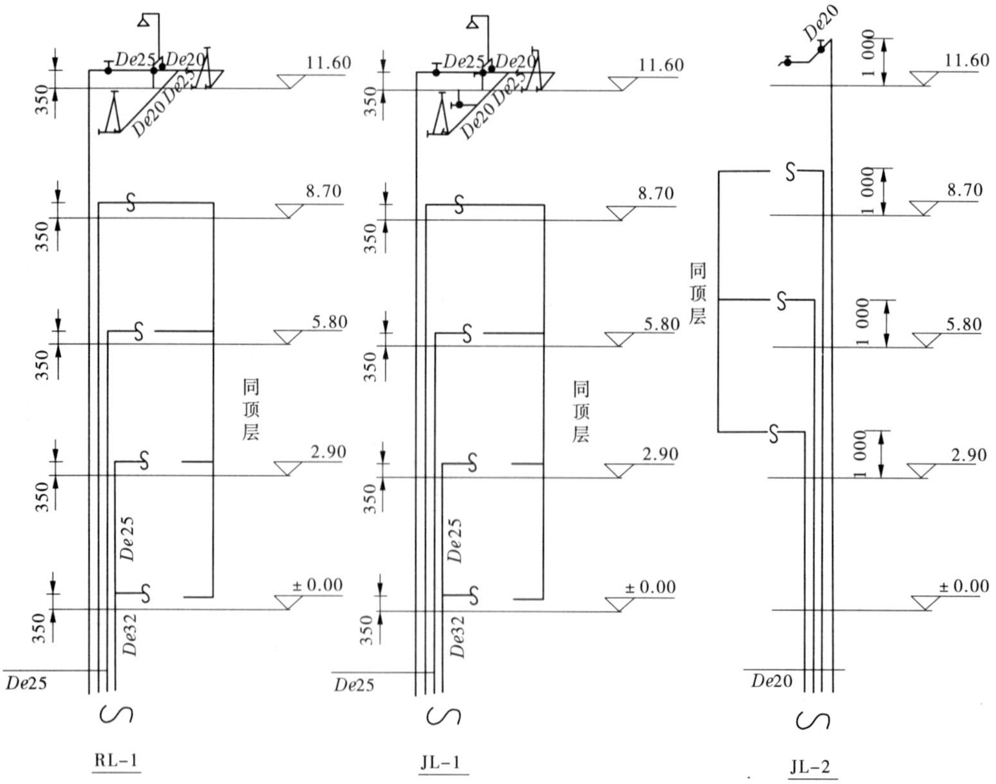

图 3-31　给水系统图　（单位：mm）

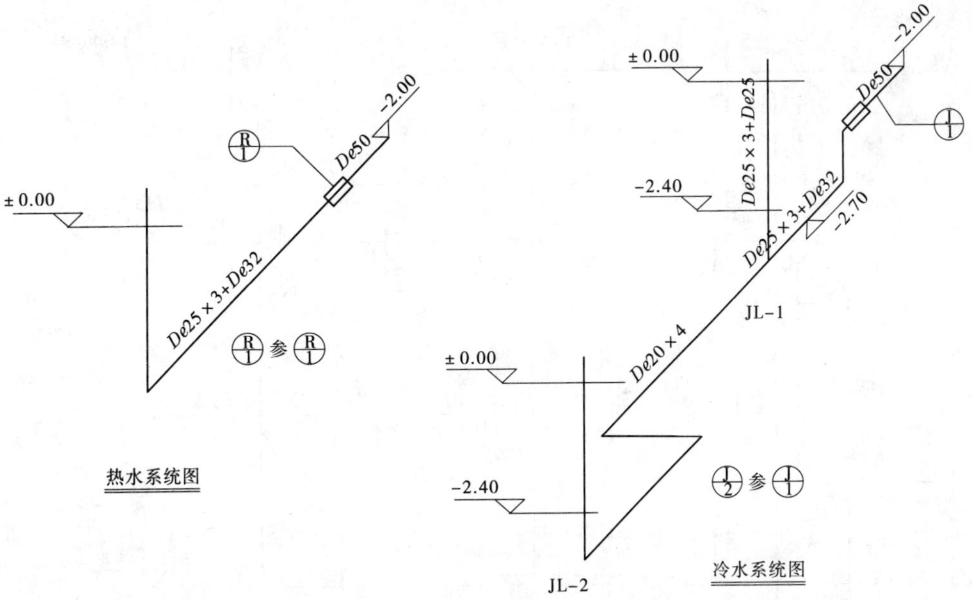

续图 3-31

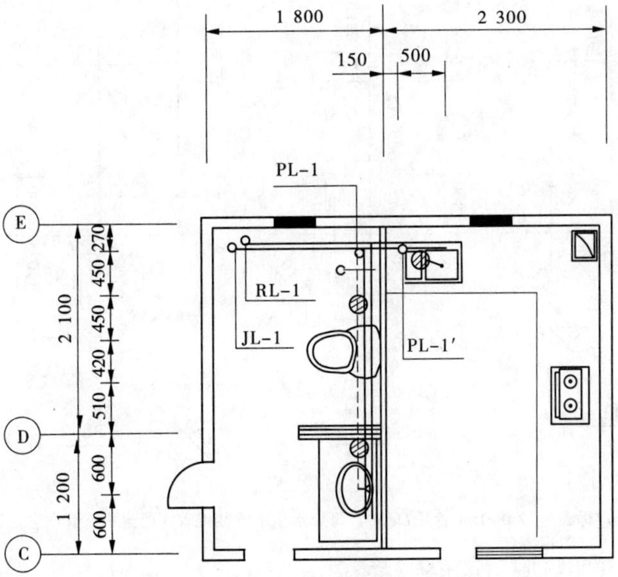

图 3-32　厨房、卫生间详图　（单位：mm）

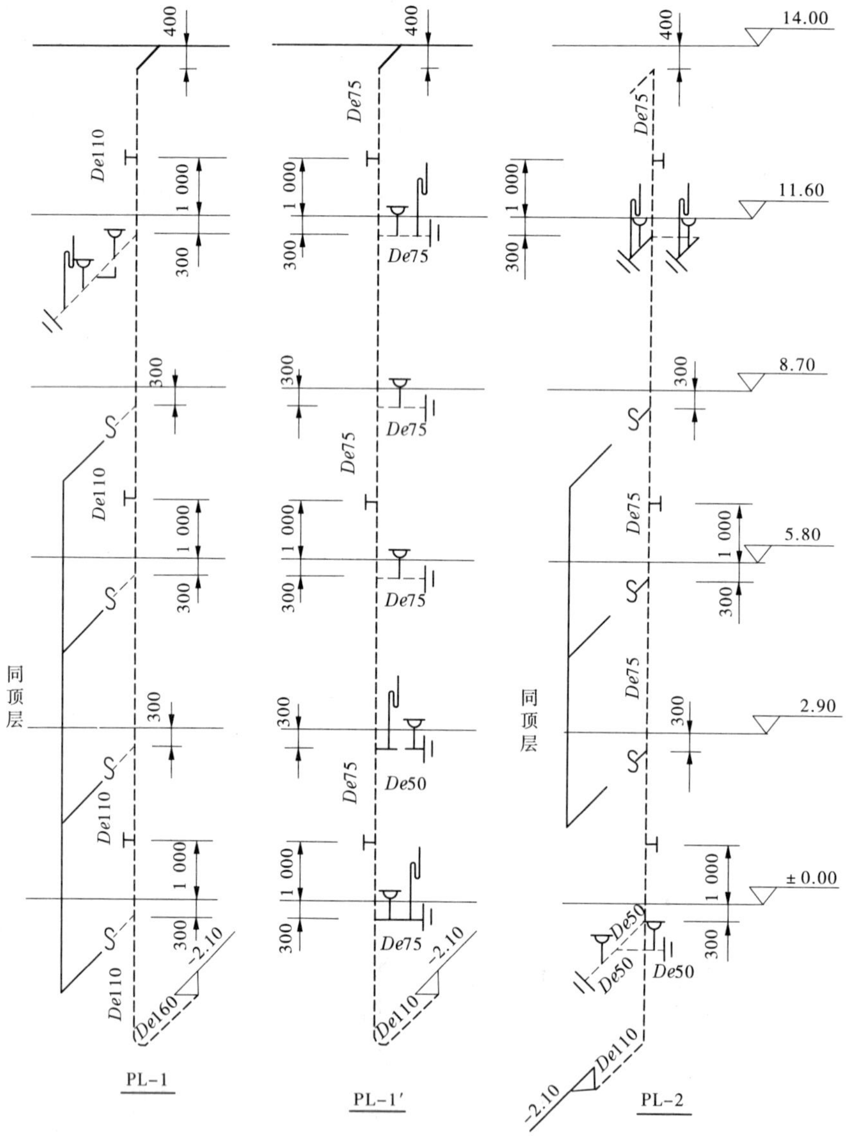

读图指导：

1.给水系统进户标高为-2.000 m,管径*De*50。每个水平干管共设有两根给水立管向各层用户供水。识图时与平面图、节点图相结合。

2.排水系统均采用独立出口,共设有5根立管。

图 3-33 排水系统图 （单位:mm）

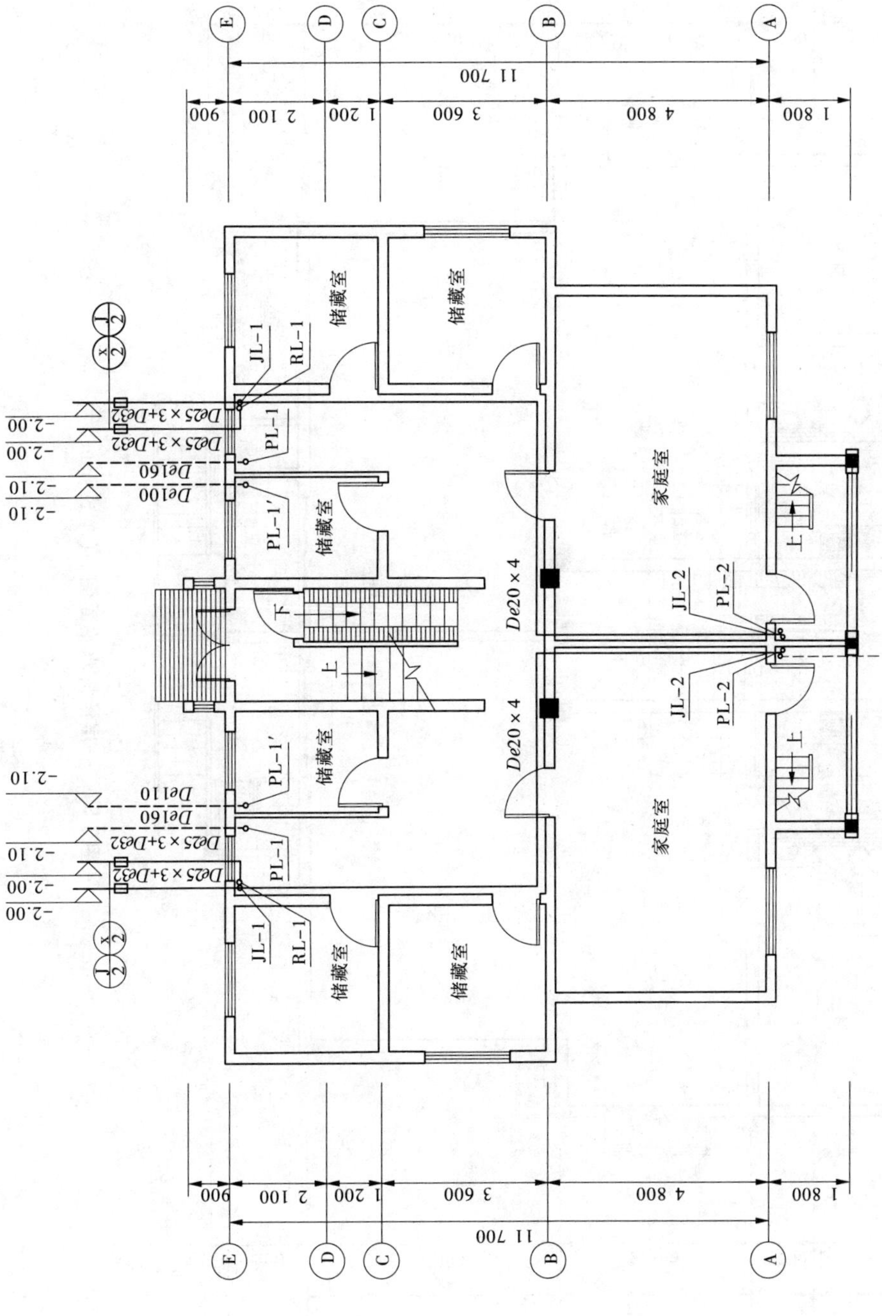

图 3-34　半地下室给排水平面图（单位:mm）

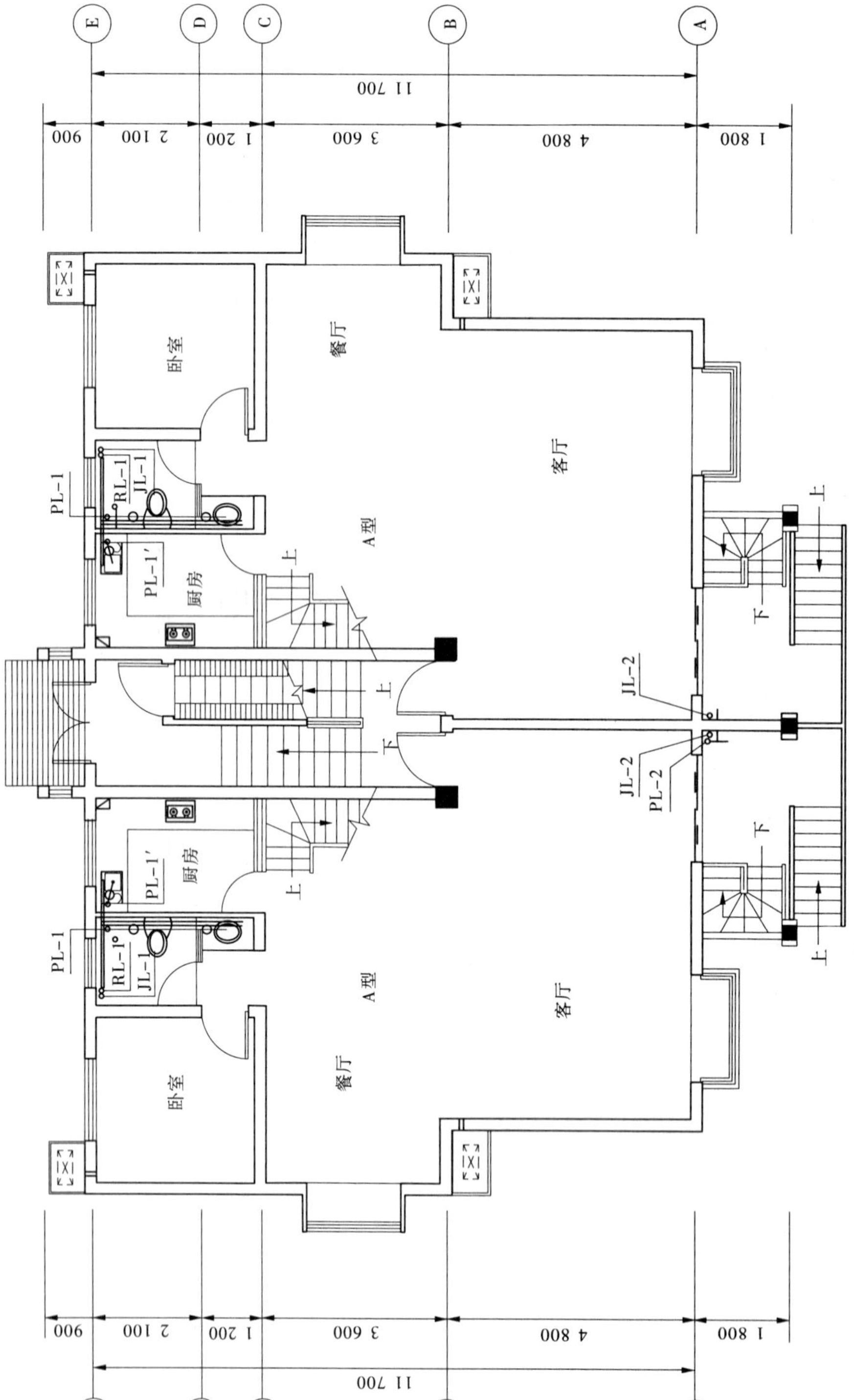

图3-35　一层给排水平面图　（单位:mm）

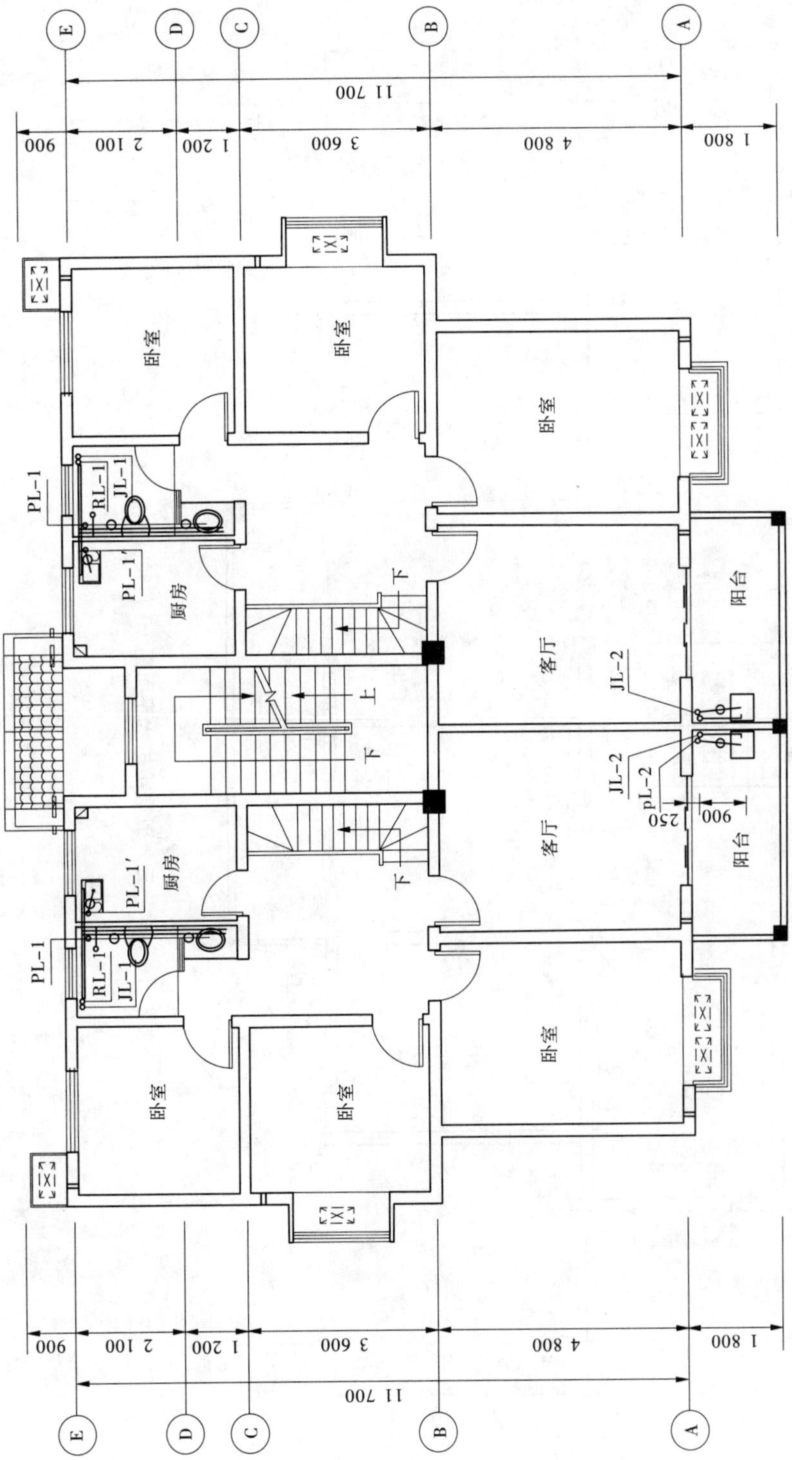

图 3-36　二层给排水平面图（单位：mm）

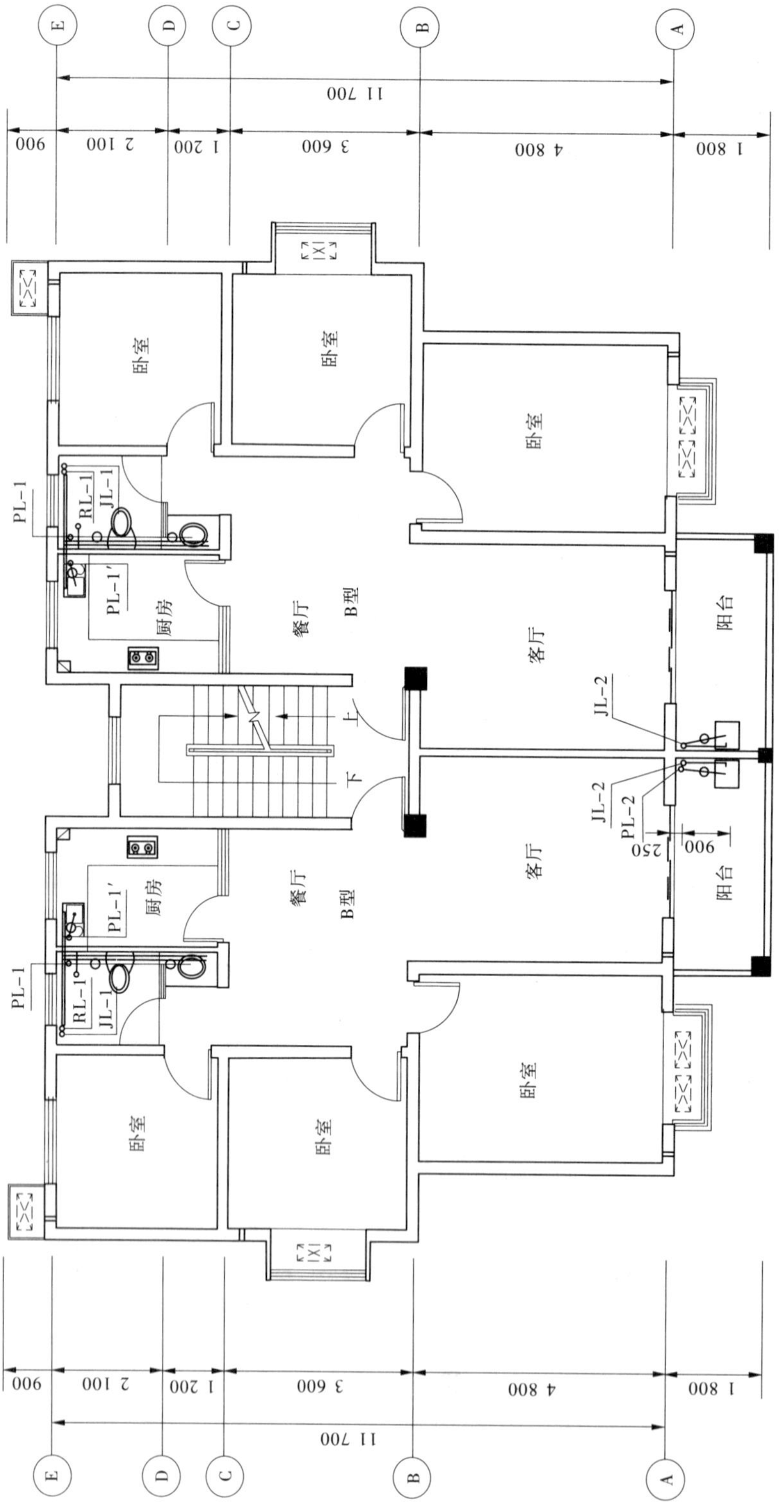

图 3-37　三～五层给排水平面图　（单位：mm）

(1)查明建筑物情况。

这是一幢砖混结构住宅建筑，地上五层，建筑面积999.20 m^2，半地下室建筑面积213.57 m^2，为储藏室。

(2)查明卫生器具、用水设备和升压设备的类型、数量、安装位置、定位尺寸、标高。

本建筑为单元式住宅，每层有2个卫生间、2个厨房。卫生间为干湿分区，卫生器具的布置为：每个卫生间设有坐式大便器1个、洗脸盆1个、淋浴器1个，厨房设有洗涤盆1个。

(3)弄清楚室内给水系统形式、管路的组成、平面位置、标高、走向、敷设方式。

本例的给水系统中，生活给水系统设2根引入管，引入管埋设高度为室内地坪以下2.000 m，给水立管共4根，热水立管2根，排水立管5根。

思考题

1. 什么是建筑内部排水系统的合流制与分流制？如何选择建筑内部的排水体制？
2. 建筑内部排水系统分为哪几类？建筑内部排水系统由哪些部分组成？
3. 简述卫生器具的分类，对卫生器具有哪些要求？
4. 设置通气管道系统的目的是什么？伸顶式通气管道如何设置？
5. 污水局部处理构筑物有哪些？各起什么作用？
6. 高层建筑排水系统的特点有哪些？有哪些新型排水系统？
7. 地漏、存水弯各有什么作用？存水弯有哪几种类型？
8. 清通设备有哪些？检查口如何设置？
9. 给水排水工程施工图由哪些内容组成？

学习项目4　水景工程

【教学要求】

通过本项目学习，使学生了解水景工程的作用、水景造型；熟悉水景工程中的给水排水系统及其控制。

任务4.1　水景工程的作用

近代，国内外随着城市和工业的发展，改善城市环境，兴建自然景观日益增多，因而水景的艺术形式和规模都有很大发展。特别是现代电子技术赋予水景的活力，水景中各种音乐喷泉相继出现，雕塑、绿化、灯光、喷泉和瀑布的巧妙配合，构成一幅五光十色、华丽壮观、赏心悦目的美景。如图4-1所示。

图4-1　水景工程

水景的作用可归纳如下。

1　美化环境

水景本身可构成一个景区的主体，成为景观的中心，如广场中心的水景、水景音乐茶座和舞场中的水景。

水景也可装点、衬托其他景观。静止的景物配以活动的水景，可以达到静动结合，使之更加生动活泼、丰富多彩；配以静止的水景，可使景物更加宁静平稳，映衬互补，避免平淡、单调。

多个景点可利用水景联系贯穿形成一个有机的景区，因而起到诱导游客览胜的作用，还可利用水景将一个景区分隔，形成多个既独立又相互呼应的景点，提高其观赏价值和趣味性。

2　改善调节区域气候

水景可起到类似于大海、森林、草原和河湖等净化空气的作用，使水景所处区域的空气更加清洁、新鲜、润湿，调节人的心情，振奋人的精神。这是由于：

(1)水景可增加附近空气的湿度，尤其是在炎热干燥的地区作用更为明显。

(2)水景可增加附近空气中的负氧离子浓度，减少悬浮细菌数量，改善空气的卫生条件。

(3)水景可大大减少空气中的含尘量。

3　其他作用

在进行水景设计时，还应综合考虑，合理布局，尽可能使水景发挥以下作用：

(1)利用各种喷头的喷水降温作用，使水景工程兼作循环冷却水的喷水冷却池。

(2)利用水池容积较大，水池能起充氧防止水质腐败的作用，使之兼作消防储水池或绿化储水池。

(3)利用水流的充氧作用，使水池兼作养鱼池。

(4)利用水景的多种形态和变化，供儿童戏水或成人娱乐游泳用，但在水池中设有照明和电气设备时，应符合有关安全规定，采取安全措施。

(5)利用水景可以吸引大批游客，为公园、商场、游乐场、舞厅和咖啡屋等招徕顾客或进行广告宣传。

水景本身也可成为经营项目，进行各种水景表演也可取得一定的经济效益。

任务4.2　水景的基本形式

1　静水

静水是指园林中成片状汇集的水面。它常以湖、塘、池等形式出现。

1.1　规则式水池

由规则的直线岸边和有轨迹可循的曲线岸边围成的几何图形水体。如圆形、方形、长方形、多边形或曲线、曲直线结合的几何形组合，如图4-2所示。多运用于规则式庭园中、城市广场及建筑物的外环境修饰中。水池设置位置应位于建筑物的前方，或庭园的中间，作为主要视线上的一种重要点缀物。

1.2　自然式水池

自然式水池平面变化很多，形状各异，模仿大自然中的天然野趣；水面形状宜大致与所在地块的形状保持一致，仅在具体的岸线处理上给予曲折变化；设计成的水面要尽量减少对称、整齐的因素，如图4-3所示。

1.3　混合式水池

混合式水池介于规则式和自然式两者之间，既有规则整齐的部分，又有自然变化的部分，如图4-4所示。

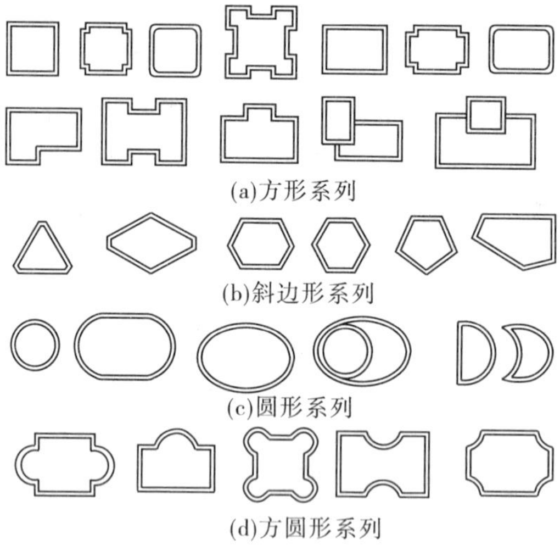

图 4-2　规则式水池

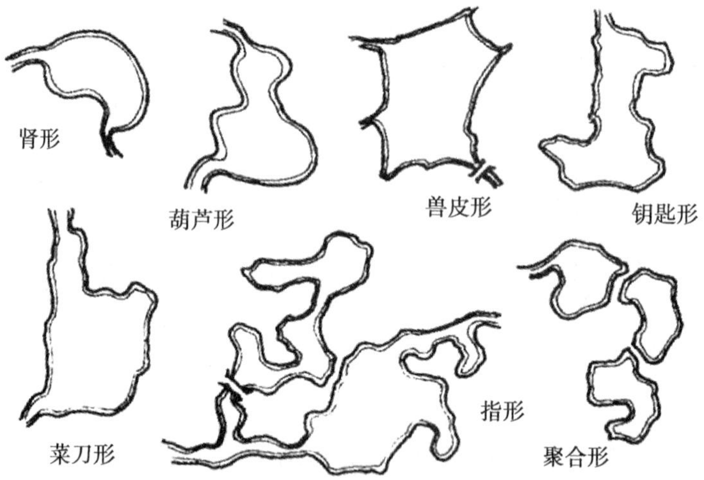

图 4-3　自然式水池

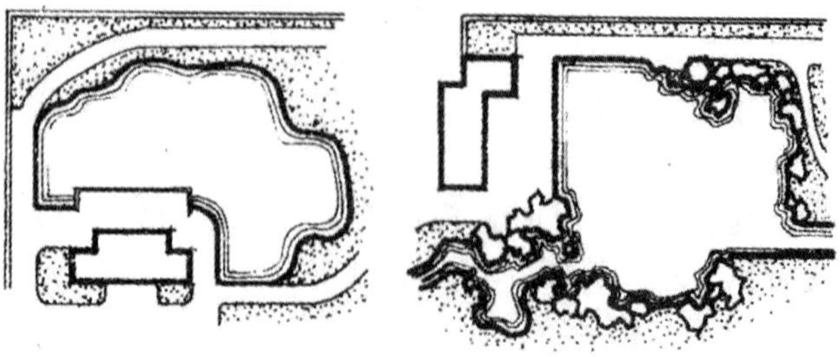

图 4-4　混合式水池

2　流水

2.1　河流

水面如带，水流迟缓，多有静水的特点；园林中常用狭长形的水池来表现。一般形状均采用S形或Z字形，应结合地形，平地上不宜过多弯曲，河流多用土岸，配置适当的植物；也可造假山插入水中形成“峡谷”，显出山势峻峭，如图4-5所示。

图4-5　河流

2.2　溪涧

溪与涧略有不同：溪的水底及两岸主要由泥土筑成，岸边多水草；涧的水底及两岸则主要由砾石和山石构成，岸边少水草，如图4-6所示。

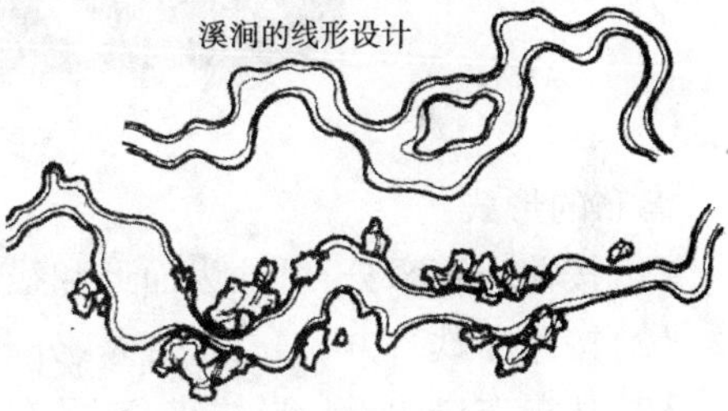

图4-6　溪涧

在溪涧的平面线形设计中，两条岸线的组合既要相互协调，又要有许多曲折变化，有开有合，有收有放，水面富于宽窄变化，立面上有缓有陡。

为展示溪流、小河流的自然风格，常设置各种主景石，如隔水石、切水石或破浪石、河床石、垫脚石、横卧石等。

2.3　曲水流觞(shāng)

“曲水流觞”在中国古代园林中指一种相对固定的景观设置形式，如庭院式曲水流杯或利用自然山水中的溪流、缓丘所作的曲水园林。它是典型的将人文和自然审美融于一炉的人文景观，如图4-7所示。

3　落水

凡利用自然水或人工水聚集一处，使水从高处跌落而形成白色水带，即为落水。

3.1　瀑布

自然景观中水从河床陡坎处滚落下跌形成恢弘的景观。园林中人造瀑布是将清水提升到一定高度，然后依靠水自身的重力向下跌落。园林瀑布的落水口位置较高，一般都在

图 4-7　曲水流觞

2 m 以上，如图 4-8 所示。

图 4-8　瀑布

瀑布的形式：

(1)按瀑布宽窄分，可分为面形和线形。

(2)按瀑布跌落方式分，有直瀑、分瀑、叠瀑和滑瀑四种。

(3)从瀑布口的设计形式来分，可有布瀑、带瀑和线瀑三种，如图 4-9 所示。

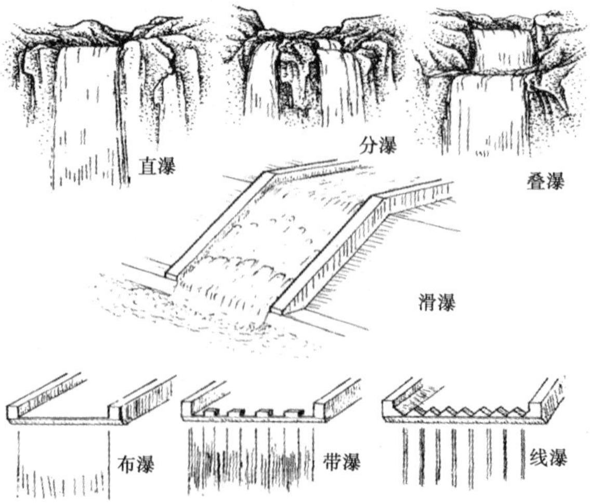

图 4-9　瀑布的形式

3.2　叠水

叠水本质上是瀑布的变异，它强调一种规律性的阶梯落水形式，是一种强调人工美的设计形式，具有韵律感及节奏感，如图4-11所示。

图4-10　叠水

3.3　其他落水形式

(1)水帘亭。水由高处直泻下来，由于水孔较细小、单薄，流下时仿若水的帘幕。水态常用于现代园林中园门、亭，则形成水帘门、水帘亭，如图4-11所示。

(2)管流。水从管状物中流出称为管流。

(3)溢流及泻流。水满往外流谓之溢流。在园林水景中，则将那种断断续续、细细小小的流水称为泻流。

(4)壁泉。水从墙壁上顺流而下形成壁泉，大体上有3种类型：①墙壁型；②山石型；③植物型。如图4-12所示。

图4-11　水帘亭

图4-12　壁泉

4　喷泉

喷泉是水景的主要形式，主要是借助于水压和各种喷头喷射出不同形态的水流，具有更大的自由度，可创造出千姿百态的水流形态，组成更加丰富多彩的水景造型。近几年常使用的声控喷泉，喷射水柱随音乐声音的强弱，跳动起落，使人耳目一新，给人以美的享受。

喷泉应用广泛，广场、公园、庭院等一些室内室外场合均可采用，喷泉系统用水量较大，要求水头较高，水量损失较大，所以耗水、耗能较多，运行费用较高。

以上为水景的基本形式，设计者可根据这些基本形式与建筑师密切配合，发挥想象和创造力，加以变换、组合，设计出各种艺术姿态的水景。图 4-13 为常见的水姿形态示例。

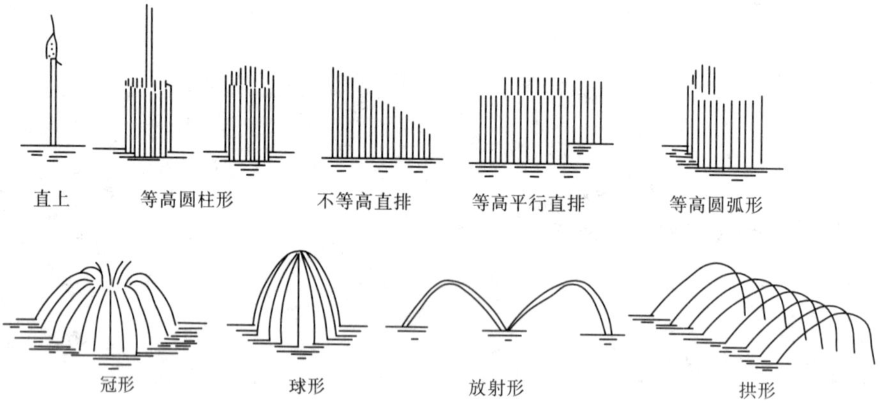

图 4-13　常见的水姿形态示例

喷泉常用的喷头有单射流喷头、喷雾喷头、环形喷头、旋转喷头、扇形喷头、多孔喷头、变形喷头、蒲公英型喷头、吸力喷头、组合式喷头等，如图 4-14 所示。

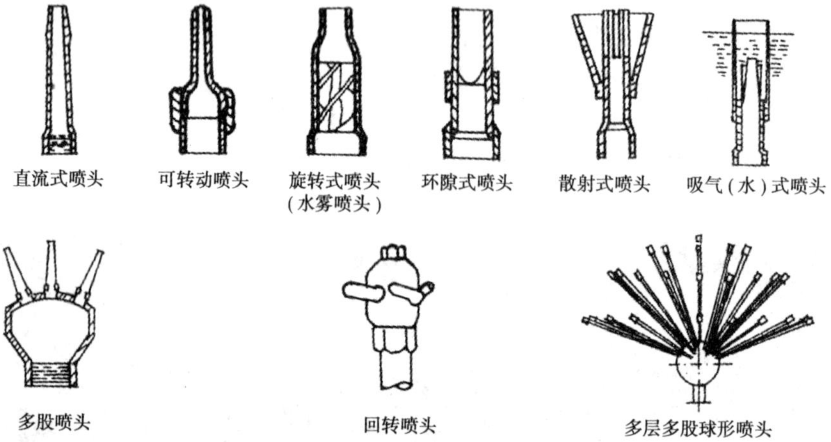

图 4-14　喷头的形式

任务 4.3　水景工程的给排水系统

水景工程中的给排水系统一般包括水池、水源、加压设备以及管道系统等。水池的形状可根据周围环境需要采用圆形、方形、多边形等，其深度一般小于 0.5 m。水景工程的水源应符合《生活饮用水卫生标准》（GB 5749—2006）中的感官性状指标。系统中是否设置加压设备应根据水景工程的具体要求确定。对于小型喷泉，其喷射水柱不高，用水量也较小，为简单经济起见，可不采用加压设备，而直接采用城市自来水管网供水；但对于喷射水柱较高、用水量大的大中型水景工程，必须设置加压装置，并将管道设计成循环系统，以节省用水。

水景工程中常见的给排水方式有以下几种。

1 直流式给水

如图4-15所示,将喷头直接与给水管网连接,喷头喷射出的水即排放,不循环使用。可设置于大厅、庭院等处,形成小型喷泉、瀑布、水幕等水景造型,其特点是直接利用给排水管网,系统简单,造价低,占地少,维护简单等,但水量消耗大,若维护管理不周,给水管网易被污染。

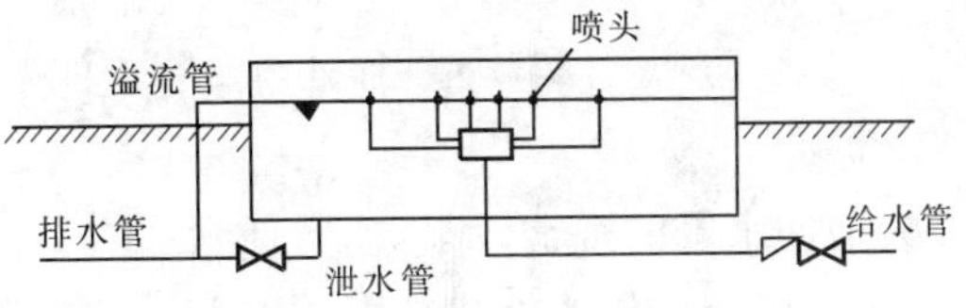

图4-15 直流式给水系统

2 潜水泵循环给水系统

如图4-16所示,系统设有贮水池,将成组喷头和潜水泵直接放在水池内作循环使用。这种系统具有系统简单、占地少、投资低、维护管理简单、耗水量少的优点。但水姿花型控制调节较困难,通常设置在广场、公园或大厅内。

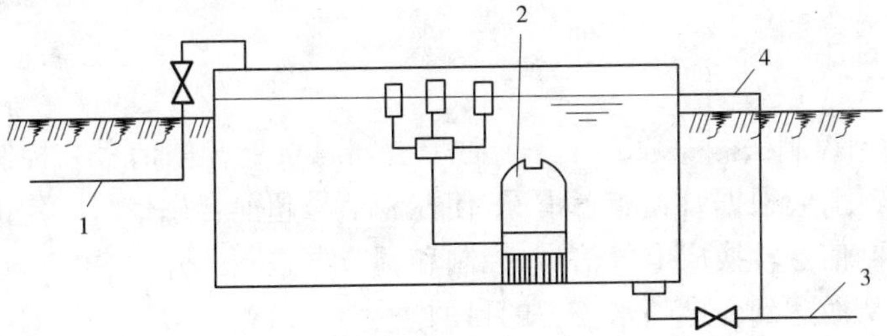

1—给水管;2—潜水泵;3—排水管;4—溢流管

图4-16 潜水泵循环给水系统

3 移动式水景给水系统

图4-17所示为移动式水景循环给水系统,它是将喷头、管道、水泵、水池以及控制设备等组装成一个给水循环系统,其特点是系统小巧灵活、可任意移动、耗水量少。该系统可设置于庭院、大厅、屋顶花园等处,用以形成各种小型喷泉、涌泉或水幕等水景造型。

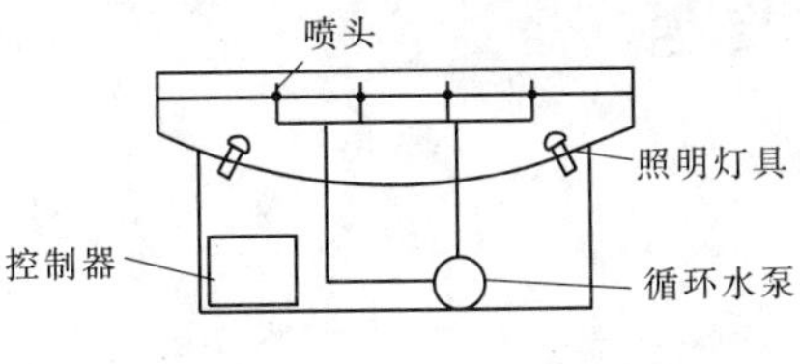

图4-17 移动式水景给水系统

任务 4.4　水景工程的控制方式

为增加水景的观赏效果，通常使水姿有一定的变换，有时需要使水的姿态变换与灯光色彩、照度以及音乐的旋律节奏相谐调。这就要求采取较复杂的控制措施。

1　手动控制

在水景设备运行后，喷水姿态固定不变，一般只需设置必要的手动调节阀，待喷水姿态调节满意后就不再变换。这是常见的简单的控制方式。

2　时间继电器控制

设置多台水泵或用电磁阀、气动阀、电动阀等控制各组喷头。利用时间继电器控制水泵、电磁阀、气动阀或电动阀的开关，从而实现各组喷头的姿态变换，照明灯具的色彩和照度也可同样实现变换。

3　音响控制方式

(1)简易音响控制法。一般是在一个磁带上同时录上音乐信号和控制信号。为使音乐与水姿同步变化，应根据管道布置情况，使控制信号超前音乐信号一定的时间。在播放音乐的同时，控制信号转换成电气信号，控制和调节电磁阀的开关、电动调节阀的开启度、水泵的转速等，从而达到变换喷水姿态的目的。

(2)间接音响控制法。是利用同步调节装置控制音响系统和喷水、照明系统谐调运行。音响系统可采用磁带放音，喷水和照明系统采用程序带、逻辑回路和控制装置进行调节和控制。

(3)直接音响控制法。是利用各种外部声源，经声波转换器变换成电信号，再经同步装置谐调后控制喷水和照明的变换运行。

(4)混合控制法。对于大、中型水景，让一部分喷头的喷水姿态和照明灯具的色彩与强度固定不变，而将其他喷头和灯具分成若干组，使用时间继电器使各组喷头和灯具按一定时间间隔轮流喷水和照明，在任意一组喷头和灯具工作时，利用音响控制喷水姿态、照明的色彩和强度的变换。这样就可使喷水随着音乐的旋律而舞动，使照明随着音乐的旋律而变换，形成变化万千的水景姿态。

思考题

1. 水景工程有哪些作用？
2. 水景的基本形式有哪些？
3. 水景工程的控制方式有哪些？
4. 水景工程的给水排水系统有哪些常见的形式？它们各有何特点？

学习项目5　建筑采暖系统

【教学要求】

通过本项目的学习,使学生熟悉采暖系统的组成与分类,了解采暖系统的热负荷及各种供暖系统基本情况。熟悉供暖系统的常用设备,熟悉管道布置与敷设,熟读供暖系统施工图,了解热源的基本情况。

人们在生产和日常生活中,要求室内的空气保持一定的温度。在冬季比较寒冷的地区,室外空气温度往往低于室内空气温度,使得室内的热量不断地传向室外。若室内没有供暖设备补充这部分损失的热量,室内空气的温度就会下降,以至于室内气温低于人们所要求的温度。供暖就是以某种方式向建筑物内的空气补充热量,以维持室内空气的温度在人们所要求的范围内。

任务5.1　采暖系统综述

1　采暖系统的组成与分类

1.1　采暖系统的组成

采暖系统主要由热源、输热管道和散热设备三部分组成,如图5-1所示。热源制备热水或蒸汽,由输热管道输配到各热用户使用。目前最广泛的热源是锅炉和热电厂,此外也可以利用核能、地热、太阳能、电能、工业余热作为采暖系统的热源。

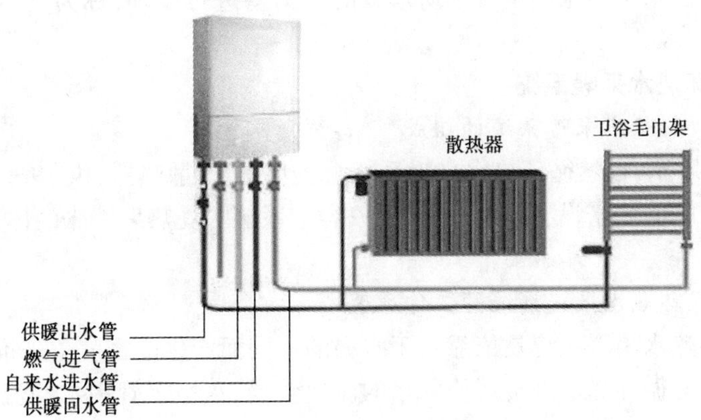

图5-1　集中采暖系统示意图

在集中采暖系统中,把锅炉产生的热量输送到散热设备的媒介物质称为热媒,常用的热媒有热水、蒸汽和空气(热风)等。

1.2 采暖系统的分类

1.2.1 按热媒的不同划分

(1)热水采暖系统。按热水温度不同分为低温热水采暖系统(供水温度 95 ℃,回水温度 70 ℃)和高温热水采暖系统(供水温度高于 100 ℃)。

(2)蒸汽采暖系统。按热媒蒸汽压力的不同又分为低压蒸汽采暖系统(压力 <70 kPa)和高压蒸汽采暖系统(压力 ≥ 70 kPa)。蒸汽压力小于大气压的为真空蒸汽采暖系统。

(3)热风采暖系统。以空气为热媒的采暖系统,又分为集中送风系统和暖风机系统。

1.2.2 按供热范围大小划分

(1)局部采暖系统。热源、管道、散热设备连成一整体,如烟气供暖(火炕、火炉等)、电热油汀和电热红外线取暖器等。

(2)集中采暖系统。锅炉单独设在锅炉房内或城市热网的换热站,通过管道同时向一幢或多幢建筑物供热的采暖系统。

(3)区域采暖系统。供暖范围更大。

1.2.3 按系统的循环动力不同划分

按系统的循环动力不同,可分为自然循环采暖系统和机械循环采暖系统。

2 热水采暖系统

在热水采暖系统中,水作为热媒,将热源产生的热水(如 95 ℃)通过供热管道送至供暖房间的散热器中,放出热量后水温降低至 70 ℃,再经采暖系统中的回水管道回至热源,加热升温后继续送至散热器中,如此往复循环,构成热水采暖系统。热水采暖系统按驱动热水循环流动的动力不同分为机械循环热水采暖系统和自然循环热水采暖系统两种。如果热水在系统中是靠水泵提供的动力循环流动的,称为机械循环热水采暖系统;如果热水循环流动仅靠供水与回水的密度差所形成的压力差进行循环,称为自然循环热水采暖系统。

2.1 自然循环热水采暖系统

2.1.1 自然循环热水采暖系统的组成

如图 5-2 所示,自然循环热水采暖系统由热水锅炉、散热器、供水管路、回水管路和膨胀水箱组成。膨胀水箱设在系统最高处,以容纳系统水受热后膨胀的体积,并排除系统中的气体。

2.1.2 自然循环热水采暖系统的工作原理

自然循环热水采暖系统是依靠由于水温的不同而产生的密度差来推动水在系统中循环流动的。自然循环热水采暖系统中水的流速较慢,水平干管中水的流速小于 0.2 m/s;而干管中气泡的浮升速度为 0.1 ~0.2 m/s,立干管中约为 0.25 m/s。所以,水中的空气能够逆着水流方向向高处聚集。系统中若积存空气,就会形成气塞,影响水的正常循环。在上供下回自然循环热水采暖系统充水与运行时,空气经过供水干管聚集到系统最高处,再通过膨胀水箱排往大气。因此,系统的供水干管必须有向膨胀水箱方向上升的坡度,其坡度为0.5%～1%。为了使系统顺利排除空气和在系统停止运行或检修时能通过回水干管顺利地排水,回水干管应有向锅炉方向的向下坡度。

这种系统水的循环作用压力很小,因而其作用半径(总立管到最远立管沿供水干管走向的水平距离)不宜超过50 m。但是,由于这种系统不消耗电能,无噪声,运行管理简单,当有可能在低于室内地面标高的地下室、地坑中安装锅炉时,一些较小而独立的建筑中可采用自然循环热水采暖系统。

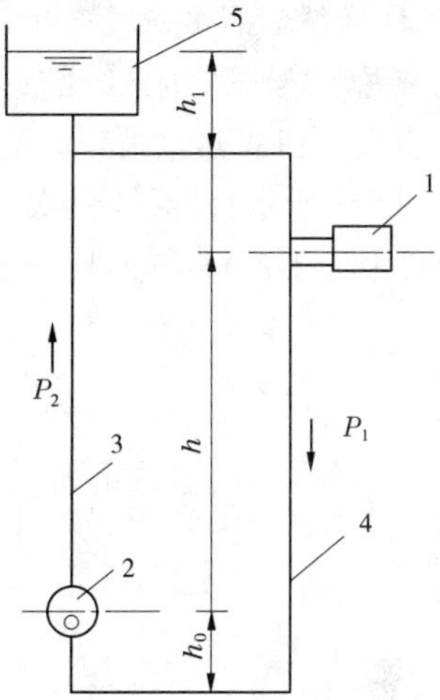

1—散热器;2—锅炉;3—供热管道;
4—回水管道;5—膨胀水箱

图5-2　自然循环热水采暖系统

2.2　机械循环热水采暖系统

机械循环热水采暖系统是依靠水泵提供的动力使热水流动循环的采暖系统。其作用压力比自然循环采暖系统大得多,所需管径小,采暖系统形式多样,供热半径大。

2.2.1　机械循环热水采暖系统的组成

如图5-3所示,机械循环热水采暖系统由热水锅炉、供水管路、散热器、集气罐、回水管路等组成。它同自然循环采暖系统比较有如下一些特点:

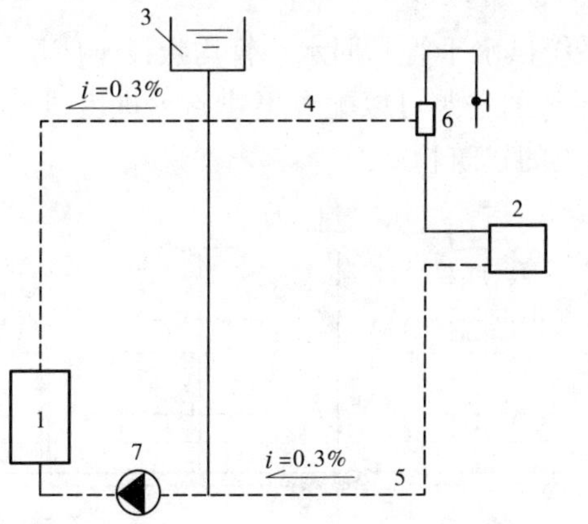

1—热水锅炉;2—散热器;3—膨胀水箱;4—供水管路;
5—回水管路;6—集气罐;7—循环水泵

图5-3　机械循环热水采暖系统

(1)循环动力不同。机械循环以水泵作循环动力,属于强制流动。

(2)膨胀水箱同系统连接点不同。机械循环采暖系统膨胀管连接在循环水泵吸入口一侧的回水干管上,而自然循环采暖系统多连接在热源的出口供水立管顶端。

(3)排气方法不同。机械循环采暖系统大多利用专门的排气装置(如集气罐)排气,例如上供下回式采暖系统,供水水平干管有沿着水流方向逐渐上升的坡度(俗称"抬头走",坡度值多为0.3%),在最高点设排气装置。

2.2.2 机械循环热水采暖系统的形式

机械循环热水采暖系统的形式种类繁多,以下介绍几种常见形式。

1)上供下回式热水采暖系统

如图5-4所示,该系统供水干管敷设在所有散热器之上(多在顶层天棚下面),水流沿着立管自上而下流过散热器,回水干管设于底层的暖气沟或地下室中。

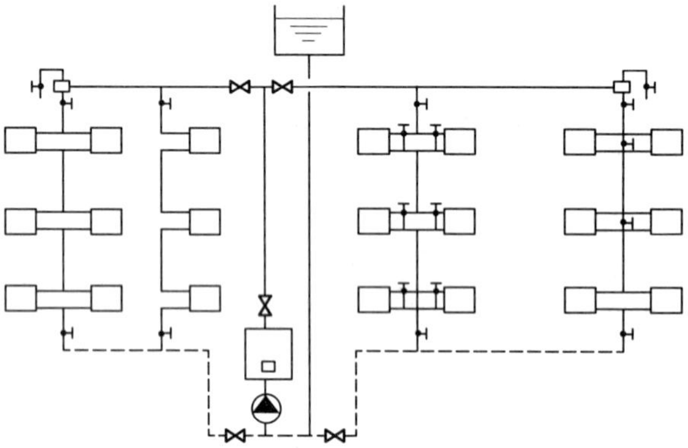

图5-4 机械循环单管上供下回式热水采暖系统

该系统在工程实际中应用较广泛。

2)下供下回式热水采暖系统

如图5-5所示,该系统供水干管和回水干管均敷设于底层散热器的下面,由于系统干管均敷设于地沟内,其系统的安装可以配合土建施工进度进行。系统适用于平屋顶而顶层天棚下又难以布置管道的建筑物。

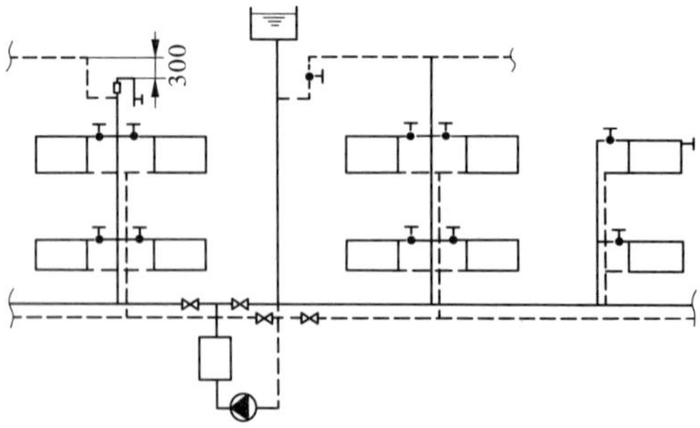

图5-5 机械循环单管下供下回式热水采暖系统

下供下回式系统排除空气的方式主要有两种:一种是通过顶层散热器的冷风阀手动分散排气,另一种是通过专设的空气管手动或自动集中排气。

3)下供上回式热水采暖系统

如图5-6所示,供水干管在下,回水干管在上,水在立管中自下而上流动,顶部还设置有顺流式膨胀水管,故亦称倒流式采暖系统。该系统适用于高温热水采暖系统,可以有效避免高温水汽化问题。

下供上回式系统的特点是,水在系统内自下而上流动,与空气流动方向一致。可通过顺流式膨胀水箱排除空气,无须设置排气装置。

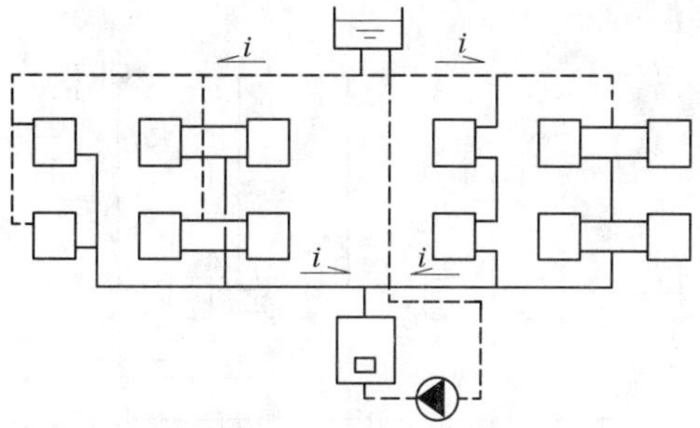

图5-6 机械循环单管下供上回式热水采暖系统

4)水平式热水采暖系统

如图5-7所示，水平式热水采暖系统按供水管与散热器的连接方式，可分为顺流式和跨越式两种。水平式热水采暖系统的结构简单，便于施工和检修，热力稳定性好，但缺点是需在每组散热器上设置冷风阀分散排气或在同一层散热器上部串联一根空气管集中排气。此种连接方式适用于机械热水循环和重力热水循环系统。

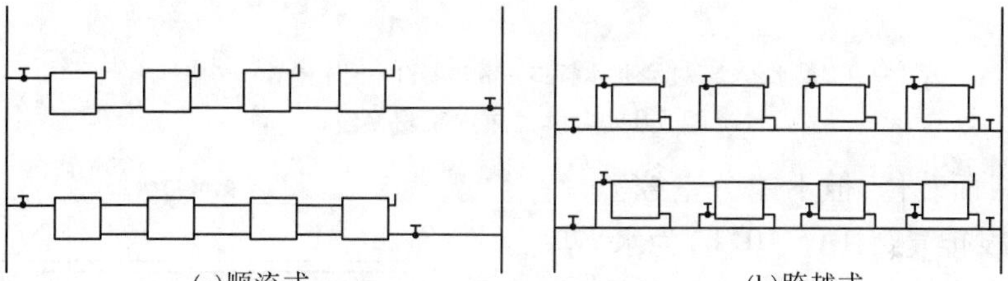

(a)顺流式　(b)跨越式

图5-7 单管水平式热水采暖系统

水平式热水采暖系统有顺流式和跨越式两种。对于较小的水平式热水采暖系统，与垂直式热水采暖系统相比，管路简单，无穿过各层的立管，施工方便，造价低。对于一些各层有不同功用或不同温度要求的建筑物，采用水平式热水采暖系统，便于分层管理和调节。但单管水平式热水采暖系统串联散热器很多时，容易出现前热后冷现象，即水平失调。

5)中供式热水采暖系统

如图5-8所示。它是供水干管位于中间某楼层的系统形式。供水干管将系统竖向分为两部分。对于下部分来说是上供下回式系统，对于上部分来说是下供下回式系统，也可采用上供下回式。

这种系统可避免由于顶层梁底标高过低，致使供水干管挡住顶层窗户的问题，同时也可适当地缓解垂直失调现象，但计算和调节都比较麻烦。

6)分户计量热水采暖系统

采暖分户计量是供暖节能的主要手段之一，就像水表、电表、煤气表一样按户安装热量表。热量表由流量计、温度传感器和积分仪组成。流量计测量供水或回水的流量并以脉冲形式传送给积分仪，温度传感器测量供水与回水之间的温差，积分仪就根据这些数据计算出采暖系统消耗的热量值，如图5-9所示。

室内采暖系统可布置成水平单管串联采暖系统，如图5-10(a)所示，该系统竖向无立

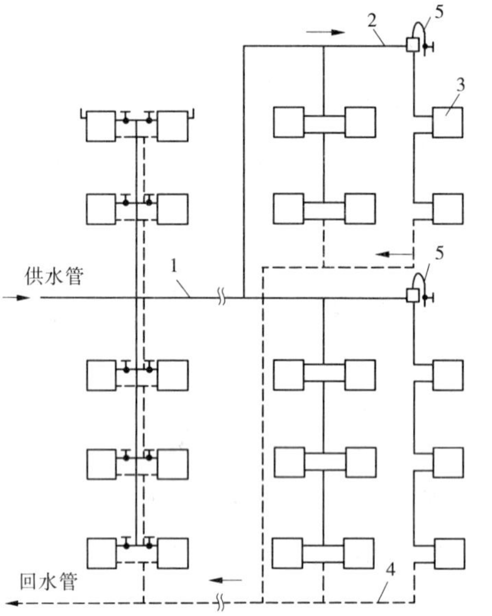

1—中部供水管;2—上部供水管;3—散热器;4—回水干管;5—集气罐

图 5-8 中供式热水采暖系统

管,不影响墙面装修,但不能分室控温,每组散热器须设排气阀;图 5-10(b)为水平单管跨越采暖系统,可以实现分室控温;图 5-10(c)为章鱼式采暖系统,管线埋地敷设,不影响室内装修,较美观,可以实现分室控温,调节性也优于单管采暖系统,管材宜采用交联聚乙烯、聚丁烯或铝塑复合管等。

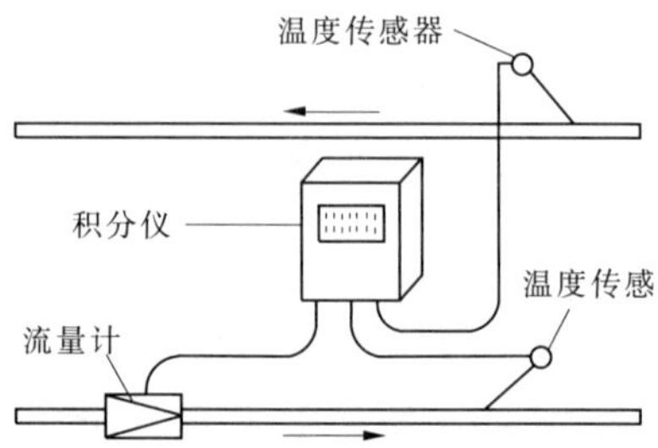

图 5-9 热量表原理图

3 蒸汽采暖系统

在蒸汽采暖系统中，传递热量的媒介物质是水蒸汽。蒸汽采暖系统按供汽压力的大小分成三类:供汽压力高于 70 kPa 时,称为高压蒸汽采暖系统;供汽压力等于或低于 70 kPa 时,称为低压蒸汽采暖系统;供汽压力低于大气压时,称为真空蒸汽采暖系统。

3.1 低压蒸汽采暖系统

图 5-11 是机械回水低压蒸汽采暖系统原理图,锅炉产生的蒸汽经蒸汽总立管、蒸汽干管、蒸汽立管进入散热器凝结放热后,冷凝水沿凝水干管经疏水器排入凝结水箱,再由凝水泵将凝结水送入锅炉。

疏水器的作用是疏水阻汽,即能够自动而迅速地排除用热设备及管道中的凝结水,排除系统中的空气等不凝性气体,并能有效地阻止蒸汽泄漏。

由于蒸汽沿管道输送时向管外散失热量,就会有少量的蒸汽凝结成水。这些凝结水被高速运动的蒸汽推动而产生浪花或水塞,与管道上的弯头、阀门等管件相撞,产生振动

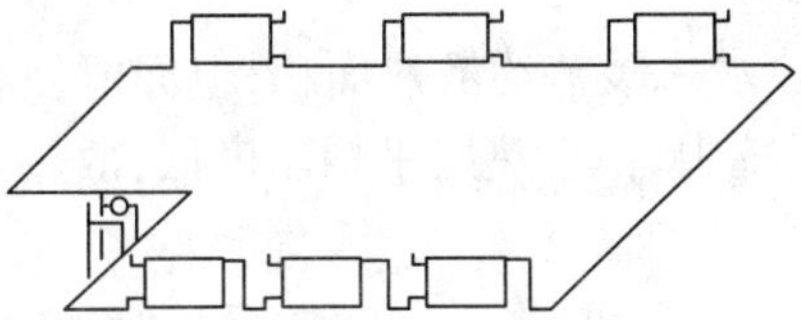

(a)水平单管串联热水采暖系统

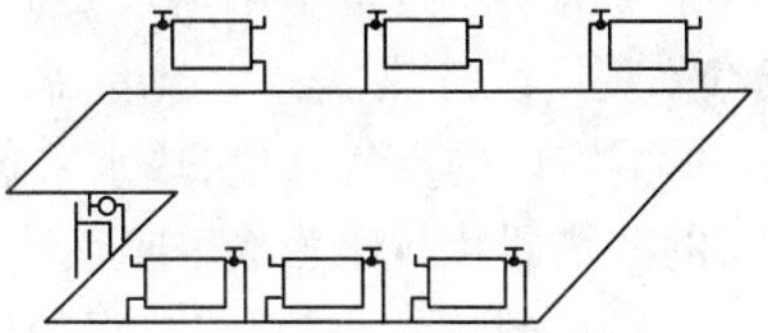

(b)水平单管跨越热水采暖系统

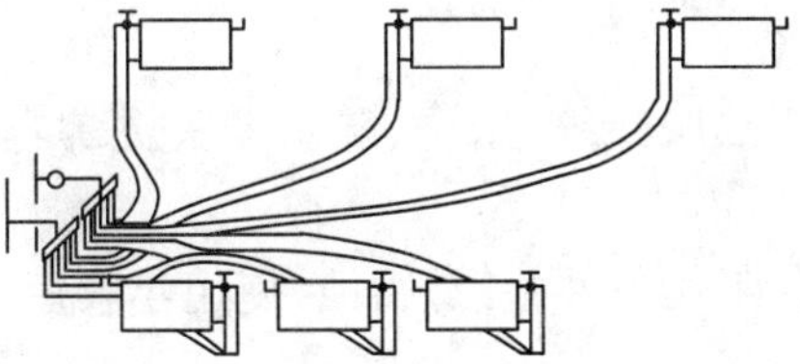

(c)章鱼式热水采暖系统

图5-10　分户计量热水采暖系统

和巨大的声响即"水击"。减少"水击"的办法是及时排除冷凝水,凡是水平敷设的供汽管道都应保证具有一定的坡度,一般蒸汽水平干管的坡度应大于0.2%~0.3%,接至散热器的蒸汽支管坡度应为1%~2%,尽量使汽、水同向流动,适当降低管道内蒸汽的流速。

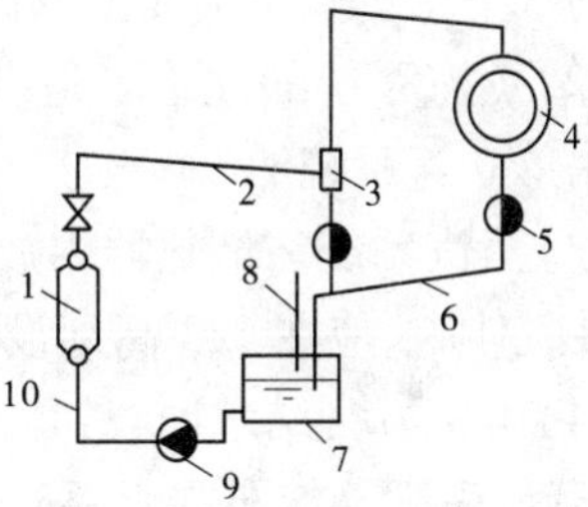

1—热源;2—蒸汽管路;3—分水器;
4—散热器;5—疏水器;6—凝结水管路;
7—凝结水箱;8—空气管;9—凝结水泵;
10—凝水管

图5-11　机械回水低压蒸汽采暖系统原理图

3.2　高压蒸汽采暖系统

高压蒸汽采暖系统的供汽压力高,蒸汽温度也远远高于100 ℃,并且蒸汽在管道内流速高,因而用较小的管径供汽或以较小的散热器面积散热即能满足建筑的采暖需求。但散热器表间温度高,容易烫伤人,会使空气中的有机性尘埃烤焦产生难闻气味,凝结水温度很高,致使排出后易再次汽化产生二次蒸汽。因此,这种系统一般只在工业厂房中应用。

3.3　真空蒸汽采暖系统

真空蒸汽采暖系统中蒸汽压力低于大气压力,蒸汽的饱和温度也低于100 ℃。散热器表面的温度能满足卫生要求,而且可以通过降低蒸汽压力来降低散热器表面温度,降低散热量。但由于系统是在真空下工作,要求系统气密性高并配备真空抽气设备,故这种系统在工程中较少使用。

4　蒸汽采暖与热水采暖的比较

4.1　蒸汽和热水作为热媒的比较

(1)在放热量相同的条件下,蒸汽采暖所需的热媒流量少。这是由于热水采暖的流量大,允许流速小,因此热水采暖系统的管径比蒸汽系统的管径大,所以在管路的造价方面，蒸汽采暖系统的初次投资少于热水采暖系统。

(2)蒸汽采暖系统散热器平均温度高，较热水采暖节约散热面积，但亦能使表面的有机灰尘升华，影响室内的空气环境；热水采暖系统中，由于热媒平均温度低，散热器的传热系数小，所需的散热器片数比蒸汽采暖系统多。

(3)蒸汽系统的热惰性小，系统热得较快，冷得也快，当系统间歇采暖时，室内温度波动比较大，对于间歇供暖的场所如车间、会议厅、剧院等比较适合；热水采暖系统蓄热能力大，室内温度波动小，室内温度比较稳定、舒适，住宅、学校、医院、幼儿园这些对卫生要求较高的建筑宜用热水采暖系统。

(4)蒸汽采暖系统中由于热胀冷缩、水击、疏水器失灵等容易形成跑、冒、滴、漏的现象。

(5)蒸汽系统管道及设备工作条件差，易腐蚀，使用年限短；热水采暖系统静压大，在建筑层数较多时，低层易超压。

4.2 蒸汽采暖与热水采暖系统的比较

(1)蒸汽系统的供汽水平干管具有沿途下降的坡度，以利于排除凝结水，而热水供热系统的水平干管具有沿途上升的坡度，以利于排除系统的空气。

(2)蒸汽系统的立管多是供汽立管和凝结水立管单独设置，多用双管系统，而热水系统多用单立管系统。

(3)蒸汽系统在散热器内放出凝结热，在散热器的上部充满蒸汽，下部为凝结水，有凝结性气体时，应在 1/3 高处设排气阀排除；热水系统的排气阀应设在散热器的顶部。

(4)解决好凝结水回收，是蒸汽采暖系统的一个关键问题。

4.3 蒸汽采暖系统与热水采暖系统的共同点(热力管道的特点)

(1)热力管道输送的热能介质，具有温度高、压力大、流速快等特点，同时管道工作时和停止进行时，温度波动较大，因而给管道带来较大的膨胀力和冲击力。

(2)在热力管道的安装中必须解决好管道材质、管道伸缩补偿、管道支架布置、管道坡度、蒸汽输送中的凝结水等问题。

5 热风采暖系统

热风采暖系统是比较经济的采暖方式之一。对流散热几乎占百分之百，有热惰性小、能迅速提高室温的特点，对于人们短时间逗留的场所，如体育馆、商场、戏院、车站等最为适宜。它不仅可以加热室内再循环空气，也可以用来加热室外新鲜空气，通风和供暖并用。由于风机等部件的原因，热风供暖系统噪声较大，采用热风采暖的送风温度，应符合下列规定：

送风口距地面高度不小于 3.5 m，送风温度 35 ~ 70 ℃。

符合下列条件之一时，宜设空气幕或热风幕：

(1)位于严寒地区的公共建筑，其开启频繁的出入口不具备设置门斗的条件时。

(2)位于非严寒地区的公共建筑，其开启频繁的出入口不具备设置门斗的条件，设置空气幕或热风幕经济合理时。

(3)室外冷空气侵入会引起采暖室内温度过低，又不可能设置门斗时。

(4)内部散湿量很大的公共建筑(游泳池等)的外门。

(5)设置空调系统的公共建筑主要出入口,不可能设置门斗时。

热风采暖系统和热风幕的热媒系统一般应独立设置。

6　低温热水地板辐射采暖系统

在现代生活中,除常规散热器的对流换热采暖方式外,低温热水地板辐射采暖(简称地暖)方式应用越来越广泛。该方式以低温热水(一般不超过60 ℃)为热媒,通过埋设于地板内的管道将地板加热,热量的传播主要以辐射形式出现,但同时也伴随着对流方式的热传播。

地板辐射采暖的特点是:采暖管道敷设于地面以下,取消了暖气片和供暖支管,节省了使用面积。低温热水地板辐射采暖系统,由于升温慢,整个房间温度较为均衡,舒适卫生,高效节能,使用寿命长,日常维护工作量小,可有效减少楼层之间的噪声。不仅冬天可以采暖,夏天也可以利用凉水进行空气降温,达到冬暖夏凉。该系统可利用余热水、地热水等多种热源,同时便于实行分户计量和控制。但是低温热水地板辐射采暖系统集中供热需降低水温,楼板的厚度有所增加,初次投资和采暖费用较普通采暖高,室内家具等影响采暖效果,一旦损坏,维修难度大。

在住宅建筑中,地板辐射采暖的加热管一般应按户划分独立的系统,并设置集配装置,如分水器和集水器,再按房间配置加热盘管,一般不同房间或住宅各主要房间宜分别设置加热盘管与集配装置相连。图5-12为地板辐射采暖系统示意图。

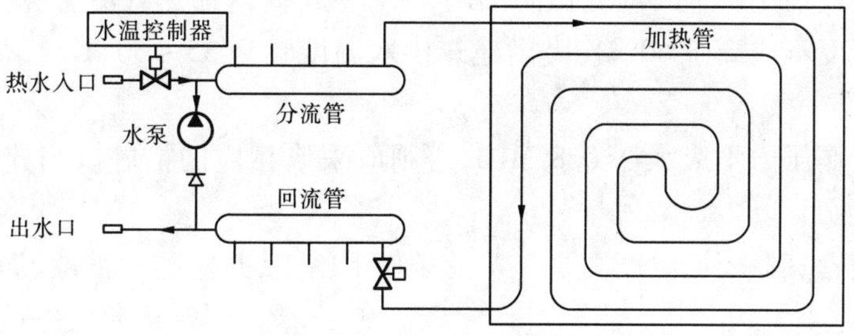

图5-12　地板辐射采暖系统示意图

加热盘管供、回水管应分别与集水器和分水器连接,每套集(分)水器连接的加热盘管不宜超过8组,且连接在同一集(分)水器上的盘管长度、管径等应基本相等。集(分)水器的安装如图5-13所示。分水器的总进水管上应安装球阀、过滤器等;在集水器总出水管上应设有平衡阀、球阀等;各组盘管与集(分)水器连接处应设球阀,分水器顶部应设手动或自动排气阀。

加热盘管所用管材有钢管和塑料管。塑料管经特殊处理与加工后,能满足低温热水辐射采暖的要求,同时可以根据设计所要求的长度进行生产,使埋设的盘管部分无接头,杜绝埋管管段的渗漏,且易弯曲和施工。常用的塑料管有耐热聚乙烯(PE－RT)管、交联聚乙烯(PE－X)管、聚丁烯(PB)管、交联铝塑复合(XPAP)管和改性聚丙烯(PP－R)管

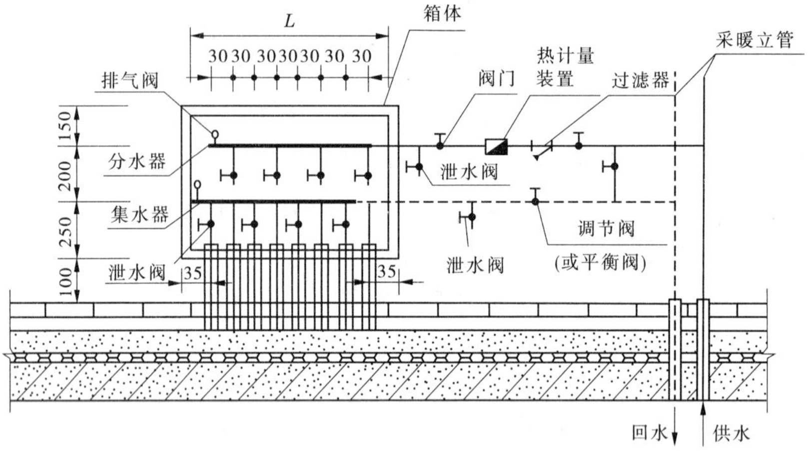

图 5-13　集(分)水器的安装示意图　(单位:mm)

等,其共同的优点是耐老化、耐腐蚀、不结垢、承压高、无环境污染和沿程阻力小等。

低温热水地板辐射采暖系统有关技术措施和施工安装要求如下:

(1)加热盘管及其覆盖层与外墙、楼板结构层间应设绝热层,当允许双向传热时可不设绝热层。

(2)覆盖层厚度不宜小于 50 mm,并应设伸缩缝,肋管穿过伸缩缝时宜设长度不小于 100 mm 的柔性套管。

(3)绝热层设在土壤上时应先做防潮层,在潮湿房间内加热管覆盖层上应做防水层。

(4)热水温度不应高于 60 ℃,民用建筑供水温度宜为 35 ~ 50 ℃,供、回水温差宜小于或等于 10 ℃。

(5)系统工作压力不应大于 0.8 MPa,否则应采取相应的措施。当建筑物高度超过 50 m 时,宜竖向分区。

(6)加热盘管宜在环境温度高于 5 ℃的条件下施工,并应防止油漆、沥青或其他化学溶剂接触管道。

(7)加热盘管伸出地面时,穿过地面构造层部分和裸露部分应设硬质套管;盘管固定点间距:直管段≤1 m 时宜为 500 ~ 700 mm,弯曲管段小于 0.35 m 时宜为 200 ~ 300 mm。

(8)豆石混凝土填充层强度不宜低于 C15,应掺入防龟裂添加剂;应有膨胀补偿措施:面积≥30 m^2,每隔 5 ~ 6 m 设 5 ~ 10 mm 宽的伸缩缝,与墙、柱等交接处设 5 ~ 10 mm 宽的伸缩缝,缝内应填充弹性膨胀材料。浇捣混凝土时,盘管应保持大于等于 0.4 MPa 的静压,养护 48 h 后再卸压。

(9)隔热材料要求:导热系数≤0.05 W/(m · K),抗压强度≥100 kPa,吸水率≤6%。

(10)调试与试运行:初始加热时,热水温度应平缓。供水温度应控制在比环境温度高 10 ℃左右,但不应高于 32 ℃,并应连续运行 48 h,随后每隔 24 h 水温升高 3 ℃,直到设计水温,并对与分水器、集水器相连的盘管进行调节,直到符合设计要求。

图 5-14 为地板辐射采暖盘管布置图的形式。

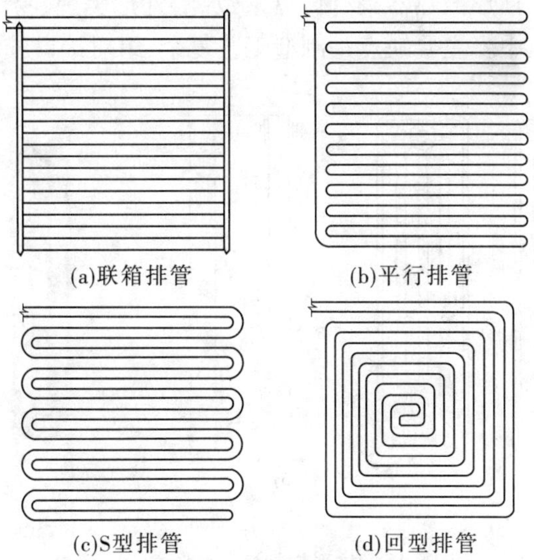

图5-14　盘管布置示意图

任务5.2　采暖系统的设备

1　散热器

散热器是安装在供暖房间里的一种放热设备。它把蒸汽或热水带来的热量传给室内空气，用以补偿房间的热损失，从而使室内维持所需要的温度，达到供暖的目的。当热水或蒸汽从散热器内流过时，散热器内部和表面的温度高于室内空气温度，散热器便以对流和辐射两种传热方式不断地把热量传给空气。

对散热器的要求是：热工性能好，传热能力强，单位体积内散热面积大，耗用金属量小，成本低，具有一定的机械强度和承压能力，外表光滑，不易积灰，外形美观，耐腐蚀，使用寿命长。

1.1　散热器的类型

散热器的种类很多，根据材料来分，有铸铁、钢、铝以及塑料、复合材料等，其中常用的有铸铁散热器、钢制散热器、铝制散热器；根据结构形式分，有翼形、柱形、柱翼形、管形、板形、串片形等；根据传热方式分，有对流型（对流换热占60%以上）和辐射型（辐射换热占60%以上）。

1.1.1　铸铁散热器

铸铁散热器结构简单，耐腐蚀，使用寿命长，造价低，但承压能力低，金属耗量大，安装运输不方便。

铸铁散热器有柱形和翼形两种形式。

（1）柱形散热器。如图5-15所示，柱形散热器多数由铸铁制成，每片各有几个中空的立柱，它又分为二柱、四柱、五柱和六柱。有带柱脚和不带柱脚之分，可以组对成组落地安装和在墙上挂式安装。柱形散热器具有传热系数高、外形美观、易清除积灰等优点,被广泛用于住宅和公共建筑中。主要缺点是制造工艺复杂、组对接口较多。

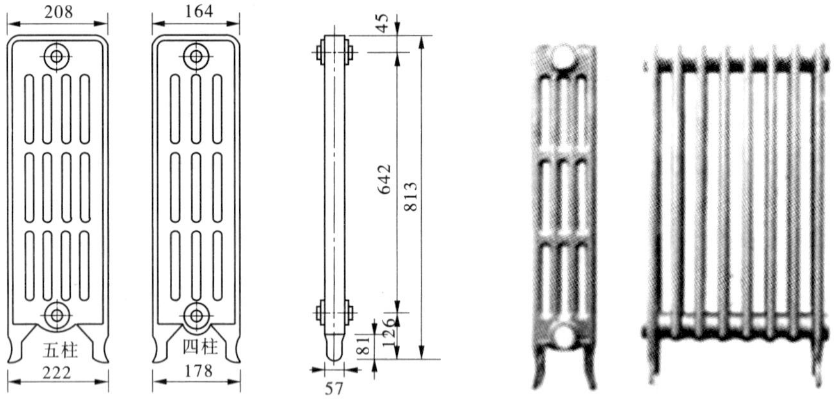

图 5-15　柱形散热器　(单位:mm)

(2)翼形散热器。翼形散热器有圆翼形、方翼形和长翼形三种,如图 5-16 所示。圆翼形散热器为管形,外表面有许多圆形肋片。长翼形散热器为长方形箱体,外表面带有长方形肋片。这种散热器构造简单,加工容易,价格低廉,耐腐蚀,但积灰不易清扫,不易组成所需要的散热面积,外形也不美观。

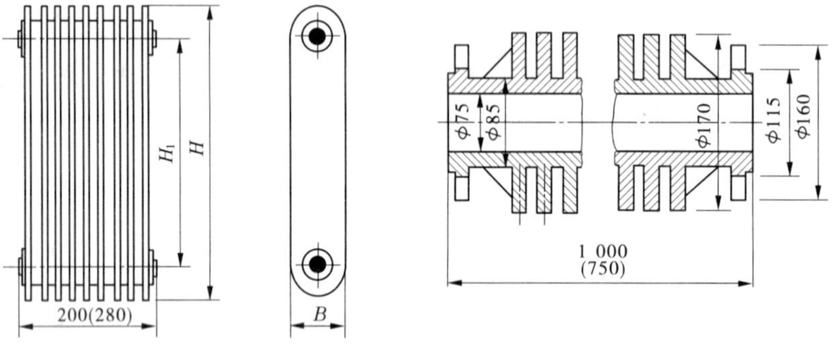

(a)长翼形散热器　　(b)圆翼形散热器

图 5-16　铸铁翼形散热器　(单位:mm)

1.1.2　钢制散热器

钢制散热器是由钢板压制焊接而成,优点是钢材耗量小、重量轻、耐压强度高、外形美观、体积小、安装维修方便,缺点是水容量小、易腐蚀、造价高。常用的钢制散热器有闭式串片、板式、柱式和复合式。一般用于热水采暖系统。

(1)钢制闭式串片散热器。钢制闭式串片散热器体积小、质量轻,传热性能好,承压能力高,对流换热能力强,但易受腐蚀,使用寿命短。如图 5-17 所示。

(2)钢制板式散热器。钢制板式散热器,如图 5-18 所示,外形美观、承压能力高,但水容量小,热稳定性较差。

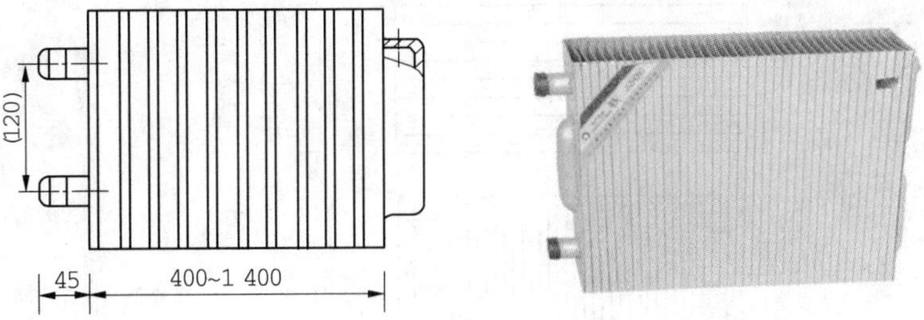

图5-17　钢制闭式串片散热器　（单位：mm）

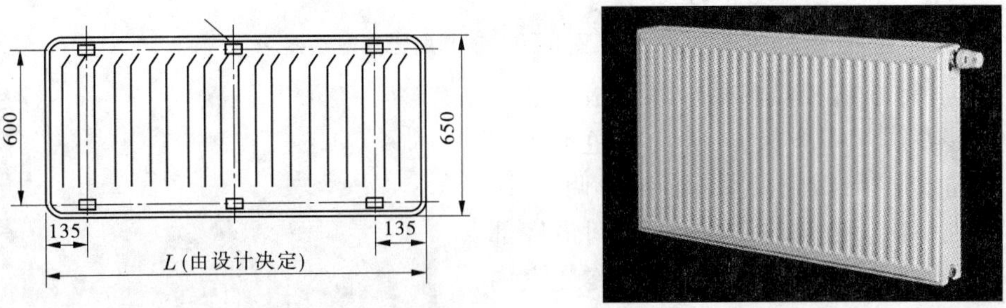

图5-18　钢制板式散热器　（单位：mm）

(3)钢柱形散热器。钢柱形散热器是采用1.5～2.0 mm厚的普通冷轧钢板经过冲压形成半片柱状，再经缝焊复合成单片，单片之间通过气体保护电弧焊焊成所需要的散热器段。每组片数可根据设计而定，一般不宜超过20片。钢柱形散热器色彩和造型多样，表面喷塑，易于清洁，散热性能好，热辐射比例高；质量轻，耐腐蚀，寿命长；承压能力高，适用于各种高层建筑。如图5-19所示。

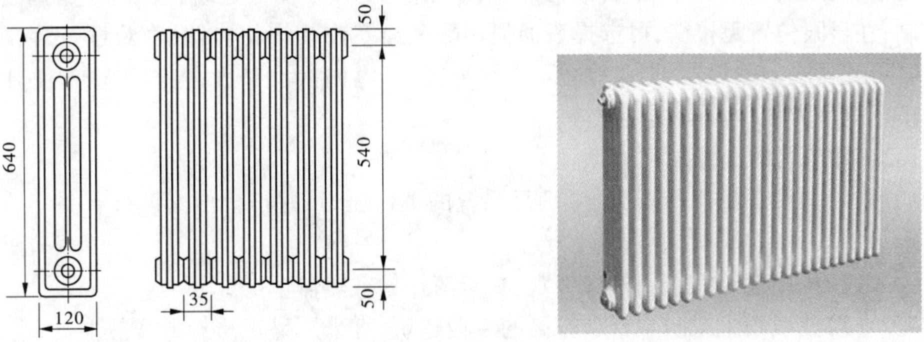

图5-19　钢柱形散热器　（单位：mm）

(4)钢扁管形散热器。该散热器是由数根矩形扁管叠加焊制成排管，两端与联箱连接，形成水流通路。扁管形散热器有单板、双板、单板带对流片和双板带对流片四种结构形式。单、双板扁管形散热器两面均为光板，板面温度高，有较大的辐射热。带对流片的扁管形散热器，背面主要以对流方式进行散热。如图5-20所示。

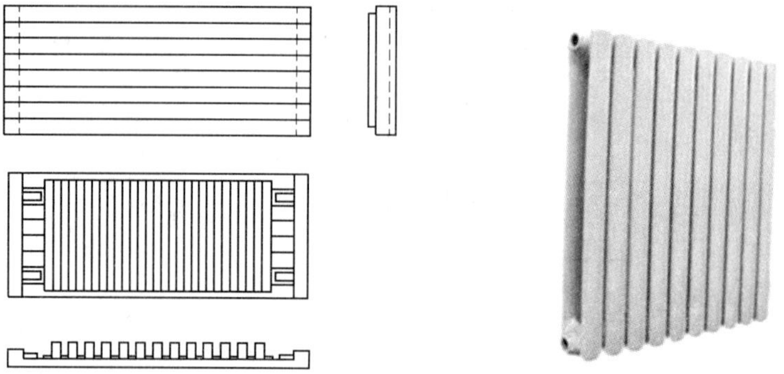

图 5-20　钢制扁管形散热器

(5)踢脚板散热器。踢脚板散热器安装在房间踢脚板处,表面颜色可按用户需求定制,做到与室内装饰协调一致,融为一体。散热时,它是从房间最底部整个面一起迅速向上散热,最终使室内温度达到用户设定值。该散热器厚度薄,几乎不占空间,用户可根据自己的喜好设计、布置家具位置,能满足人性化、个性化需求。如图 5-21 所示。

图 5-21　踢脚板散热器

踢脚板散热器厚度薄,占地极少;容水量小,比其他对流器节水 50% 以上;生产工艺极简单,耗材少,生产节能;运行节能效果好;以辐射热为主,散热量较大,没有对流器的低温衰减现象;调控方便;若采用分水器,各房间可调控不同温度,更富人性化、个性化;表面光洁易擦拭,密闭性好,不会藏污纳垢;承压高,可用于高层建筑;装饰性好,据墙面长度定制,在显眼位置无接缝,可选择表面喷塑颜色与室内装饰相协调;隐蔽性好,在踢脚线处,看不到显眼的散热器,类似地暖不占地方,便于室内摆设布置;检查维修方便,性价比高;市场竞争力强。

1.2　散热器的选择

(1)散热器的工作压力,应满足系统的工作压力,并符合国家现行有关产品标准的规定。

(2)民用建筑宜选用外形美观、易于清扫的散热器。

(3)放散粉尘或防尘要求较高的工业建筑,宜采用易于清扫的散热器。

(4)具有腐蚀性气体的工业建筑或相对湿度较大的房间,宜采用耐腐蚀的散热器。

(5)采用钢制散热器时,应采用闭式系统,并满足产品对水质的要求,在非采暖季节应充水保养;蒸汽采暖系统不应采用钢柱形、钢板形和钢扁管形散热器。

(6)采用铝制散热器时,应采用内防腐型铝制散热器,并满足产品对水质的要求。

(7)安装热量表和恒温阀的热水采暖系统,不宜采用水流通道内含有黏砂的散热器。

1.3　散热器的布置要求

散热器在供暖房间内布置的原则为:容易造成室内冷暖空气的对流;室外侵入的冷空气能被迅速加热;人员停留区的温暖和舒适;不影响室内装修,少占室内有效空间和使用面积。

(1)有外窗的房间,散热器不宜高位安装。进深较大的房间,宜在房间的内外侧分别布置散热器。

(2)楼梯间的散热器,应尽量布置在底层。

(3)散热器安装时,应留有足够的气流通道,并应方便维修。

(4)散热器应明装,并宜布置在外窗的窗台下。室内有两个或两个以上朝向的外窗时,散热器应优先布置在热负荷较大的窗台下。

(5)在寒冷地区,为了防止冻裂管道和散热器,双层外门的外室以及门斗内不宜布置散热器。

(6)托儿所、幼儿园、老年公寓等有防烫伤要求的场合,散热器必须安装或加设防护罩。

2　膨胀水箱

在热水采暖系统中,膨胀水箱能容纳系统中的水因升温而膨胀和因降温而收缩所形成的水容积变化,恒定系统中的水压,在自然循环热水采暖系统中能起到排气的作用。

膨胀水箱一般用钢板焊接制成,有圆形和方形两种。膨胀水箱上的配管有膨胀管、循环管、补水管、溢流管和信号管。

膨胀管是热水采暖系统主干管与膨胀水箱的连接管,系统中因加热而膨胀后多余的水量通过膨胀管进入膨胀水箱,系统中因水冷却而收缩后不足的水量由膨胀水箱内水来补充。为了让少量的热水缓慢地流进膨胀水箱,循环管与管网的连接点应同膨胀管与管网的连接点相距1.5~2 m,如图5-22所示。

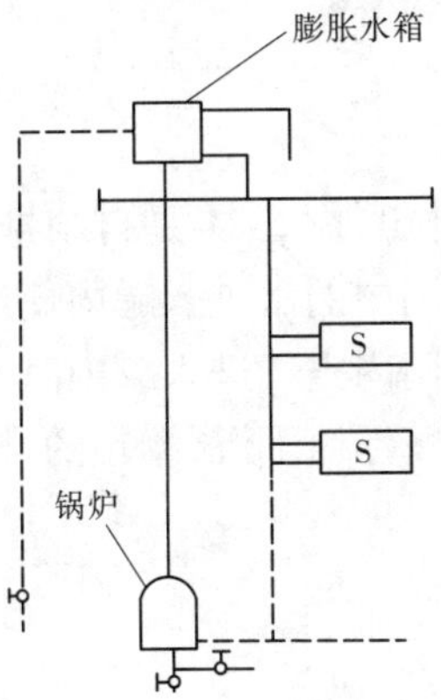

(a)自然循环采暖系统与膨胀水箱连接

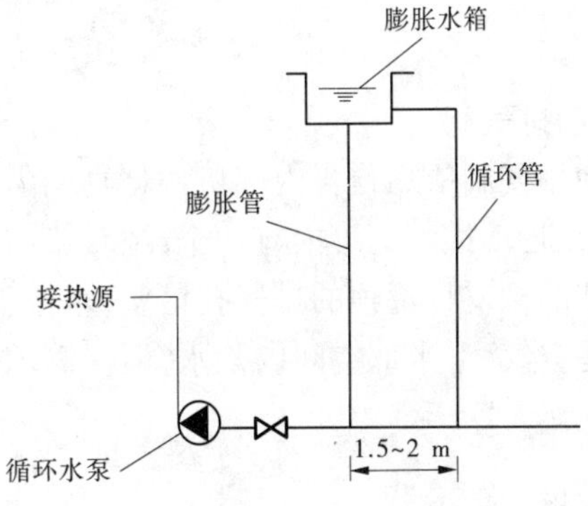

(b)机械循环采暖系统与膨胀水箱连接

图5-22　采暖系统与膨胀水箱连接

膨胀水箱应安装在热水采暖系统的最高处,一般设在屋面上,膨胀水箱安置于房间内时,房间高度应在2.2 m以上。

3 集气罐和自动排气阀

系统的水被加热时,会分离出空气。在大气压力下,1 kg 水在 5 ℃时,水中的含气量超过 30 mg,而加热到 95 ℃时,水中的含气量约只有 3 mg,此外,在系统停止运行时,通过不严密处,也会渗入空气,充水后,也会有些空气残留在系统内。系统中如积存空气,就会形成气塞,影响水的正常循环,这些空气就应及时排除。热水采暖系统排除空气的装置,可以是手动的,也可是自动的。国内目前常见的排气装置主要有集气罐、自动排气阀等。

3.1 集气罐

集气罐一般由直径 100 ~ 250 mm 的短管制成,有立式和卧式两种,如图 5-23 所示,串接在供水管道的最高处。在集气罐的顶部连接 *DN*15 的排气管上设手动阀门,就近接到洗涤盆或地漏附近,打开该手动阀门,将集气罐顶部集聚的空气排出。阀门应设置在方便操作处。在机械循环上供下回式系统中,集气罐应设在系统各分环路的供水干管末端的最高处。在系统运行时,定期手动打开阀门将热水中分离出来并聚集在集气罐内的空气排除。

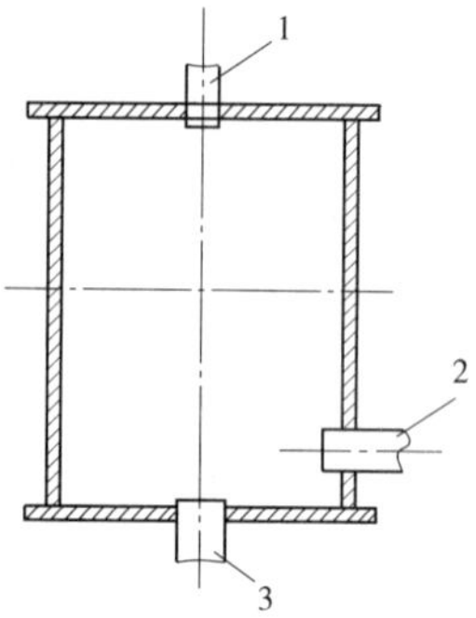

(a)立式集气罐

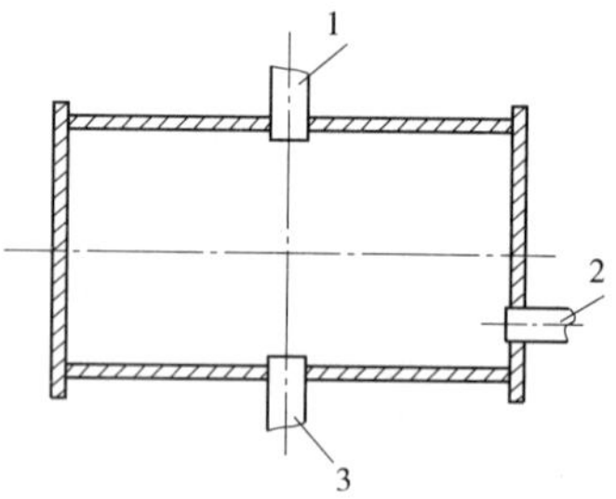

(b)卧式集气罐

1—放气管;2—进水口;3—出水口

图 5-23 集气罐

3.2 自动排气阀

自动排气阀依靠自身内部机构将管网内的空气自动排出,图 5-24 是自动排气阀的一种形式,在自动排气阀罐内有一个浮筒,罐内无空气时,管网中的水进入罐内使浮筒上浮,浮筒顶部的橡皮将罐顶的排气孔堵塞,水流不出去。当管网内空气进入罐内时,罐内上半部空间是空气,下半部空间内是水,但浮筒承受的浮力减少,浮筒下沉,罐顶的排气孔打开进行排气。

4 过滤器、除污器

在机械循环式热水采暖系统中,热水的流速比自然循环式热水采暖系统大,循环水中会含有少量的铁锈屑、泥沙等悬浮颗粒,会造成管道堵塞,影响水泵的使用寿命,所以应在水泵入口管路和供暖用户入口总进水管上设置除污器或过滤器。

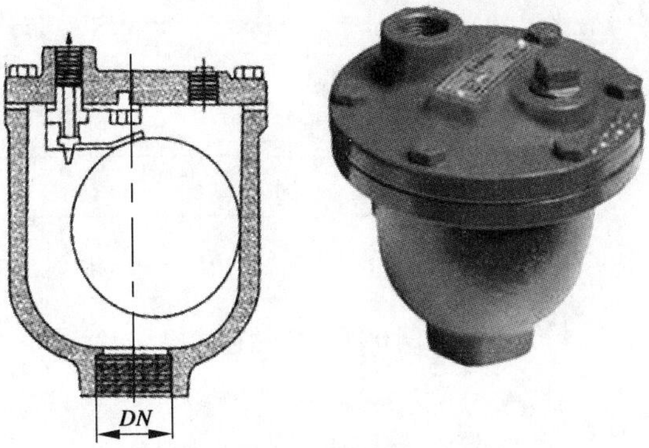

图5-24　自动排气阀

5　疏水器

如图5-25所示，疏水器安装于蒸汽采暖系统中，其作用是疏水阻汽，即迅速地排出散热设备及管网中的凝结水和空气，并且能阻止蒸汽的泄漏。按工作原理可分为机械型、热动力型、恒温型三种。

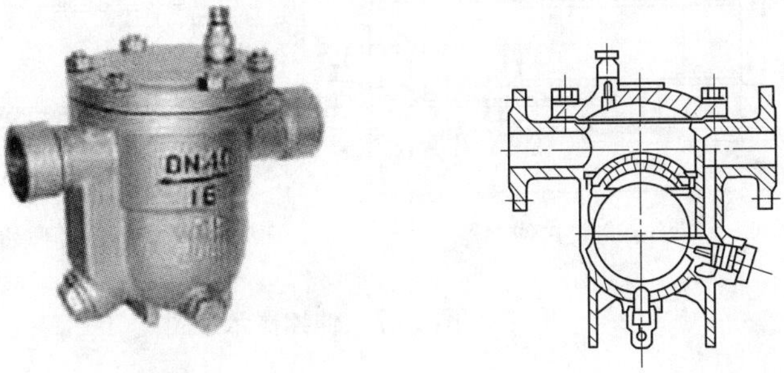

CS11H

图5-25　自由浮球式疏水器

6　管道伸缩补偿器

当蒸汽或热水流过管道时，金属管道材料温度升高，管道会发生热伸长，10 m长的钢管温度升高10 ℃，其长度将增加1.2 mm，如果两端固定，平直管道受热伸长时就会弯曲，管道固定支架处会受到很大的推力，严重时会造成支座脱落，管道破裂。要解决管道热胀冷缩变形的问题，首先应尽量利用管道本身自然转弯来吸收热伸长量，如图5-26所示；当热伸长量较大时，应设置管道伸缩补偿器，如方形补偿器、套筒式伸缩器、波纹伸缩节、金属软管等，如图5-27所示。

7　散热器温控阀

散热器温控阀是一种自动控制进入散热器热媒流量的设备，它由阀体部分和感温元件部分组成，当室内温度高于设定的温度值时，感温元件受热，其顶杆压缩阀杆，将阀门关

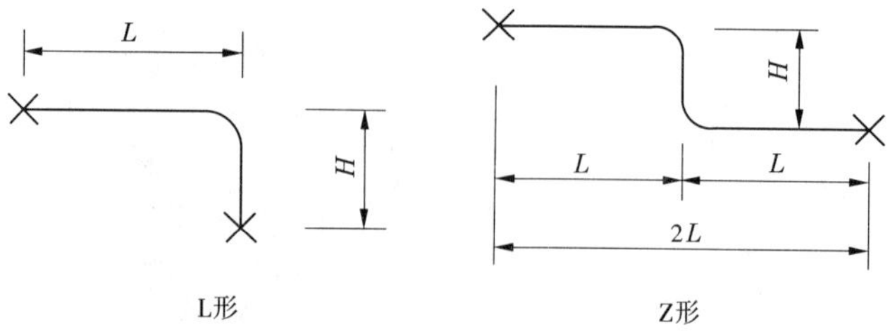

图 5-26　自然补偿器

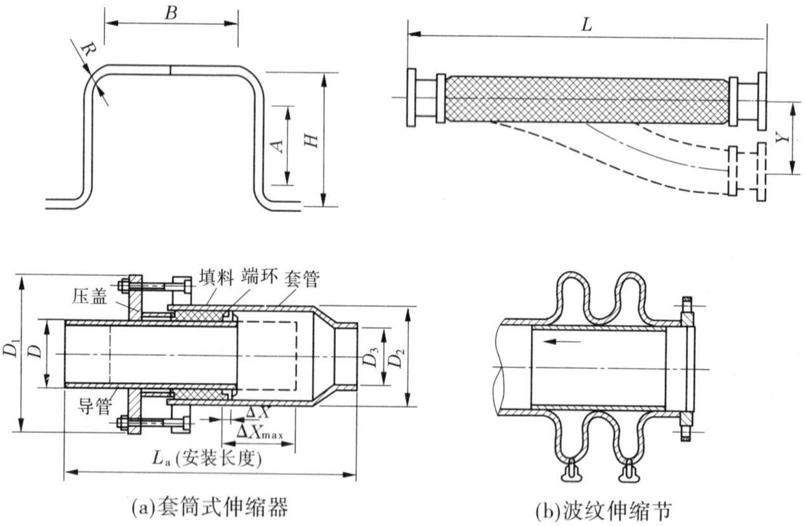

图 5-27　伸缩器示意图

小;反之,阀门开大。如图 5-28 所示。

图 5-28　散热器温控阀

8　减压阀

减压阀是靠膜片、弹簧、活塞等敏感元件改变阀瓣与阀座的间隙把进口的介质压力减至需要的出口介质压力,并依靠介质本身的能量,使出口压力自动保持恒定。它的规格是根据介质的流量、节流前压力和所需减压后的压力来确定的。如图 5-29 所示。

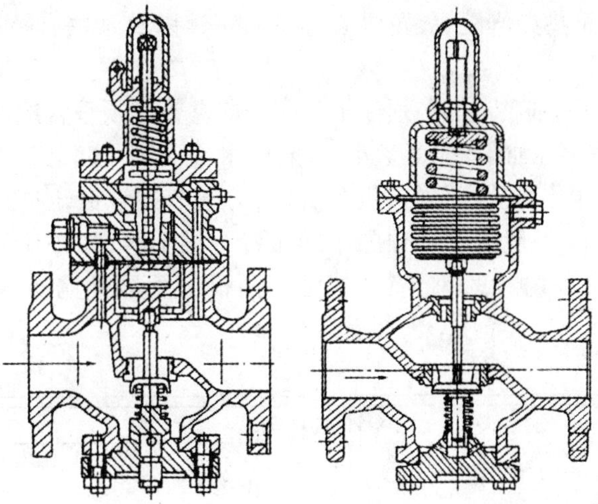

(a) 活塞式减压阀　　(b) 纹管式减压阀

图5-29　减压阀

9　安全阀

安全阀是常用于锅炉、压力容器等有压设备和管道上的自动泄压装置,可以对管道、设备起安全保护作用。按构造不同分为杠杆式安全阀、弹簧式安全阀、脉冲式安全阀等。如图5-30所示。

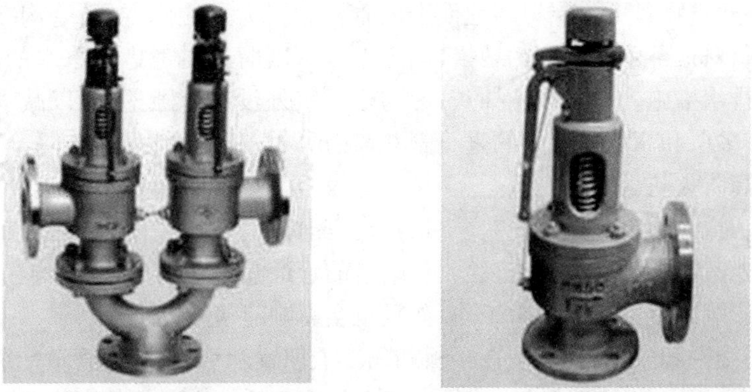

图5-30　安全阀

任务5.3　采暖系统的管道布置与敷设

根据建筑物的使用特点和要求以及供暖管道系统的形式,确定管道在室内的走向、位置,力求管道最短,以便于维护管理并且不影响房间美观。

室内采暖管道的安装方法有明装和暗装两种。在安装后能够看到管道的称为明装,在管道安装后将管道隐蔽起来而不直接看见管道的称为暗装。管道采用明装还是暗装,要依建筑的要求而定。对一般民用建筑和一般公共建筑以及工业厂房都采用明装。对室内装饰要求较高的建筑物如剧院、展览中心、商场、宾馆以及某些有特殊要求的建筑物常采用暗装。

管道无论是明装还是暗装，都必须横平竖直。即立管必须垂直地面安装，水平管除需保证满足排水、排空气要求而设的坡度外，一般应水平安装。暗装的管道常敷设在吊顶内、地沟内和竖直管井内。在吊顶内敷设干管时，为了节省管道，在房屋宽度小于 10 m，且立管数较少的情况下，一般可在吊顶的中间布置一根干管，如图 5-31(a)所示；如果房屋宽度大于 10 m 或吊顶内有通风装置时，则用两根干管沿外墙布置，如图 5-31(b)所示。

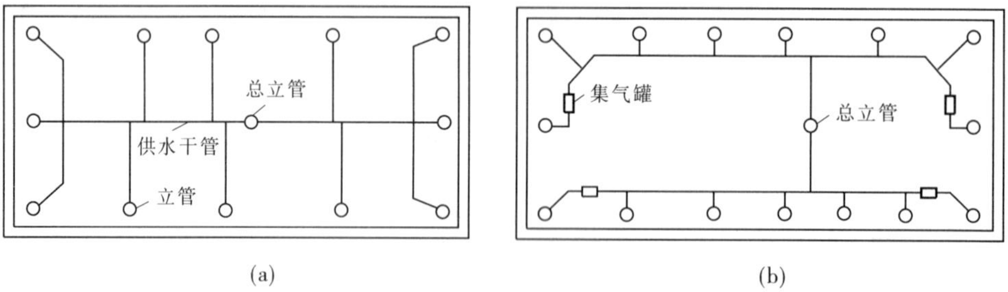

图 5-31　在吊顶内敷设干管

为了便于安装和检修，吊顶中干管与外墙的距离不应小于 1.0 m。采暖系统的回水干管常敷设在建筑物最下一层房间地面下的管沟中。为了检修方便，管沟在某些地点应设有活动盖板，对地下水位较高的地区，确定地沟深度时还需考虑地下水的影响，必要时需采取防水、排水措施。地沟内应抹灰，使沟槽与室外没有缝隙透气，以减少管沟内管道的热量损失。多层和高层建筑中的垂直管井，在每层楼板处加以封闭、隔绝，以减少立管热量损失，提高防火防烟效果。

管道暗装时，必须十分注意安装质量，管道、配件和阀件等在安装前后都要仔细地检查质量，做好隐蔽安装工程的检查、验收。暗装的管道漏水漏汽，不但影响建筑天花、管井墙壁的美观，影响采暖系统的正常工作，而且也会影响建筑物的寿命。

管道穿过楼板和隔墙时，必须在楼板和隔墙上埋置套管，以防止管道伸缩移动时损坏楼板和隔墙。楼板上预埋套管的上表面应高于地面 20 mm 以上，以防地面水流到下层房间。在管与套管之间应填以石棉绳等不燃性保温材料将缝隙填实。

任务 5.4　热　源

建筑物采暖系统的热源，一般都来自于锅炉。

1　锅炉的种类和构造

1.1　种类

锅炉是广泛使用的热源设备。在锅炉中燃料(煤、油或燃气)通过燃烧使化学能转变为热能并传递给水，产生蒸汽（或热水）以满足供暖需要。

以供热为目的的锅炉按其生产热媒的不同可分为热水锅炉和蒸汽锅炉。热水锅炉中供水温度低于115 ℃的称为低压锅炉，供水温度高于115 ℃的称为高压锅炉，常用的是供水温度为95 ℃、回水温度为70 ℃的低压热水锅炉；蒸汽锅炉中，蒸汽工作压力低于70 kPa的称为低压蒸汽锅炉，蒸汽工作压力高于70 kPa的称为高压蒸汽锅炉。

按锅炉使用燃料不同分为燃煤锅炉、燃油锅炉和燃气锅炉。常用的燃料有煤、柴油、天然气等。

1.2 构造

锅炉主要由"锅"和"炉"两大部分组成。蒸汽锅炉的"锅"由锅筒、管道、水冷壁管、联箱和下降管等组成，热水锅炉的"锅"由锅筒或换热管等组成。对燃煤锅炉来说，"炉"由煤斗、炉排、除渣板、送风排烟设备等组成；对燃油、燃气锅炉来说，"炉"由燃烧室和燃烧机组成。另外，还有一些必要的阀门、仪表和自控设备。

2 锅炉房的布置

供热锅炉房按其规模大小有独立锅炉房和附属锅炉房两类。生活供热和供暖空调工程使用的多属于附属锅炉房。

锅炉房位置的选择，应从防火、防爆、避免环境污染的角度考虑，尽可能将锅炉房单独设在建筑物之外，并应考虑以下几个因素：

（1）应尽量靠近供热负荷的用户，以缩短供热管线长度。

（2）便于燃料和灰渣的存储、运输，锅炉房周围应有足够的堆放煤、煤渣的场地。

（3）全年使用的锅炉房应设在重要建筑物全年主导风向的下风向，仅冬季使用的锅炉房，应位于冬季主导风向的下风向。

（4）应有良好的采光和自然通风，便于供水、排水和供电，便于供热管道进出。

3 锅炉房对建筑的要求

锅炉一般属于压力容器，又使用可燃物质，所以锅炉房建筑应符合建筑设计防火规范、工业企业设计卫生标准和蒸汽锅炉安全规程等法规性文件要求。如锅炉房一般为一、二级耐火等级的独立建筑，与其他建筑的防火间距不少于6 m。当锅炉房单独设置有困难时，只有在符合下列条件时才可与民用建筑相连或设置在民用建筑内：

（1）供水温度在95 ℃以下的热水锅炉房，可设置在一般民用建筑物的地下室、半地下室或第一层。

（2）单台锅炉蒸发量不超过2 t/h，总蒸发量不超过6 t/h的锅炉房，如果贴邻民用建筑布置，则必须按《建筑设计防火规范》（GB 50016—2014）的规定采取防火措施。

如果布置在高层建筑或裙房内，则必须按《高层民用建筑防火规范》（GB 50045—2001）的规定采取防火措施。但在任何情况下都不允许在人员密集的房间（如浴室、教室、餐厅、影剧院等）内或其上面、下面、主要疏散出口的两侧设置锅炉房。

任务 5.5　建筑采暖工程施工图

1　室内采暖施工图的组成

1.1　平面图

室内采暖平面图表示建筑各层采暖管道与设备的平面布置。内容包括:

(1)建筑物的平面布置,其中应注明轴线、房间主要尺寸、指北针,必要时应注明房间名称,建筑各房间分布、门窗和楼梯间位置等。在图上应注明轴线编号、外墙总长尺寸、地面及楼板标高等与采暖系统施工安装有关的尺寸。

(2)热力入口位置,供、回水总管名称和管径。

(3)干、立、支管位置和走向,管径及立管(平面图上为小圆圈)编号。

(4)散热器(一般用小长方形表示)的类型、位置和数量。各种类型的散热器规格和数量标注方法如下:①柱形、长翼形散热器只注数量(片数);②圆翼形散热器应注根数、排数;③光管散热器应注管径、长度、排数;④闭式散热器应注长度、排数;⑤膨胀水箱、集气罐、阀门位置与型号;⑥补偿器型号、位置,固定支架位置。

(5)对于多层建筑,各层散热器布置基本相同时,也可采用标准层画法。在标准层平面图上,散热器要注明层数和各层的数量。

(6)平面图中散热器与供水(供汽)、回水(凝结水)管道的连接按图 5-32 所示方式绘制。

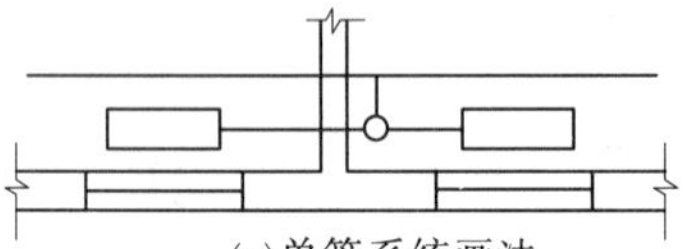
(a)单管系统画法

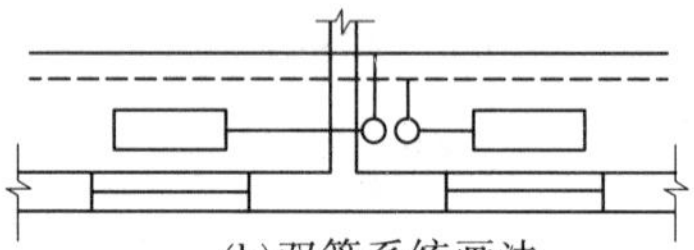
(b)双管系统画法

图 5-32　平面图中散热器与管道连接

(7)主要设备或管件(如支架、补偿器、膨胀水箱、集气罐等)在平面上的位置。

(8)用细虚线画出的采暖地沟、过门地沟的位置。

1.2　系统图

系统图又称流程图,也叫系统轴测图,与平面图配合,表明了整个采暖系统的全貌。系统图应以轴测投影法绘制,并宜用正等轴测或正面斜轴测投影法。系统图的布置方向一般应与平面图一致。

系统图包括水平方向和垂直方向的布置情况。散热器、管道及其附件(阀门、疏水器)均在图上表示出来,此外还标注各立管编号、各段管径和坡度、散热器片数、干管的标高等。

采暖系统图应包括如下内容:

(1)采暖管道的走向、空间位置、坡度、管径及变径的位置，管道与管道之间连接方式。

(2)散热器与管道的连接方式，例如是竖单管还是水平串联的，是双管上分还是下分等。

(3)管路系统中阀门的位置、规格。

(4)集气罐的规格、安装形式(立式或是卧式)。

(5)蒸汽采暖疏水器和减压阀的位置、规格、类型。

(6)节点详图的索引号。

(7)按规定对系统图进行编号，并标注散热器的数量。柱形、圆翼形散热器的数量应注在散热器内，如图5-33(a)所示；光管式、串片式散热器的规格及数量应注在散热器的上方，如图5-33(b)所示。

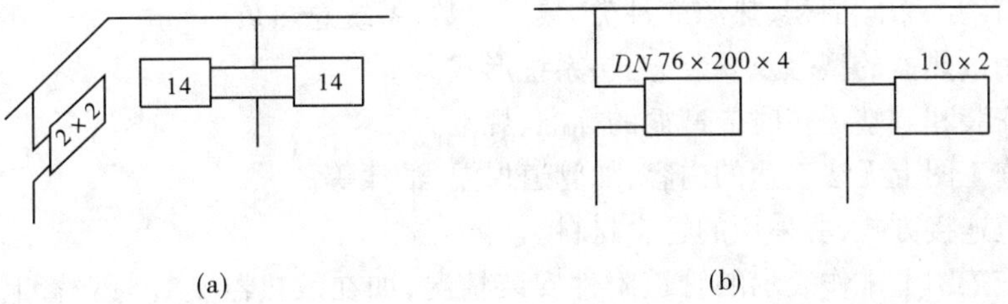

图5-33　散热器画法

(8)采暖系统编号、入口编号由系统代号和顺序号组成。室内采暖系统代号"X"，其画法如图5-34所示，其中图5-34(b)为系统分支画法。

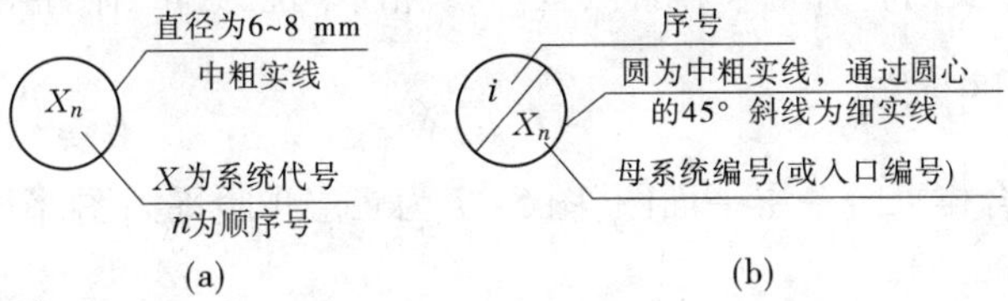

图5-34　系统代号

(9)竖向布置的垂直管道系统，应标注立管号，如图5-35所示。为避免引起误解，可只标注序号，但应与建筑轴线编号有明显区别。

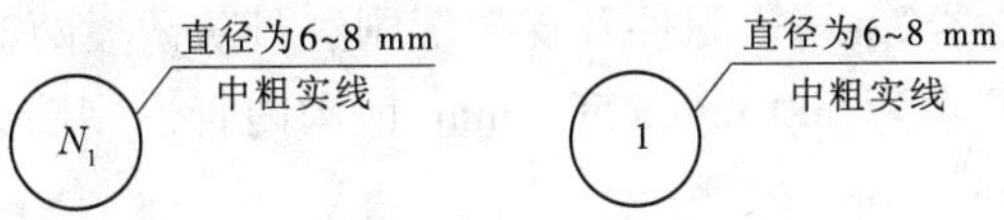

图5-35　立管号

1.3 详图

在供暖平面图和系统图上表达不清楚、用文字也无法说明的地方,可用详图画出。

详图是局部放大比例的施工图,因此也叫大样图。它能表示采暖系统节点与设备的详细构造及安装尺寸要求,例如,一般供暖系统入口处管道的交叉连接复杂,因此需要另画一张比例比较大的详图。它包括节点图、大样图和标准图。

(1)节点图。能清楚地表示某一部分采暖管道的详细结构和尺寸,但管道仍然用单线条表示,只是将比例放大,使人能看清楚。

(2)大样图。管道用双线图表示,看上去有真实感。

(3)标准图。它是具有通用性质的详图,一般由国家或有关部委出版标准图,作为国家标准或部标准的一部分颁发。

1.4 设计说明

室内采暖系统的设计说明一般包括以下内容:

(1)建筑物的采暖面积、热源的种类、热媒参数、系统总热负荷。

(2)采用散热器的型号及安装方式、系统形式。

(3)在安装和调整运转时应遵循的标准、规范。

(4)在施工图上无法表达的内容,如管道保温、油漆等。

(5)管道连接方式,所采用的管道材料。

(6)在施工图上未作表示的管道附件安装情况,如在散热器支管与立管上是否安装阀门等。

1.5 主要设备材料表

为了便于施工备料,保证安装质量和避免浪费,使施工单位能按设计要求选用设备和材料,一般的施工图均附有设备及主要材料表,简单项目的设备材料表可列在主要图纸内。设备材料表的主要内容有编号、名称、型号、规格、单位、数量、附注等。

2 室内供暖施工图实例

图 5-36 为某综合楼采暖一层平面图,图 5-37 为二层采暖平面图,图 5-38 为采暖系统图。

(1)本工程采用低温热水供暖,供回水温度为 70 ~ 95 ℃;

(2)系统采用上分下回单管顺流式;

(3)管道采用焊接钢管,*DN*32 以下为丝扣连接,*DN*32 以上为焊接;

(4)散热器选用铸铁四柱 813 型,每组散热器设手动放气阀;

(5)集气罐采用《采暖通风国家标准图集》N103 中 I 型卧式集气阀;

(6)明装管道和散热器等设备,附件及支架等刷红丹防锈漆两遍,银粉两遍;

(7)室内地沟断面尺寸为 500 mm × 500 mm,地沟内管道刷防锈漆两遍,50 mm 厚岩棉保温,外缠玻璃纤维布;

(8)图中未注明管径的立管均为 *DN*20,支管为 *DN*15;

(9)其余未说明部分,按施工及验收规范有关规定进行。

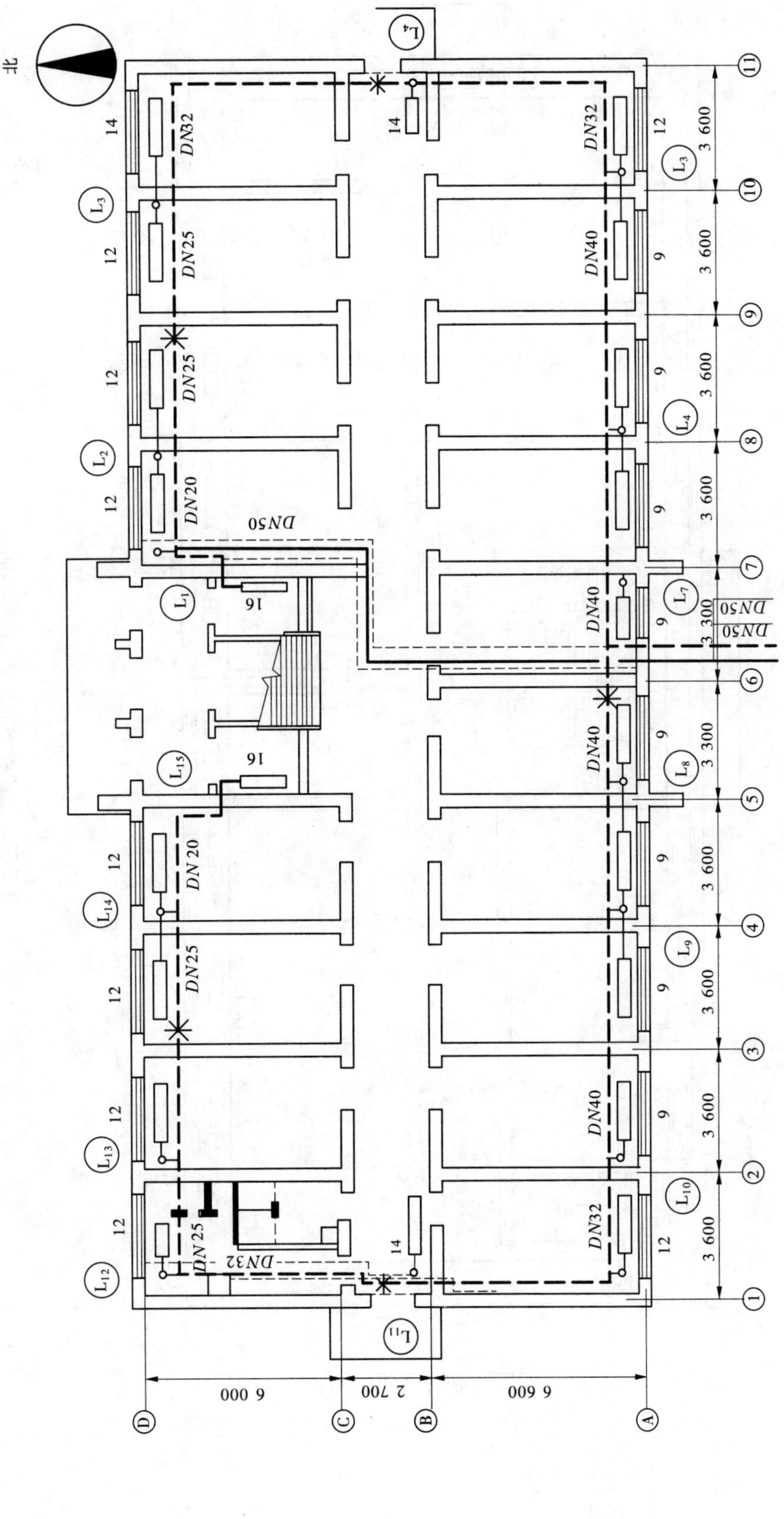

图 5-36　一层采暖平面图（单位:mm）

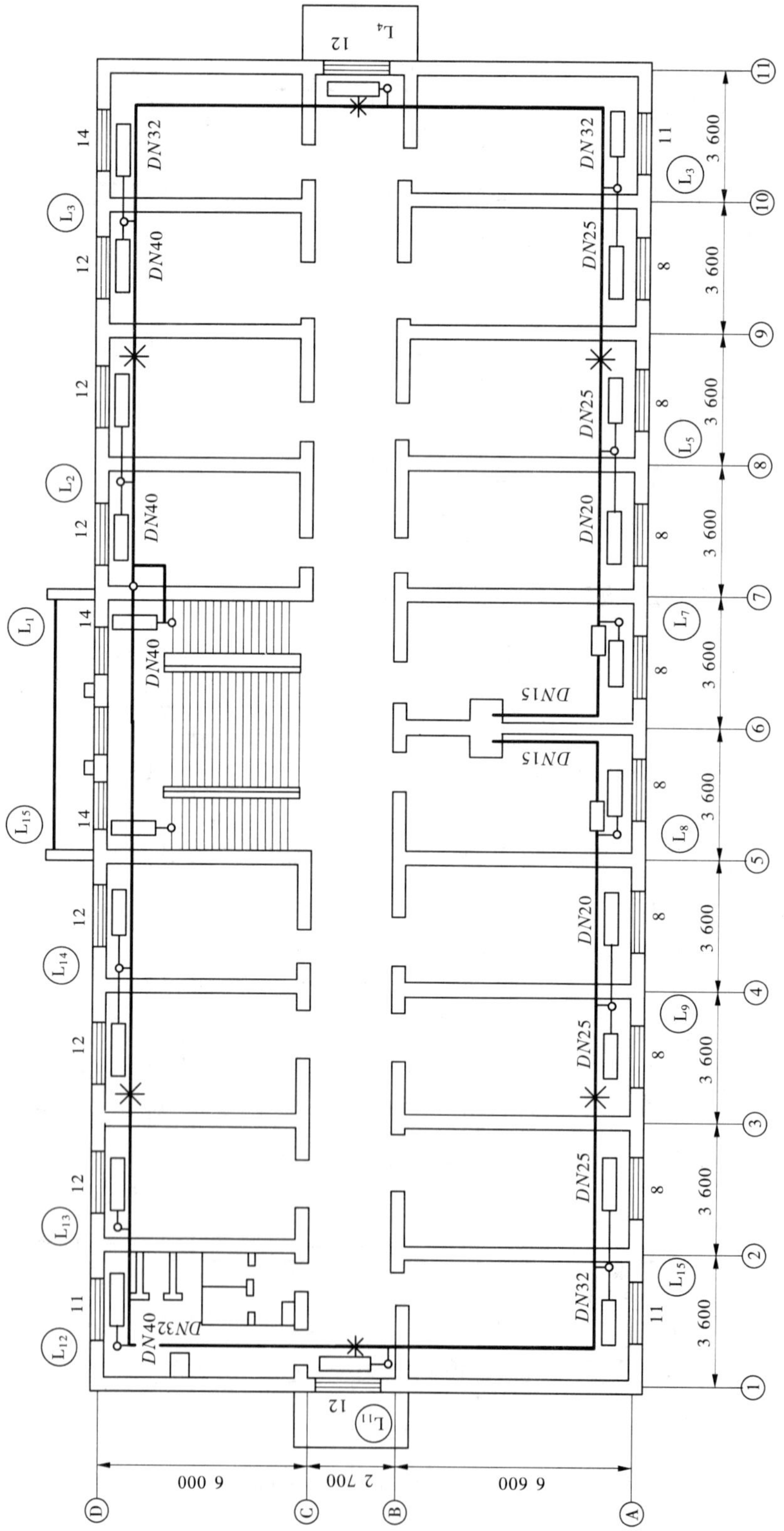

图 5-37　二层采暖平面图　（单位:mm）

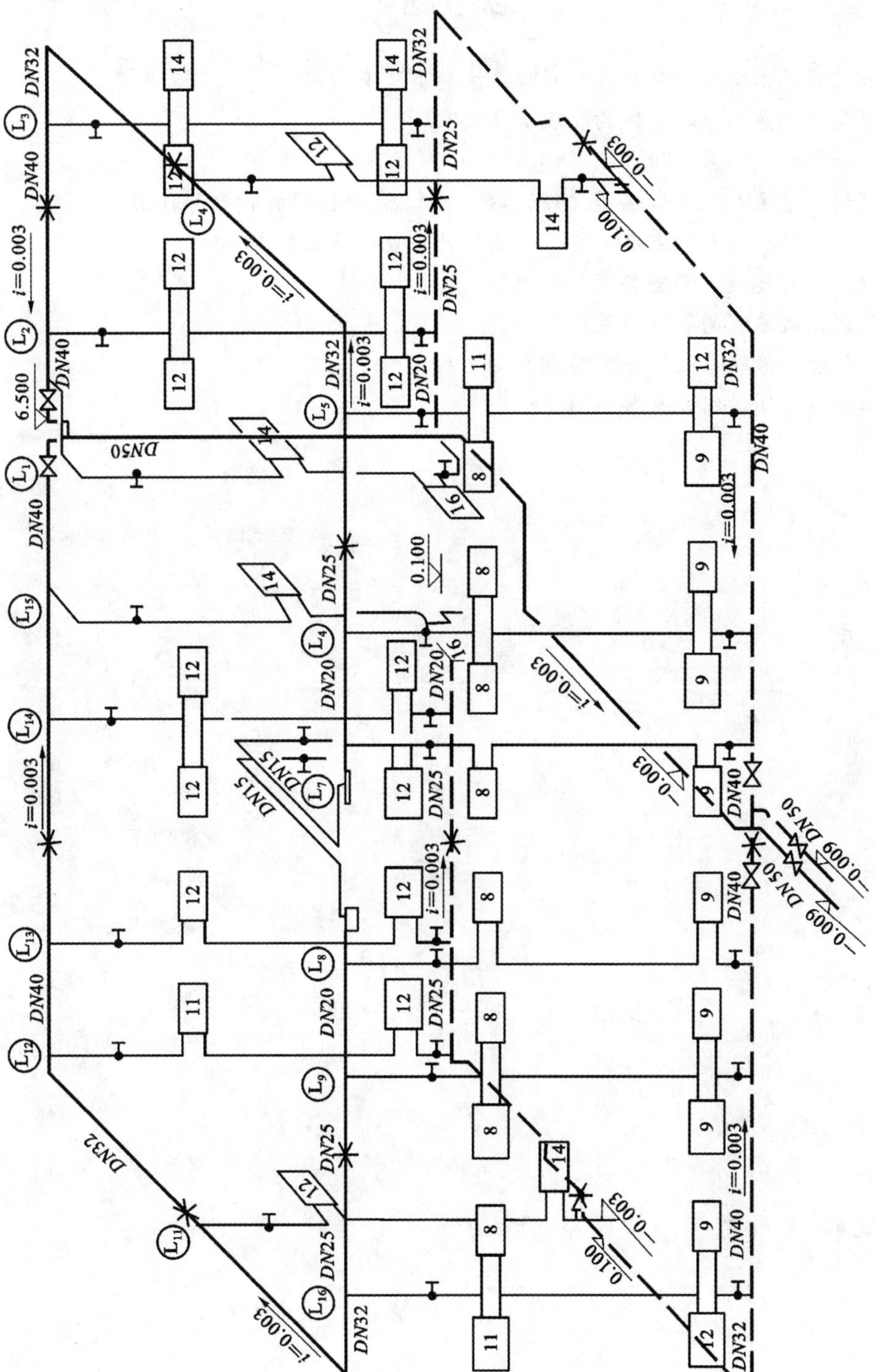
L1
L2
L3
L4
L5
L7
L8
L9
L11
L12
L13
L14
L15
L16
DN15
DN20
DN25
DN32
DN40
DN50
i=0.003
6.500
0.100
−0.003
−0.009

图 5-38　采暖系统图

思考题

1. 采暖系统由哪几部分组成？采暖系统的类型有哪些？
2. 自然循环热水采暖系统的原理是什么？
3. 机械循环热水采暖的方式有哪些？
4. 试说明采暖系统中散热器、膨胀水箱、疏水器、补偿器的种类和作用。
5. 散热器的种类和特点有哪些？散热器的布置有什么要求？
6. 锅炉房对建筑有哪些要求？
7. 简述采暖系统的管道布置。
8. 地板辐射采暖系统的施工要点有哪些？
9. 采暖施工图的组成有哪些图样？

学习项目6　通风与空调系统

【教学要求】

通过本项目学习，使学生能够掌握通风与空气调节的任务；通风方式及通风与空调系统的设备。

任务6.1　通风系统

1　通风的意义和任务

在一些工厂车间里，生产过程中会散发大量的工业污染物，如热量、湿量、粉尘、有害气体和有害蒸气，使得室内空气的温度、湿度、含尘浓度及有害气体浓度超过了人体卫生的许可值，影响工人的身体健康，同时也影响产品质量，缩短设备的使用寿命。这就要求采取有效的防护措施及时地排除这些污染物。在公共建筑和民用建筑中，人体也会产生热量、湿气和二氧化碳等污染物，使室内空气污浊，影响人体健康和工作效率，这也要求采取有效的通风措施来改善室内的空气环境。

创造良好的空气环境条件（如温度、湿度、空气流速、洁净度等），对保障人们的健康、提高劳动生产率、保证产品质量是必不可少的。这一任务的完成，就是由通风和空气调节来实现的。

通风就是换气。通风的任务就是将室内污浊的、被污染的空气直接或经净化处理后排至室外，把室外的新鲜空气直接或经净化处理后送至室内，以保证室内人员在卫生的空气环境中生活、工作和学习。

通风的功能主要有：

(1)提供人呼吸所需要的氧气；

(2)稀释室内污染物或气味；

(3)排除室内工艺过程产生的污染物；

(4)除去室内多余的热量（称余热）或湿量（称余湿）；

(5)提供室内燃烧设备燃烧所需的空气。

建筑中的通风系统可能只完成其中的一项或几项任务。其中利用通风除去室内余热和余湿的功能是有限的，它受室外空气状态的限制。

2　通风方式的分类与选择

2.1　通风方式的分类

为了实现室内的通风换气，需要使用一系列的设备、装置组成通风系统。按通风系统中空气流动动力的不同，可分为自然通风和机械通风两类。

2.1.1　自然通风

自然通风主要靠室外空气流动形成的风压，或室内外空气温度差造成的热压来实现空气流动。

1）风压作用下的自然通风

图 6-1 为风压作用下的自然通风。风压是由于室外空气流动而形成的压力差，从图 6-1 中可以看出，在室外风力的作用下，房屋在迎风面附近形成正压区，室外空气压力大于室内空气压力，空气可以通过迎风面上的门窗进入室内；同时在背风面形成负压区，室内空气压力大于背风面室外空气的压力，空气可以从背风面上的门窗流至室外，形成"穿堂风"。

2）热压作用下的自然通风

图 6-2 为热压作用下的自然通风。从图中可以看到，由于室内空气温度高、密度小，室外空气温度低、密度大，这样就造成房间上部窗户排风、下部窗户和门进风的气流形式，室内污浊的热空气从上部排出，室外温度较低的新风从下部进入人员工作区，工作区空气环境得到了改善。

热压作用产生的通风效应又称为"烟囱效应"。"烟囱效应"的强度与建筑高度和室内外温差有关。一般情况下，建筑物越高，室内外温差越大，"烟囱效应"越强烈。

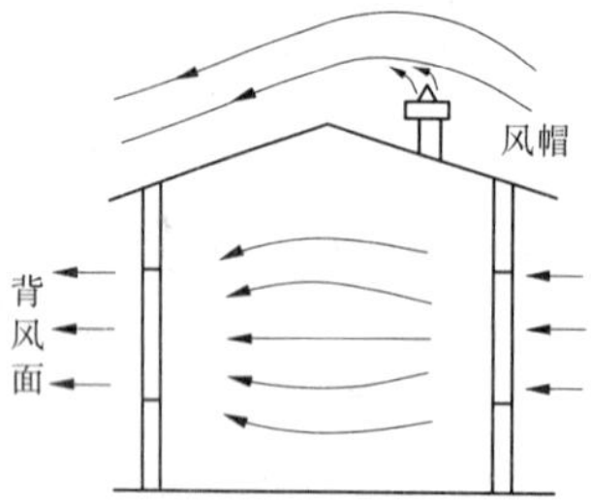

图 6-1　风压作用下的自然通风

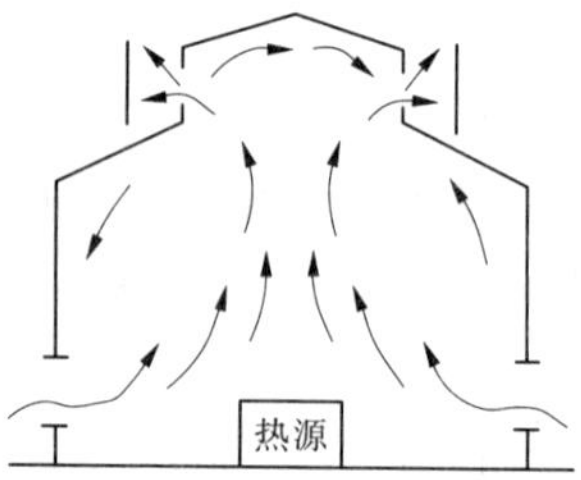

图 6-2　热压作用下的自然通风

3）热压和风压共同作用下的自然通风

热压与风压共同作用下的自然通风可以简单地认为是它们效果的叠加。

自然通风量的大小与很多因素有关，如室内外空气温度、室外空气流速和流向，门洞和窗洞的面积和高差等，所以通风换气量不是常数，而是随着气象条件变化而变化的。另外，随着工艺条件变化和室内外气象参数的变化，房间所需的通风量也不是常数，这就需要不断地调节通风量，即调节进排风门窗的开启度。

自然通风是一种不需机械动力、廉价的通风方式，在一定条件下可以得到很大的通风量。为了能形成"穿堂风"，迎风面和背风面的外墙开孔面积应占外墙总面积的 25% 以上，而且室内空气流动所受的阻挡要少。

2.1.2　机械通风

机械通风是利用通风机产生的动力进行通风换气。优点是风量风压不受室外气象条件的影响，空气处理方便，风量调节也比较灵活，缺点是要消耗动力，投资较多。

机械通风系统按作用范围大小，可分为局部排风、局部送风、全面排风、全面送风、事故通风五种。

1）局部排风

局部排风是在室内局部工作地点安装的排除局部空间范围内污浊空气的通风系统。图 6-3 为厨房灶台的局部排风系统，排气罩把污染源灶台产生的油烟等吸入罩内，经罩内设置的金属过滤网过滤后，污染气体中大部分油雾被分离、净化，再用管道和风机送入室外大气。这种系统可以用较小的风量获得较好的通风效果。它适用于安装局部排风设备不影响工艺操作及污染源较小且集中的场合。

2）局部送风

向局部工作地点送风，保证工作区有良好的空气环境，这种机械通风方式为局部送风。图 6-4 为某车间操作岗位的局部送风系统示意图，室外空气首先经百叶窗进入空气处理机组，在机内经过滤器除掉空气中的灰尘，再经加热器（在夏季用冷却器）把空气处理到送风温度，然后在通风机的作用下，经过空气淋浴喷头送往工作区，这种形式的机械通风所需风量小，操作人员首先呼吸到新鲜空气，效果较好。

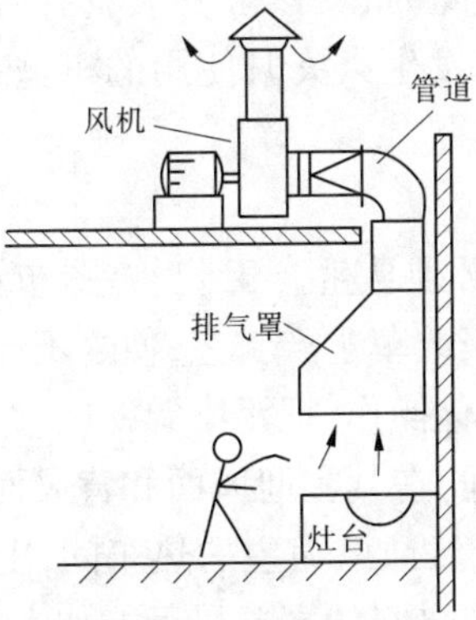

图 6-3　厨房灶台的局部排风系统

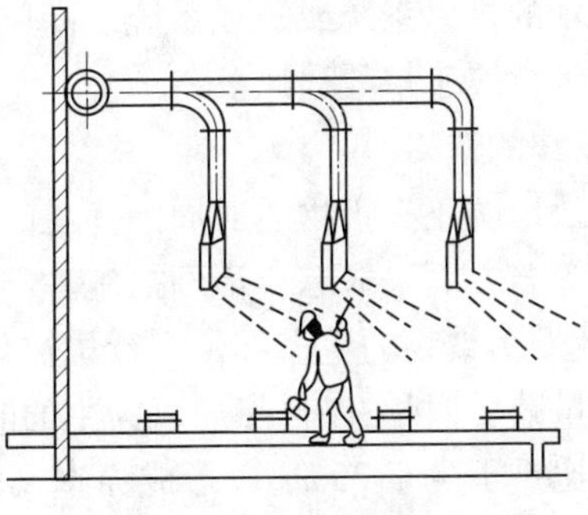
图 6-4　局部送风系统示意图

3）全面排风

全面排风就是从整个室内全面均匀地排除污染气体。图 6-5 所示为机械全面排风系统。室内的污染空气经排气口吸入管内，进入空气净化设备，除掉空气中的污染物，然后用风机经风帽排入大气。这种全面排风系统适用于室内污染源比较分散的场合。

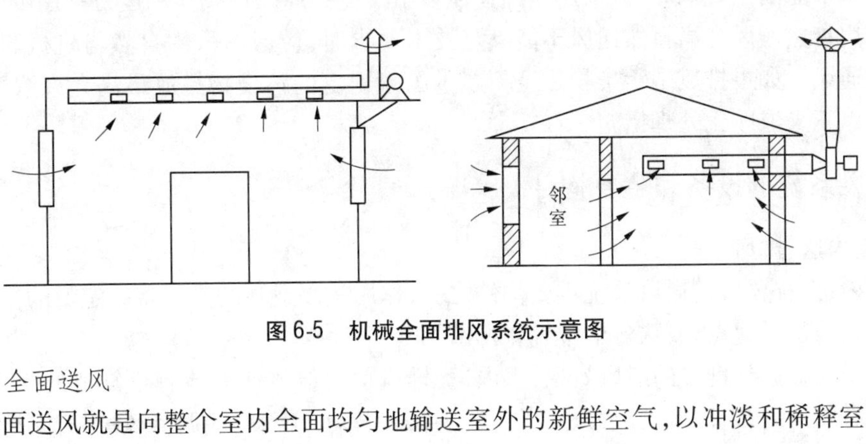

图 6-5　机械全面排风系统示意图

4）全面送风

全面送风就是向整个室内全面均匀地输送室外的新鲜空气，以冲淡和稀释室内污染物。所送的空气可以经过加热、降温或除尘处理,也可以不进行处理。图 6-6 为机械全面送风系统。采用这种方法,容易使排风口附近的空气比送风口附近的空气污浊。

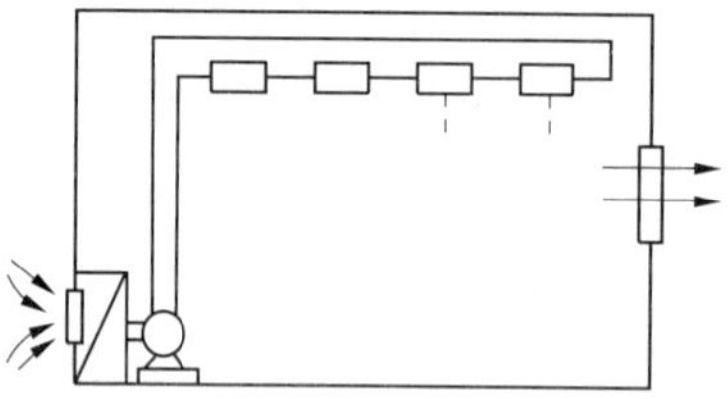

(a)全面机械送风(自然排风)

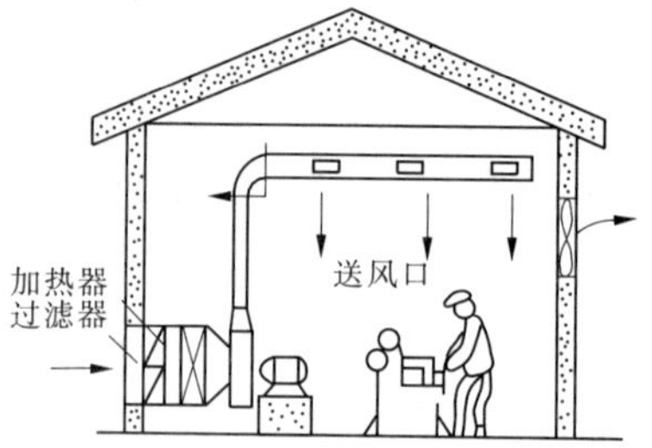

(b)全面机械送风(机械排风)

图 6-6 机械全面送风系统示意图

5)事故通风

事故通风是为防止生产设备偶然发生事故或故障时,突然散发大量有害气体或爆炸性气体而设置的排风系统或送风系统。高层建筑内发生火灾时使用的机械排烟系统、加压送风系统等就属于事故通风。

2.2 通风系统的选择

为了有效地防止有害物质对周围环境的污染,必须从生产工艺、总图布置、建筑形式和通风措施等多方面采取综合治理措施。例如,积极改革生产工艺,使之不产生或少产生污染物;对散发污染物的生产部位实行机械化、自动化操作,把污染源密闭起来;对散热量大的建筑尽量减少西晒;以自然通风为主的非热车间,在其主迎风面和背风面外墙上的门窗面积所占比重不少于 25%,以形成穿堂风;而以自然通风为主的热车间,上部的排风窗面积和下部的进风窗面积尽可能扩大,并且进排风窗之间的高差尽可能加大,排风窗外侧附近加设挡风板,防止迎风面上的排风窗发生空气倒灌现象。

通风方案的选择应根据室内卫生标准、生产工艺条件、生产工艺对空气环境的要求、污染物的性质和数量、室外气象参数等多方面的因素综合比较确定。一般说来,在污染物已经污染某一空间的情况下,尽量优先考虑采用局部通风的措施,在不能设置局部通风或局部通风不能满足要求时,宜采用全面通风。由于自然通风初投资和运行费用少,应尽量优先采用自然通风。当自然通风不能满足技术要求时,应考虑采用自然与机械联合通风或机械通风。如果排风中污染物浓度不超过国家规定的污染物排放最高允许浓度,则对排风可以不采取净化处理措施。

3 通风系统的设备和主要构件

3.1 室内送、排风口

室内送、排风口是通风系统重要构件之一,作用是以适当的流速将一定量的空气分配到各指定的送风地点,或从各个排气点排出。

为了保证达到良好的通风效果,室内送、排风口不应该使人体有不舒适的吹风感觉;气流分布要均匀,空气流动阻力小,以免造成较大的动力消耗;能调节风量,有时还要求能调节送风气流的方向;在经济适用的前提下力求造型美观;风口尽可能小一点,风口流速不能过大,以免产生附加气流噪声。

图6-7是常用的两种性能较好的百叶风口,可以在风管上、风管末端或墙上安装。单层百叶风口可以调节送风气流的角度,双层百叶风口不但可以调节送风气流的方向、角度,内层百叶还可以调节送风量。

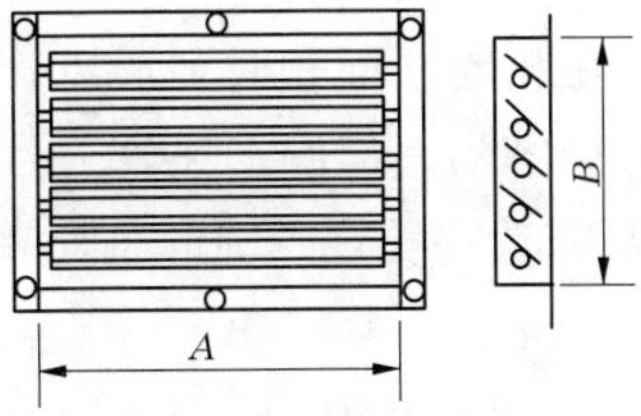

(a)单层百叶风口

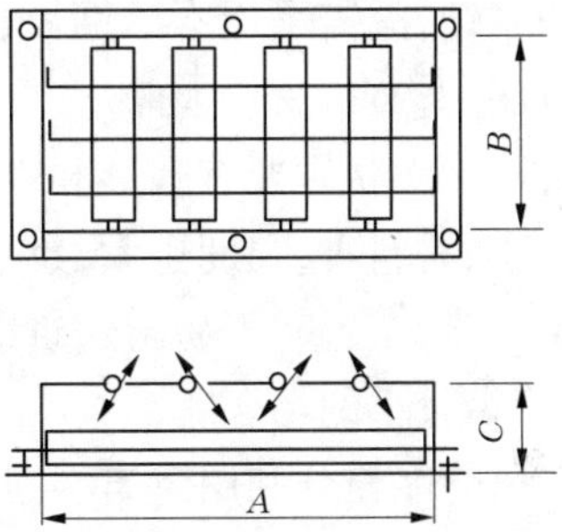

(b)双层百叶风口

图6-7　百叶送风口

上面介绍的风口除可作送风口外,也可用作回风口。一般常在回风口上加金属网格或使用百叶回风口,以防止大的纸屑或杂物吸入。

在工业厂房中,往往需要向一些工作地点输送大量的空气,但又要求送风口附近的速度迅速降低,以避免吹风感觉。能满足这种要求的大型送风口,通常称为空气分布器。

室内送、排风口的布置情况,是决定通风气流方向的一个重要因素,而气流的方向是否合理,将直接影响全面通风的效果。

在组织通风气流时,应将新鲜空气直接送到工作地点或洁净区域,而排风口则要根据有害物的分布规律设在室内浓度最大的地方,具体做法如下:

(1)排除余热和余湿时,采取下送上排的气流组织方式,即将新鲜空气送到车间下部的工作地带,吸收余热和余湿后流向车间上部,由设在上部的排风口排出。

(2)利用全面通风排除有害气体时,排风口的位置应根据下述不同的情况来确定:放散的气体比空气轻时应从上部排出;放散的气体比空气重时,宜从上部和下部同时排出。至于送风,则不论上述哪一种情况,都应一律送至作业地带。

(3)对于用局部排风排除粉尘和有害气体而又没有大量余热的车间,用以补偿局部排风的机械送风系统,宜将新鲜空气送至上部地带。

3.2　风管

3.2.1　风管材料的选择

通风管道的作用是输送空气,制作风管用的材料应该具有下列特点:

(1)价格便宜,原材料容易获取;

(2)内表面光滑,空气流动阻力小;

(3)便于制作和安装,并且严密不漏风;

(4)具有一定的强度,能防潮、不变形、不腐蚀;

(5)保温与消声性能好,不燃或难燃。

实际工程中,难以找到能全面满足上述各要求的材料。在不同的使用场合,应根据不同的输送介质、不同敷设方式,采用不同的风管材料。常用的风管材料有镀锌钢板、薄钢板、砖、混凝土、石棉、水泥板、木板、聚氯乙烯塑料板、玻璃纤维增强塑料板(玻璃钢板)、不锈钢板、铝板等,其中镀锌钢板使用最多。

如果排风中含有大量腐蚀性气体或水蒸气,如厨房灶台排烟管道,用普通钢板制作风道会很快腐蚀,故需采用不锈钢板、镀锌钢板或砖、混凝土板等。

3.2.2 风管断面形状

风管断面形状主要有圆形和矩形两种。两者相比,在相同断面积时圆形风管的空气流动阻力小,材料省,强度也大,小直径的圆形风管加工也容易。但圆形风管管件制作比矩形风管困难,布置时不易与建筑结构配合,明装时不易布置得美观。圆形风管适用于风速较高、管径较小的场合。

矩形风管能充分利用建筑空间,制作容易,易于与建筑配合。为了节省管材和减小阻力,矩形风管的宽高比最好为1:1,一般不超过3:1,特殊情况下,为了减少通风管道所占用空间的高度,矩形风管的最大宽高比可定为8:1。

3.2.3 风管断面尺寸的确定

对同样的空气流量,风道中风速的大小直接影响风道的截面积的大小。如果风速选择较大,可以减小风道截面积,降低风道系统造价,减少风道所占用的空间,但却增大了空气流动阻力,增大了风机的动力消耗,风速过高还会产生附加气流噪声;如果选择较小的风速,则加大了风道的截面积,加大了风道的初投资,减少了运行费用。所以,风道内风速的确定应从技术和经济两方面考虑,同时兼顾噪声和管道空间布置方面的一些因素。

在满足所需断面截面积的前提下,风管断面尺寸可以有多种组合,为了便于管道及配件的工厂化、标准化生产,风管断面尺寸应按《全国通用通风管道计算表》中的统一规格采用。

3.2.4 风道的布置和安装

在建筑物内布置风道时,应与土建、工艺、水电、装饰等专业共同配合,确定送、排风口的位置和形式,确定风道的走向、位置。风道的布置应不占或少占房间的有效面积和有效空间,其断面应考虑结构的允许荷载和房间的美观要求,使风道与内部装修相协调;当房间内有吊顶时,应尽量将风道布置在吊顶内。

薄钢板制成的风管施工时可用吊环、卡箍或托架等固定在天棚、梁、柱或墙上。图6-8是常见的风道支架形式,风管与风管之间采用法兰连接,法兰之间垫3~5 mm橡胶板、闭孔海绵橡胶板或石棉绳等密封填料。

薄钢板厚度小于等于1.2 mm时可采用咬口连接,厚度大于1.2 mm时可采用焊接连接。

敷设在地下的风道,应避免与工艺设备及建筑物的基础相冲突,也应与其他各种地下管线和电缆的敷设相配合,此外尚需设置必要的检查口。

3.3 风机

风机是机械通风系统的主要设备之一,利用风机产生的压力驱动空气在风管内流动。

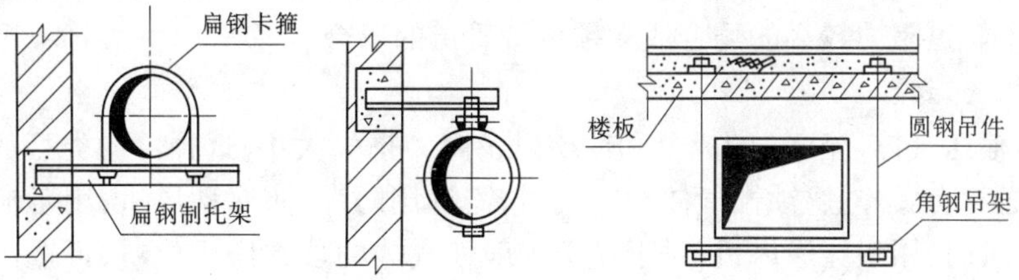

(a)水平风道托架　　(b)水平风道吊架　　(c)矩形水平风道楼板下吊装

图6-8　风道支架形式

3.3.1　风机的类型、构造及特点

在通风空调工程中，常用的风机类型主要有离心式风机和轴流式风机。

1)离心式风机

离心式风机由叶轮、机壳、吸气口、机轴以及轴承、支架等部件组成，如图6-9所示。其工作原理与离心水泵相同，主要借助于叶轮旋转，使被吸入叶片间的空气高速旋转，产生离心力而从叶轮的切线方向高速甩出，并使空气的压能和动能得到提高。

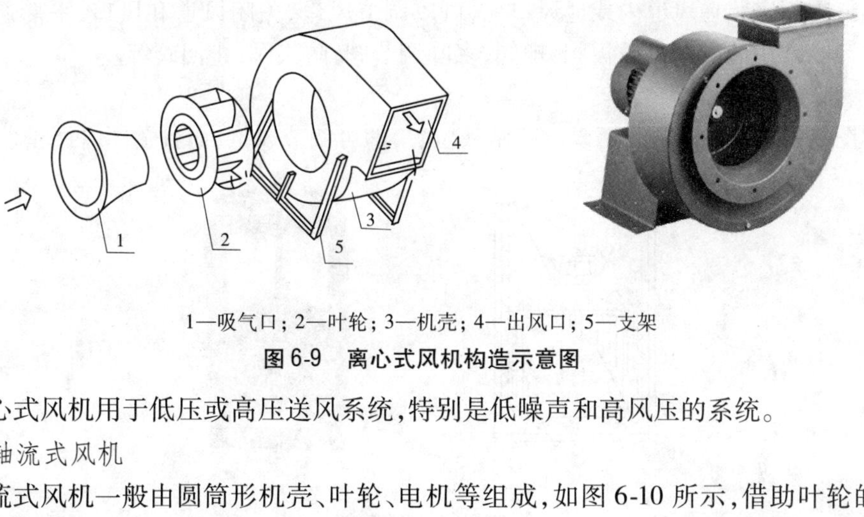

1—吸气口；2—叶轮；3—机壳；4—出风口；5—支架

图6-9　离心式风机构造示意图

离心式风机用于低压或高压送风系统，特别是低噪声和高风压的系统。

2)轴流式风机

轴流式风机一般由圆筒形机壳、叶轮、电机等组成，如图6-10所示，借助叶轮的推动作用促使气流流动，气流的方向与机轴平行。

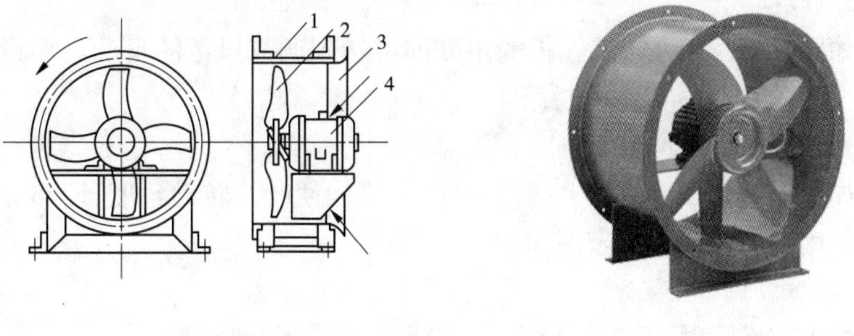

1—圆筒形机壳；2—叶轮；3—进口；4—电机

图6-10　轴流式风机构造示意图

轴流式风机产生的风压虽然没有离心风机那样高,但可以在低风压下输送大量的空气,一般用于管道阻力较小的场合或无须设置管道的场合。

3.3.2　风机的选择

根据被输送气体(空气)的成分和性质以及阻力损失大小,选择不同类型的风机。例如,用于输送含有爆炸、腐蚀性气体的空气时,需选用防爆、防腐性风机;用于输送含尘浓度较高的空气时,用耐磨通风机;对于输送一般性气体的公共民用建筑,可选用离心式风机;对于车间内防暑散热的通风系统,可选用轴流式风机。

3.3.3　风机的安装

输送气体用的中、大型离心式风机一般应安装在混凝土基础上,轴流式风机通常安装在风道中间或墙洞中。在风管中间安装时,可将风机装在用角钢制成的支架上,再将支架固定在墙上、柱上或混凝土楼板的下面。对于对隔振有特殊要求的情况,应将风机装置在减振台座上。

风机进出口与管道相连接时,一般在连接处采用柔性短管相连接,以消除风机的振动对风管的影响,柔性软管一般用帆布制作。

3.4　风道阀门

风道阀门安装在风道内或通风口上,可以调节风量、关闭风道和风口、平衡通风系统的压力等。常用的风阀有插板阀、蝶阀、多叶调节阀、防火阀、止回阀等。

3.4.1　插板阀

如图 6-11 所示,抽动手柄以改变闸板位置,即可调节风量,而且关闭时严密性好。

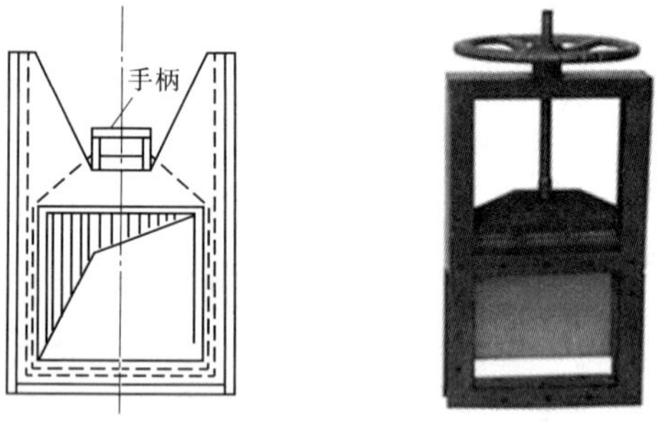

图 6-11　插板阀

3.4.2　蝶阀

如图 6-12 所示,转动阀板的角度即可达到调节风量的目的。多设置于分支管上或风口前,严密性差,不宜作关断用。

3.4.3　对开式多叶调节阀

如图 6-13 所示,转动手柄,通过连杆机构使叶片转动角度,调整开启度的大小来调节风量。用于主风道上调节风量。

3.4.4　防火阀

当火灾发生时,切断气流通路,防止火势沿风管蔓延。

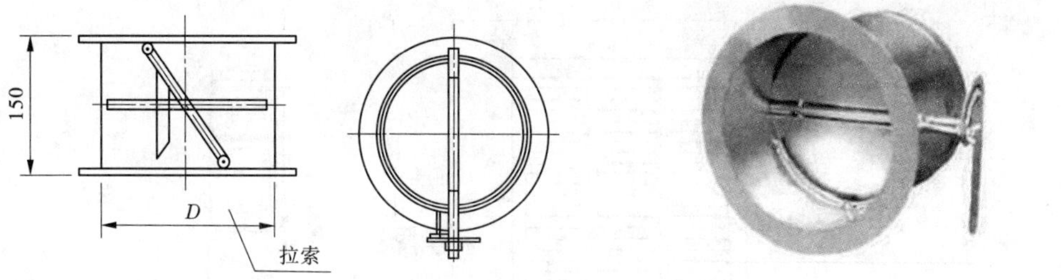

图6-12　蝶阀

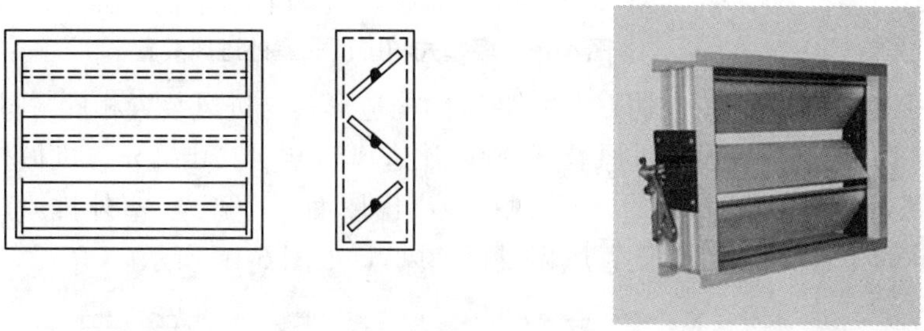

图6-13　对开式多叶调节阀

3.4.5　止回阀

防止风机停止后气流倒转。

3.5　室外进、排风装置

3.5.1　室外进风装置

室外进风口是通风和空调系统采集新鲜空气的入口。根据进风室的位置不同，室外进风口可采用竖直风道塔式进风口，如图6-14(a)所示为贴附于建筑物的外墙上，图6-14(b)所示为做成离开建筑物而独立的构筑物。还可以采用在墙上设百叶窗或在屋顶上设置成百叶风塔的形式，如图6-15所示。

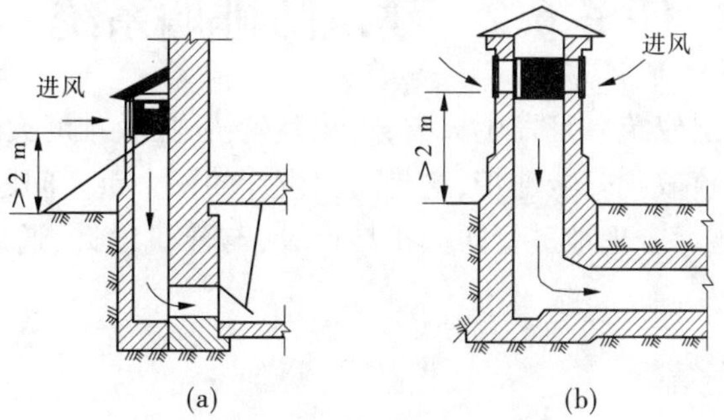

图6-14　塔式室外进风装置

进风口应设在排风口的上风侧并低于排风口，以防倒吸排风口排出来的污染气体，降温用通风系统的进风口宜设在背阳的外墙上。

3.5.2　室外排风装置

室外排风装置的任务是将室内被污染的空气直接排到大气中去。管道式自然排风系

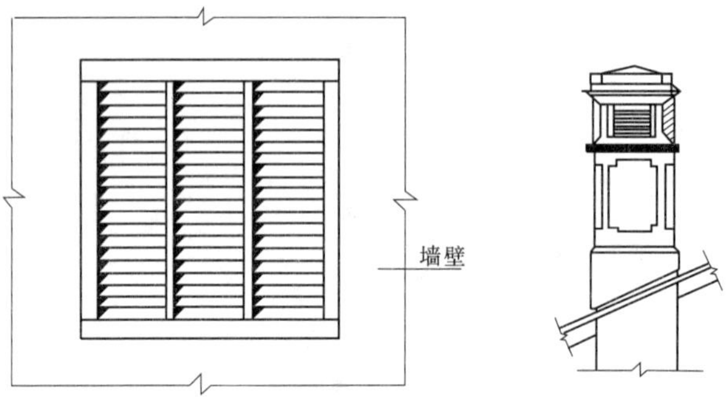

(a)墙壁式　　(b)屋顶式

图 6-15　墙壁式和屋顶式室外进风装置

统通常通过屋顶向室外排风，排风装置的构造形式与进风装置相同，排风口也应高出屋面 0.5 m 以上，若附近设有进风装置，则应比进风口至少高出 2 m。机械排风系统一般从屋顶排风，也有由侧墙排出的，但排风口应高出屋面。一般地，室外排风口应设在屋面以上 1.0 m 的位置，出口处应设置风帽或百叶风口，如图 6-16 所示。

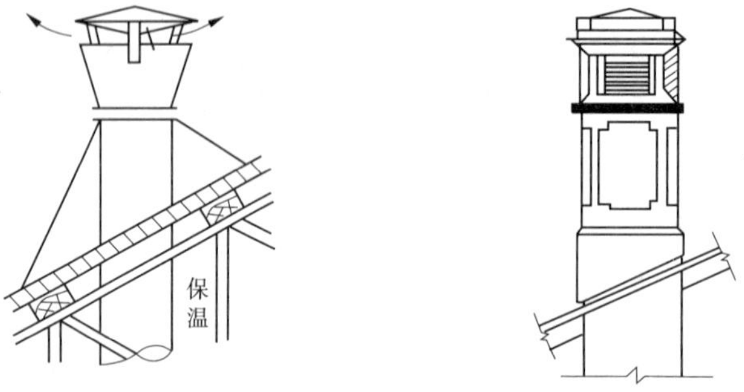

(a)　　(b)

图 6-16　室外排风装置

任务 6.2　建筑防排烟系统

建筑物尤其是高层建筑一旦发生火灾，火势蔓延快，扑救难度大，疏散困难，如何使楼内人员经过疏散通道疏散到安全地带，这是防火设计的一个重要问题。它涉及疏散通道、通道照明、排烟等问题。合理地进行防火排烟设计，与建筑设计、通风和空调设计有着密切关系。

1　烟气的产生及危害

现代建筑为了向人们提供一个舒适的室内环境，室内的装潢、家具、服饰等使用了许多可燃易燃物质，一旦着火，物质燃烧的火苗除烧伤、烫伤人员外，还将产生大量高温的甚至是有毒的烟气。这些烟气在建筑物内四处乱窜，不但对人员疏散和扑救造成很大的威胁，而且会使人员中毒、窒息、死亡。根据日本、英国火灾统计资料中对火灾死亡人数的分析，被烟熏死的占死亡总数的 78.9%，在被火烧死的人员中，多数也是先中毒窒息晕倒后再被火烧死的。

1.1　烟气的产生

当建筑物发生火灾时，室内可燃的建筑材料、装修材料、衣物和家具等，由于受热而分解成固体和液体微粒，悬浮在空气中形成烟气。这些微粒的种类、数量与燃烧物的化学成分和燃烧时的温度以及氧气供给情况有关。一般塑料类物质在受热温度400 ℃以上时，发烟量迅速增加，而木质材料在高温时发烟量反而减少。建筑物内发生火灾时产生的烟气中往往都含有气体和醛类、氢氯化合物等，这些都是刺激性很强的气体，一旦烟气浓度达到一定值，室内的可燃物会全面燃烧，空气中的含氧量急剧下降。

1.2　烟气的危害

1.2.1　烟气的毒害性

烟气中的CO、HCN（氢氰酸：可以抑制呼吸酶，造成细胞窒息，有剧毒）、NH_3 等都是有毒性的气体；另外，大量的 CO_2 气体及燃烧时消耗了空气中大量氧气，引起人体缺氧而窒息。烟粒子被人体的肺部吸入后，也会造成危害。空气中含氧量≤6%，或 CO_2 浓度≥20%，或CO浓度≥1.3%时，都会在短时间内致人死亡。有些气体有剧毒，少量即可致死，如 $COCl_2$（光气；碳酰氯；氧氯化碳。无色，高毒性气体，有窒息性气味；空气稀释时，有一种干草的霉味）浓度 $\geq 5\times10^{-5}$ 时，在短时间内就能致人死亡。甲醛、乙醛、氢氯化合物都是刺激性很强的有毒气体，对人体危害也很大。人在疏散过程中，当这些有毒气体超过允许浓度时，都会造成死亡。

1.2.2　烟气的高温危害及缺氧

火灾时物质燃烧产生大量热量，使烟气温度迅速升高。火灾初起（5～20 min）烟气温度可达250 ℃；随后由于空气不足，温度有所下降；当窗户玻璃爆裂后，燃烧加剧，短时间内温度可达500 ℃。燃烧的高温使火灾蔓延，使金属材料强度降低，导致结构倒塌，人员伤亡。高温还会使人昏厥、烧伤。

因燃烧中消耗了大量的氧气，空气中充满了 CO_2、CO等气体，使空气中的含氧量大大降低。当空气中含氧量降到6%以下时，人员缺氧，呼吸困难，几分钟后就会死亡。

1.2.3　烟气的遮光作用

当光线通过烟气时，致使光强度减弱，能见距离缩短，称为烟气的遮光作用。能见距离是指人肉眼看到光源的距离。能见距离缩短，人员看不清出口或出口标志，不利于人员的疏散，使人心理上感到恐慌，造成局面混乱，自救能力降低；同时也影响消防人员的救援工作。因此，及时排除火灾产生的烟气和热量是建筑物设置防排烟系统的主要目的。

建筑物内烟气的流动，主要有两方面的原因：一是在火灾房间及附近，烟气由于燃烧发热而产生的热膨胀和浮力；二是因为外部风力或建筑内的热压作用所形成的比较强烈的对流气流。它们对火灾后大量产生的烟气发生影响，促使其扩散而形成比较强烈的气流。

2　建筑设计的防火分区和防烟分区

2.1　防火分区

在建筑设计中为了在发生火灾时将火势控制在一定的范围内，以利消防扑救，减少火灾损失，可根据建筑的用途和性质不同，将建筑物划分成数个防火分区，防火分区之间用防火墙、防火门、防火卷帘等隔开。一旦某个防火分区内着火，火苗不会蔓延至其他防火分区内。在建筑物内，比较可靠的防火分区应包括水平防火分区和垂直防火分区两部分。所谓水平防火分区，就是用防火墙、防火门或防火卷帘等将各楼层在水平方向分隔为两个或几个防火分区；所谓垂直防火分区，就是用具有 1.5 h 或 2.5 h 耐火极限的楼板和窗间墙将建筑上下层隔开。《建筑设计防火规范》(GB 50016—2014)规定：耐火等级为一、二级的单、多层民用建筑，每个防火分区最大允许建筑面积为 2 500 m^2，耐火等级为三级的建筑单、多层民用建筑，每个防火分区最大允许建筑面积为 1 200 m^2。对建筑高度大于 27 m 的住宅建筑和其他建筑高度大于 24 m 的非单层建筑，耐火等级为一、二级建筑中每个防火分区的允许最大建筑面积为 1 500 m^2，地下室为 500 m^2；对于设有自动灭火系统的防火分区，其允许最大建筑面积可按上述规定增加一倍。

2.2　防烟分区

防烟分区则是对防火分区的细化。防烟分区内并不能防止火灾的扩大，但能有效地控制火灾产生的烟气流动，把烟气控制在一个防烟分区内。《建筑设计防火规范》(GB 50016—2014)规定：每个防烟分区的建筑面积不宜超过 500 m^2，并且防烟分区不应跨越防火分区。对需设排烟设施的走道和净高不超过 6 m 的房间，应采用挡烟垂壁、隔墙或从顶棚下突出不小于 0.50 m 的梁划分防烟分区。挡烟垂壁用不燃材料做成，起火时可由消防控制中心远程控制或在现场人工将挡烟垂壁放下，如图 6-17 所示。各防烟分区内分别设置一个排烟口，排烟口有手动开启和远程自动控制开启两种。设置在顶棚上或墙壁上半部的排烟口到防烟分区内各点的距离应在 30 m 内，如图 6-18 所示

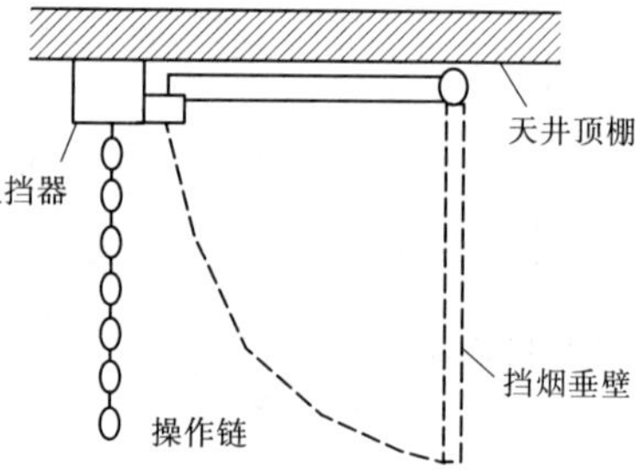

图 6-17　挡烟垂壁

在防烟分隔区内，为了排烟，室内除开有自然排烟口外，还应设置可随时开启的门窗，以便打开排烟口排烟时，室外新鲜空气通过开启的门窗进入形成对流。但不可用防火隔区的防火门进风，以免烟气流到相邻的防火分隔区，造成火灾蔓延。

大面积建筑的防火防烟分区，大多采用由防火卷帘构成防火分区，用防烟幕墙达到防烟分区，在每一分区中设置排烟口和送风口。

楼层不同但用途相同时，也可按层划成各自的防火防烟分区。实践证明，应尽可能按不同用途在竖向按楼层分区，它比单纯依靠防火阀、防烟阀等手段所形成的防火分区更为可靠。图 6-19 就是按楼层分区的实例。无论是办公楼、写字楼还是旅馆，都把低层的公用部分和上部的标准层划在不同的防火分区内。

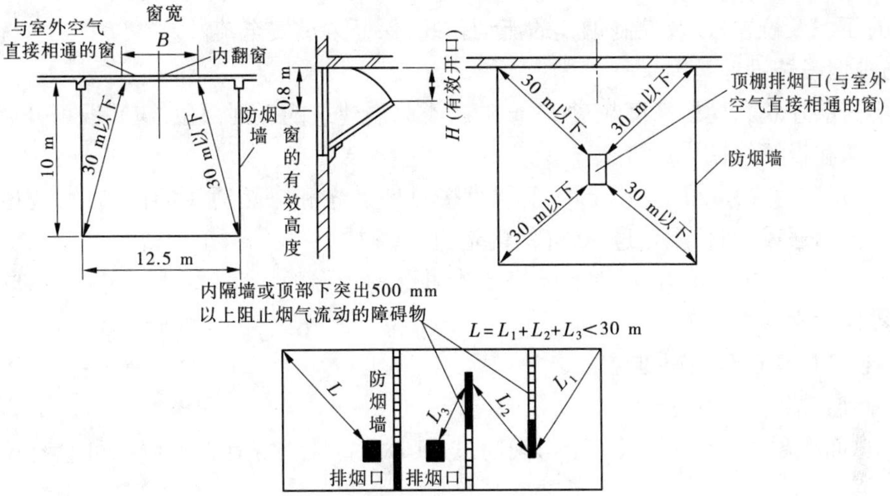

图6-18　排烟口布置

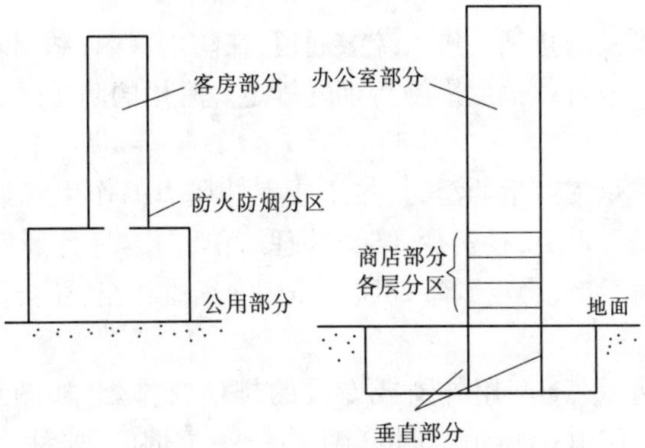

图6-19　楼层防火防烟分区

2.3　管道穿防火墙和管道井

防火墙是由不燃烧体构成的，耐火极限不低于3 h，为减小或避免建筑、结构、设备遭受热辐射危害和防止火灾蔓延，设置的竖向分隔体或直接设置在建筑物基础上或钢筋混凝土框架上具有耐火性的墙。凡输送煤气、液化石油气等可燃气体和汽油、乙酸，乙、丙类可燃液体的管道，均严禁穿过防火墙。其他管道必须穿过防火墙时，为防止在管道与防火墙之间的空隙传播火焰，必须用不燃烧的松软材料紧密填塞。

建筑物内各种竖井、管道井都会是火灾蔓延的途径，故规定电缆井、管道井、排烟道、排气道、垃圾道等竖向管道井应该分别独立设置。电缆井和管道井应每隔2～3层在楼板处用相当于楼板耐火极限的非燃烧体作防火分隔。

3　建筑的防排烟设计

防排烟设计，就是在建筑平面布置中根据起火时室内烟气的流向，在各种限定条件下，提出最经济有效的防排烟设计方案，即选用适当的防排烟设备，安排送排风口和送排风管道的面积及位置，以及控制烟气的流动路线，保证人员安全疏散。

3.1 防排烟设施设计范围

一类高层建筑和建筑高度超过32 m的二类高层建筑的下列部位，应采取可开启外窗的自然排烟和设置机械排烟措施：

(1)长度超过20 m的内走道，即不能直接对外采光和自然通风的内走道，或虽有直接采光和自然通风，但长度超过60 m的内走道。

(2)面积超过100 m^2，且经常有人停留或可燃物较多的房间(如大型办公室、储存较多的可燃物的库房等)。

(3)超高层建筑封闭避难层。

(4)高层建筑室内中庭。

(5)总面积超过200 m^2，或一个房间超过50 m^2，而且经常有人停留或可燃物较多的地下室。

防烟楼梯及其前室、消防电梯前室或两者合用前室，也必须设置防排烟设施。

3.2 防排烟措施

防排烟的基本原则是防止烟气进入疏散通道，在防烟区内，利用防排烟设备把烟气围住并及时采用机械排烟或自然排烟措施将烟气排走。常用的防排烟方式有四种。

3.2.1 自然排烟

自然排烟是利用热烟气产生的浮力、热压或室外风力的作用将烟气排出室外。这种排烟方式的特点是不需要动力，投资少，维护管理简单，但容易受到室外风力的影响。当火灾房间处于迎风面时，烟气会受到室外风压作用而很难排出，还会流向背风面有开口的房间，并可能向上蔓延。

自然排烟有两种方式：①利用外窗或专设的排烟口排烟，如图6-20(a)、(b)所示。②利用竖井排烟，如图6-20(c)所示，即相当于专设一个烟囱，这种排烟方式实质上利用的是烟囱效应原理。在竖井的排出口设避风风帽，还可以利用风压的作用。但是，由于烟囱效应产生的热压很小，而排烟量又大，故需要竖井的截面和排烟风口的面积都很大，如此大的面积很难为建筑业主和设计人员所欢迎。因此，我国并不推荐使用这种排烟方式。

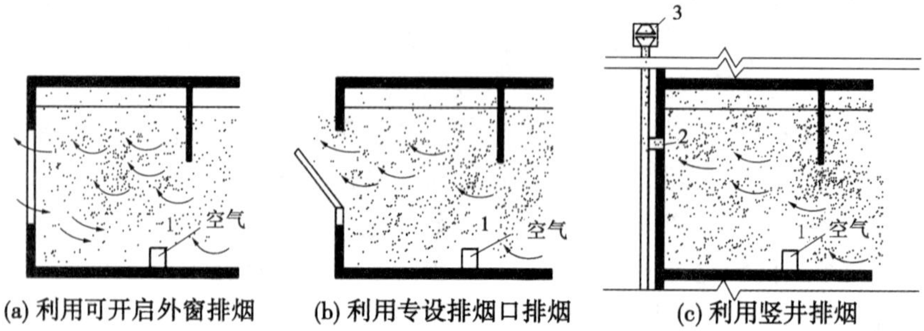

(a) 利用可开启外窗排烟　(b) 利用专设排烟口排烟　(c) 利用竖井排烟

1—火源；2—排烟风口；3—避风风帽

图6-20　自然排烟方式示意图

3.2.2　机械排烟

机械排烟是利用建筑物内设置的排烟风口、排烟风道和排烟风机将烟气排至室外。这种方法不受室外风力的影响，烟气能够及时有组织地排至室外，以控制室内烟气的流动和蔓延。但是这种方法投资多，消耗一定的动力并占用一定的管道井面积，操作较复杂。

机械排烟又分为局部排烟和集中排烟两种方式。每个房间内设置单独排烟风机的为局部排烟，这种方式只适用于某些特殊的房间；集中排烟方式是把建筑物划分为若干个防烟区，由各区内设置在建筑物上层的排烟风机进行强制排烟。

1）机械排烟系统的组成

机械排烟系统包括防烟垂壁、排烟口、排烟道、防火排烟阀门、排烟风机和烟气排出口等。机械排烟系统如图6-21所示。

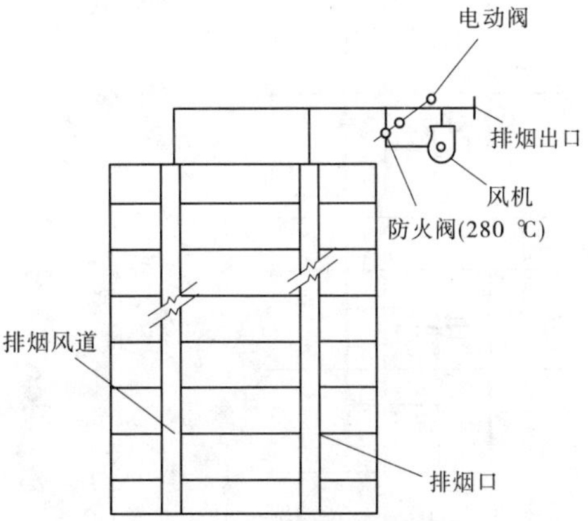

图6-21　机械排烟系统

（1）排烟口。每个防烟分区应分别设置数个能同时启动的排烟口；排烟口应尽可能布置在防烟区中心，且至该区任一点的水平间距不应大于30 m；排烟口设在顶棚或靠近顶棚的墙壁上（一般为0.8 m以内）；排烟口平时关闭，应设手动、远距离自动开启装置；排烟口的风速不宜大于10 m/s。

（2）排烟道。排烟道材料宜选用镀锌钢板或冷轧钢板，也可选用混凝土或石棉制品，风道的配件应采用钢板制作；不同材料排烟道的风速应有所区别，一般采用钢板制作时，烟道风速不应大于20 m/s；非金属制作的烟道，风速应小于15 m/s。此外，由于排烟道内静压较大，应具有一定的厚度以保证其刚度及牢固。

（3）排烟防火阀。排烟系统中，当烟气温度达到或超过280 ℃，烟气中已带火，为避免这种带火烟气蔓延到建筑内其他楼层，需在排烟系统中的排烟支管上和排烟风机房入口处设置具有自动关闭功能的排烟防火阀，以避免带火烟气蔓延造成的危害。

（4）排烟风机。排烟风机有离心式和轴流式两种类型。一般宜采用离心式风机。要求具有一定的耐热、隔热性，确保输送的烟气温度在280 ℃时能正常运行30 min以上。

排烟风机设在该风机所处防火分区的排烟系统中最高排烟口的上部防火分区的风机房内。风机外缘与机房墙壁或其他设备的间距应保持在0.6 m以上。排烟风机应有备用电源，并能自动切换。排烟风机的启动宜采用自动控制方式，启动装置与排烟系统中每个排风口联锁。即在该排烟系统中任何一个排烟口开启时，排烟风机都能自动启动。

2）机械排烟的设置部位

在一类高层建筑和建筑高度超过32 m的二类高层建筑中，机械排烟设施设置在无直接自然通风的20 m以上的内走道；长度超过60 m的内走道（包括有自然通风的情况）；面积超过100 m^2，且经常有人停留或可燃物较多的无窗或有固定窗的房间；无自然排烟、各房间总面积大于200 m^2，或一个房间面积大于50 m^2，且经常有人停留或可燃物较多的地下室;不靠外墙的防烟楼梯间前室,或可开启外窗面积小于 2 m^2;不靠外墙的消防电梯前室,或开启外窗面积小于 2 m^2;不具有自然排烟条件或净高超过 12 m 的中庭。

在采用机械排烟的同时还须采用自然进风和机械进风。进风口一般设在靠近地面的墙壁上,以避免对排烟系统中烟气气流的干扰,形成下部进风、上部排烟的理想气流组织。

图 6-22、图 6-23 所示为机械排烟示意图。

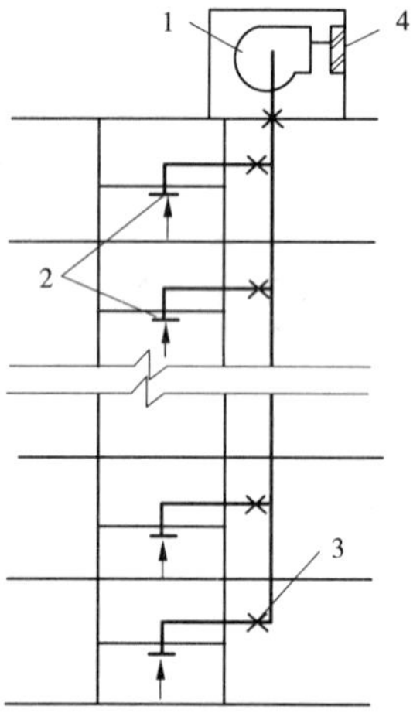

1—风机;2—排烟风口;3—排烟防火阀;4—百叶风口

图 6-22 内走道机械排烟系统示意图

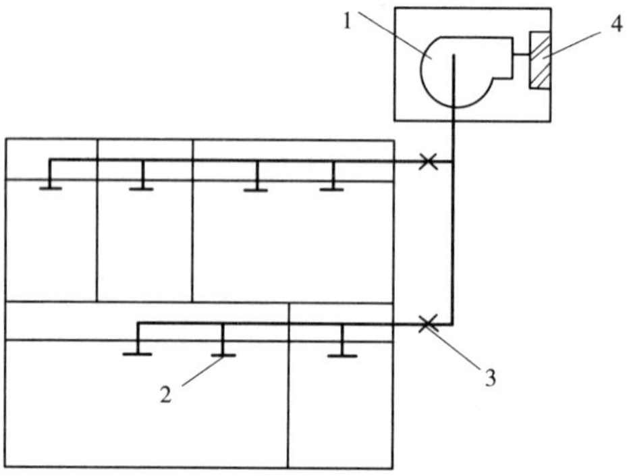

1—风机;2—排烟风口;3—排烟防火阀;4—金属百叶风口

图 6-23 房间机械排烟系统示意图

3.2.3 加压送风防烟系统

1)加压送风防烟系统的设置

直接利用室外空气,不进行任何处理,用风机加压送入防烟楼梯间和防烟楼梯间前室,使防烟楼梯间维持一定的正压并略高于前室,也使前室的空气压力比走道和火灾房间高,阻止烟气的侵入,保证疏散通路的安全。但它的造价较高,一般只有重要建筑和重要的部位才用这种加压送风防烟措施。《建筑设计防火规范》(GB 50016—2014)规定,高层建筑如下部位应设机械加压送风防烟的防护措施:

(1)不具备自然排烟条件的防烟楼梯间、消防电梯间前室或合用前室;

(2)采用自然排烟措施的防烟楼梯间,其不具备自然排烟条件的前室;

(3)带裙房的高层建筑防烟楼梯间及其前室、消防电梯间前室或合用前室,当裙房以上部分利用可开启外窗进行自然排烟,裙房部分不具备自然排烟条件时,其前室或合用前室应设置局部机械加压送风防烟系统。

(4)封闭避难层。

2)加压送风防烟系统送风口的设置

防烟楼梯间的加压送风口宜每隔 2 ~ 3 层设一个风口,风口应采用自垂式百叶风口或常开百叶风口。当采用常开百叶风口时,应在加压风机的压出管上设置单向阀。

前室的送风口应每层设置一个,每个风口的有效面积按 1/3 系统总风量确定。当设计为常闭型时,发生火灾只开启着火层的风口。风口应设手动和自动开启装置,并应与加压送风机的启动装置联锁，手动开启装置宜设在距地面 0.8 ~ 1.5 m 处；如每层风口设计为常开百叶风口，应在加压风机的压出管上设置单向阀。

加压空气可通过走廊或房间的外窗、竖井自然排除，也可以利用走廊的机械排烟装置排出。如图 6-24 所示。

3.2.4　密闭防烟

对于面积较小，楼板耐火性能较好、密闭性好并采用防火门的房间，可以采用关闭防火门使火灾区与周围隔绝缺氧而熄灭。这种方式多用于小面积房间。

3.3　防排烟其他设备

3.3.1　防烟风门

这是与烟感器联锁的风门，即通过能够探知火灾初期发生烟气的烟感器关闭风门，以防止其他防烟分区的烟气侵入本区。

3.3.2　防火阀门

图 6-25 为防火阀门。发生火灾时，火焰侵入风道，高温（≥70 ℃）使阀门上的易熔合金熔解并产生形变，使阀门自动关闭。用于通风空调系统风管内，防止火势沿风管蔓延。

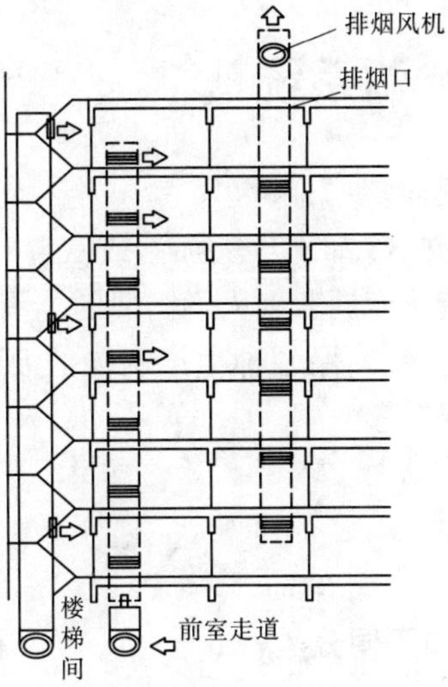

图 6-24　加压送风防烟系统示意图

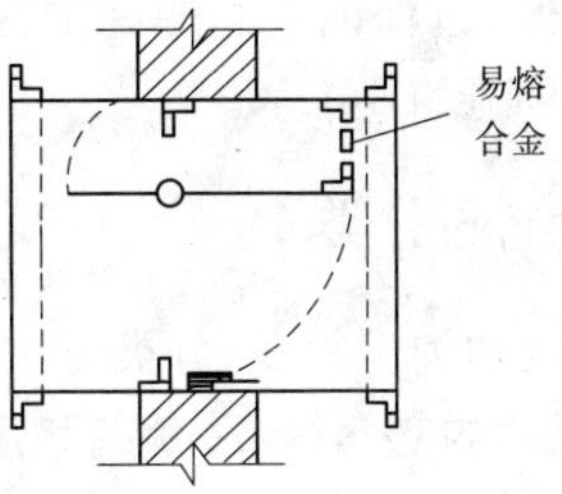

图 6-25　防火阀门

3.3.3　防烟防火阀

通过能够探知火灾初期发生烟气的烟感器控制动作，可用电信号通过电磁铁关闭（防烟），还可以用 70 ℃温度熔断器自动关闭（防火）。用于通风空调系统风管内，防止烟气和火势蔓延。

3.3.4　排烟阀

用于排烟系统风管上，由电信号控制开启或手动开启，同时输出电信号联动排烟风机。

3.3.5　加压送风口

靠烟感器控制动作，由电信号控制开启，也可手动或由远距离缆绳控制开启，烟气温度达 280 ℃时靠温度熔断器重新关闭风口，输出动作信号与加压送风机联动。防烟楼梯间的加压送风口宜每隔 2 ~3 层设一个，前室的加压送风口应每层设置一个。

3.3.6 加压送风机

根据消防控制中心或加压送风口发出的电信号控制，向加压送风系统输送新鲜空气，加压送风机一般采用离心风机。

3.4 **防排烟设备的安装**

防火阀分为重力式和弹簧式两类。重力式防火阀有水平安装与垂直安装、左式和右式之分，在安装时不得搞错。弹簧式防火阀有左式与右式之分，阀板开启应呈逆气流方向，为了让阀上的易熔金属片正常感温，安装时易熔金属片应面向气流方向。防火阀安装后必须全部做动作试验，要求启闭灵活。失灵的要修复，不合格的应及时更换。有电信号输出装置的防火阀，还需做电信号通路试验。

防火阀的安装要求有单独支吊架，以防止风管受热变形影响防火阀的关闭。

排烟阀的安装可分为两种形式：一种设置于墙体，一种安装于吊顶上。阀门的复位及开启可为手动和自动，其动作后应向消防控制中心输出信号，装在吊顶内的金属排烟管道一般应采取保温措施。

任务 6.3 空调系统

空气调节简称空调，是通风技术的发展和延伸。

空调的任务就是通过对房间的空气进行加热、冷却、干燥、加湿或减湿和净化等多种处理，使房间内空气的温度、湿度、清洁度及气流速度调节到人们需要的范围内，即调节空气的“四个度”，以保证人们的健康，提高工作效率，确保各种生产工艺的要求，满足人们对舒适生活环境的要求。

1 空调系统的分类

空调系统的类型较多，分类方法有多种。

1.1 **按承担室内热负荷、冷负荷和湿负荷的介质不同分类**

1.1.1 全空气系统

以空气为介质，向室内提供冷量或热量，由空气来全部承担房间的热负荷或冷负荷，如图 6-26(a)所示。全空气系统要求的风管断面尺寸大，占用有效建筑空间较多。

1.1.2 全水系统

全部用水承担室内的热负荷和冷负荷。当为热水时，向室内提供热量，承担室内的热负荷；当为冷水（常称冷冻水）时，向室内提供制冷量，承担室内冷负荷和湿负荷，如图 6-26(b)所示。全水系统的管道占用空间的体积比全空气式空调系统的管道占用空间的体积要小，能够节省建筑物空间，其缺点是不能解决房间通风换气的问题。

1.1.3 空气 - 水系统

以空气和水为介质，共同承担室内的负荷。空气 - 水系统是全空气系统与全水系统的综合应用，它既解决了全空气系统因风量大导致风管断面尺寸大而占据较多有效建筑空间的矛盾，也解决了全水系统空调房间的新鲜空气供应问题，因此这种空调系统特别适合大型建筑和高层建筑,如图6-26(c)所示。该系统的典型装置是风机盘管和新风系统。空气-水式空调系统用风机盘管或诱导器对空调房间内的空气进行热湿处理,而空调房间所需要的新鲜空气则由集中式空调系统处理后,由送风管道送入各空调房间。

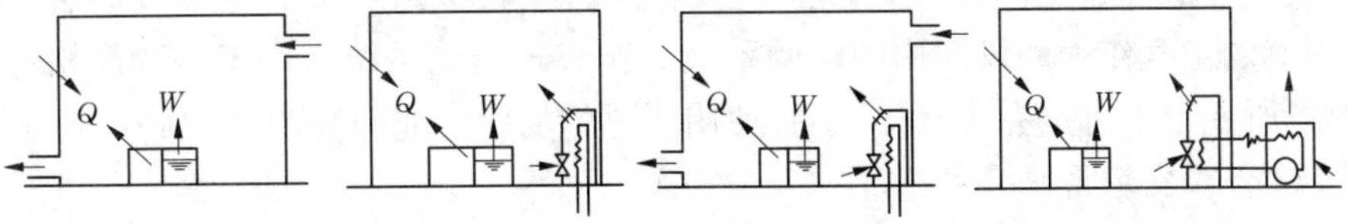

图6-26　按承担室内负荷的介质分类的空调系统

1.1.4　制冷剂系统

以制冷剂为介质,直接用于对室内空气进行冷却、加热或去湿。实质上,这种系统是用带制冷机的空调器(空调机)来处理室内的负荷,所以这种系统又称为机组式空调系统。如图6-26(d)所示。局部式空调系统和集中式空调系统中的直接蒸发式表冷器就属于此类。制冷机组蒸发器中的制冷剂直接与被处理空气进行热交换,以达到调节室内空气温度、湿度的目的。

1.2　按空气处理设备的集中程度分类

1.2.1　集中式系统

空气集中于机房内进行处理(冷却、去湿、加热、加湿等),而房间内只有空气分配装置。目前常用的全空气系统中大部分是属于集中式系统;机组式空调系统中,如果采用大型带制冷机的空调机,在机房内集中对空气进行冷却、去湿或加热,也属于集中式系统。集中式系统需要在建筑物内占用一定机房面积,控制、管理比较方便。

1.2.2　半集中式系统

对室内空气处理(加热或冷却、去湿)的设备分设在各个被调节和控制的房间内,而又集中部分处理设备,如冷冻水或热水集中制备或新风进行集中处理等,全水系统、空气-水系统、风机盘管和新风系统都属这类系统。半集中式系统在建筑中占用的机房少,可以容易满足各个房间各自的温湿度控制要求,但房间内设置空气处理设备后,管理维修不方便,如设备中有风机还会给室内带来噪声。

1.2.3　分散式系统

对室内进行热湿处理的设备全部分散于各房间内,如家庭中常用的房间空调器、电取暖器等都属于此类系统。这种系统在建筑内不需要机房,不需要进行空气分配的风道,安装方便,灵活性大,但维修管理不便,分散的小机组能量效率一般比较低,其中制冷压缩机、风机会给室内带来噪声。

1.3　按集中式空调系统处理的空气来源分类

1.3.1　封闭式空调系统

封闭式空调系统又称为循环式系统,或全回风式系统。封闭式空调系统处理的空气全部取自空调房间本身,没有室外新鲜空气补充到系统中来,全部是室内的空气在系统中周而复始地循环。此系统不设新风口和排风口,只适用于人员很少进入或不进入,只需要保障设备安全运行而进行空气调节的特殊场所。如图 6-27(a)所示。

1.3.2 直流式空调系统

直流式空调系统又称为全新风空调系统，是指系统在运行过程中全部采用新风作风源，经处理达到送风状态参数后再送入空调房间，吸收室内空气的热湿负荷后又全部排掉，不用室内空气作为回风使用的空调系统。直流式空调系统多用于需要严格保证空气质量的场所或产生有毒有害气体、不宜使用回风的场所。如图 6-27(b)所示。

1.3.3 混合式空调系统

因为封闭式系统没有新风，不能满足空调房间的卫生要求，而直流式系统消耗的能量又大，不经济，所以封闭式系统和直流式系统只有在特定的情况下才能使用。对大多数有一定卫生要求的场合，往往采用混合式系统。混合式系统综合了封闭式系统和直流式系统的优点，既能满足空调房间的卫生要求，又比较经济合理，故在工程实际中被广泛应用。如图 6-27(c)所示。

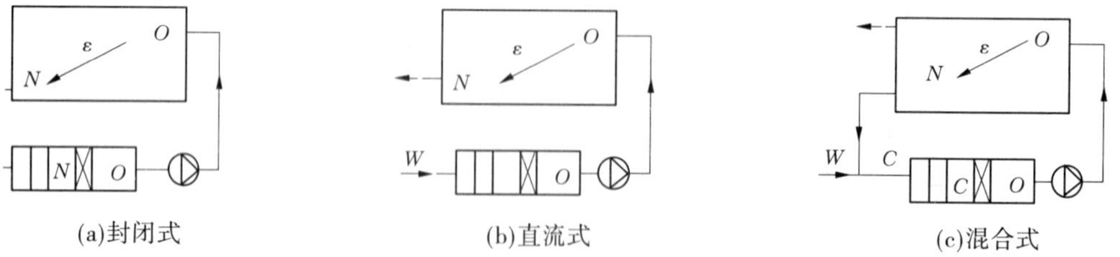

N—室内空气；W—室外空气；C—空气；O—冷却器空气状态

图 6-27 不同空气来源的空调系统

1.4 按空调系统用途或服务对象不同分类

1.4.1 舒适性空调系统

舒适性空调系统简称舒适空调，是指为室内人员创造舒适健康环境的空调系统。舒适健康的环境令人精神愉快、精力充沛，工作、学习效率提高，有益于身心健康。

1.4.2 工艺性空调系统

工艺性空调系统又称为工业空调，指为生产工艺过程或设备运行创造必要环境条件的空调系统，工作人员的舒适要求有条件时可兼顾。

在一般情况下，空调系统的分类没有上述那么学究化，常按室内温湿度控制要求分为舒适性空调和工艺性空调，按提供冷热源设备的集中或分散分为中央空调或分体空调。舒适性空调是以人体舒适为目的，室内温湿度没有精度要求，如我们常见的商场、酒店、办公楼等民用建筑；工艺性空调则以满足工艺生产要求或室内设备要求而设置的空调系统，一般对温湿度等参数有精度要求，如医院手术室的净化空调系统、电子厂房的恒温恒湿空调系统、印刷车间的恒温恒湿空调系统等。

在实际工程中，中央空调的称谓可能更加广泛，其含义是由空调主机提供冷热源，通过管道、末端设备将冷、热量提供给有需要的房间，上述的全空气系统、全水系统、空气－水系统等常被称为中央空调系统。

2　空调系统的组成

空调系统一般由处理空气、输送空气、向室内分配空气以及运行调节等四个基本部分组成。

集中式空调系统，如图6-28所示，室外空气(新风)和来自空调房间的一部分循环空气(回风)进入空气处理室，经混合后进行过滤除尘以及冷却、减湿(夏季)或加热、加湿(冬季)等各种处理，以达到符合要求的状态，然后由风机送入各空调房间。送入室内的空气吸收了余热(冬季为供热)、余湿及其他有害物后，通过排风设备排至室外，为节约能量，由回风管吸引部分回风循环使用。

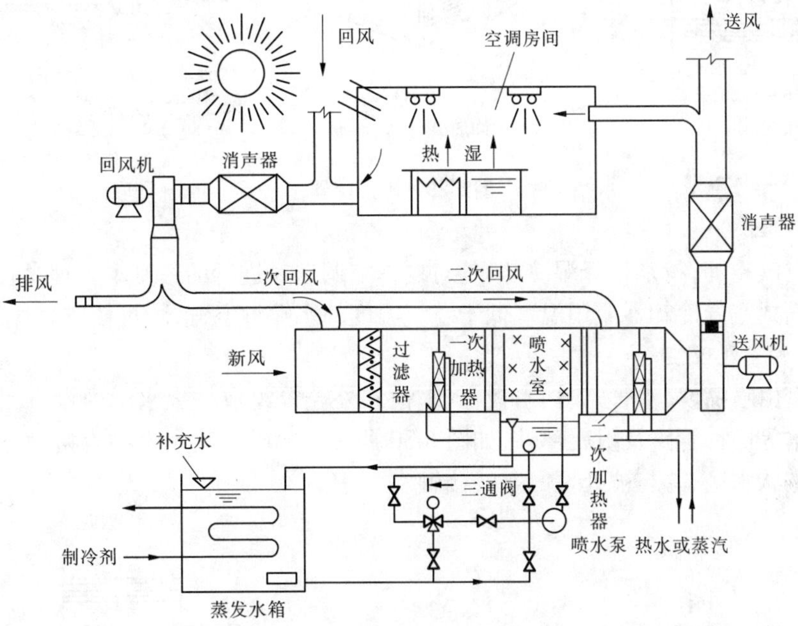

图6-28　集中式空调系统示意图

在室内、外各种干扰因素发生变化时，为保证室内空气参数不超过允许的波动范围，必须进行运行调节，运行调节有手动和自动两种。

3　空调系统的空气处理

3.1　空气加热

目前使用的加热设备主要有两类：表面式空气加热器(表面式换热器)和电加热器。前者可用于集中式空调系统的空气处理室和半集中式空调系统的末端装置中，后者主要用于单独的空调机组以及在集中空调系统送风支管上作精调使用。

表面式空气加热器一般以热水或蒸汽作热媒在管内流动，管子外面分布许多薄金属片为肋片，通过片表面对空气进行加热处理。加工时为提高传热能力，要求肋片与管子紧密接触。

电加热器有裸线式、抽屉式和管式等结构。裸线式电加热器为裸露在空气中的电阻丝,根据加热量的大小配备多组电阻丝。管式电加热器将螺旋形电阻丝装在细钢管里,并填进导热不导电的结晶氧化镁材料绝缘。

电加热器结构紧凑、加热均匀、控制方便,但需要消耗电能,使用时必须与风机连锁运行。如图 6-29 所示。

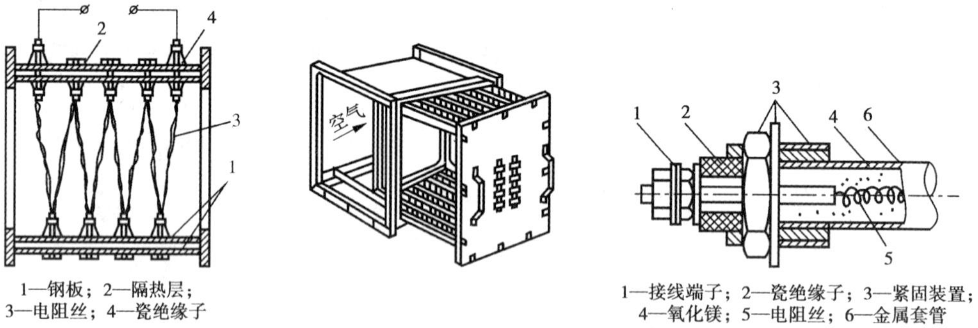

(a) 裸线式　(b) 抽屉式　(c) 管式

图 6-29　电加热器

3.2　空气冷却

实现空气冷却,特别是降湿冷却,是对夏季空调送风进行的最基本处理过程。空气冷却采用表面式空气冷却器或用温度低于空气温度的水喷淋空气,均可使空气温度下降。

3.2.1　喷水室处理空气

喷水室由喷嘴、喷水管路、挡水板、集水池和外壳等组成。集水池内设有回水、溢水、泄水和补水等四种管路及附属部件,如图 6-30 所示。喷嘴在喷水室中直接向空气喷淋大量低温的雾状水滴,并与被处理的空气接触。

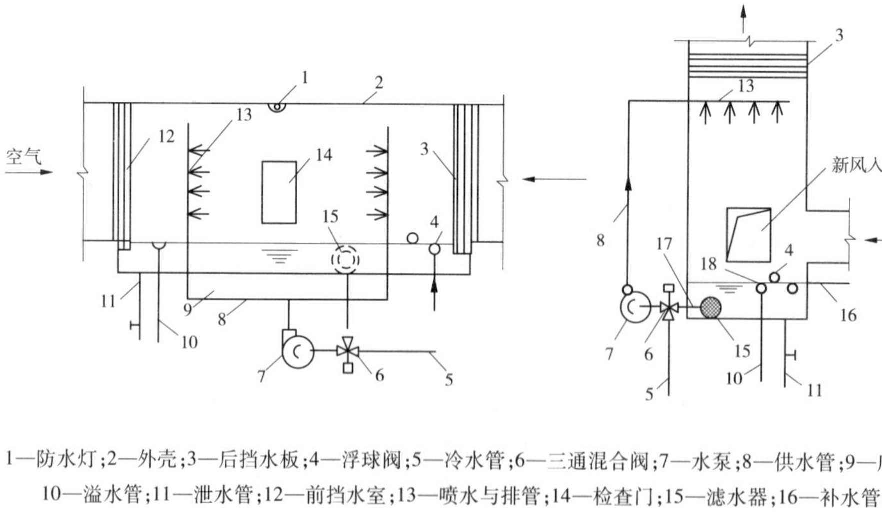

1—防水灯;2—外壳;3—后挡水板;4—浮球阀;5—冷水管;6—三通混合阀;7—水泵;8—供水管;9—底池;10—溢水管;11—泄水管;12—前挡水室;13—喷水与排管;14—检查门;15—滤水器;16—补水管;17—循环水管;18—溢水器

图 6-30　喷水室构造示意图

喷水室的主要优点是空气的相对湿度容易控制,对空气有洗涤净化作用,耗金属少,容易加工,但对水质要求高、占地面积大、水泵耗电多。

3.2.2　表面式冷却器处理空气

表面式冷却器(简称表冷器)一般是用铜管串铝片做成的,分为水冷式表冷器和直接蒸发式表冷器两种。水冷式表冷器利用冷冻水在铜管内流动,吸收流过管外肋片间空气的热量。直接蒸发式表冷器靠氟利昂制冷剂液体在管内蒸发吸热,来吸收空气的热量。

与喷水室相比,用表冷器处理空气的优点是结构紧凑、占地面积少、水系统简单、操作方便,但难以严格控制空气的相对湿度。

3.3　空气加湿和减湿

3.3.1　空气加湿

空气加湿就是增加空气中水蒸气的含量。常用的方法是向空气中喷水使水蒸发汽化成水蒸气和直接向空气喷水蒸气。如果水温高于空气的露点温度,则可以用喷水室喷水对空气进行加湿,如冬季常在喷水室中喷温水或循环喷水进行加湿。向空气喷蒸汽可以直接增加空气中水蒸气的含量,所喷的蒸汽可以来自于锅炉房,也可来自于用电加热水产生的蒸汽。

3.3.2　空气减湿

在空气潮湿的房间(如地下室)或需要空气干燥的场合(如仓库等),往往要对空气进行减湿处理。除可用喷水室和表冷器进行减湿处理外,还可以使用液体或固体吸湿剂来进行除湿。液体吸湿是利用某些盐类水溶液对空气中的水蒸气的强烈吸收作用来对空气进行除湿的,方法是根据要求的空气处理过程的不同(降温、加热还是等温)用一定浓度和温度的盐水喷淋空气。固体吸湿是利用有大量孔隙的固体吸附剂如硅胶,对空气中的水蒸气的表面吸附作用来除湿的。

3.4　空气净化

空气净化包括除尘、消毒、除臭以及离子化等多方面,但主要目的是除尘。清除空气中细小的粉尘常常用空气过滤器,按过滤器过滤效率的高低可分成粗效、中效、高效三大类(过滤效率是指在额定处理风量下,过滤器前、后空气含尘浓度之差与过滤器前空气含尘浓度之比的百分数)。

3.4.1　粗效过滤器

粗效过滤器多采用玻璃纤维、化学纤维、金属丝网及粗孔聚氨酯泡沫塑料作为过滤材料,大多做成500 mm×500 mm×50 mm扁块形,安装方式采用人字形排列或倾斜排列以减少所占空间。

粗效过滤器过滤效率低,只能过滤空气中粒径较大(>5 μm)的粉尘,使用时要经常清洗或更换滤料。粗效过滤器适用于对室内含尘浓度没有严格要求的一般空调系统。

3.4.2　中效过滤器

中效过滤器可以除去空气中大于1~10 μm粒径的粉尘,大多用于高效过滤器的前级保护和一些对清洁度要求较高的空调系统。

中效过滤器的主要滤料是人造纤维(涤纶、丙纶、腈纶等)合成的无纺布、中细孔聚乙烯泡沫塑料以及细的玻璃纤维等。用无纺布和泡沫塑料做成口袋式固定在钢丝做成的骨架上,使用一段时间后可拆卸清洗后重复使用,一般做成抽屉式和袋式。

3.4.3　高效过滤器

高效过滤器采用超细玻璃纤维、超细石棉纤维或超细合成纤维制成的滤纸作为过滤材料，纤维直径一般小于 1 μm，用于对空气洁净度要求较高的净化空调。为了提高过滤效果，必须降低空气穿过滤纸的风速，一般将滤纸折叠成波纹形以加大过滤面积。如图 6-31 所示。

另外，对送风的净化除尘处理，通常使用金属网格浸油空气过滤器，如图 6-32 所示。它是由数层波浪形的金属网格叠配而成，每层网格的孔径不同，靠近气面孔径最大，靠近出风面孔径最小。每个过滤器都浸上黏性油，当含尘气流以一定速度通过波浪式网格时，由于多次曲折运动，灰尘被捕获且被油粘牢，从而达到除尘过滤目的。

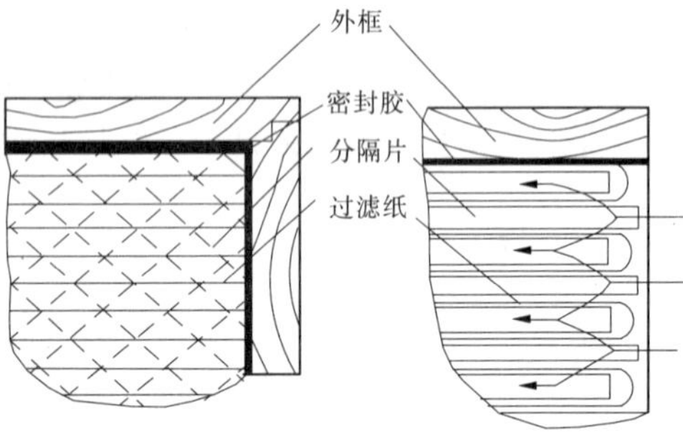

图 6-31　高效过滤器示意图

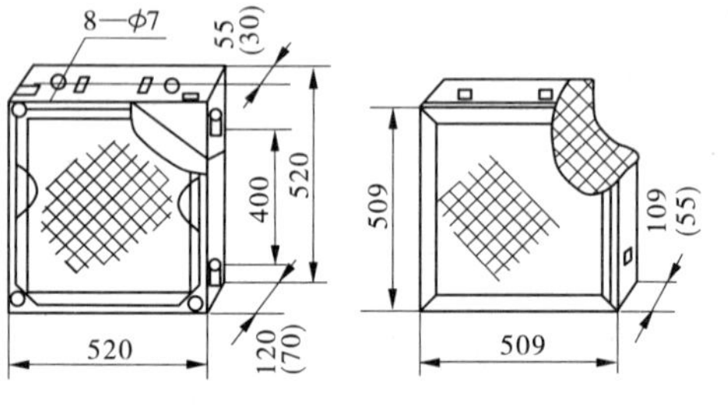

图 6-32　金属网格浸油空气过滤器　（单位：mm）

浸油过滤器的清洗和浸油较麻烦，因此在工程上常采用自动清洗浸油过滤器和以聚酯泡沫塑料做过滤层的过滤器。

对空气过滤器的选用，应主要根据空调房间的净化要求和室外空气的污染情况而定。对以温度、湿度要求为主的一般净化空调系统，通常只设一级粗效过滤器，在新风、回风混合之后或新风入口处采用一级过滤器即可。对有较高净化要求的空调系统，应设粗效和中效两级过滤器，在风机之后增加中效过滤器，其中第二级中效过滤器应集中设在系统的正压段（风机的出口段）。有高度净化要求的空调系统，一般用粗效和中效两级过滤器作预过滤，再根据洁净度要求级别的高低使用高效过滤器进行第三级过滤。高效过滤器应尽量靠近送风口安装。

4　空气处理设备

4.1　组合式空气处理箱（空调箱）

空调箱是能够将空气吸入加以处理后再送出去的装置。根据空调系统对空气处理的要求，可将多种空气处理设备集中设置，将具有各种空气处理功能的功能段按一定的方式在现场组装。图 6-33 为装配式金属空调箱示意图。

装配式金属空调箱最大的特点是可以根据设计要求选用标准段或标准构件加以组合，可以加快设计和施工进度。标准的分段（功能段）为回风机段、送风机段、混合段、预热段、过滤段、表冷段、喷淋段、蒸汽加湿段、再热段、能量回收段、消声器段、均流段和中间段等。

装配式空调箱的大小一般以每小时处理的空气量来标定，小的空调箱处理的风量为每小时几千立方米，大的空调箱处理的风量达到每小时 $2\times10^4 \sim 30\times10^4$ m^3。

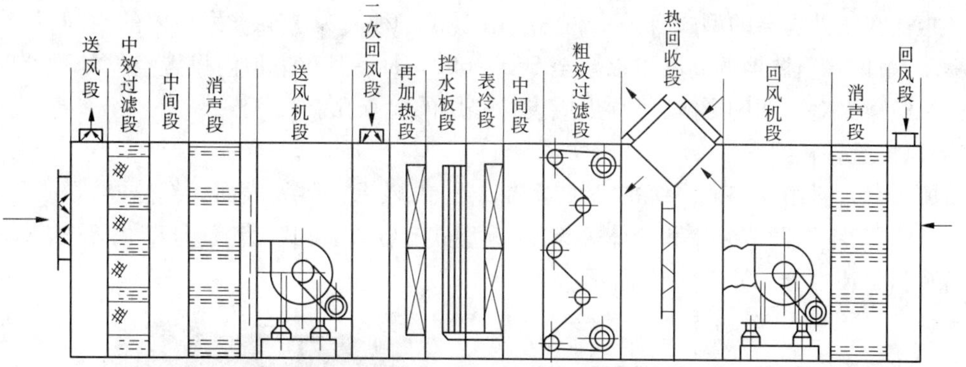

图 6-33 装配式金属空调箱示意图

装配式空调箱的结构除整体分段的外，还有框架式和全板式两种。框架式空调箱由框架和带保温层的壁板组成，框架的各个节点可以拆卸，以方便运输。全板式空调箱没有框架，由不同规格的刚度较大的复合钢板（如双层钢板中间夹聚氨酯发泡材料）拼装而成，为了便于维护检修，常在风机段、喷淋段、挡水板后和过滤器前后的壁板上设置检修门。

4.2 柜式空气处理器

柜式空气处理器由表面式空气换热器、风机、锦纶丝网过滤器和机壳等组成，如图 6-34 所示，能够对送风进行加热、降温、降湿和简单的过滤处理，处理风量一般在 1 500 ~ 36 000 m^3/h，提供的冷量在 9 ~ 284 kW。运用调压器改变输入电机的电压，可以变化风机的风量，即成为“变风量空调器”。

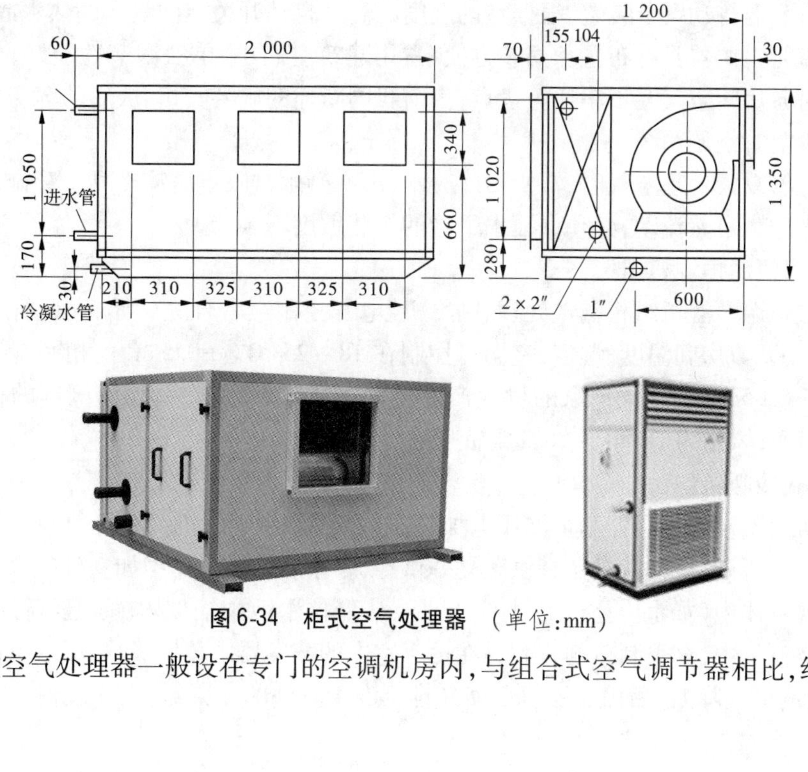

图 6-34 柜式空气处理器 （单位：mm）

柜式空气处理器一般设在专门的空调机房内，与组合式空气调节器相比，结构紧凑，占地面积小,布置灵活,造价低廉,但空气处理的功能较少,处理的风量也不大。

柜式空气处理器的型式有卧式、立式、吊顶式三种。为了节省吊顶内的空间,提高吊顶高度,吊顶式空调器的高度可以减至 500 ~ 600 mm。但在吊顶内设置空气处理器时应考虑机组噪声对房间的影响,吊顶上应设检修用的检查孔。

4.3 风机盘管机组

风机盘管机组是空调系统的一种末端装置,由风机、盘管(表面式换热器)以及风机、空气过滤器、室温调节装置和箱体等组成,其型式有立式、卧式、卡式、挂壁式等,安装方式有暗装和明装之分。如图 6-35 所示。

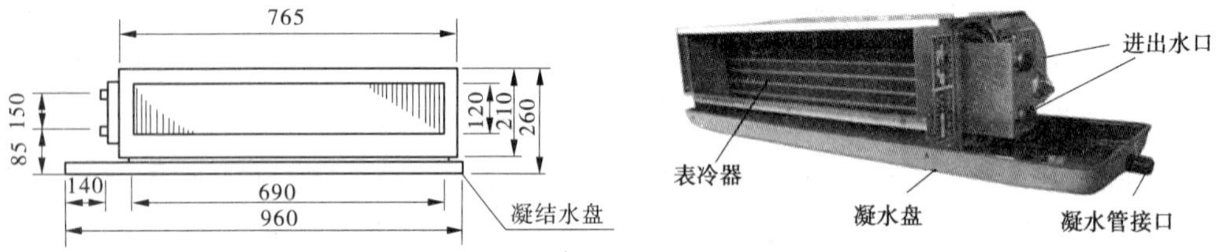

图 6-35 风机盘管机组 (单位:mm)

风机盘管机组由风机和盘管两大主要构件组成,冬天盘管里循环的是 50 ~ 60 ℃的热水,夏季循环 7 ~ 12 ℃的冷冻水,借助于风机不断地让室内空气通过盘管,使空气被加热或降温降湿,维持房间里的温度和湿度在人们所要求的范围内。夏季循环的冷冻水和冬天循环的热水分别由冷冻机房和锅炉房提供。机组设有三挡(高、中、低)变速装置,通过转速选择开关调节转速以调节风机风量,达到调节盘管冷、热量和噪声的目的。有的风机盘管还配有室温自动调节装置,根据室内温度的高低自动开关流向盘管的热水或冷冻水。

风机盘管空调器具有布置和安装方便、占用建筑空间小、单独调节性能好、分别装在各个房间时各房间空气互不串通等优点,目前我国新建的旅游宾馆、饭店的客房部分都普遍采用风机盘管空调系统。

风机盘管夏天处理空气时,常析出冷凝水,由冷凝水盘收集后从冷凝水管排走。冷凝水在管内靠重力自然流动,必须保证水平管的排放坡度不小于 1%。

4.4 立柜式恒温恒湿机组

立柜式恒温恒湿机组将空气处理、制冷机、电气控制三者合为一体,送风管上设电加热器,可自动调节房间温度、湿度,室温可控制在 18 ~ 25 ℃(±0.5 ℃),相对湿度控制在 40% ~ 70%(±5%)。不同厂家的机组产冷量和送风量大小不一,目前国产的机组冷量为 7 ~ 116 kW,风量为 1 700 ~ 18 000 m^3/h。

4.5 立柜式冷暖机组

这类机组不设电加湿器和恒温用电加热器,但冬季供暖时机组实行热泵式循环或使用电加热器。所谓热泵,就是冬季供暖夏季供冷,冬季从低温物体中如室外大气抽取热量输送至高温物体中(如室内空气),类似于水泵从低位水池中抽取水输送至高位水池中。在热泵式空调机中,夏季制冷剂氟利昂在设于室内的蒸发器中蒸发吸热,吸取室内空气的热量(使室内空气降温)后由压缩机压缩并排至设于室外的冷凝器,在冷凝器中冷凝并排放热量给室外大气；冬季通过制冷剂管路上的四通换向阀，使制冷剂流动方向改变，即压缩机排出的高温高压氟利昂气体进入室内的换热器（夏天此为蒸发器）凝结放热变成氟利昂液体，散发热量给室内空气，使室内升温，氟利昂液体再减压后流至室外的换热器蒸发吸热成低压低温蒸气，吸收室外空气的热量，低温氟利昂蒸气再由压缩机吸入循环压缩。所以在冬季，室外的换热器变为蒸发器，室内的换热器变为冷凝器。可以只消耗 1 kW 的电能，得到远远大于 1 kW 的热能。

家用的分体挂壁式空调器和立柜式空调器工作原理都与此相同。

5　空调房间

5.1　空调房间的建筑布置和建筑热工要求

合理的建筑措施，对于保证空调效果和提高空调系统的经济性具有重要意义。在布置空调房间和确定房间围护结构的热工性能时，一般应满足下列要求。

5.1.1　空调房间的建筑布置

室内冷负荷和湿负荷是较大空调系统设备容量的重要组成部分，而负荷量的大小与建筑布置和围护结构的热工性能有很大的关系。因此，在设计时，首先要使建筑布置与围护结构的热工性能合理。

空调房间不要靠近产生大量污染物或高温高湿的房间，要求振动与噪声小的空调房间不要靠近振动与噪声大的房间。

空调房间应尽量集中布置。室内温湿度基数、使用班次和消声要求相近的空调房间，宜相邻或上下层对应布置。

应尽量做成空调房间被非空调房间所包围，但不宜与高温或高湿房间相毗邻。

对洁净度或美观要求高的空调房间，可设计阁楼或技术夹层。

空调房间的高度，除应满足生产、建筑要求外，尚需满足气流组织和管道布置等方面的要求。

5.1.2　空调房间热工要求

在夏季，由于室内外温差的影响，空调房间的围护结构成为传递热量的通道，为了保持空调室内温度的恒定，需要维持空调房间的热平衡。因此，围护结构传递热量的多少直接影响空调系统的能耗，所以需要围护结构具有良好的保温性能。

建筑及布置在顶层的空调房间应设吊顶，并应将保温层设置在吊顶上。吊顶上部的空间，应设置可启闭的通风窗，夏季开启、冬季关闭。空调房间的地面及楼面，宜按以下原则处理：

（1）符合下列情况者，应做保温处理：①与相邻非空调房间之间的楼板；②与相邻不经常使用的空调房间之间的楼板；③温差大于或等于 7 ℃的相邻空调房间之间的楼板。

（2）符合下列情况者，距外墙 1 m 以内的地面应做局部保温：①室温允许波动范围≤ ±0.5 ℃、有外墙的空调房间；②室温允许波动范围为 ±1 ℃、面积小于 30 m^2、有两面外墙的空调房间；③夏季炎热或冬季严寒地区、工艺对地面温度有严格要求的空调房间。

（3）空调房间围护结构的传热系数，应通过技术经济比较确定。

（4）工艺性空调房间围护结构的热惰性指标值，不宜小于有关规定。

（5）空调系统新风进口的位置，应符合下列要求：①风口处于室外空气较洁净的地点；②位于排风口的上风侧且低于排风口；③进风口的底部距室外地坪不少于 2 m（位于绿化地带时，可减至 1 m）；④位于建筑物背阴处。

5.2 空调房间的气流组织

空气调节区的气流组织（又称为空气分布），是指合理地布置送风口和回风口，使得经过净化、热湿处理后的空气，由送风口送入空调区后，在与空调区（通常是指离地面高度为 2 m 以下的空间）内空气混合、扩散或者进行置换的热湿交换过程中，均匀地消除空调区内的余热和余湿，从而使空调区内形成比较均匀而稳定的温湿度、气流速度和洁净度，以满足生产工艺和人体舒适的要求。同时，还要由回风口抽走空调区内的空气，或者将大部分回风返回到空调机组、少部分排至室外，或者当空调机组采用全新风运行时，则将绝大部分回风排至室外。

不同用途的空调工程，对气流组织有着不同的要求。恒温恒湿空调系统，主要是使工作区内保持均匀而又稳定的温度、湿度，同时又应满足区域温差、基准温湿度及其允许波动范围的要求。

空调房间气流组织是否合理，不仅直接影响房间的空调效果，而且也影响空调系统的能耗。影响空气调节区内空气分布的因素有送风口的形式和位置、送风射流的参数（例如送风量、出口风速、送风温度等）、回风口的位置、房间的几何形状以及热源在室内的位置等，其中送风口的形式和位置、送风射流的参数是主要的影响因素。

5.2.1 空调房间的气流组织形式

1）上送风、下回风

上送风、下回风（上送下回）方式是最基本的气流组织形式。空调送风口安装在房间的侧上部或顶棚上，而回风口则设在房间的下部，如图 6-36 所示。它的主要特点是送风气流在进入工作区之前就已经与室内空气充分混合，易形成均匀的温度场和速度场，适用于温湿度和洁净度要求较高的空调房间。

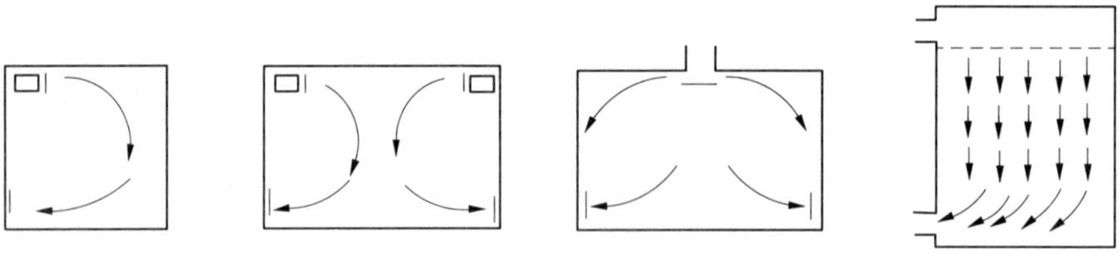

图 6-36 上送风、下回风气流流型

2）上送风、上回风

上送风、上回风（上送上回）方式是指将送风口和回风口均设在房间上部（如顶棚或侧墙等处），气流从上部送出，进入空调区后再从上部回风口排出，见图 6-37。图 6-37（a）、（b）都属于侧送，将送风、回风风管上下重叠布置，分别实现单侧送风、双侧由内向外送风；图 6-37（c）是利用布置在顶棚上的送回（吸）两用散流器来实现上送上回的。

这种气流分布形式，主要适用于以夏季降温为主且房间层高较低的舒适性空调系统，

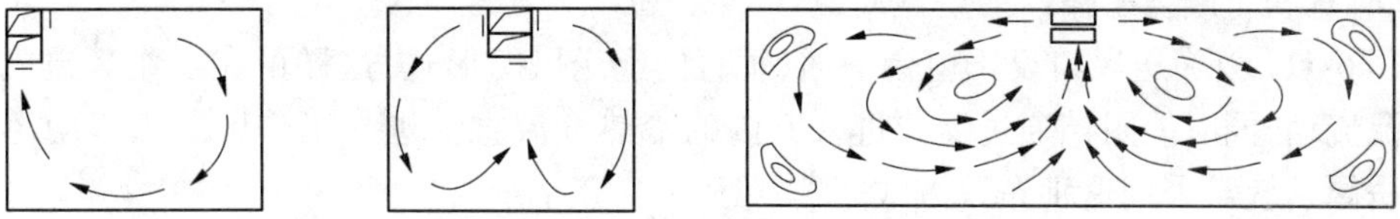

(a)　(b)　(c)

图 6-37　上送风、上回风气流流型

如设计计算不准确，会造成气流短路，影响空气质量。对夏季、冬季均要使用的空调系统，由于房间下部无法布置回风口（例如，车站的候车大厅、层高较低的会议厅等），也采用这种形式。对有恒温要求的工艺性空调系统，精度不高时也可采用上送上回的气流分布形式。

若房间净高足够，可设吊顶把风管暗装，如图 6-38 所示，或采用图 6-39 所示的送吸式散流器，这两种布置用于有一定美观要求的民用建筑。

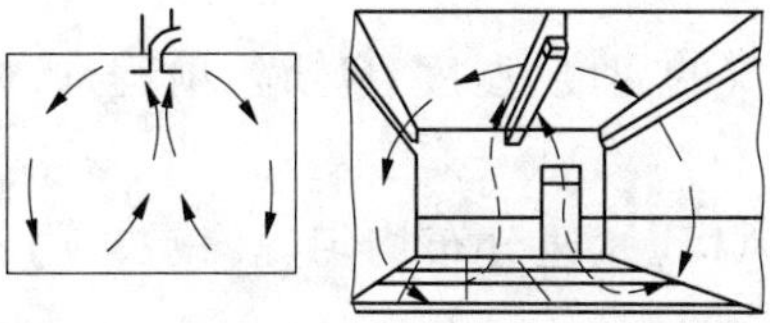

图 6-38　风管暗装的上送上回气流流型

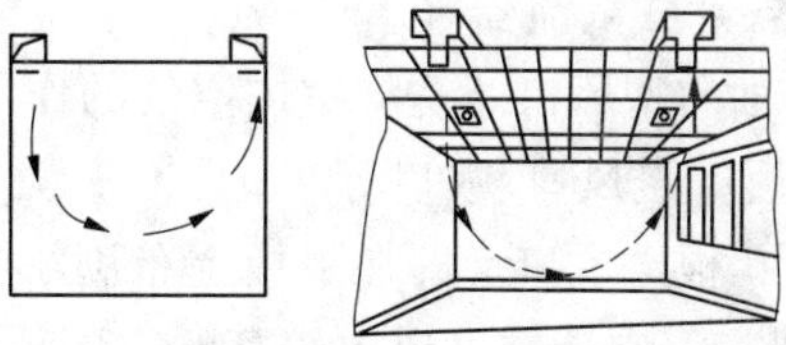

图 6-39　采用送吸式散流器的上送上回气流流型

3）中送风

某些高大空间的空调房间，如采用上述的方式，则要大量送风，耗冷（热）量也大，实际的空调区处在房间的下部，没有必要将整个空间作为控制调节的对象，因此可采用中送风的方式。图 6-40（a）为中部送风、下部回风方式，图 6-40（b）为中部送风、下部回风加顶部排风的方式。

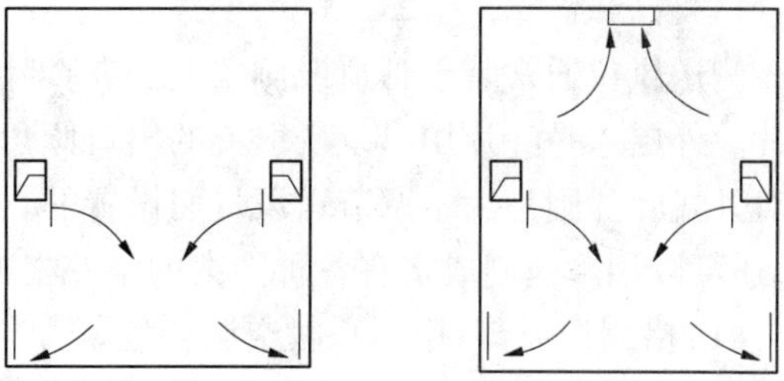

(a)　(b)

图 6-40　中送风气流流型

这种送风方式在满足室内温湿度要求的前提下，有明显的节能效果，但就竖向空间而言，存在着温度“分层”现象。其主要适用于高大的空间，如需设空调的工业厂房等通常称为“分层空调”。

4）下送风

图 6-41（a）为地面均匀送风、上部集中排风的方式。此种方式送风直接进入工作区，为满足生产或人的要求，送风温差必须小于上送风方式，因而加大了送风量。同时考虑到人的舒适要求，送风速度也不能大，一般不超过 0.5 ~ 0.7 m/s，这就必须增大送风口的面积或数量，给风口布置带来困难。此外，地面容易积聚脏物，将会影响送风的清洁度。

但下送风方式能使新鲜空气首先通过工作区，同时由于是顶部排风，房间上部余热（照明散热、上部维护结构传热等）可以不进入工作区而直接排走，故具有一定的节能效果，同时有利于改善工作区的空气质量。

图6-41(b)为送风口设于窗台下面、垂直向上送风的形式，这样可在工作区造成均匀的气流流动，同时能阻挡通过窗户进入室内的冷热气流直接进入工作区。工程中风机盘管和诱导系统常采用这种布置方式。

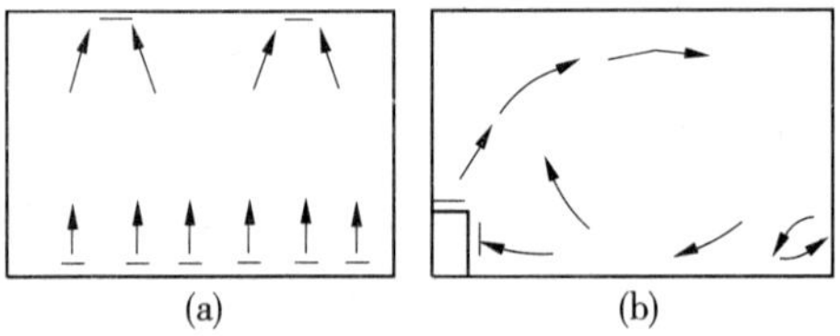

图6-41 下送风气流流型

5.2.2 常见送风口的形式

送风口也称为空气分布器。送风口按送出气流流动状况分为：

(1)扩散型风口。具有较大的诱导室内空气的作用，送风温差衰减快，射程短，如盘式散流器、片式散流器等。

(2)轴向型风口。诱导室内空气的作用小，空气的温度、湿度衰减慢，射程远，如格栅送风口、百叶送风口、喷口等。

(3)孔板送风口。即在平板上布满小孔的送风口，风速分布均匀、衰减快，用于洁净室或恒温室等空调精度要求较高的空调系统中。

按送风口的安装位置可分为侧送风口、顶送风口、地面送风口等。

1)侧送风口

侧送风口通常装于管道或侧墙上。在百叶送风口内一般需要设置1~3层可转动的叶片。外层水平叶片用以改变射流的出口倾角，垂直叶片能调节气流的扩散角，送风口内侧对开式叶片则是为了调节送风量而设置的。格栅送风口除可装由横竖薄片组成的格栅外，还可以用薄板制成带有各种图案的空花格栅。常见的侧送风口形式如下：

(1)格栅送风口：用于一般空调工程。

(2)单层百叶送风口：叶片可调节送风方向，用于一般空调工程。

(3)双层百叶送风口：叶片可调节风量和送风方向，用于较高精度空调工程。

(4)三层百叶送风口：叶片可调节风量、送风方向和射流扩散角，用于高精度空调工程。

(5)带出口隔板的条缝形风口：常用于车间变截面均匀送风管道上，用于一般精度空调工程。

(6)条缝形风口：常配合静压箱使用，用于一般精度的民用建筑空调工程。

2)散流器

散流器一般安装于顶棚上。根据它的形状可分为圆形、方形或矩形散流器，如图6-42所示。根据其结构可分为盘式散流器、直片式散流器和流线形散流器，另外还有将送风口做成一体的送吸式散流器。

盘式散流器的送风气流呈辐射状，比较适合于层高较低的房间。直片式散流器中，叶片的间距有固定的，也有可调的。采用可调叶片的散流器，它的送出气流可形成锥形或辐射形扩散，可满足冬、夏季不同的需要。常见散流器形式如下(见图6-43)：

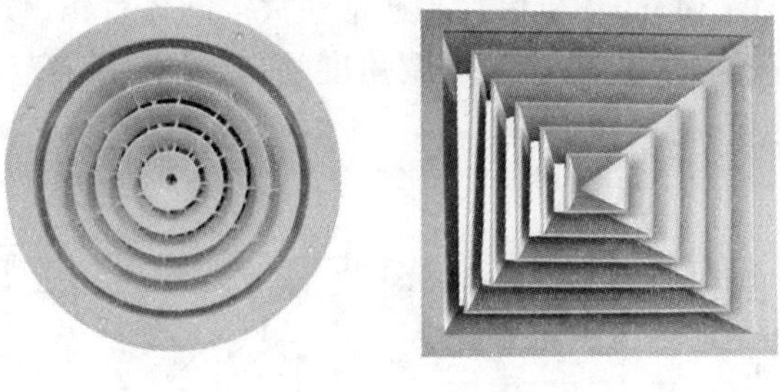

图 6-42　圆形、方形散流器

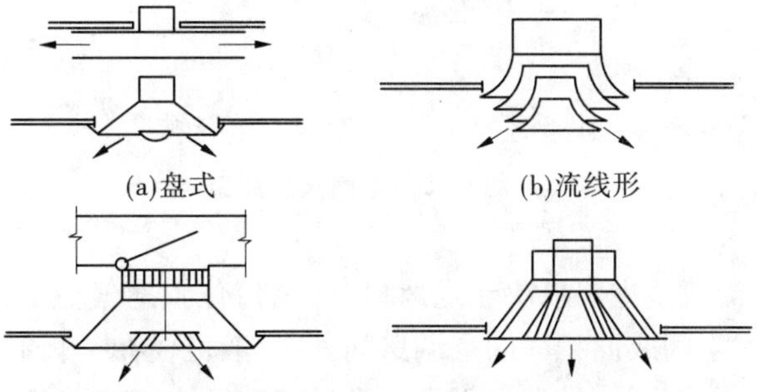

(a)盘式　(b)流线形　(c)直片式　(d)送吸式

图 6-43　散流器的形式

(1)盘式散流器:属平送流型,用于层高较低的房间。

(2)流线形散流器:属下送流型,适用于净化空调工程。

(3)直片式散流器:属平送流型或下送流型。

(4)送吸式散流器:属平送流型,可将送、回风口结合在一起。

3)孔板送风口

如图 6-44 所示。孔板送风是将空调送风送入顶棚上面的稳压层中,在稳压层的作用下,空气通过顶棚上的大量小孔均匀地进入房间空调区域。孔板可用胶合板、硬性塑料板或铝板制成,板上每隔 40 ~ 100 mm 钻 4 ~ 10 mm 直径的圆孔。整个顶棚全部是孔板的称为全面孔板送风,只在顶棚的局部位置布置孔板的称为局部孔板送风。孔板上部设稳压层,也可用顶棚上部空间作为稳压层,稳压层的高度不小于 200 mm。

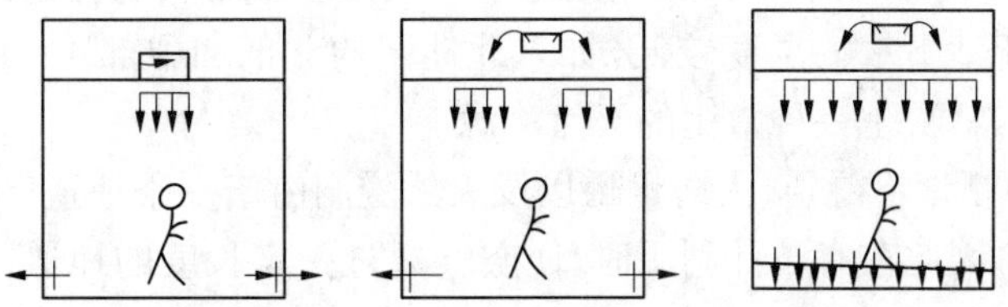

(a)管道式局部孔板　(b)压式局部孔板　(c)静压式全面孔板

图 6-44　孔板送风口

4)喷射式送风口

喷射式送风口简称喷口,其主要部件是射流喷嘴,通过它将气流喷射出去。如图 6-45 所示为远程送风的喷口,它属于轴向型风口,送风气流诱导的室内风量少,可以送较远的距离,射程一般可达10~30 m,甚至更远。通常在大空间体育馆、候机大厅中用做侧送风口。如风口既送冷风又送热风,应选用可调角度喷口,角度调节范围为30°。送冷风时,风口水平或上倾;送热风时,风口下倾。

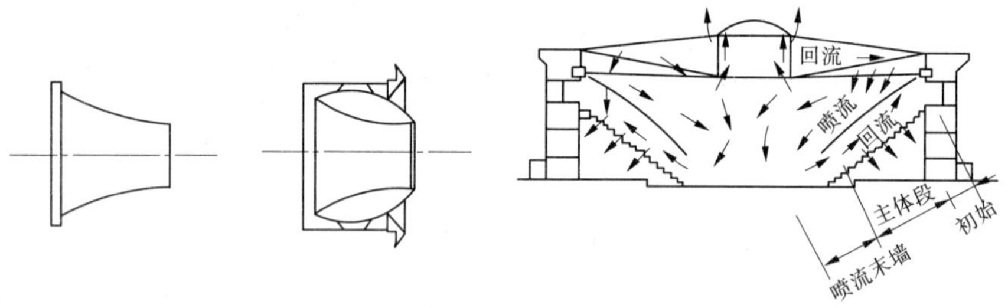

(a)固定式喷口　(b)可调角度喷口　(c)喷口送风流型

图6-45　喷射式送风口

5.2.3　回风口

空调房间的气流流型主要取决于送风口,回风口位置对气流的流型与区域温差影响很小。因此,除高大空间或面积大的空调房间外,一般可仅在一侧集中布置回风口。

回风口的构造比较简单,类型也不多。常见的回风口形式有单层百叶风口、固定格栅风口、网板风口、箅孔或孔板风口等,也有与粗效过滤器组合在一起的网格回风口。

6　空调冷源及制冷设备

为了维持空调房间里空气的温度、湿度,在夏天我们必须利用空调冷源提供的冷量,通过空气处理设备(如淋水室、表面式空气冷却器等)处理空气,源源不断地向室内送冷风,来抵消由室外空气和太阳辐射对空调房间的热湿干扰和室内灯光、设备、人体等散发的热湿量。

6.1　空调冷源

空调制冷就是降低和维持空间温度或物质温度,使之低于环境温度。完成这一过程,空调系统所能提供的冷源是至关重要的。按使用的冷源可划分如下。

6.1.1　天然冷源

(1)地下水。在我国的大部分地区,用地下水喷淋空气都具有一定的降温效果,特别是在北方地区,由于地下水的温度较低(如东北地区的北部和中部4~12 ℃),可满足恒温恒湿空调工程的需要,是一种常用的天然冷源。

(2)地道风(包括地下隧道、人防地道以及天然隧洞由于夏季地道壁面的温度比外界空气的温度低得多,因此在有条件利用时,使空气通过一定长度的地道,也能实现冷却或减湿冷却的处理过程。

(3)其他。天然冰、深湖水和山涧水等,也都是可以利用的天然冷源。

6.1.2　人工冷源

当天然冷源不能满足空调需要时,需采用人工冷源,即用人工的方法,利用制冷剂和制冷机制取冷源。

(1)制冷机。按工作原理的不同可划分如下:①压缩式。根据压缩机类型的不同,压缩式制冷机可分为活塞式、螺杆式、离心式三种。当前压缩式制冷机的应用最为广泛。②吸收式。吸收式制冷机根据热源的不同,可分为蒸汽热水式和直燃式两种。③蒸汽喷射式。蒸汽喷射式制冷机根据制冷机组冷凝器冷却方式的不同,又分为水冷式和风(空气)冷式。机组生产的冷媒若为冷(冻)水,就称为“冷水机组”;机组生产的冷媒若为冷空气,则称为“直接蒸发式机组”。

(2)制冷剂。制冷循环内的工作物质即工质,称为“制冷剂”。目前,常用的制冷剂有氨和卤代烃(又名氟利昂)。

6.2 制冷设备

6.2.1 制冷设备的类型

(1)压缩式制冷。压缩式制冷机是利用“液体气化时要吸收热量”的物理特性,通过制冷剂的热力循环,以消耗一定量的机械能作为补偿条件来达到制冷的目的。

压缩式制冷机由制冷压缩机、冷凝器、膨胀阀和蒸发器四个主要部件组成,并用管道连接,构成一个封闭的循环系统,如图6-46所示。

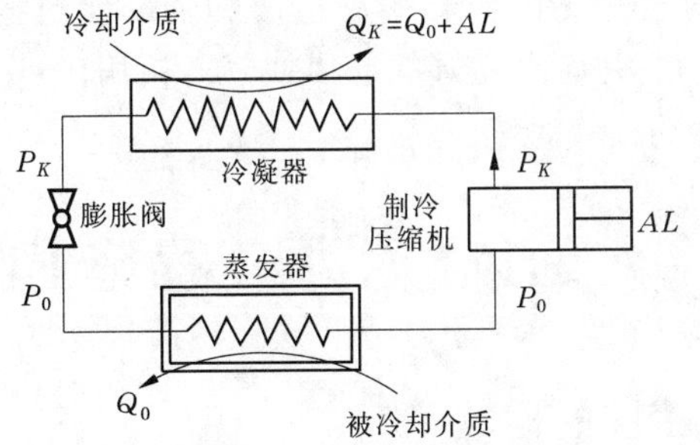

Q_0—每小时吸收的热量,即制冷量;Q_K—放出热量;AL—压缩机消耗的机械功;

P_0—低温低压液体;P_K—高温高压液体

图6-46 压缩式制冷循环原理图

制冷剂在压缩式制冷机中历经蒸发、压缩、冷凝和节流四个热力过程。

由于冷凝器中所使用的冷却介质(水或空气)的温度比被冷却介质的温度高得多,因此上述制冷过程实际上就是从低温物质夺取热量而传递给高温物质的过程。由于热量不可能自发地从低温物体转移到高温物体,故必须消耗一定量的机械能作为补偿条件,正如要使水从低处流向高处时,需要通过水泵消耗电能才能实现一样。

(2)吸收式制冷。吸收式制冷和压缩式制冷的机制相同,都是利用液态制冷剂在一定压力下和低温状态下吸热气化而制冷。但在吸收式制冷机组中促使制冷剂循环的方法与前者有所不同。压缩式制冷是以消耗机械能(电能)作为补偿;吸收式制冷是以消耗热能作为补偿,它是利用二元溶液在不同压力和温度下能够释放和吸收制冷剂的原理来进行循环的。

(3)蒸汽喷射式制冷。按照制冷机组冷凝器的冷却方式制冷。

6.2.2 制冷机组的选择

(1)民用建筑应采用氟利昂压缩式机组或溴化锂吸收式机组。

(2)生产厂房及辅助建筑物,宜采用氟利昂或氨压缩式制冷机组,也可采用溴化锂吸收式或蒸汽喷射式制冷机组。但是,由于大气环境保护方面的要求和电力紧张等方面的原因,各使用单位和环保部门要求尽量少用氟利昂压缩式机组。

(3)大型集中空调系统,宜选用结构紧凑、占地面积小,以及压缩机、冷凝器、蒸发器、电动机和自控元件都装在同一框架上的冷水机组。

(4)小型全空气空调系统,宜采用直接蒸发式压缩冷凝机组;对有合适热源特别是有余热或废热的场所或电力缺乏的场所,宜采用吸收式制冷机组。

选择空调制冷机组时,台数不宜过多,一般不考虑备用,应与空气调节负荷变化情况及运行调节要求相适应。

6.2.3 制冷机房设计及设备布置

设置制冷设备的房间称为制冷机房或制冷站。在进行制冷机房设计前,首先根据建筑物的用途、周围环境、各类制冷机的特性,结合当地水源、电源和热源(有无余热利用,有无热水、蒸汽供应)等情况,从初投资和运行费用两个方面进行综合技术经济比较来选择冷水机组。制冷机房应尽量靠近空调负荷中心,力求缩短输送管道。氟利昂冷水机组和溴化锂冷水机组可以布置在民用建筑、生产厂房和辅助建筑物内,也可设在地下室内。机房净空高度不小于3.6 m,并应有良好的通风换气。机房内部设备与设备之间、设备与建筑之间应留有一定宽度的检修距离。

任务6.4 通风与空调工程施工图识读

1 通风与空调工程施工图的构成

通风与空调工程施工图一般由两大部分组成,即文字说明部分和图纸部分。文字说明部分包括图纸目录、设计施工说明、设备及主要材料表。图纸部分包括基本图和详图。基本图包括空调通风系统的平面图、剖面图、轴测图、原理图等。详图包括系统中某局部或部件的放大图、加工图、施工图等。如果详图中采用了标准图或其他工程图纸,那么在图纸目录中必须附有说明。

1.1 文字说明部分

1.1.1 图纸目录

图纸目录包括在工程中使用的标准图纸或其他工程图纸目录和该工程的设计图纸目录。在图纸目录中必须完整地列出该工程设计图纸名称、图号、工程号、图幅大小、备注等。

1.1.2 设计施工说明

设计施工说明包括采用的气象数据、空调通风系统的划分及具体施工要求、图例等。有时还附有风机、水泵、空调箱等设备的明细表。

具体地说,包括以下内容:

(1)需要空调通风系统的建筑概况。

(2)空调通风系统采用的设计气象参数。

(3)空调房间的设计条件。包括冬季、夏季的空调房间内空气的温度、相对湿度(或湿球温度)、平均风速、新风量、噪声等级、含尘量等。

(4)空调系统的划分与组成。包括系统编号、系统所服务的区域、送风量、设计负荷、空调方式、气流组织等。

(5)空调系统的设计运行工况(只有要求自动控制时才有)。

(6)风管系统。包括统一规定、风管材料及加工方法、支吊架要求、阀门安装要求、减振做法、保温等。

(7)水管系统。包括统一规定、管材、连接方式、支吊架做法、减振做法、保温要求、阀门安装、管道试压、清洗等。

(8)设备。包括制冷设备、空调设备、供暖设备、水泵等的安装要求及做法。

(9)油漆。包括风管、水管、设备、支吊架等的除锈、油漆要求及做法。

(10)调试和试运行方法及步骤。

(11)应遵守的施工规范、规定等。

1.1.3　设备与主要材料表

设备与主要材料的型号、数量一般在“设备与主要材料表”中给出。一般小型工程中,设备表和材料表会统一作为一份设备材料表出现,但是在大型工程的施工图当中,由于使用的设备和材料众多,所以设计人员一般都会将设备表和材料表分开。

设备表主要是对本设计选用的主要运行设备进行描述,其组成主要有设备科学称谓、在图纸中的图例标号、设备性能参数、设备主要用途和特殊要求等内容。

1.2　图纸部分

1.2.1　平面图

平面图包括建筑物各层面各空调通风系统的平面图、空调机房平面图、冷冻机房平面图等。

1)空调通风系统平面图

平面图主要说明空调通风系统的设备、系统风道、冷热媒管道、凝结水管道的平面布置。它的内容主要包括风管系统、水管系统、空气处理设备、尺寸标注等。

此外,对于引用标准图集的图纸,还应注明所用的通用图、标准图索引号。对于恒温恒湿房间,应注明房间各参数的基准值和精度要求。

2)空调机房平面图

空调机房平面图一般包括以下内容:

(1)空气处理设备。注明按标准图集或产品样本要求所采用的空调器组合段代号,空调箱内风机、加热器、表冷器、加湿器等设备的型号、数量,以及该设备的定位尺寸。

(2)风管系统。用双线表示,包括与空调箱相连接的送风管、回风管、新风管。

(3)水管系统。用单线表示,包括与空调箱相连接的冷、热媒管道及凝结水管道。

(4)尺寸标注。包括各管道、设备、部件的尺寸大小、定位尺寸。

其他还有消声设备、柔性短管、防火阀、调节阀门的位置尺寸等。

图6-47是某大楼底层空调机房平面图。

3)冷冻机房平面图

冷冻机房与空调机房是两个不同的概念,冷冻机房内的主要设备为空调机房内的主要设备,即空调箱提供冷媒或热媒。也就是说,与空调箱相连接的冷、热媒管道内的液体

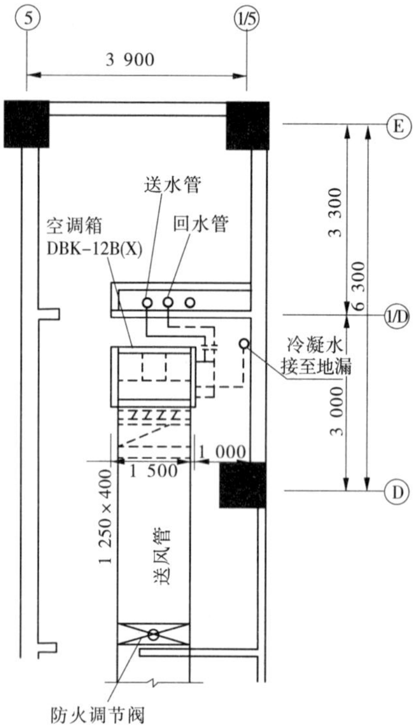

图6-47 大楼底层空调机房平面图 (单位:mm)

来自于冷冻机房,而且最终又回到冷冻机房。因此,冷冻机房平面图的内容主要有制冷机组的型号与台数、冷冻水泵和冷凝水泵的型号与台数、冷(热)媒管道的布置,以及各设备、管道和管道上的配件(如过滤器、阀门等)的尺寸大小和定位尺寸。

1.2.2 剖面图

剖面图是用来说明平面图上无法表明的情况。因此,与平面图相对应的空调通风施工图中,剖面图主要有空调通风系统剖面图、空调通风机房剖面图和冷冻机房剖面图等。至于剖面和位置,在平面图上都有说明。剖面图上的内容与平面图上的内容是一致的,有所区别的一点是:剖面图上还标注有设备、管道及配件的高度。

1.2.3 系统图(轴测图)

系统图上包括该系统中设备、配件的型号、尺寸、定位尺寸、数量以及连接于各设备之间的管道在空间的曲折、交叉、走向和尺寸、定位尺寸等。系统图上还应注明该系统的编号。

系统图可以用单线绘制,也可以用双线绘制。图6-48是用单线绘制的某大厦空调通风系统图。

1.2.4 原理图

原理图一般为空调原理图,它主要包括系统的原理和流程;空调房间的设计参数、冷热源、空气处理和输送方式;控制系统之间的相互关系;系统中的管道、设备、仪表、部件;整个系统控制点与测点间的联系;控制方案及控制点参数;用图例表示的仪表、控制元件型号等。

1.2.5 详图

空调通风工程施工图所需要的详图较多,有设备、管道的安装详图,设备、管道的加工

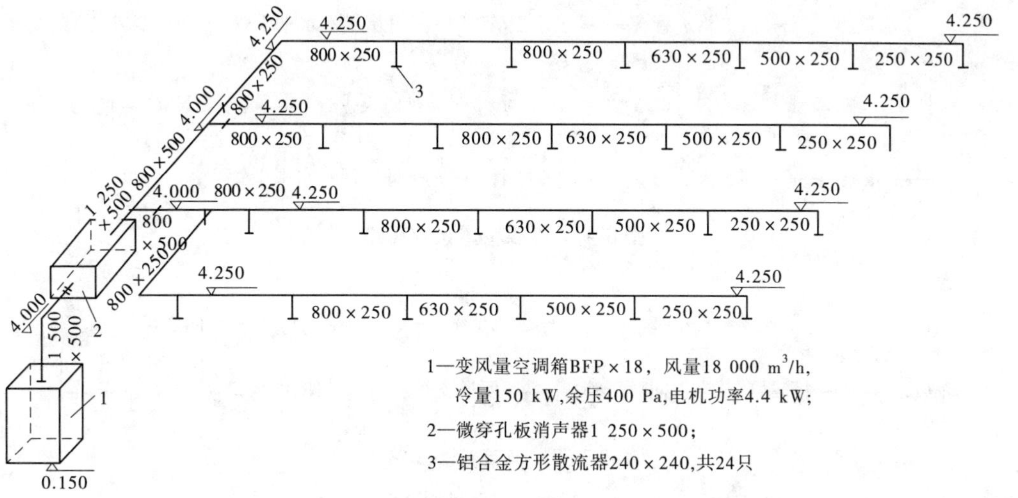

图 6-48　用单线绘制的空调通风系统图　（尺寸单位：mm）

详图，设备、部件的结构详图等。部分详图有标准图可供选用。

在阅读这些图纸时，还需注意以下几点：

(1)空调通风平、剖面图中的建筑与相应的建筑平、剖面图是一致的，空调通风平面图是在本层天棚以下按俯视图绘制的。

(2)空调通风平、剖面图中的建筑轮廓线只是与空调通风系统有关的部分(包括有关的门、窗、柱等建筑构配件的轮廓线)，还有各定位轴线编号、间距以及房间名称。

(3)空调通风系统的平、剖面图和系统图可以按建筑分层绘制，或按系统分系统绘制，必要时对同一系统可以分段进行绘制。

2　空调通风施工图的特点

(1)空调通风施工图的图例。空调通风施工图上的图形不能反映实物的具体形象与结构，它采用了国家规定的统一的图例符号来表示，阅图前，应首先了解并掌握与图纸有关的图例符号所代表的含义。

(2)风、水系统环路的独立性。在空调通风施工图中，风管系统与水管系统(包括冷冻水、冷却水系统)按照它们的实际情况出现在同一张平、剖面图中，但是在实际运行中，风系统与水系统具有相对独立性。因此，在阅读施工图时，首先将风系统与水系统分开阅读，然后综合起来。

(3)风、水系统环路的完整性。空调通风系统，无论是水管系统还是风管系统，都可以称为环路，这就说明风、水管系统总是有一定来源，并按一定方向，通过干管、支管，最后与具体设备相接，多数情况下又将回到它们的来源处，形成一个完整的系统。如图 6-49、图 6-50 所示为冷媒管道和风管系统构成的环路。

可见，系统形成了一个循环往复的完整的环路。我们可以从冷水机组开始阅读，也可以从空调设备处开始，直至经过完整的环路又回到起点。

对于风管系统，可以从空调箱处开始阅读，逆风流动方向看到新风口，顺风流动方向看到房间，再至回风干管、空调箱。再看回风干管到排风管，排风口这一支路，也可以从房

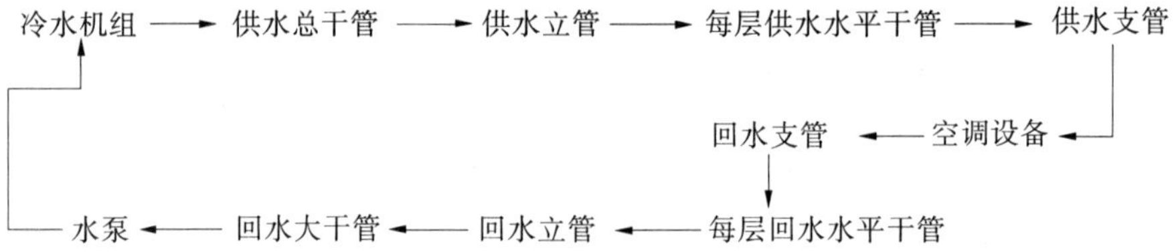

图 6-49　冷媒管道系统环路

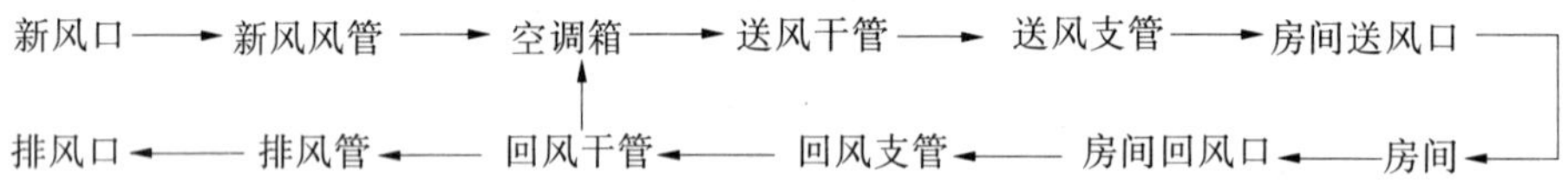

图 6-50　风管系统环路

间处看起，研究风的来源与去向。

(4)空调通风系统的复杂性。空调通风系统中的主要设备，如冷水机组、空调箱等，其安装位置由土建决定，这使得风管系统与水管系统在空间的走向往往纵横交错，在平面图上很难表示清楚。因此，空调通风系统的施工图中除了大量的平面图、立面图外，还包括许多剖面图与系统图，它们对读懂图纸有重要帮助。

(5)与土建施工的密切性。空调通风系统中的设备、风管、水管及许多配件的安装都需要土建的建筑结构来容纳与支撑。因此，在阅读空调通风施工图时，要查看有关图纸，密切与土建配合，并及时对土建施工提出要求。

3　空调通风施工图的识图方法与步骤

(1)阅读图纸目录。根据图纸目录了解该工程图纸的概况，包括图纸张数、图幅大小及名称、编号等信息。

(2)阅读施工说明。根据施工说明了解该工程概况，包括空调系统的形式、划分及主要设备布置等信息。确定哪些图纸代表着该工程的特点，属于工程中的重要部分。

(3)阅读有代表性的图纸。在空调通风施工图中，有代表性的图纸基本上都是反映空调系统布置、空调机房布置、冷冻机房布置的平面图。因此，空调通风施工图的阅读基本上是从平面图开始的，先是总平面图，然后是其他的平面图。

(4)阅读辅助性图纸。对于平面图上没有表达清楚的地方，就要根据平面图上的提示(如剖面位置)和图纸目录找出该平面图的辅助图纸进行阅读，包括立面图、侧立面图、剖面图等。对于整个系统，可参考系统图。

(5)阅读其他内容。在读懂整个空调通风系统的前提下，再进一步阅读施工说明、设备及主要材料表，了解空调通风系统的详细安装情况，同时参考加工、安装详图，从而完全掌握图纸的全部内容。

4　识图举例

某大厦多功能厅空调施工图。图 6-51 所示为多功能厅空调系统平面图，图 6-52 为多功能厅空调系统的剖面图。

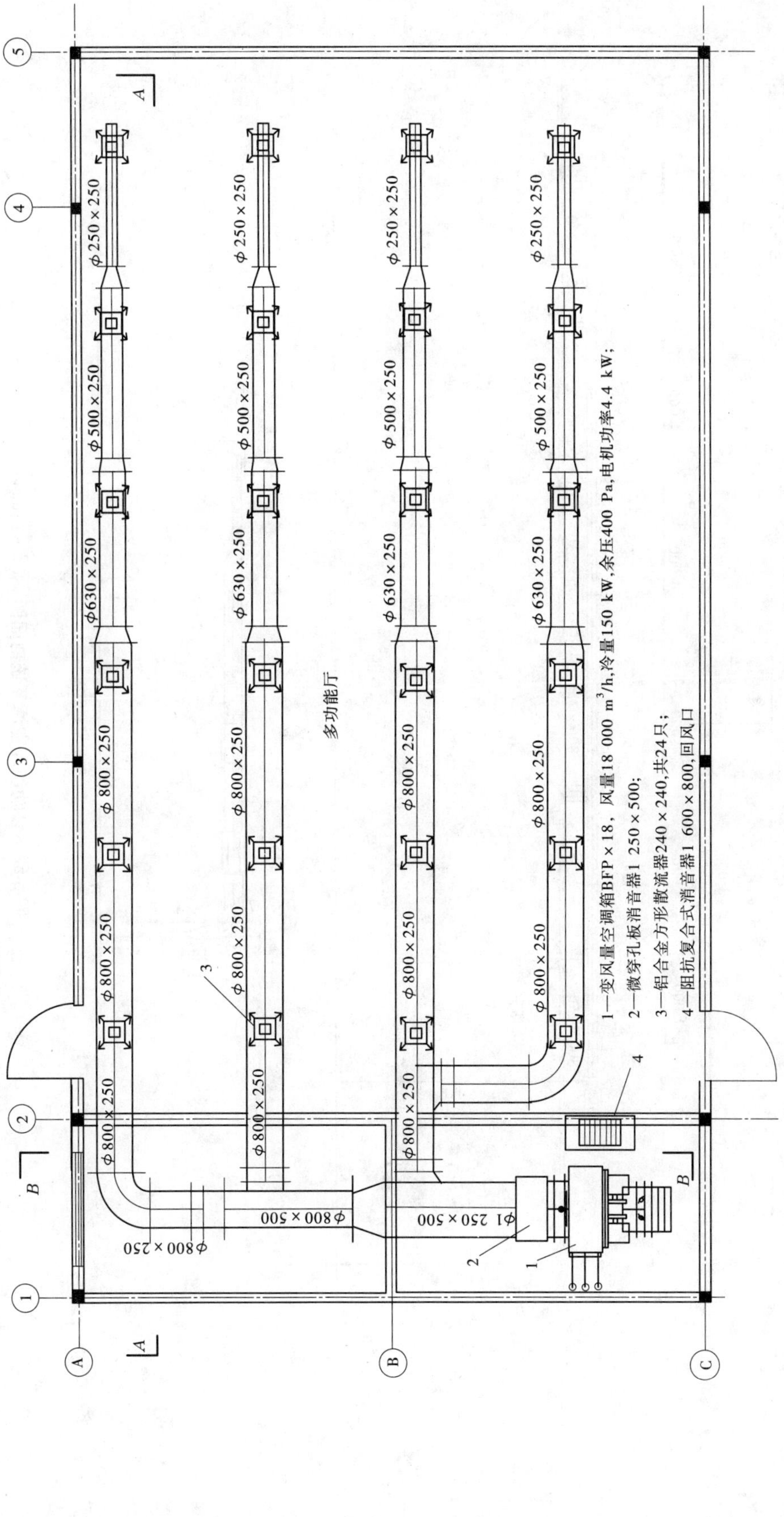

图6-51　多功能厅空调系统平面图　（单位：mm）

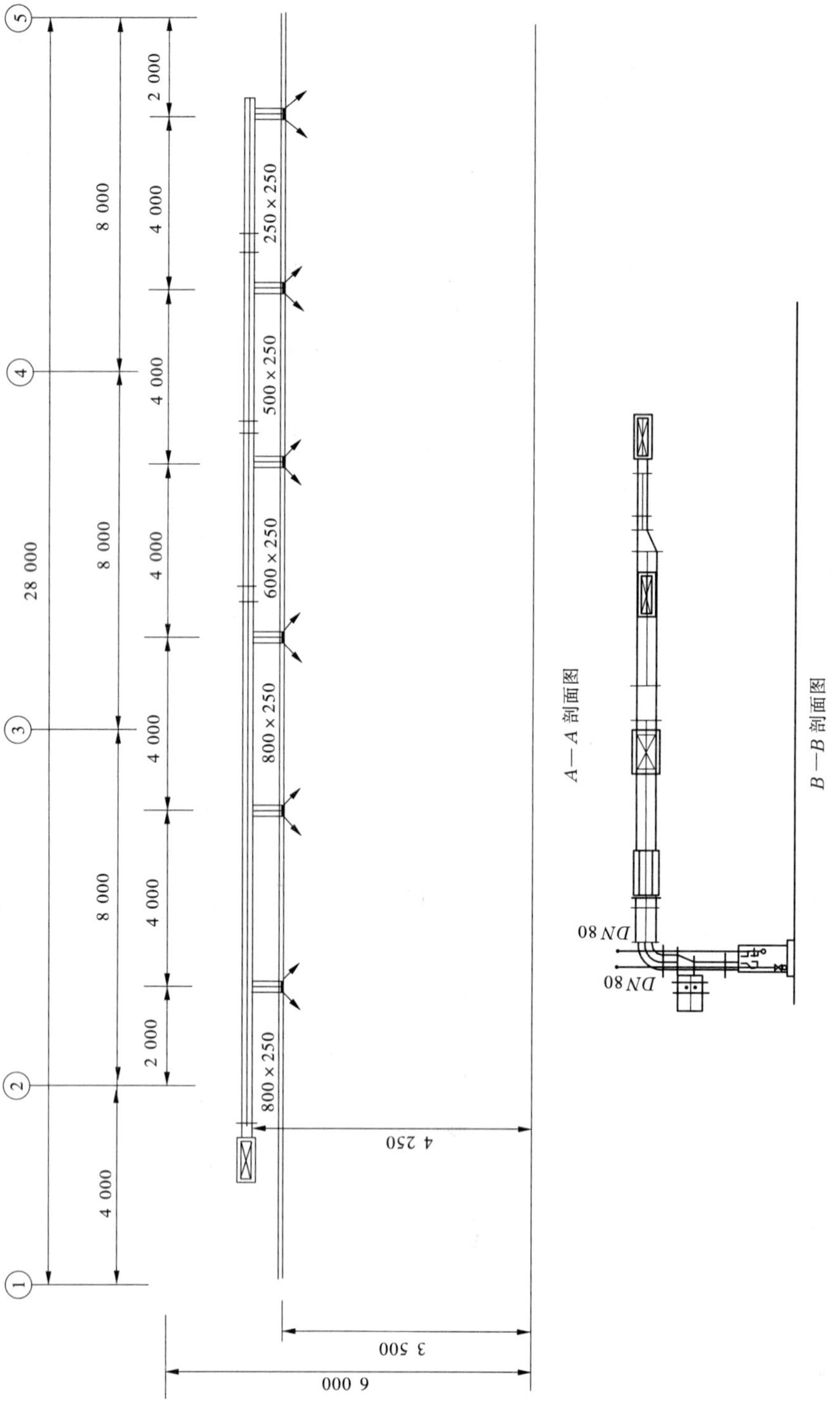

图 6-52　多功能厅空调系统剖面图　（单位：mm）

思考题

1. 通风方式有哪几种？各有什么特点？

2. 简述自然通风和机械通风的工作原理。

3. 通风空调系统中的风机有哪几类？各有什么特点？

4. 火灾中烟气的危害有哪些？建筑物防烟排烟的作用和原理是什么？常用的防火、排烟方式有哪几种？

5. 高层建筑内如何划分防火分区和防烟分区？

6. 什么场合下必须设置机械加压送风防烟系统和机械排烟系统？

7. 简述空调系统的任务和作用。

8. 简述空调系统的组成及分类、各类空调系统的特点。

9. 空调房间常用的送风形式有哪些？各有什么特点？

10. 简述空气处理的基本手段和设备。

学习项目7　建筑供配电系统

【教学要求】

通过本项目的学习，使学生能够掌握电力系统的组成及电力系统的质量指标；熟悉电力负荷的负荷等级，掌握各级负荷的供电要求、负荷的基本计算；掌握低压配电系统的接线方式，熟悉常用低压电气设备及其选择。

任务7.1　建筑供配电系统概述

建筑供配电系统是建筑电气的最基本系统，它对电能起着接受、变换和分配的作用，向各种用电设备提供电能。

1　电力系统的组成

电力系统是一个包括电能的产生、输送、分配和使用的庞大系统。它由发电厂、电力网和用电户三大环节组成，如图7-1所示。

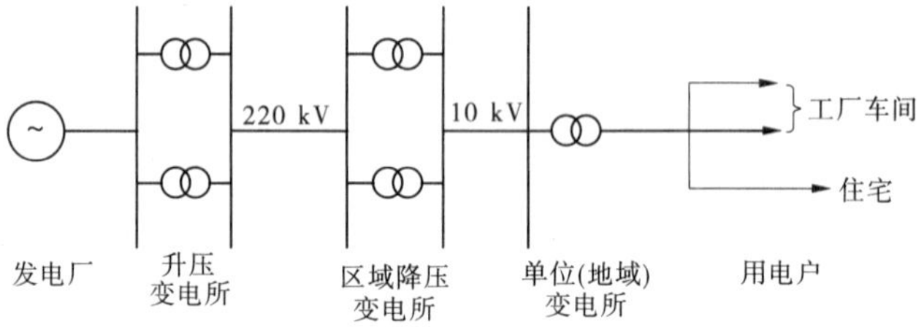

图7-1　电力系统示意图

1.1　发电厂

将其他形式的能源（如煤、水、风、太阳能和原子能等）转换为电能（称为二次能源），并向外输出电能。根据一次能源的不同类型，发电厂可分为火力发电厂、水力发电厂、核发电厂、地热发电厂、风力发电厂、太阳能发电厂、潮汐发电厂等。在能源结构上，目前我国是以火力和水力发电厂为主，随着人们的环保意识和可持续发展观念的不断加强，核能、太阳能的开发和利用将会有良好前景。

1.2　变、配电所

在电力系统中，电能用户往往是分散的，距发电厂的距离很远，这样就需要采用输电线将电能输送到远方。为了减小输电线上的电能损耗，一般采用高压输电，而电能用户处的用电设备由于受到绝缘能力等因素的限制，只能由低压供电，所以电力系统中就需要不断地改变电压，这一任务是由变电所完成的。

变电所主要由电力变压器和配电装置组成，变电所可分为升压变电所和降压变电所两种。升压变电所一般设置在发电厂附近或发电厂内，将发电机产生的较低的电压变换为适合于远距离输送的高电压；降压变电所一般设置在用电负荷的中心处，将高电压变换为适当的电压等级。

配电所只进行电能的分配，而不变换电压，因而只设置配电装置。

1.3 电力线路

电力线路是输送电能的通路，各种不同电压等级的电力线路构成电力网。电力网将各类发电厂与电能用户连接起来。

1.4 电能用户

电能用户是所有用电设备的总称。在绝大多数民用建筑内，用电设备可分为动力用电设备（如空调机组、各类水泵等）和照明用电设备。

2 建筑供配电系统

一般工业与民用建筑，是从城市电力网取得高压10 kV或低压380～220 V作为电源供电，然后将电能分配到各用电负荷处配电。电源和负荷用各种设备（变压器、变配电装置和配电箱）与各种材料、元件（导线、电缆、开关等）连接起来，即组成了建筑物的供配电系统。

2.1 供配电系统的质量指标

2.1.1 额定电压

我国有关标准规定三相交流电力网的常用额定电压为220 V、380 V、600 V、3 kV、10 kV、35 kV、110 kV、220 kV、500 kV等，在电力系统中，常把1 kV以上的电力线路和用电设备称为高压线路和高压用电设备，把1 kV及以下的电力线路和用电设备称为低压线路和低压用电设备。

2.1.2 电压偏移

用电负荷工作时，从电源处获得的电压由于种种原因，可能会偏离其额定电压，用电设备的实际端电压与其额定电压之差称为电压偏移（或电压偏差）。

电压的偏移会不同程度地影响用电设备的正常工作和使用寿命。照明设备的端电压低于额定值时，将使其发出的光通量下降或难以启动；而端电压高于额定值时，将缩短其使用寿命。例如，当白炽灯的电压偏移为－5%时，它发出的光通量只有正常的83%；而电压偏移为＋5%时，其寿命将缩短为正常值的一半。因而在当用电设备的电压偏移超过允许电压偏移时，一般情况下应采取相应的措施来调整电压。

电压的偏移按有关规定，一般情况下220 V单相供配电为额定值的＋7%、－10%。在供配电系统非正常情况下，用户受电端的电压最大允许偏差不应超过额定值的±10%。

2.1.3 电压波动

由于供电系统中冲击性负荷（如大功率电机的频繁启动、电焊机等）引起连续而快速的电压变化或电压幅值呈周期性的变化，称为电压波动。电压波动对于各类动力和照明设备都将产生不良的影响，甚至使用电设备无法正常工作，为保证电能质量，应采取一定的措施来抑制或减小电压的波动。

2.1.4 频率偏移

我国规定的交流电力设备的额定频率为50 Hz，频率的偏移一般不允许超过±0.5

Hz,供电容量在 300 MW 及以上的系统,频率偏移不允许超过 ±0.2 Hz。

2.2 电源的引入方式

根据建筑物内的用电量大小和用电设备的额定电压数值等因素,电源的引入方式可以分为以下三种:

(1)建筑物较小或用电设备的容量较小,而且均为单相低压用电设备时,可由电力系统的柱上变压器引入单相 220 V 的电源。

(2)建筑物较大或用电设备的容量较大,但全部为单相和三相低压用电设备时,可由电力系统的柱上变压器引入三相 380/220 V 的电源。

(3)建筑物很大或用电设备的容量很大时,虽全部为单相和三相低压用电设备,但从技术和经济因素考虑,应由变电站引入三相高压 6 kV 或 10 kV 的电源,经降压后供用电设备使用。并且在建筑物内设置变压器,布置变电室。若建筑物内有高压用电设备,应引入高压电源供其使用,同时装置变压器,满足低压用电设备的电压要求。

2.2.1 架空线路

当市电为架空线路时,建筑物的电源宜采用架空线路引入方式。

架空线路主要由导线、电杆、横担、绝缘子和线路金具等组成。其优点是设备材料简单,成本低,容易发现故障,维护方便。缺点是易受外界环境的影响,供电可靠性较差,影响环境的整洁美观等。

2.2.2 埋地电缆线路

当市电为地下电缆线路时,建筑物的电源常采取地下电缆引入方式。

埋地电缆线路的优点是不受外界环境影响,供电可靠性高,不占用土地,有利于环境美观;缺点是材料和安装成本高。目前在低压配电线路中广泛采用电缆线路。

3 建筑低压配电系统的配电方式

建筑低压配电系统由配电装置(配电柜、箱、盘)及配电线路(干线及支线)组成。常见的低压配电方式有放射式、树干式、链式及混合式四种,如图 7-2 所示。

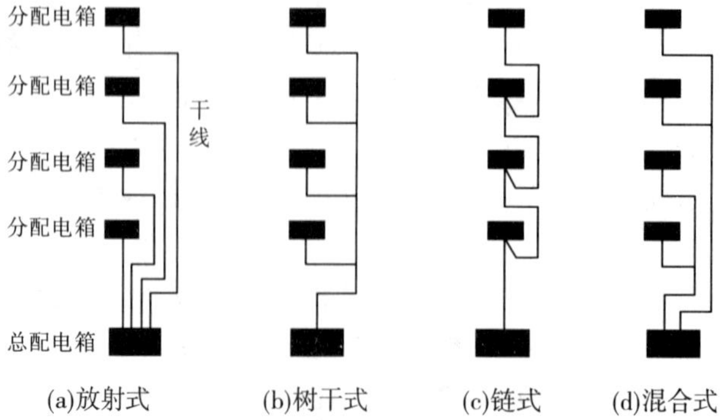

图 7-2 低压配电系统的配电方式

3.1　放射式

由总配电箱直接供电给分配电箱或负载的配电方式称为放射式。放射式的优点是各个负荷独立受电,因而故障范围一般仅限于本回路。各分配电箱与总配电箱(柜)之间为独立的干线连接,各干线互不干扰,当某线路发生故障需要检修时,只切断本回路而不影响其他回路,同时回路中电动机启动引起的电压波动,对其他回路的影响也较小。其缺点是所需开关和线路较多,系统灵活性较差。

放射式配电方式适用于容量大、要求集中控制的设备,要求供电可靠性高的重要设备配电回路,以及有腐蚀性介质和爆炸危险等场所。

3.2　树干式

树干式是从总配电箱(柜)引出一条干线,各分配电箱都从这条干线上直接接线。树干式的优点是投资省,结构简单,施工方便,易于扩展;缺点是供电可靠性较差,一旦干线任一处发生故障,都有可能影响到整条干线,故障影响的范围较大。这种配电方式常用于明敷设回路,容量较小、对供电可靠性要求不高的场所。

3.3　链式

链式也是在一条供电干线上连接多个用电设备或分配电箱,与树干式不同的是,其线路的分支点在用电设备上或分配电箱内,即后面设备的电源引自前面设备的端子。该方式的优点是线路上无分支点,适合穿管敷设或电缆线路,节省有色金属;缺点是线路或设备检修以及线路发生故障时,相连设备全部停电,供电的可靠性差。

这种配电方式适用于暗敷设线路,供电可靠性要求不高的小容量设备,一般串联的设备不宜超过3～4台,总容量不宜超过10 kW。

3.4　混合式

在实际工程中,照明配电系统单独采用某一种形式的低压配电方式的很少,多数采用的是混合式。这种接线方式可根据负荷的重要程度、负荷的位置、容量等因素综合考虑。如一般民用住宅所采用的配电形式多数为放射式与树干式或者链式的结合。

在实际工程中,总配电箱向每个楼梯间的配电方式一般采用放射式,不同楼层间为树干式或者链式配电。

任务7.2　负荷等级及负荷计算

1　用电负荷的等级和供电要求

电力网上用电设备所消耗的功率,称为用户的“用电负荷”或“电力负荷”。用电负荷是进行供配电系统设计的主要依据和参数。

根据建筑物的类别和用电负荷的性质、停电造成损失的程度,按《民用建筑电气设计规范》(JGJ 16—2008)的规定,用电负荷分为三个等级,并由此确定其对供电电源的要求。

1.1　一级负荷

一级负荷指中断供电将造成人身伤亡,将在经济上造成重大损失,将影响重要用电单位的正常工作的电力负荷。如特别重要的交通枢纽、国家级大型体育中心、政府的电台、电视台、新闻中心、实时计算机网络系统等。在一级负荷中,当中断供电将造成重大设备损坏或发生中毒、爆炸和火灾等情况的负荷,以及特别重要场所的不允许中断供电的负荷,应视为一级负荷中特别重要的负荷。

一级负荷要求由两路独立电源供电,即两路电源分别引自电力系统不同变电所。当其中一路电源故障时,另一路担负供电,保证一级负荷不间断供电。一级负荷中特别重要的负荷还必须增设应急电源。为保证对特别重要负荷的供电,严禁将其他负荷接入应急供电系统。

一级负荷容量较大或有高压电气设备时,应采用两路高压电源供电。

1.2 二级负荷

二级负荷指中断供电将造成较大政治影响,将造成较大经济损失,将影响重要用电单位的正常工作或造成公共场所秩序混乱的电力负荷。

二级负荷多采用两路电源供电。在负荷较小或地区供电条件困难时,可由一路 6 kV 及以上专用的架空线路供电。

1.3 三级负荷

三级负荷指凡不属于一级负荷和二级负荷的电力负荷。三级负荷对供电无特殊要求。

2 负荷计算

负荷计算是建筑电气设计的一项重要内容,其目的在于正确合理地选择电气设备和电工材料,使电气设备和材料得到充分合理的利用并保证供电系统的安全运行。

在建筑装饰装修过程中,经常涉及室内外照明负荷和施工中各种用电设备的负荷大小,即负荷计算问题。若负荷选取过大,将造成投资和材料的浪费;反之,则会引起开关、导线过热,加速设备的绝缘材料老化以致被破坏,从而造成周围的易燃装饰材料发热甚至引起火灾。因此,正确地进行负荷计算是装饰工程中的一个不容忽视的问题。

2.1 负荷计算的内容

负荷计算的主要内容有设备容量、计算容量、计算电流、尖峰电流。

(1)设备容量,也称为安装容量,它是用户安装的所有用电设备的额定容量和额定功率(设备铭牌上的数据)之和,是配电系统设计和计算的基础资料与依据。

(2)计算容量,也称为计算负荷、需要负荷和最大负荷。它标志用户的最大用电功率,是配电设计时选择变压器,确定备用电源容量、无功补偿容量和季节性负荷的依据,也是计算配电系统各回路中电流的依据。

(3)计算电流,是计算负荷在额定电压下的电流。它是配电系统设计的重要参数,是选择配电变压器、导体、电器、计算电压损失、功率损耗的依据,也可以作为电能损耗及无功补偿的估算依据。

(4)尖峰电流,是负荷的短时(如电动机启动等)最大电流。它是计算电压降、电压波动和选择导体、电器及保护元件的依据。

2.2 负荷计算的方法

这里,我们着重介绍计算容量的方法。

2.2.1 单位指标法

方案设计阶段确定计算容量时,采用单位指标法计算,并根据计算结果确定电力变压器的容量和台数。各类建筑物的用电指标见表7-1。

表7-1 各类建筑物的用电指标

<table>
<tr><th>建筑类别</th><th>用电指标(W/m²)</th><th>建筑类别</th><th>用电指标(W/m²)</th></tr>
<tr><td>公寓</td><td>30~50</td><td>医院</td><td>40~70</td></tr>
<tr><td>旅馆</td><td>40~70</td><td>高等学校</td><td>20~40</td></tr>
<tr><td>办公楼</td><td>30~70</td><td>中小学校</td><td>12~20</td></tr>
<tr><td rowspan="2">商业</td><td>一般:40~80</td><td rowspan="2">展览馆</td><td rowspan="2">50~80</td></tr>
<tr><td>大中型:60~120</td></tr>
<tr><td>体育馆</td><td>40~70</td><td>演播室</td><td>250~500</td></tr>
<tr><td>剧场</td><td>50~80</td><td>车库</td><td>8~15</td></tr>
</table>

注:当空调冷水机组采用直燃机时,用电指标一般比采用压缩机制冷时的用电指标降低25~35 W/m^2。

表中所列用电指标的上限值是按空调采用电动压缩机时的数据。

2.2.2 需要系数法

初步设计及施工图设计阶段采用需要系数法对计算容量进行计算:

$$P_{js} = K_x P_e \tag{7-1}$$

式中 P_{js}——计算容量,kW;

K_x——需要系数;

P_e——设备容量,kW。

用电设备中性质相同的设备有相近的需要系数 K_x。在计算设备的计算容量时,应先对单台用电设备或用电设备组进行如下处理再相加:

(1)单台设备的设备容量一般取其铭牌上的额定容量或额定功率。

(2)短时工作电动机,需考虑需要系数。

(3)照明设备的设备容量采用光源的额定功率加上附属设备的功率。如荧光灯、金属卤化物灯、高压钠灯、高压汞灯,均为灯泡的额定功率加上镇流器的损耗;低压卤钨灯、低压钠灯为灯泡的额定功率加上变压器的功耗。

(4)成组用电设备的设备容量不包括备用设备。

(5)消防设备与火灾时必然切除的设备取其大者计入总设备容量。

(6)季节性负荷,如空调制冷设备与采暖设备取其大者计入总设备容量。

(7)住宅的设备容量采用每户的用电指标之和。

因此,计算负荷时,先将用电设备按类型划组,除去备用和不同时工作的设备,将其余各组设备的功率相加后分别乘以相应的需要系数,得到计算负荷,再将各组计算负荷相加,得到总的计算负荷。

建筑电气设备需要系数如表7-2所示。

表 7-2 建筑电气设备需要系数

建筑类别	K_x	建筑类别	K_x
生产厂房(有天然采光)	0.8～0.9	宿舍区	0.6～0.8
生产厂房(无天然采光)	0.9～1.0	医院	0.5
办公楼	0.7～0.8	食堂	0.9～0.95
设计室	0.9～0.95	商店	0.9
科研楼	0.8～0.9	学校	0.6～0.7
仓库	0.5～0.7	展览馆	0.7～0.8
锅炉房	0.9	旅馆	0.6～0.7

2.3 住宅楼的计算负荷

住宅用电负荷的大小及其变化在一定程度上反映了人们生活水平的变化。近年来，随着人民生活水平的日益提高，住宅装饰装修已成为建筑装饰的新热点。在住宅的装饰装修中，必须考虑到家庭住宅内用电设备负荷的大小以及用电设备在室内的分布，并以此为根据，正确地选择电表、开关、导线等设备材料，否则将影响到家庭装修的质量和进度，造成浪费，甚至埋下安全隐患。

目前，住宅楼的负荷计算大多采用单位指标法，即以户为单位进行计算，根据住宅的不同类别，提出每户的用电负荷量。随着我国人民生活小康化步伐的不断加快，国家有关部门提出了实现小康住宅居住目标的5个层次，对每户的用电负荷及电表容量提出推荐值(见表7-3)。《住宅设计规范》(GB 50096—2011)对不同套型的住宅分为四类，并提出相应的用电负荷标准及电度表规格(见表7-4)。

表 7-3 小康住宅的三个目标

目标	每户负荷(kW/月)	用电(kWh/月)	电表容量(A)
最低目标	1.56	60	5(20)
一般目标	1.80	72～80	10(40)
理想目标	4.00	100～200	10(40)

表 7-4 住宅套型分类及用电状况

套型	居住空间数(个)	使用面积(m^2)	用电负荷标准(kW)	电度表规格(A)
一类	2	34	2.5	5(20)
二类	3	45	2.5	5(20)
三类	3	56	4.0	10(40)
四类	4	68	4.0	10(40)

注：表中使用面积均不包括阳台面积。

在进行住宅楼的供配电设计时,应结合当地的实际情况和住宅楼类别,选用适当的每户负荷量。一般而言,对于普通住宅(包括两室一厅、三室一厅的类型),每户负荷可取为2.0～2.5 kW,对高级住宅(如别墅式二层住宅),每户负荷则取在4.0 kW以上。近年来供电部门正在加紧对城市低压电网和广大农村地区的低压电网进行改造。这一工程的实施,将使城乡部分居民住宅用电量进一步上升,上述每户负荷量有可能增加到6.0～8.0 kW/户以上。

计算住宅楼配电干线上的计算负荷时,还应考虑各户用电的同时系数,同时系数的大小取决于住宅户数的多少,表7-5为住宅配电干线上的同时系数推荐值。

表7-5　住宅配电干线上的同时系数推荐值

户数	同时系数 K_{Σ}	户数	同时系数 K_{Σ}
20户以下	0.6以上	50～100户	0.5～0.4
20～50户	0.6～0.5	100户以上	0.4以下

任务7.3　室内低压配电系统

室内低压配电系统包括照明配电系统、动力配电系统、变配电室(所)等。

1　照明配电系统

照明配电系统的特点是按建筑物的布局选择若干配电点,一般情况下,在建筑物形成的每个沉降与伸缩区内设1～2个配电点,其位置应使照明支路线路的长度不超过40 m,如条件允许最好将配电点选在负荷中心。

建筑物为平房时,一般按所选的配电点连接成树干式配电系统。

当建筑物为多层楼房时,可在底层设进线电源配电箱或总配电室,其内设置可切断整个建筑照明供电的总开关和3只单相电度表,作为紧急事故或维护干线时切断总电源和计量建筑用电用。建筑的每层均设置照明分配电箱,设置分配电箱时要做到三相负荷基本平衡。

分配电箱内设照明支路开关及便于切断各支路电源的总开关,考虑短路和过流保护,均采用空气开关或熔断器,并要考虑设置漏电保护装置。每个支路开关应注明负荷容量、计算电流、相别及照明负荷的所在区域。当支路开关不多于3个时,也可不设总开关。

如图7-3所示为某办公楼内的配电箱配电系统。配电箱进线引至底层配电柜,经楼层配电箱后引出9条支路,分别是照明、插座、公共照明和备用。

以上所述为一般照明的配电系统,当有事故照明时,需与一般照明的配电分开,另按消防要求自成系统。

2　动力配电系统

动力负荷的使用性质分为多种,如建筑设备(电梯、自动门等)、建筑设备机械(水泵、

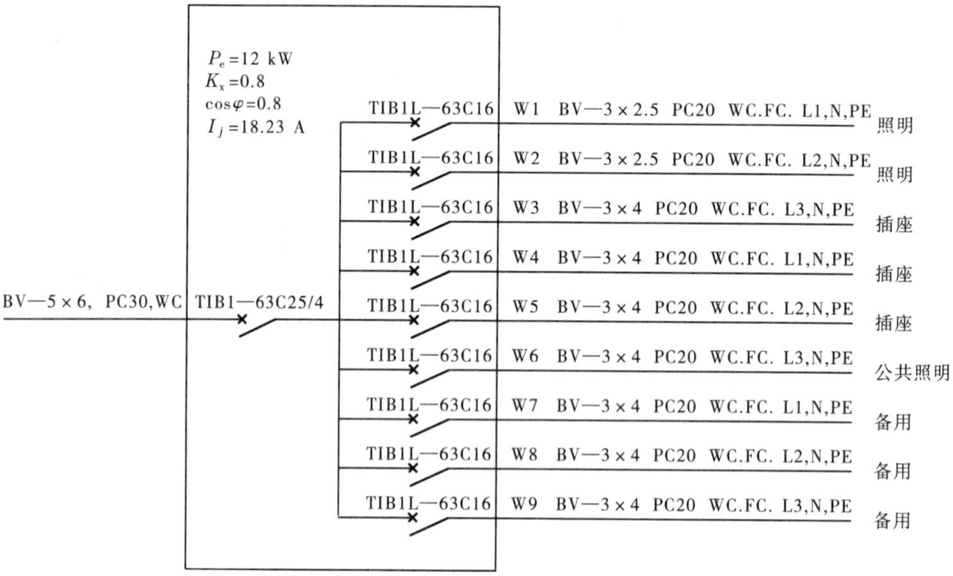

图 7-3　某办公楼的配电箱配电系统

通风机等）、各种专业设备（炊事、医疗、试验设备）等。动力负荷的配电需按电价、使用性质归类，按容量及方位分线路。对集中负荷采取放射式配电干线；对分散负荷采取树干式配电，依次连接各个动力负荷配电盘。多层建筑物当各层均有动力负荷时，宜在每个伸缩沉降区的中心每层设置动力配电点，并设分总开关作为检修或紧急事故切断电源用。电梯设备的配电，一般直接由总配电装置引至屋顶机房。图 7-4 所示为某动力控制中心的配电系统。

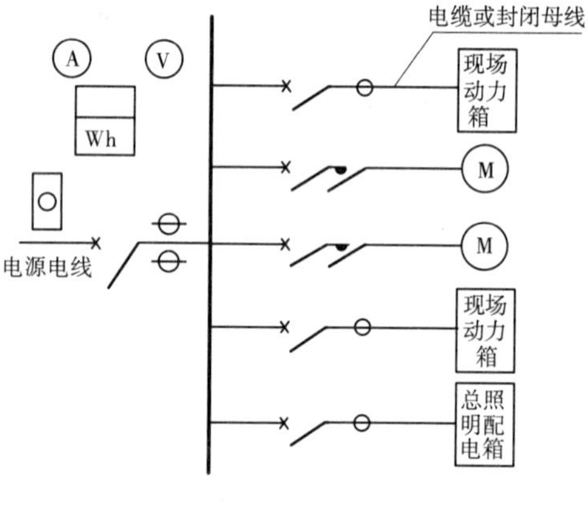

A—额定电流表；V—额定电压表；
M—电动机；Wh—电能表

图 7-4　某动力控制中心的配电系统

3　变配电室（所）

变配电室（所）的作用是从电力系统接受电能、变换电压及分配电能。

变配电室（所）可以分为升压变电站和降压变电站两大类型。升压变电站是将发电厂生产的 6 ~ 10 kV 的电能升高至 35 kV、110 kV、220 kV、500 kV 等高压，以利于远距离输电；降压变电站是将高压电网送过来的电能降至 6 ~ 10 kV 后，分配给用户变压器，再降至 380 V 或 220 V，供建筑物或建筑工地的照明或动力设备、用电设备等使用。

建筑配电系统中的变配电室由高压配电室、变压器室和低压配电室三部分组成。此外，还有高压电容器室（提高功率因数用）和值班室。

3.1　位置

变配电室的位置应尽量接近电源侧，并靠近用电负荷的中心；应考虑进出线方便、顺直且距离短、交通运输和检修方便；应尽量避开多尘、振动、高温、潮湿的场所和有腐蚀性气体、爆炸、火灾危险等场所的正上方或正下方，尽量设在污染源的上风向；不应贴近厕所、浴室或生产过程中地面经常潮湿和容易积水的场所，应根据规划适当考虑发展的可能性。

3.2　形式及布置

变配电室的形式有独立式、附设式、杆架式等。根据变配电室本身有无建筑物以及该建筑与用电建筑间的相互位置关系，附设式又分内附式和外附式。

其布置原则为：具有可燃性油浸的高压开关柜，宜单独布置在高压配电室内，但当高压开关柜的数量少于5台时，可与低压配电屏置于同一房间。不具有可燃性的高、低压配电装置和非油浸电力变配电器及非可燃性油浸电容器可置于同一房间内。有人值班的变配电室应单独设值班室，只具有低压配电室时，值班室可与低压配电室合并，但应保证值班人员工作的一面或一端到墙的距离不小于3.0 m。单独值班室与高压配电室应直通户外或通向走廊。独立变配电室宜为单层布置。当采用二层布置时，变压器应设在首层，二层变配电室应有吊装设备和吊装平台及吊装孔。各室之间及各室内部应合理布置，便于设备的操作、巡视、搬运、检修和试验，并应考虑发展的可能性。

3.3　对建筑的要求

(1)可燃性油浸电力变配电室应按一级耐火等级建筑设计，而非燃或难燃介质的电力变压器室、高压配电室、高压电容器室的耐火等级应等于二级或二级以上，低压配电室和低压电容器室的建筑耐火等级不应低于二级。

(2)变压器室的门窗应具有防火耐燃性能，门一般采用防火门。通风窗应采用非燃材料。变压器室及配电室门宽宜大于设备的不可拆卸宽度0.3 m，高度应高于设备不可拆卸高度0.3 m。变压器室、配电室、电容器室的门应外开并装弹簧锁，对相邻设置电气设备的房间，若设门时应装双向开启门或门向低压方向开。

(3)高压配电室和电容器室窗户下沿距室外地面高度宜大于或等于1.8 m，其临街面不宜开窗，所有自然采光窗不能开启。

(4)变配电室长度大于8.0 m时，应在房间两端设有两个出口，二层变配电室至少应有一个出口通向室外平台或通道。

(5)变配电室(所)所有门窗，当开启时不应直通酸、碱、粉尘、蒸汽和噪声污染严重的相邻建筑。门、窗、电缆沟等应能防止雨、雪以及鼠、蛇类等小动物进入。

任务7.4　常用低压电气设备及其选择

建筑工程中常用的电气设备有动力设备、照明设备、低压控制设备、保护设备、导线和电缆等，本任务主要讲述电气工程常用主要的低压控制设备、保护设备、导线和电缆、熔断器、住宅配电箱等设备及其选择。

1 低压断路器

低压断路器又称为自动空气开关，是一种使用最广泛的低压控制设备。它操作方便，且体积越来越小，不但可以接通和分断电路的正常工作电流，还具有过载保护、欠压失压保护和短路保护功能。当线路发生过载和短路故障时，能自动跳闸切断故障电流，所以又称为自动断路器。

低压断路器有 DW 系列、DZ 系列等，还有由国外引进的 C 系列小型空气断路器、ME 系列框架式空气断路器等多种系列产品。

低压断路器的工作原理及外形如图 7-5 所示。其结构包括主触头、灭弧系统和辅助触头，还有脱扣机构及操作机构。低压断路器的主触头接通和分断线路的工作电流有灭弧装置，辅助触头主要用于控制电路。

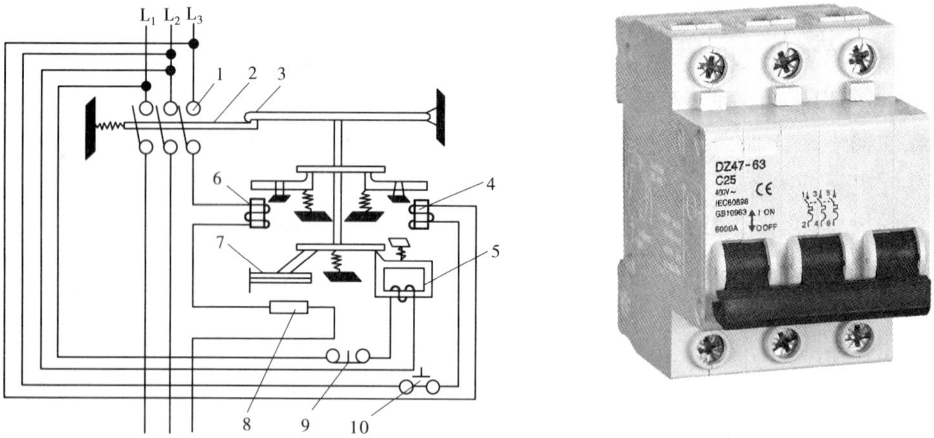

1—触头；2—跳钩；3—锁扣；4—分励脱扣器；5—欠电压脱扣器；
6—过电流脱扣器；7—双金属片；8—热元件；9—常闭按钮；10—常开按钮

图 7-5 低压断路器工作原理及外形

低压断路器中的脱扣机构主要用于线路的各种保护，按其保护功能可分为热脱扣器、电磁脱扣器、失压脱扣器等几种。低压断路器工作原理：当手动合闸后，跳钩 2 和锁扣 3 扣住，开关的触头闭合，当电路出现短路故障时，过电流脱扣器 6 中线圈的电流会增加许多倍，其上部的衔铁逆时针方向转动，推动锁扣 3 向上，使其跳钩 2 脱钩，在弹簧弹力的作用下，开关自动打开，断开线路；当线路过负荷时，热元件 8 的发热量会增加，使双金属片 7 向上弯曲程度加大，托起锁扣 3，最终使开关跳闸；当线路电压不足时，欠电压脱扣器 5 中线圈的电流会下降，铁芯的电磁力下降，不能克服衔铁上弹簧的弹力，使衔铁上跳，锁扣 3 上跳，与跳钩 2 脱离，致使开关打开。按钮 9 和 10 起分励脱扣作用，当按下按钮 9 时，开关的动作过程与线路失压时是相同的；按下按钮 10 时，使分励脱扣器线圈通电，最终致使开关打开。

低压断路器一般作为照明线路和动力线路的电源开关，不宜频繁操作，并作为线路过载、短路、失压等多种保护电器使用。

低压断路器（自动空气开关）的选择：

(1)额定电压的选择:低压断路器的额定电压应大于线路的工作电压。

(2)额定电流的选择:低压断路器的额定电流应大于或等于线路中的计算电流。

(3)开关的断流能力:低压断路器的断流能力是切断的短路电流的能力,其断流能力应大于或等于线路中的短路电流。

(4)脱扣器的动作整定电流:对于采用热脱扣器和复式脱扣器的自动空气开关,其脱扣器的动作整定电流可按以下情况选择:①热脱扣器的动作整定电流应大于等于1.1倍的计算电流;②电磁脱扣器的动作整定电流应大于等于1.35倍的尖峰电流。对于电动机来说,尖峰电流就是电动机的起动电流。

低压空气断路器在使用时要垂直安装,不要倾斜,以避免其内部机械部件运动不够灵活,接线时要上端接电源线,下端接负载线。有些空气开关自动跳闸后,需将手柄向下扳,然后再向上推才能合闸,若直接向上推则不能合闸。

2 漏电保护断路器

漏电保护断路器是一种用于防止因触电、漏电引起的人身伤亡事故、设备损坏及火灾的安全保护电器,如图7-6所示。它因不同电网、不同用户及不同保护的需要,有很多类型。按其动作原理可分为电压动作型和电流动作型两种。因电压动作型结构复杂,检测性能差,动作特性不稳定,易误动作等,目前已趋于淘汰。现在多用电流动作型(剩余电流动作保护器)。按其内部动作结构又可分为电磁式和电子式。电磁式漏电断路器不需要辅助电源,里面没有线路板组件,跟开关的工作电压无关,只要线路产的漏电电流达到电磁式的漏电动作电流,漏电断路器就动作,切断后面电源,保护人身安全。电子式漏电断路器需要辅助电源,该辅助电源来源于漏电断路器的出线端(负载端),跟线路的工作电压有关,如果电压过低(具体多少电压不动作需要厂家确定),就是线路中产生了漏电电流,并达到了开关的漏电电流动作值,开关也不会动作。

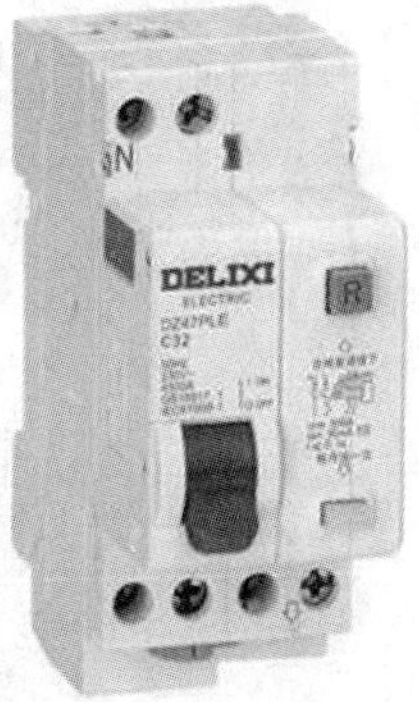

图7-6 漏电保护断路器

目前发达国家如德国、美国、法国等于20世纪40年代后期就研制、制造并逐步推广应用纯电磁式漏电短路器,但发展中国家因受经济条件的约束,一般工矿业及住宅普遍选用电子式产品,但我国沿海发达地区省份在农网改造工程中及建筑施工中已经大量选用纯电磁式漏电断路器,为安全用电事业做出了巨大的贡献。为此,国家建设部颁布的《施工现场临时用电安全技术规范》(JGJ 46—2005)第8.2.13条也明文规定纯电磁式漏电断路作为我国建筑施工现场首选产品。

3 照明开关隔离电器

家庭或类似场所使用的配电箱,属非熟练人员使用的组合电器,因此主开关应采用具有明显隔离断口或者明显隔离指示的隔离电器。当发生电气故障时,只要分断隔离电器,用户端就与电源切断,此时即使是非熟练人员也可安全地修理。

4 低压熔断器

低压熔断器是一种保护电器，是人为地在电网中设置一个最薄弱的发热元件，当过载或短路电流流过该元件时，利用元件(熔体)本身产生的热量将自己熔断，从而使电路断开，达到保护电网和电气设备的目的。主要由熔体和安装熔体用的绝缘器组成。

熔断器主要由熔体(俗称保险丝)和安装熔体的熔管两部分组成。熔体由易熔金属材料铅、锡、锌及其合金制成。通常做成丝状或片状。熔管是装熔体的外壳，由陶瓷、绝缘钢纸或玻璃纤维制成，在熔体熔断时兼有灭弧作用。如图 7-7 所示。

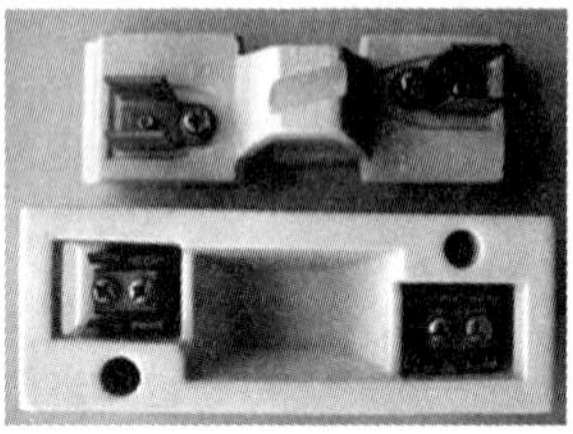

(a)瓷插式熔断器

(b)螺旋式熔断器

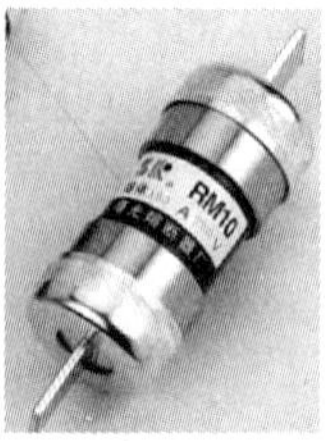

(c)无填料密闭管式熔断器

(d)填充料密闭管式熔断器

(e)自复式熔断器

图 7-7 熔断器的类型

低压熔断器主要有以下类别：

(1)RC 系列瓷插式熔断器：适用于负载较小的照明电路。

(2)RL 系列螺旋式熔断器：配电线路中作过载和短路保护，电动机的短路保护器，机床电气控制。

(3)RM 无填料密闭管式熔断器：熔体装入密闭式圆筒，用于 500 V 以下、600 A 以下电力网或配电设备中。

(4)RT 系列填充料密闭管式熔断器：灭弧能力强，分断能力高，还具有限流作用。

(5)自复式熔断器：采用金属钠作熔体，在常温下具有高电导率。当电路发生短路故障时，短路电流产生高温使钠迅速气化，气态钠呈现高阻态，从而限制了短路电流。当短路电流消失后，温度下降，金属钠恢复原来的良好导电性能。它只能限制短路电流，不能真正分断电路。其优点是不必更换熔体，能重复使用。

5 配电箱(盘)

配电箱(盘)是接受和分配电能的设备。其内主要装有所管辖范围内的全部用电设备的控制和保护设备，在整个建筑内部的公共场所和房间内大量设置有配电箱（盘）。如图 7-8 所示。

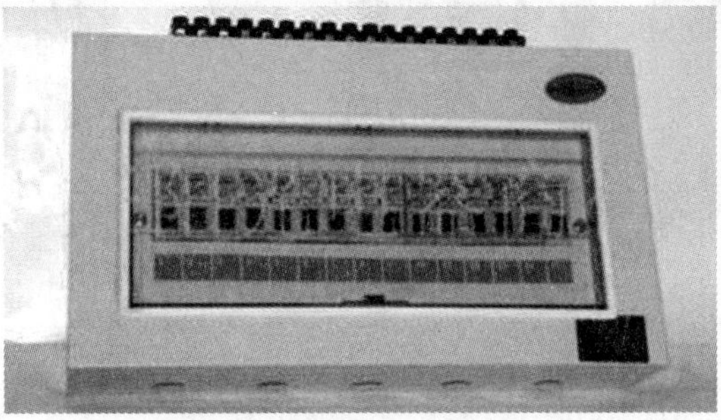

图 7-8　配电箱

5.1　配电箱（盘）的布置

从技术性考虑，应保证每个配电箱的各相供电负荷均衡，其不均匀程度小于 30%，在总箱的供电范围内，各相负荷的不均匀程度小于 10%。

从可靠性考虑，供电总干线中的电流一般为 60 ~ 100 A。每个配电箱的单相分支线不应超过 6 ~ 9 路；每路分支线上设一个空气开关或熔断器；每支路所接设备（如灯具或插座等）总数不宜超过 20 个（最多不超过 25 个），花灯、彩灯、大面积照明灯等回路除外。

从经济性考虑，配电箱应位于用电负荷的中心，以缩短配电线路，减少电压损失。一般规定，单相配电箱供电半径 30 m，三相配电箱供电半径 60 ~ 80 m。各层配电箱的位置在多层建筑中应在相同的平面位置处，以利于配线和维护，且应设置在操作维护方便、干燥通风、采光良好处，并注意不要影响建筑美观和结构合理的配合。

5.2　箱体（盘面）布置及尺寸

根据箱内设备的类型、型号和尺寸，结合供电工艺情况对设备作合理布置，按照设计手册的相应规定，确定各设备之间的距离，即可确定盘面的布置和尺寸。为方便设计和施工，应尽量采用设计手册中所推荐的典型箱体或盘面布置方案。

6　电能表柜（箱）

电能表柜（箱）内的主要设备是电能表，俗称电度表，如图 7-9 所示。电能表是用来记录电能的仪表，又称电表、火表、千瓦时表。

在建筑供配电系统中，通常将同一个楼层的电表及支路开关集中安装在同一个箱柜内，即电表柜（箱），如图 7-10 所示。

电能表在用电管理中是不可缺少的，凡是计量用电的地方均应设电能表。目前应用较多的是感应式电能表，它是利用固定的交流磁场与由该磁场在可动部分的导体中所感应的电流之间的作用力而工作的，主要由驱动元件（电压元件、电流元件）、转动元件（铝盘）、制动元件（制动磁铁）和积算元件等组成。

7　照明灯具开关和插座

低压电气设备还包括照明灯具开关和电源插座，主要用来控制用电设备的开和关，并

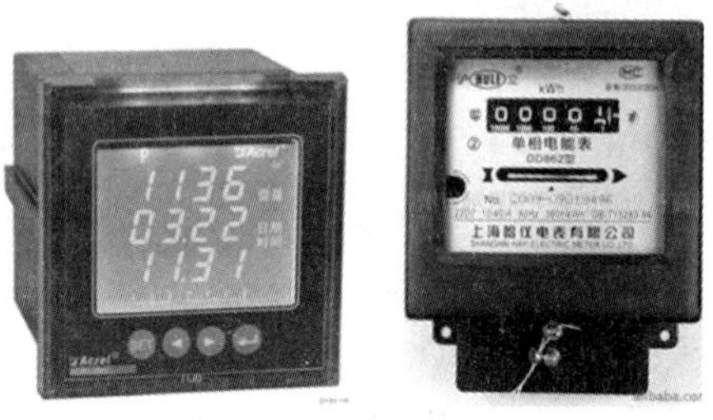

图 7-9　电能表

图 7-10　电能柜(箱)

为低压用电设备提供单相或三相电源。

7.1　照明灯具开关

照明灯具开关用于对单个或多个灯具进行控制,额定电压为 250 V,额定电流有 6 A、10 A 等,有拉线式和翘板式等多种形式,翘板式又有明装和暗装、单极和多极、单控和双控之分。

对于影剧院、歌舞厅、大会场、大商场以及车间厂房等大空间场所的照明,往往用一个开关控制较多的灯具,常采用断路器在照明配电箱内直接集中控制。而对于小空间房间,灯具数量少,电流小(一般在 5 A 以下),为控制方便和节约用电,一般采用专用的照明灯具开关就近控制,而照明配电箱内的断路器只作为配电之用。

7.2　电源插座

在生活、工作及某些生产场所,需要对大量的小型移动电器供电,对这类电器的供电一般采用电源面板插座。一般插座是长期带电的,在设计和使用时要注意。插座根据线路的明敷设和暗敷设的要求,也有明装式和暗装式两种。插座按所接电源相数分三相和单相两类。单相插座按孔数可分二孔、三孔和多孔。二孔插座的左边是零线、右边是相线;三孔也一样,只是中间孔接接地保护线。

国内生产的灯具开关和电源面板插座品种很多,型号也各有不同,但面板规格尺寸国家有统一标准,大多为 86 型。图 7-11 所示为部分面板开关、插座。

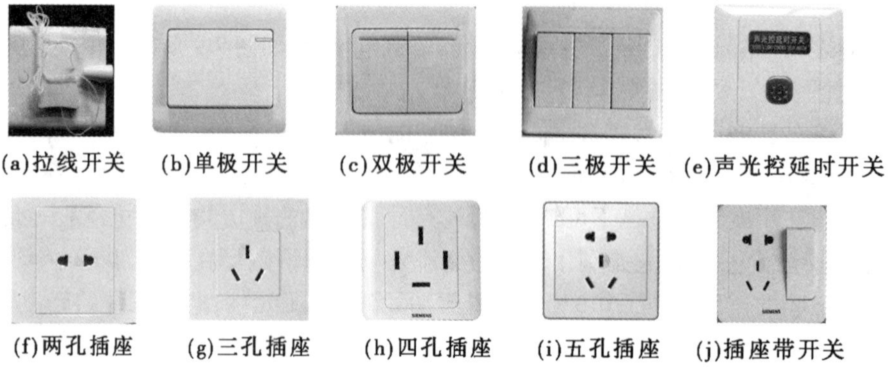

(a)拉线开关　(b)单极开关　(c)双极开关　(d)三极开关　(e)声光控延时开关

(f)两孔插座　(g)三孔插座　(h)四孔插座　(i)五孔插座　(j)插座带开关

图 7-11　部分 86 型面板开关、插座

另外，还有其他型号的开关、插座、插座箱、有线电视插座、电话插座、网络插座等，如图 7-12 所示。

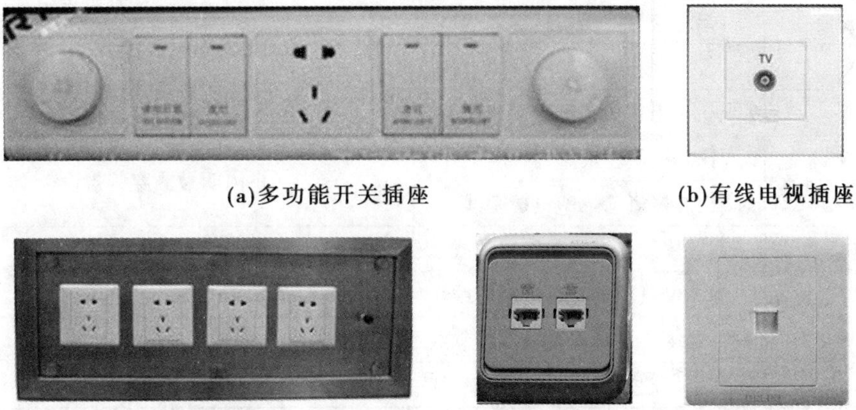

(a)多功能开关插座　(b)有线电视插座

(c)插座箱　(d)电话插座　(e)网络插座

图 7-12　其他类型的插座、开关

7.3　照明灯具开关和电源插座接线要求

(1)照明灯具开关应接于相线上。

(2)明装或暗装翘板式开关，安装标高距地 1.2～1.4 m。

(3)拉线式开关，安装标高距地 3 m 或距顶 0.2 m。

(4)明装插座，安装标高距地 1.8 m。

(5)暗装插座或插座箱，安装标高距地 0.3 m 或 1.8 m。

(6)插座导线连接方法：面向插座面板，单相二孔为左接零线、右接相线；单相三孔为左接零线、右接相线、上孔接保护线；三相四孔插座中间及下面三孔接相线，顶孔接零线或保护线。

8　导线、电缆

8.1　导线

8.1.1　导线的类型

导线可分为裸导线和绝缘导线两大类。在民用建筑中，几乎不采用裸导线。

绝缘导线按芯线材质分，有铜芯和铝芯两种。

绝缘导线按绝缘材料分，有橡皮绝缘(如 BLX、BX、BLXF、BXF)的和塑料(聚氯乙烯)绝缘(BLV、BV)的两种。塑料绝缘导线的绝缘性能好，耐油和抗酸碱腐蚀，价格较低，且节约大量橡胶和棉纱，因此在室内明敷和穿管敷设中应优先选用塑料绝缘导线。但塑料绝缘在低温时易变硬发脆，高温时又易软化，因此室外敷设宜优先选用橡皮绝缘导线。

配电线路常用导线型号、名称及主要应用范围见表 7-6。

表 7-6 配电线路常用导线型号、名称及主要应用范围

型号	名称	主要应用范围
BV	铜芯聚氯乙烯塑料绝缘线	户内明敷或穿管敷设
BLV	铝芯聚氯乙烯塑料绝缘线	
BX	铜芯橡胶绝缘线	户内明敷或穿管敷设
BLX	铝芯橡胶绝缘线	
BVV	铜芯聚氯乙烯塑料护套线	户内明敷或穿管敷设
BLVV	铝芯聚氯乙烯塑料护套线	
BVR	铜芯聚氯乙烯塑料绝缘软线	用于要求柔软电线的地方,可明敷或穿管敷设
BLVR	铝芯聚氯乙烯塑料绝缘软线	
BVS	铜芯聚氯乙烯塑料绝缘双绞软线	用于移动式日用电器及灯头连接线
RVB	铝芯聚氯乙烯塑料绝缘双绞软线	

8.1.2 导线的敷设

绝缘导线的敷设方式可分为明敷(明配线)和暗敷(暗配线)两种。

明配线是将导线沿墙壁、天花板、桁架、柱子等明敷设。通常有瓷(塑)夹板配线、瓷瓶配线、钢(塑料)槽板配线、钢(塑料)管配线、铅皮卡(钢精扎头)配线、塑料钢钉电线卡配线及钢索配线等配线方式。如图 7-13 所示。

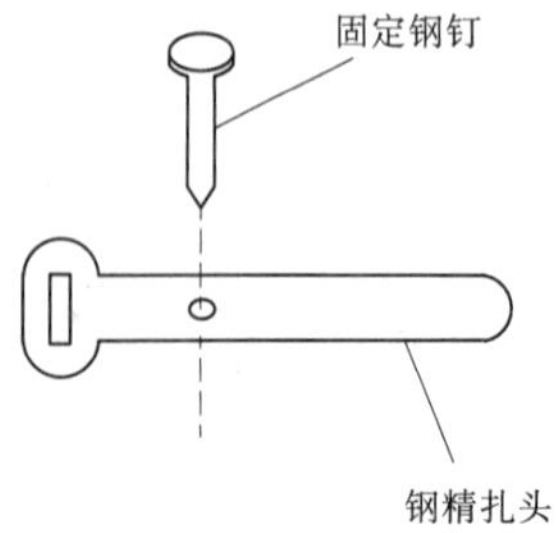

(a)铅皮卡(钢精扎头)配线

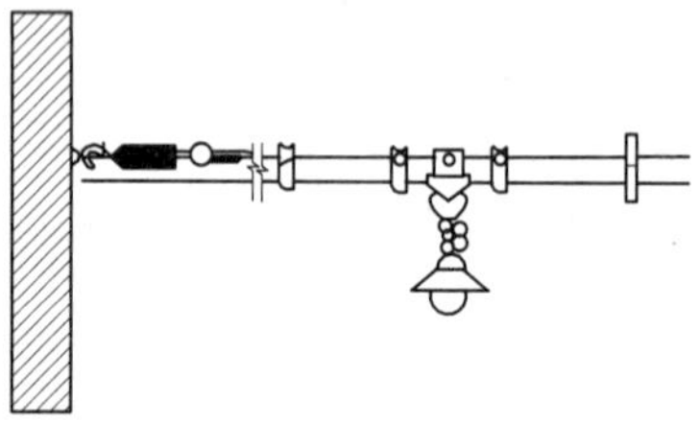

(b)钢索配线

(c)塑料钢钉电线卡配线

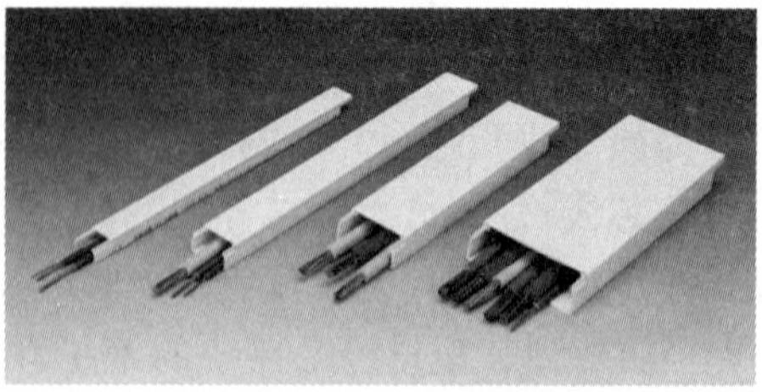

(d)塑料槽板配线

图 7-13 绝缘导线的明配线方式

暗配线是将导线穿管埋设于墙壁、顶棚、地坪及楼板等处的内部,或在混凝土板孔内

敷线，称为暗配线。暗配线可以保持建筑内表面整齐美观，方便施工，节约线材。

暗敷的管子可采用金属管或硬塑料管。穿管暗敷时应沿最近的路径敷设，并应尽量减少弯曲，其弯曲半径应不小于管外径的10倍。导线穿管敷设时，导线总截面（包括外护套）不应超过管子内截面积的40%；管内导线不能有接头；同一回路的导线必须穿在同一根管内；不同性质回路、不同电压等级的导线不能穿在同一根管内；同类照明的多个分支回路可穿同一根管，但总数不应超过8根；导线连接和分支处不应承受机械力。穿线管径选择有表可查。

8.2　电缆

8.2.1　电缆的类型

电缆的种类很多，按其所用的绝缘材料不同，电力电缆可分为油浸纸绝缘电力电缆、橡皮绝缘电力电缆、聚氯乙烯绝缘电力电缆三类。

电力电缆一般都由线芯、绝缘层和保护层三个部分组成。线芯分为单芯、双芯、三芯、四芯及多芯。如图7-14所示。

聚氯乙烯绝缘电力电缆，由于制造工艺简单，没有敷设落差的限制，工作温度可以提高，电缆的敷设、维护、接续比较简便，又有较好的抗腐蚀性和一定的机械强度，目前已广泛用于民用建筑的低压电力电缆线路中。

图7-14　电力电缆

电力电缆的型号及含义见表7-7。

表7-7　电力电缆的型号及含义

类别	导体	内护套	特征	外护套
Z:油浸纸绝缘 V:聚氯乙烯绝缘 YJ:交联聚氯乙烯绝缘 X:橡胶绝缘	L:铝芯 T:铜芯 （一般不注）	Q:铅包 L:铝包 V:聚氯乙烯护套	P:滴干式 D:不滴干式 F:分相铜铅包式	02:聚乙烯套 03:聚氯乙烯套 20:裸钢带铠装 22:钢带铠装聚乙烯套 23:钢带铠装聚氯乙烯套 30:裸细钢丝铠装 32:细圆钢丝铠装聚乙烯套 33:细圆钢丝铠装聚氯乙烯套

例如，ZQ22 - 10(3 ×70)表示油浸纸介质绝缘内铅包护套外钢带铠装铜芯电缆，耐压等级10 kV，3芯，导线标称截面为70 mm^2。

VV22 - 1.0(3 ×95 +1 ×50)表示聚氯乙烯绝缘与护套钢带铠装铜芯电缆，耐压等级1 kV，4芯，相线三芯标称截面为95 mm^2，中性线标称截面为50 mm^2。

8.2.2　电缆的敷设

电缆敷设的方法很多，有直接埋地敷设、电缆地沟（或地下隧道）内敷设、管道中敷设以及沿建筑明敷设等。

采用何种敷设方式,应从节省投资、方便施工、运行安全、易于维修和散热等方面考虑。

1)直接埋地敷设

其优点是施工简单、投资省、散热条件好,故应优先考虑采用。

埋深一般不小于0.7 m,上下各铺100 mm厚的软土或砂层,上盖保护板。应敷于冻土层下,不得在其他管道上面或下面平行敷设。在含有腐蚀性物质的土壤中或有地电流的地方,电缆不宜直接埋地。必须埋地时,宜选用塑料护套电缆或防腐电缆,如图7-15所示。

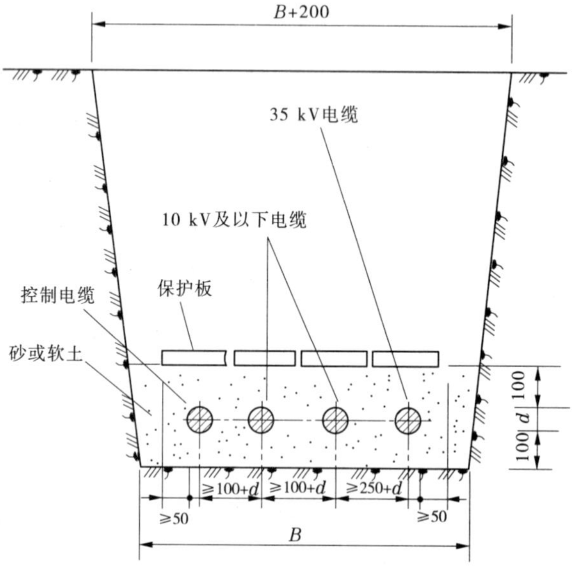

图7-15　电缆埋地敷设示意图　(单位:mm)

2)电缆沟敷设

电缆沟敷设如图7-16所示,沟内可敷设多根电缆,占地少,且便于维修。电缆在沟内应波状放置,预留1.5%的长度,以免冷缩受拉。电缆应与其他管道设施保持规定的距离。

内电缆沟的盖板应与室内地面齐平。在易积水积灰处宜用水泥砂浆或沥青将盖板缝隙密封。经常开启的电缆沟盖板宜采用钢盖板。

室外电缆沟的盖板宜高出地面100 mm,以减少地面水流入沟内。当有碍交通和排水时,采用有覆盖层的电缆沟,盖板顶低于地面300 mm。电缆沟盖板一般采用预制钢筋混凝土盖板,每块重量以两人能提起为宜,一般不超过50 kg。

沟内应考虑分段排水,每50 m设一集水井,沟底向集水井应有不小于0.5%的坡度。电缆沟进户处应设有防火隔墙。

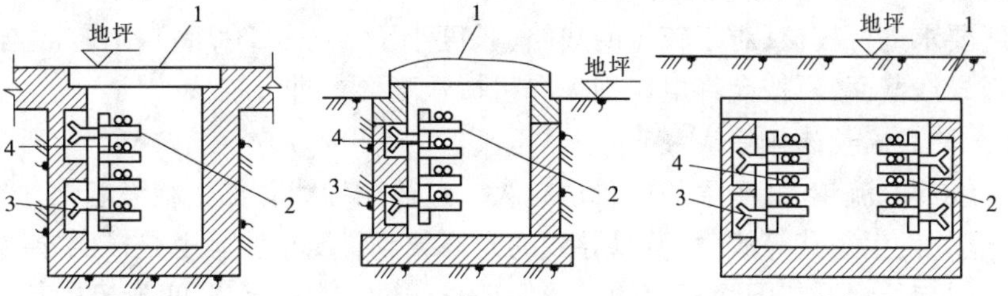

(a)室内　　(b)室内　　(c)厂区

1—盖板;2—电缆支架;3—预埋铁件;4—电缆

图 7-16　电缆沟

3)电缆桥架敷设

电缆桥架由支架、托臂、线槽及盖板组成。电缆桥架在户内和户外均可使用,采用电缆桥架敷设的线路,整齐美观、便于维护,槽内可以使用价廉的无铠装全塑电缆。电缆桥架亦称电缆托盘,有全封闭与半封闭等形式,图 7-17 所示为电缆桥架的几种形式。

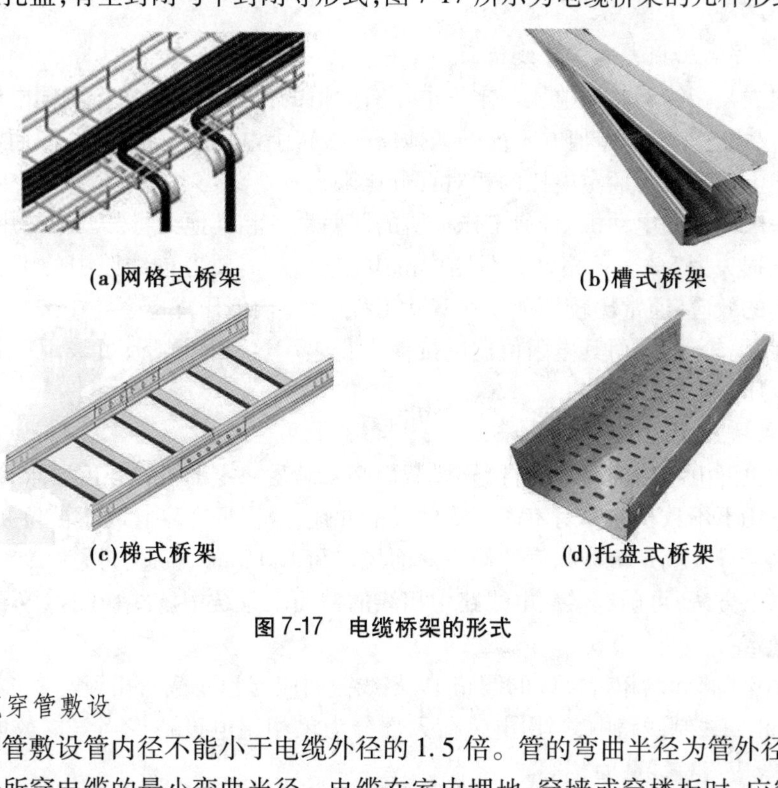

(a)网格式桥架　　**(b)槽式桥架**

(c)梯式桥架　　**(d)托盘式桥架**

图 7-17　电缆桥架的形式

4)电缆穿管敷设

电缆穿管敷设管内径不能小于电缆外径的 1.5 倍。管的弯曲半径为管外径的 10 倍,且不应小于所穿电缆的最小弯曲半径。电缆在室内埋地、穿墙或穿楼板时,应穿管保护。水平明敷时距地应不小于 2.5 m。垂直明敷时,高度 1.8 m 以下部分应有防止机械损伤的措施。

8.3　导线(电缆)截面的选择

室内低压配电线路中,导线(电缆)截面的选择应从导线的允许载流量、允许电压损失和导线的机械强度等方面加以考虑,根据要求进行计算和校核。对于较长的线路(一般指长度大于200 m的线路），通常先按照电压损失选择导线的截面，再按照允许载流量和机械强度要求进行校核；对于较短的线路（长度小于或等于200 m），则通常先按照允许载流量选择导线截面，再按允许电压损失和机械强度要求进行校核。

8.3.1 按允许载流量选择导线截面

流过导线的电流越大，产生的热量也越大。过热的导线会加快绝缘老化，严重时甚至会损坏绝缘层，发生短路等故障，所以导线的允许载流量要求实际上是按照导线正常工作时因发热而引起的温升范围而规定的。为保证导线的实际工作温度不超过其允许值，导线允许长期通过的电流值应限制在一定的数值以内。

橡皮绝缘和塑料绝缘导线最高允许工作温度为65 ℃，因而敷设地点的环境温度增高，导线的允许温升范围将缩小，允许载流量也将减小。此外，导线的允许载流量还和敷设方式、穿管材料、管径大小以及管内导线根数等有关，因为这些因素都会影响到导线工作时的散热环境，有规范可查。在实际工程中选取导线截面时，要求导线在规定条件下（包括敷设方式、管材、管径及穿管导线根数等）的允许载流量大于或等于线路中的计算电流。

8.3.2 按允许电压损失选择导线截面

电压损失是指线路始端电压与末端电压有效值的代数差值。对于不同电压等级的供配电系统，仅用这一电压差值并不能确切地反映线路上电压损失的程度，因而电压损失通常采用上述电压差值与额定电压的相对百分比来表示。

对于一般用途的电动机、普通工作场所的照明设备和其他无特殊要求的用电设备，其允许的电压损失为5%。严格计算线路中的电压损失，需要考虑线路中的电阻和电抗两部分所产生的效应，通常比较烦琐。在实际工程中，室内低压配电系统中的导线截面一般较小，线间距离较近，因而其电阻值比电抗值大得多。这种情况下，可采用有关公式计算线路中的电压损失。

8.3.3 按机械强度选择导线截面

为保证供配电线路的安全运行，导线截面必须满足一定的机械强度要求，以保证在可能的外力作用下不致折断。对室内穿管敷设的导线，应保证在穿管时不被拉断。因此，穿管敷设的铜芯导线满足机械强度的最小截面规定为1.0 mm^2，铝芯导线为2.5 mm^2。

根据以上方法，可确定供配电线路中相线的截面。系统中零线（中性线）的截面应按下列原则确定：

（1）单相线路和两相带零线的线路中，零线截面应与相线截面相等。

（2）三相四线制线路中，当用电负荷大部分为单相用电设备或当气体放电灯为主要负荷时，零线应与相线截面相等。

（3）三相四线制以及三相五线制线路中，当相线截面小于或等于16 mm^2 时，零线及保护线截面应与相线截面相等；当相线截面大于16 mm^2，小于或等于35 mm^2 时，零线及保护线截面不应小于16 mm^2；当相线截面大于35 mm^2 时，零线以及保护线截面应不小于相线截面的一半。

思考题

1. 电力系统是怎样构成的？它的作用是什么？
2. 用电负荷等级是如何划分的？各个等级的用电负荷的供电要求是什么？
3. 低压配电系统有哪些基本接线方式？各自有何特点？
4. 室内低压配电系统由哪几个部分组成？
5. 简要说明自动空气开关的工作原理，实际工程中应如何选择自动空气开关？
6. 漏电保护器有哪些类型？
7. 导线、电缆有哪些类型，敷设方式有哪些？
8. 导线（或电缆）的截面应如何选择？

学习项目 8　照明工程

【教学要求】

通过本项目学习，使学生了解照明基本知识；电光源与灯具；掌握装饰照明及照明设计；熟读电气照明工程施工图。

照明是建筑电气技术的基本内容，是保证建筑物功能的必要条件，合理的照明设计对提高工作效率、保证安全生产和保护视力都具有重要的意义，良好的室内光环境也是室内设计中的重要审美要求。照明又能对建筑进行装饰，发挥和表现建筑环境的美感，因此照明已经成为现代建筑的重要组成部分。

照明在建筑物中的作用可归结为功能作用和装饰作用。功能性照明主要为室内外空间提供符合要求的光照环境，以满足人们生活和生产的基本需求；而装饰性照明则着重于营造环境的艺术气氛，以加强和突出建筑装饰的效果。

照明系统由照明装置及其电气部分组成。照明装置主要指灯具及其附件，照明系统的电气部分指照明配电盘、照明线路及照明开关等。

任务 8.1　电气照明基础知识

1　光的概念

光是电磁波，在空间以电磁波的形式传播。可见光是人眼所能感觉到的那部分电磁传播，它只是电磁波中很小的一部分，波长范围在 380 ~ 780 nm，波长小于 380 nm 的叫紫外线；大于 780 nm 的叫红外线。这两部分虽不能引起视觉，但与可见光有相似特性。

在可见光区域内不同波长亦呈现不同的颜色，波长从 780 nm 向 380 nm 变化时，光的颜色会出现红、橙、黄、绿、青、蓝、紫 7 种不同的颜色。

当然，各种颜色的波长范围不是截然分开的，而是由一个颜色逐渐减少，另一个颜色逐渐增多渐变而成的。

2　光通量

光源在单位时间内，向周围空间辐射出使人眼产生光感觉的能量称为光通量，以字母 Φ 表示，单位是流明（lm）。光通量是电光源的一个重要指标，反映光源发光能力的强弱。表 8-1 为常见光源的光通量。

3　发光强度

光源在给定方向上、单位立体角内辐射的光通量，称为在该方向上的发光强度，以字

母 I 表示，单位是坎德拉（kd）。发光强度是表示光源（物体）发光强弱程度的物理量，反映了光源发出的光通量在空间的分布密度。一般来说，电光源发出的光通量在空间的分布是不均匀的，通过在电光源上加灯罩，可以人为地改变和控制整个灯具的光强分布，从而改变和控制室内外的光照环境。

表 8-1　常见光源的光通量

光源种类	光通量（lm）	光源种类	光通量（lm）	光源种类	光通量（lm）	光源种类	光通量（lm）
太阳	3.9×10^{28}	卤钨灯 500 W	9 750	荧光灯 20 W	930	汞灯 400 W	9 200
月亮	8×10^{16}	钠灯 100 W	9 000	荧光灯 40 W	2 200	汞灯 750 W	22 500
蜡烛	11.3	白炽灯 100 W	1 038	汞灯 250 W	4 900	荧光汞灯 1 kW	52 500

4　照度

被照物体表面单位面积上接收到的光通量称为照度。以字母 E 表示，单位是勒克斯（lx）。照度只表示被照物体上光的强弱，并不表示被照物体的明暗程度。

为了对照度有一些感性认识，现举例如下：晴天阳光直射时照度约为 100 000 lx，室内照度为 100～500 lx；晴空满月月光下照度约为 0.2 lx；在 40 W 白炽灯下 1 m 远处的照度为 30 lx。1 lx 照度是比较小的，在这样的照度下人们仅能勉强地辨识周围的物体，要区分细小的物体是很困难的。阅览室和办公室的照度一般要求不低于 50 lx。

5　亮度

一个单元表面在某一方向上的光强密度称为亮度。亮度表示测量到的光的明亮程度，它是一个有方向的量。当一个物体表面被光源（比如一支蜡烛）照亮时，我们在物体表面上所能看到的就是光的亮度。

对于被照面来说，其表面的亮度不仅与照度有关，还与其表面的反光性能有关，如在相同的光照环境下放置两个反光性能不同的物体（一个白色，另一个黑色），虽然两物体的照度相同，但由于白色表面反光能力强，因而看起来白色表面要亮得多。

任务 8.2　电光源和灯具

爱迪生在 1879 年发明了白炽灯泡，这是人类最早的电光源，它的出现对人类社会的发展产生了深远的影响。从此，人类开始告别世世代代使用的篝火、油灯等照明工具。随着材料、工艺等技术的不断改进，各种新型电光源和灯具不断涌现，已经构成了现代装饰工程中不可缺少的组成部分。

我们把将电能转换为光能的设备称为电光源，有时简称为电灯。

1　电光源及其分类

电光源的种类很多，各种形式的电光源的外观形状以及光电性能指标都有很大的差异,但从发光原理来看,电光源可分为两大类:热辐射光源和气体放电光源。

1.1 热辐射光源

热辐射光源是利用电流将灯丝加热到白炽程度而产生热辐射发光的一种光源。热辐射光源的发光原理是:金属在高温下会辐射出可见光,温度越高,在其总辐射量中,可见光所占的比例越大。例如白炽灯和卤钨灯,都是以钨丝作为辐射体,通电后使之达到白炽程度而产生可见光。

1.1.1 白炽灯

作为第一代电光源的白炽灯是由钨丝、支架、引线、玻璃泡和灯头等部分组成的,白炽灯具有紧凑小巧、结构简单、使用方便、价格低廉、显色性能好、可以调光、能瞬间点燃、无频闪等特点,但白炽灯的钨丝所辐射出的光谱中,绝大部分是不能引起人眼视觉的红外光,而可见光只占总辐射能量的2% ~3%,因而白炽灯的热效应显著,而发光效率却很低,光色较差,抗震性能不佳,平均寿命一般只有1 000 h。

白炽灯使用时受环境影响很小,因而应用很广,通常用于日常生活照明、工矿企业照明及剧场、宾馆、商店等地方,特别是在需要直射光束的场合。

为了提高能效,保护环境,积极应对全球气候变化,依据《中华人民共和国节约能源法》,国家发展和改革委、商务部、海关总署、工商总局、质检总局联合发文,决定从2012年10月1日起逐步禁止进口(含从海关特殊监管区域和保税监管场所进口)和销售普通照明白炽灯。

1.1.2 卤钨灯

通过光谱分析发现,提高钨丝温度可以提高白炽灯的发光效率,但是过高的温度会使钨丝很快升华、变细以致烧断,同时钨蒸气的凝华会使灯泡玻璃壳发黑,从而降低白炽灯发出的光通量。为改善热辐射光源的光电性能,1959年制成了卤钨灯,如图8-1所示。其发光原理与白炽灯相同,只是结构、外形等与白炽灯有很大差别。卤钨灯的灯泡壳由石英玻璃制成,灯泡内充入卤素元素(如碘、溴等),钨灯丝通过支架悬于管内,当卤钨灯工作时,在高温下从钨丝上蒸发出的钨元素通过卤族元素的再生循环作用,又能回到钨丝附近,甚至返回到钨丝上。这样一方面提高了钨丝温度,改善了发光效率,另一方面又减慢了钨丝的挥发速度,防止灯管发黑,使得灯管发出的光通量不致因钨丝挥发而减少,从而延长了使用寿命。

目前使用的卤钨灯型号很多,其中管状卤钨灯被广泛应用于体育场、舞台、广场、摄影等场合的照明,近年来一些小功率的卤钨灯已用于商场橱窗、会议室和家庭的台灯壁灯等室内照明电光源。

卤钨灯与白炽灯相比,光效提高30%,寿命增长50%,一般达1 500 h。卤钨灯具有体积小、功率大、能够瞬时点燃、可调光、无频闪效应、显色性好和光通维持性好等特点。

为维持正常的卤钨循环,管状卤钨灯工作时需水平安装,倾角不得大于±4°,以免缩短灯的寿命。

1.2 气体放电光源

气体放电光源是利用气体处于电离放电状态而产生可见光的一种光源,常用的气体放电光源有荧光灯、钠灯、荧光高压汞灯和金属卤化物灯等。其共同的特点是发光效率

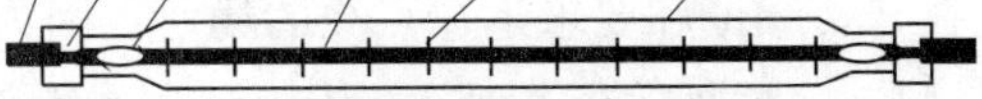

管状卤钨灯结构

图 8-1　常见卤钨灯

高、寿命长、耐震性好等。气体放电光源一般应与相应的附件配套才能接入电源使用。气体放电光源按放电的形式分为弧光放电灯和荧光放电灯。

1.2.1　荧光灯

荧光灯作为第二代电光源的典型代表,是一种低压汞蒸气放电灯。

直管式荧光灯的外形如图 8-2 所示。荧光灯管的主要部件是灯头、热阴极和内壁涂有荧光粉的玻璃管。热阴极为涂有热发射电子物质的钨丝,玻璃管在抽真空后充入气压很低的汞蒸气和惰性气体氩。在管内壁涂上不同的荧光粉,则可制成月光色、白色、暖白色以及三基色荧光灯。

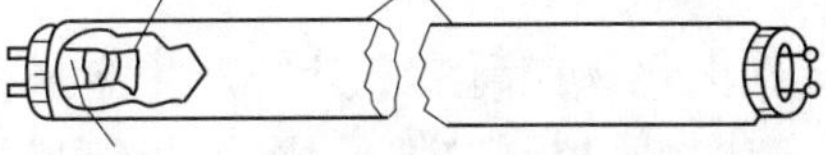

图 8-2　直管式荧光灯基本构造

荧光灯具有表面亮度低、表面温度低、光效高、寿命长、显色性较好、光通分布均匀等优点,它被广泛用于进行精细工作、照度要求高或进行长时间紧张视力工作的场所,也是室内功能性照明使用最为广泛的一种电光源。

荧光灯的主要缺点是具有频闪,且需配备镇流器。目前配置电子镇流器的各种荧光灯已在工程中得到应用,使得荧光灯的工作条件和节能效果得到了进一步改善。开关频繁会缩短灯管寿命,电压偏移对荧光灯的寿命和光效影响较大,环境温度和湿度对荧光灯的工作影响大。

1.2.2　紧凑型荧光灯(节能灯)

紧凑型荧光灯现已成为国家政要和普通百姓家喻户晓的节能产品,特别是配有电子镇流器和选用 E27 螺口灯头的一体化型产品，这类产品简称为节能灯，而且公认它为目前取代白炽灯的主要适宜光源。如图 8-3所示。

图 8-3　紧凑型荧光灯

1.2.3　荧光高压汞灯

荧光高压汞灯也称为高压水银灯，主要由灯头、石英密封电弧管和玻璃泡壳组成。

高压汞灯具有光效高、抗震性能好、耐热、平均寿命长、节省电能等优点，其有效寿命可达 5 000 h。但是存在尺寸较大、显色性差、不能瞬间点燃、受电压波动影响大等缺点。

常用于室内高度较大(一般在 5 m 以上)的建筑物内以及街道、广场、车站、施工工地等不需要分辨颜色的作为大面积照明的电光源。高压汞灯的光色呈蓝绿色，缺少红色成分，因而显色性差，照到树叶很鲜明，但照到其他物体上，就变成灰暗色，失真很大，故室内照明一般不采用。

高压汞灯不宜使用在开关频繁和要求迅速点亮的场所。因为高压汞灯的再启时间较长，熄灭后，不能立刻再启动，一般须等待冷却 5 ~ 10 min 后才能再次启动。

高压汞灯由于使用了一定量的汞，不利于环保，普通汞灯已经逐步被钠灯取缔。

1.2.4　高压钠灯

钠灯通过高压钠蒸气放电发光，按钠蒸气的工作压力分为高压钠灯和低压钠灯。

高压钠灯由灯头、玻璃外壳、陶瓷电弧管(电弧管)等组成，并且需外接镇流器。

高压钠灯具有发光效率高、寿命长、体积小、亮度高、紫外线辐射小、透雾性能好、抗震性能好等优点，平均寿命可达 5 000 h。但高压钠灯存在着显色性能较差、启动时间长等缺点。

高压钠灯适用于需要高亮度、高效率的大场所照明，如高大厂房、车站、广场、体育馆等对显色性没有特别要求的场所，特别是城市主要交通道路、飞机场跑道、沿海及内河港口城市的路灯照明。由于其不能瞬间点燃、启动时间长，故不宜作事故照明灯用。

1.2.5　金属卤化物灯

金属卤化物灯是通过金属卤化物在高温下分解产生金属蒸气和汞蒸气，激发放电辐射出可见光，适当选择金属卤化物并控制它们的比例，可制成不同光色的金属卤化物灯，如钠、铊、铟灯和日光色镝灯等。

金属卤化物灯具有光效高、光色好、功率大等特点，适合于对高照度、高显色性要求较高的场所，如用于需要进行电视转播的体育场馆的照明。

1.2.6　LED 电光源

LED(Light Emitting Diode)，发光二极管，是一种能够将电能转化为可见光的固态的半导体器件，它可以直接把电转化为光。

LED 电光源的特点是体积小、环保性能好、安全稳定、抗震、抗冲击性能好、指向性强、响应时间短、光效高、光色丰富、无闪烁、无紫外线、亮度可调、节能等。

LED 灯广泛应用于建筑物室内外照明，景观照明，标识与指示性照明，室内空间展示照明，视频屏幕，车辆指示灯照明，交通信号灯等。如图 8-4 所示。

图 8-4　LED 电光源的应用

2　电光源的主要光电特性指标

了解各种电光源的光电特性参数的含义，将有助于正确地选择电光源，使室内外的照明环境达到预期的效果。

2.1　发光效率

电光源消耗每单位的电功率所发出的光通量称为发光效率，简称为光效，其单位为 lm/W。发光效率是衡量电光源节能性的一个重要指标，发光效率越高，表明电光源的节能性越好。

2.2　色温

电光源的颜色常用色温这一概念来描述。若某电光源所发射光的颜色在视觉上与绝对黑体在一定温度下所辐射出的光颜色相同或相近，即电光源所发光的光谱分布与一定温度下黑体辐射的光谱分布相同或相近，则称这一温度为该电光源的色温。色温能较准确地反映热辐射光源的颜色特性。对气体放电光源，一般只用“相关色温”的概念来反映其光源颜色，色温和相关色温的单位均为绝对温度单位：开（K）。表 8-2 为常见光源色温或相关色温。

表 8-2　常见光源色温或相关色温

光源	色温或相关色温(K)	光源	色温或相关色温(K)
蓝天光	11 000 ~ 20 000	荧光灯（暖光色）	3 500
月亮光	4 125	白炽灯(10 W)	2 400
蜡烛光	1 925	白炽灯(100 W)	2 740
荧光灯（日光色）	6 500	高压钠灯	2 100

一般而言，色温较高（大于 5 000 K）的电光源所发出的光在视觉上呈冷色，色温较低（小于 3 300 K）的电光源所发出的光在视觉上呈暖色，色温介于两者之间的则呈中间色。因而电光源的色温（或相关色温）反映出它的外观颜色效果。

在不同色温和不同照度的电光源下，会产生不同的视觉舒适感，在较低色温（暖色调）的灯光下，较低的照度就可达到视觉上的舒适感，而在较高色温的灯光下，则需要较高的照度才能适应。

2.3 显色性

同一物体在不同光源照射下,人眼会感到物体呈现出不同的颜色,如一块白布在红光照射下呈红色,而在黄光照射下则呈黄色。因此,在电光源下观察物体会出现“颜色失真”现象。

电光源的显色性是指物体在电光源和标准光源的照射下,在视觉上颜色的失真程度,用显色指数来表示。失真程度小,则电光源的显色指数大;反之,则显色指数小。标准光源的显色指数规定为100,大多数电光源的显色指数低于100。

2.4 频闪

气体放电光源工作时,发出的光通量将随着交流电压和电流作周期性变化,这一现象称为频闪,它使得电光源出现闪烁感。一般来说,作为功能性照明的气体放电光源产生的频闪现象是有害的,长时间在这样的光源下工作和学习,容易引起视觉的疲劳;高速旋转的物体在具有频闪的光源照射下,会使人产生“物体是静止”的错觉。因此,在有旋转物体的车间厂房内,一般不单独采用此类电光源进行照明,以免留下事故隐患。

电光源除上述特性参数外,选择电光源时,还应考虑其平均寿命、表面亮度和启动时间等因素,表8-3为常用电光源的主要特性参数。可见,有些电光源的某一方面的特性较好,而其他方面的指标较差,因而单独采用某种单一光源进行照明将不能同时满足室内外照明的整体要求,为此,常将不同类型的电光源组合成混光灯,或在同一空间内采用不同类型的电光源(如暖色调电光源与冷色调电光源)同时进行照明。

表8-3 常用电光源的主要特性参数

特性	热辐射光源		气体放电光源			
	白炽灯	卤钨灯	荧光灯	荧光高压汞灯	高压钠灯	金属卤化物灯
光效	6.5~19	20~21	40~80	40~50	90~120	70~100
色温	2 400~2 900	2 900~3 200	3 500~6 500	6 000	2 100	6 000
显色指数	95~99	95~99	70~95	35~40	20~25	85~95
平均寿命	1 000	1 500~5 000	3 000~8 000	2 500~5 000	大于3 000	2 000
频闪现象	无	无	明显	明显	明显	明显
表面亮度	大	大	小	较大	较大	大
启动与再启动时间	瞬间	瞬间	较短	长	长	长
受电压波动的影响	大	大	较大	较大	较大	较大
受环境温度的影响	小	小	大	较小	较小	较小
耐震性	较差	差	较好	好	较好	好
所需附件	无	无	镇流器	镇流器	镇流器	镇流器

3　灯具及其分类

灯具也称为照明器，它是电光源、附件和灯罩的总称。

3.1　灯具的配光曲线

灯具的配光曲线表示灯具的发光强度在空间的分布情况，所以也称为发光强度分布曲线。对于轴对称形状的灯具，其配光曲线也是轴对称的，非轴对称形状的灯具，则应采用不同方向上的配光曲线来表示其发光强度的空间分布。

3.2　灯具的保护角与效率

灯具的保护角是指灯具的下边沿到电光源下端的连线与水平方向的夹角，如图8-5所示，其大小决定了电光源能直射到达的空间范围。为减小光源直射产生的眩光作用，一般要求灯具的保护角大于或等于27°，保护角过小，不利于抑制眩光和保护视力。

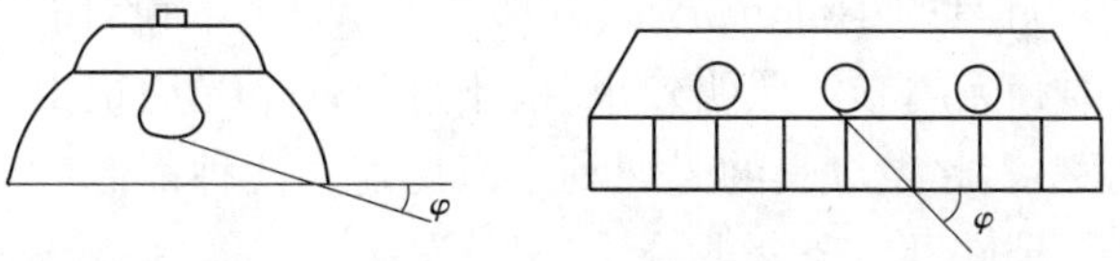

(a)广照型灯　　(b)格栅灯具

图8-5　灯具的保护角

灯具的效率定义为灯具发出的光通量与电光源发出的光通量的比值，它是衡量灯具经济性的一个指标。由于电光源发出的光通量中有一部分会被灯罩吸收，所以灯具的效率总是小于1的，一般为0.5～0.9。

3.3　灯具分类

灯具的品种繁多，形状各异，各具特色，可以按不同的方式加以分类。

3.3.1　按灯具的作用分类

按灯具所起的主要作用，可将灯具分为功能性灯具和装饰性灯具。功能性灯具以满足高光效、高显色性、低眩光等要求为主，兼顾装饰性方面的要求；而装饰性灯具一般由装饰性零件围绕光源组合而成，以美化空间环境、渲染照明气氛为主。

3.3.2　按配光曲线分类

根据国际照明委员会（CIE）的建议，灯具按光通量在上下空间分布的比例（配光曲线）分为五类：直接型、半直接型、漫射型（包括水平方向光线很少的直接－间接型）、半间接型和间接型。如图8-6所示。

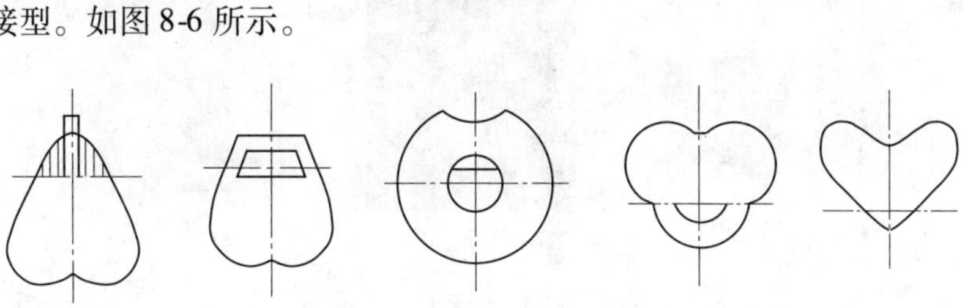

图8-6　灯具光通量在上下空间分布的比例示意图

（1）直接型灯具。绝大部分光通量（90%～100%）直接投照下方，所以灯具的光通量的利用率最高。直接型灯具适用于层高较高的厂房建筑内或广场道路的照明。

(2)半直接型灯具。灯具大部分光通量(60% ~90%)射向下半球空间,少部分射向上方,射向上方的分量将减少照明环境所产生的阴影的硬度并改善其各表面的亮度比。

(3)漫射型或直接－间接型灯具。灯具向上向下的光通量几乎相同(各占 40% ~60%)。最常见的是乳白玻璃球形灯罩,其他各种形状漫射透光的封闭灯罩也有类似的配光。这种灯具将光线均匀地投向四面八方,因此光通利用率较低。

(4)半间接型灯具。灯具向下光通占 10% ~40%,它的向下分量往往只用来产生与天棚相称的亮度,此分量过多或分配不适当也会产生直接或间接眩光等一些缺陷。上面敞口的半透明灯罩属于这一类。它们主要作为建筑装饰照明,由于大部分光线投向顶棚和上部墙面,增加了室内的间接光,光线更为柔和宜人。但应注意灯具上部清洁,否则会影响灯具的效率。

(5)间接型灯具。灯具的小部分光通(10%以下)向下。设计得好时,全部天棚成为一个照明光源,达到柔和无阴影的照明效果,由于灯具向下光通很少,只要布置合理,直接眩光与反射眩光都很小。此类灯具的光通利用率比前面四种都低。

3.3.3 按照安装方式和使用场合分类

按照灯具的安装方式可将灯具分为壁灯、吊灯、吸顶灯、落地灯、台灯、柱灯和投光灯、水下照明灯、舞台灯等。

1)壁灯

壁灯安装在墙壁或柱上,根据外形和安装场所,壁灯又可分为多种形式,如简式壁灯、单叉(或双叉)壁灯、镜前壁灯、投射壁灯等。

2)吊灯

照明器挂吊在顶棚上。根据挂吊的材料不同可分为线吊式、链吊式和管吊式等。如图 8-7 所示。

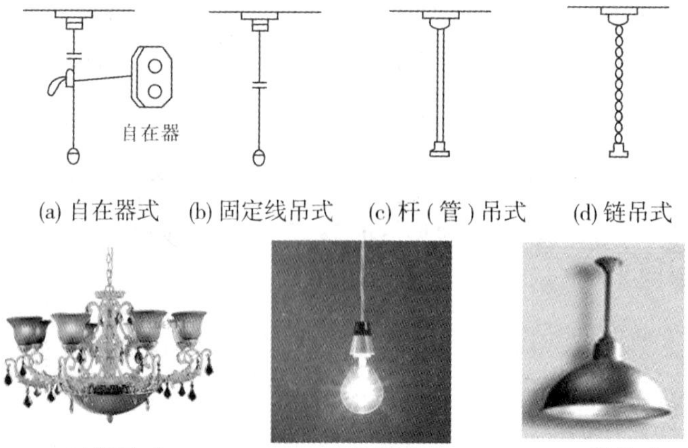

(a) 自在器式 (b) 固定线吊式 (c) 杆(管)吊式 (d) 链吊式

(e) 链吊式 (f) 线吊式 (g) 杆吊式

图 8-7 吊灯

吊灯是室内装饰照明中常用的灯具,其外形多姿多彩,豪华型的花吊灯经常安装于高大的厅堂和旋转楼梯中间部位等处,其外表华丽生动,配以暖色调的电光源,能在室内形成一个(或多个)温暖明亮的视觉中心,对室内环境起到强烈的烘托效果。

3)吸顶灯

吸顶灯紧贴顶棚安装,如图 8-8 所示,适用于层高较低的室内,如宾馆客房、住宅、卫生间、走道等处的照明,其外形可制作成圆筒形、方形、扁圆形、半球形等。

4)落地灯

落地灯的特点是可根据室内家具布置的需要,灵活地改变其位置,经常与沙发、茶几、书桌等组合使用,给人带来室内空间"常变常新"的感觉。如图 8-9 所示。

5)台灯

台灯主要用于局部照明,因而对台灯所使用的电光源有高显色性、无频闪和高光效等方面的要求,宜采用有电子镇流器的高效荧光灯管或 LED 灯。如图 8-10 所示。

图 8-8　吸顶灯

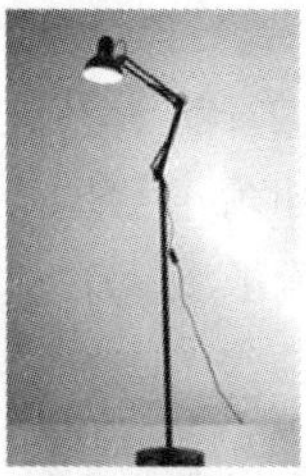

图 8-9　落地灯

图 8-10　台灯

6)嵌入式灯具

照明器的大部分或全部嵌入顶棚内,只露出发光面。如图 8-11 所示。

7)柱灯(庭院灯)

柱灯主要用于庭院照明,特别是住宅小区、街心花园、公园、宾馆内草坪等场所。如图 8-12所示。

8)投光灯

投光灯一般用于室外正面的泛光照明。通过投光灯产生的具有不同光色的光照效果,使建筑物的外形风格充分呈现在深暗的夜色背景中,并使夜幕中的建筑物展现出很强的立体感。如图 8-13 所示。

图 8-11　嵌入式灯具

图 8-12　柱灯

图 8-13　投光灯

9)水下照明灯

水下照明灯多用于游泳池、喷泉等处的照明,配以音乐装置使得水面水柱、水花更加生动活泼,不同光色的水下照明灯使夜景中的喷泉交相辉映,产生出比白天更加壮美的艺术效果。如图 8-14 所示。

10)舞台灯

舞台灯是比较专业的照明灯具。舞台灯根据不同用途可分为舞台追光灯、聚光灯等。

11)舞厅专用灯

舞厅专用灯是经过艺术处理的专用灯具,用以增加和渲染舞厅内的活泼气氛,其种类包括:主要用于迪斯科舞厅的聚光转盘灯;用于舞厅、歌厅的转色灯;舞厅、酒店和文艺演出场所常用的卫星舞台灯、激光灯,本身不发光,只借助于其他光源反射闪烁发光的旋转镜面反射灯等。

图 8-14 水下照明灯

12)应急灯(疏散指示灯)

应急灯主要用作观众厅、多功能厅、候车(机)大厅等人员密集场所的安全出口标志灯和疏散指示标志灯。应急灯上应有文字标注或箭头指示疏散方向,如图 8-15 所示。

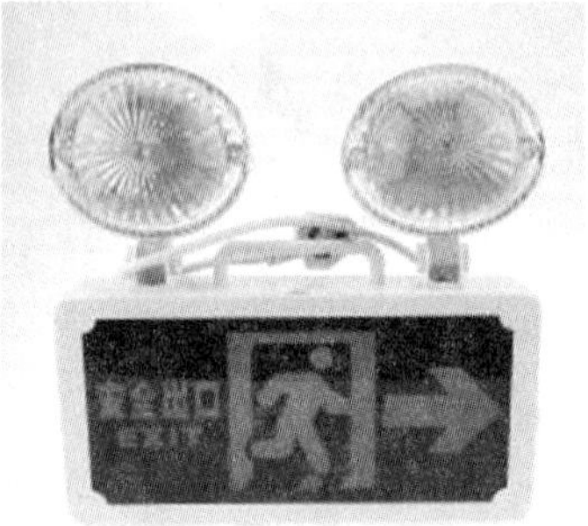

图 8-15 应急灯

3.3.4 按灯具的结构特点分类

灯具按结构特点分类,主要有下列几种:

(1)开启型。其光源与外界环境直接相通,如图 8-16(a)所示。

(2)闭合型。透明灯具是闭合型,透光罩把光源包合起来,但是罩内外空气仍能自由流通,如乳白玻璃球形灯等,如图 8-16(b)所示。常作为天棚灯和庭院灯等。

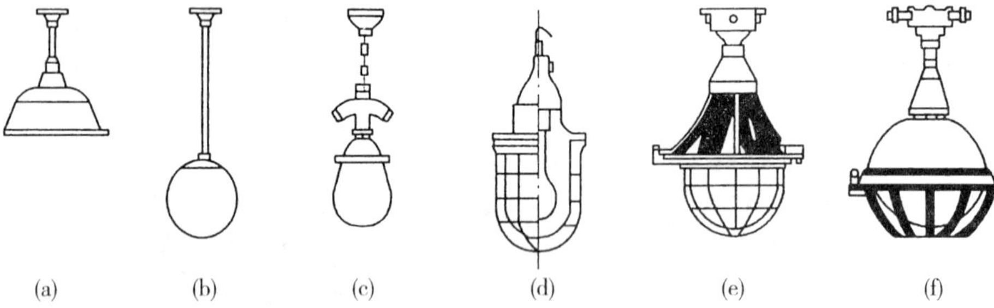

图 8-16 灯具按结构特点分类

(3)密闭型。透明灯具固定处有严密封口,内外隔绝可靠,如防水、防尘灯等,如图 8-16(c)所示。可作为需要防潮、防水和防尘场所照明灯具。

(4)防爆型。符合《爆炸和火灾危险环境电力装置设计规范》(GB 50058—2014)的要求,能安全地在有爆炸危险的场所中使用,如图 8-16(d)所示。

(5)安全型。安全型灯具透光罩将灯具内外隔绝,在任何条件下,都不会因灯具引起爆炸的危险,如图 8-16(e)所示。这种灯具使周围环境中的爆炸气体不能进入灯具内部,可避免灯具正常工作中产生的火花而引起爆炸。它适用于在不正常情况下有可能发生爆炸危险的场所,如加油站、加气站等。

(6)隔爆型。隔爆型灯具结构特别坚实,并且有一定的隔爆间隙,即使发生爆炸也不易破裂,如图8-16(f)所示。它适用于在正常情况下有可能发生爆炸的场所。

4 灯具的选择

灯具选择是电气照明设计的基本内容之一,一般从结构和光特性两方面考虑,应遵循功能完善、安全可靠、经济节约、协调一致的原则。

4.1 电光源的选择

根据建筑物各房间的不同照度标准、对光色和显色性的要求、环境条件(温度、湿度等)、建筑特点、对照明可靠性的要求,根据基建投资情况结合考虑长年运行费用(包括电费、更换光源费、维护管理费和折旧费等),根据电源电压等因素,确定电光源的类型、功率、电压和数量。

(1)可靠性要求高的场所,需选用便于启动的电光源。

(2)高大的房间宜选用寿命长、效率高的光源。

(3)办公室宜选用光效高、显色性好、表面亮度低的荧光灯做光源。

4.2 按配光曲线选择灯具

(1)一般生活和工作场所,可选择直接型、半直接型、漫射型及荧光灯具。

(2)在高大建筑物内,灯具安装高度在4~6 m时,宜采用深照型、配照型灯具,也可选用广照型灯具;安装高度超过6 m时,宜选用特深照型灯具。

(3)室外照明,一般选用广照型灯具,道路照明可选用投光灯。

4.3 根据环境条件选择灯具

(1)在正常环境中,可选用开启型灯具。

(2)在潮湿、多灰尘的场所,应选用密闭型防水、防潮、防尘灯。

(3)在有爆炸危险的场所,可根据爆炸危险的级别适当地选择相应的防爆灯具。

(4)在有化学腐蚀的场所,可选用耐腐蚀性材料制成的灯具。

(5)在易受机械损伤的环境中,应采用带保护网罩的灯具。

4.4 灯具形状应与建筑物风格相协调

(1)按建筑物的建筑艺术风格可分为古典式和现代式、中式和欧式等建筑艺术风格。若建筑物为现代式建筑风格,其灯具应采用流线型,具有现代艺术的造型灯具。

(2)按建筑物的结构形式又有直线形、曲线形、圆形等。选择灯具时根据建筑结构的特征合理地选择和布置灯具,如在直线形结构的建筑物内,宜采用直管荧光灯组成的直线光带或矩形布置,突出建筑物的直线形结构特征。

(3)按建筑物的功能又分为民用建筑物、工业建筑物和其他用途建筑物等。在民用建筑物照明中,可采用照明与装饰相结合的照明方式。而在工业建筑物照明中,则以照明为主。

(4)灯具的选择应和建筑特点、功能相适应。特别是临街建筑的灯光,应和周围的环境相协调,以便创造一个美丽和谐的城市夜景。一般来说,应恰当考虑灯具的光、色、形、体和布置,合理运用光照的方向性、光色的多样性、照度的层次性和光点的连续性等技术手段，起到渲染建筑、烘托环境和满足各种不同需要的作用。如宴会厅采用以组合花灯或大吊灯为中心，配上高亮度的无影白炽灯具，产生温暖而明朗的光照条件，形成一种欢快热烈的气氛。

(5)灯具与建筑艺术的配合。在民用建筑中，除合理地选择和布置光源及灯具外，常常利用各种灯具与建筑艺术的配合，构成各种形式的照明方式，如发光顶棚、光带、光梁、光檐、光柱等方式，它们就是利用建筑艺术手段，将光源隐蔽起来，构成间接型灯具。这样可增加光源面积，增强光的扩散性，使室内眩光、阴影得以完全消除，使得光线均匀柔和，衬托出环境气氛，形成舒适的照明环境。此外，还采用艺术壁灯、花吊灯等技术手段。

此外，在选择灯具时还应考虑经济性。应选用灯具效率高、使用寿命长和节能光源型灯具，降低运行成本。

任务 8.3　人工照明及装饰照明

1　照明的种类

1.1　根据照明范围及照度分布情况划分

根据照明范围及照度分布情况，可将照明分为一般照明、局部照明和混合照明三种，如图 8-17 所示。

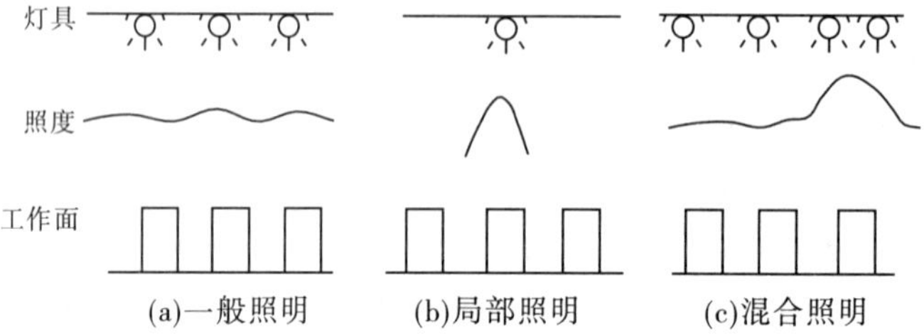

图 8-17　三种照明照度特点

(1)一般照明。灯具布置均匀，整个工作场所各处的工作面上获得基本相同照度而设置的照明称为一般照明。如教室、阅览室等都宜采用一般照明。

(2)局部照明。在整个工作场所内，在某些有局部要求的工作场合，对照度有特殊要求时而设置的照明，称为局部照明。例如，在机械加工台上设置工作灯，在商场橱窗内设置的投光照明都属于局部照明。

局部照明又有固定式和移动式两种。为了人身安全，移动式局部照明灯具的工作电压不得超过 36 V。如检修设备时供临时照明用的手提灯。

(3)混合照明。在整个工作场所内，既设置一般照明又设置局部照明称为混合照明。

1.2　根据照明的功能划分

根据照明的功能划分，可将照明分为正常照明、应急照明、值班照明、警卫照明和障碍照明等。

(1)正常照明。在正常情况下，使用的室内外照明都属于正常照明。《民用建筑电气设计规范》(JGJ 16—2008)规定：所有使用房间和供工作、运输、人行的屋顶、室外庭院和场地,皆应设置正常照明。

(2)应急照明(事故照明)。在正常照明因故障熄灭的情况下,供继续工作或人员疏散用的照明称为应急照明。在正常照明因故障熄灭,将造成爆炸、火灾和人身伤亡等严重事故的场所,应装设供暂时继续工作用的应急照明。当正常照明因故障熄灭后,在易引起工伤事故或通行时易发生危险的场所,应装设人员疏散用的事故照明。

民用建筑内的下列场所应设置应急照明:高层建筑的疏散楼梯、消防电梯及其前室、配电室、消防控制室、消防水泵房、自备发电机房以及建筑高度超过24 m的公共建筑内的疏散走道;观众厅、展览厅、餐厅和商业营业厅等人员密集的场所;医院手术室、急救室等。

应急照明应采用能瞬时点燃的电光源(一般采用白炽灯、卤钨灯或LED灯),不允许使用高压汞灯、金属卤化物灯、高低压钠灯作为应急照明的电光源。但当应急照明作为正常照明的一部分而经常点燃,且在发生故障时,在不需切换电源的情况下,可采用荧光灯作为应急照明。

(3)值班照明。在非工作时间内供值班用的照明,称为值班照明。值班照明可利用正常照明中能单独控制的一部分,或利用应急照明的一部分甚至全部作为值班照明。

(4)警卫照明。按警戒任务的需要,在厂区、仓库区域其他设施警卫范围内装设的照明,称为警卫照明。是否要设置警卫照明,应根据企事业单位的重要性和有关保卫部门的要求而决定。

(5)障碍照明。在建筑上装设的作为障碍标志的照明,称为障碍照明。如在飞机场周围较高的建筑物上或在有船舶通行的航道两侧,应按民航和航运部门的有关规定装设障碍灯。

2　照明灯具的布置

照明灯具的合理布置是电气照明设计的重要内容,是保证照明质量的重要技术措施。照明灯具布置分为高度布置和平面布置。灯具布置的原则应满足工作面上照度均匀,光线入射方向合理,不产生眩光和阴影,并做到整齐美观,与建筑环境协调一致,满足建筑美学的要求。

2.1　灯具的高度布置

灯具的悬挂高度(安装高度)H = 房间高度 H_a − 灯具的垂度(灯具的悬挂长度),如图8-18所示。

灯具的垂度一般为0.3～1.5 m,一般取0.7～1 m。灯具垂度过大易使灯具摆动,影响照明质量。常用灯具的悬挂高度为:一般灯具的悬挂高度为2.4～4.0 m;配照型灯具的悬挂高度为3.0～6.0 m;搪瓷探照型灯具悬挂高度为5.0～10 m。灯具的悬挂高度不能小于有关规范规定的最低悬挂高度。确定灯具最低悬挂高度是为了防止灯具产生眩光,并考虑发生碰撞和发生触电危险的可能性。在特别潮湿与危险场所灯具最小悬挂高度不得低于2.5 m;干燥不良导电地面(办公室、商店、民房等)不得低于1.8 m;潮湿导电地面(泥地、砖地)须采用安全灯头,吊灯线须加绝缘护套;若建筑高度不能满足上述高度要求,应采用36 V以下安全电压。

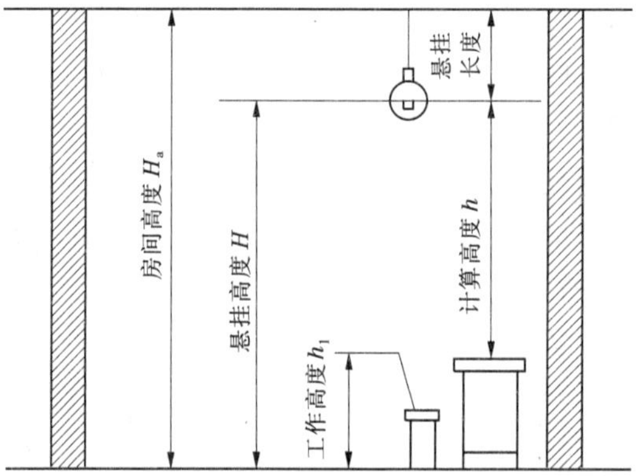

图 8-18　灯具的高度布置

2.2　灯具的平面布置

灯具的平面布置对照明的质量有重要的影响，对光的投射方向、工作面的照度、照明的均匀性、反射眩光和直射眩光、视野内各平面的亮度分布、阴影、照明装置的安装功率和初次投资、用电的安全性以及维修的方便性等有决定性的作用。

灯具的平面布置，一般分为均匀布置和选择布置两种形式。

(1)灯具的均匀布置。灯具均匀布置是不考虑房间内和工作场所的设备、设施的具体位置，只考虑房间内或工作场所内照度均匀性，将灯具均匀排列。

灯具均匀布置常见方案有 3 种，分别是正方形、菱形和矩形布置。

(2)灯具的选择布置。灯具的选择布置是根据房间内或工作场所内的设备、设施部位有选择地确定灯具位置，以保证这些部位的照度达到要求。

2.3　灯具合理布置

灯具布置是否合理，主要取决于室内照度的均匀度。照度的均匀度又取决于灯具的间距 L 与其计算高度 h 的比值是否合适。各种灯具都有各自最大允许距高比，满足灯具的最大允许距高比，就基本能保证照度的均匀性。各灯具厂家生产的不同型号的灯具都在产品样本中标明其最大允许距高比，供我们参考。

3　装饰照明

室内外装饰照明既是照明系统的一部分，又是展现室内外装饰效果的重要手段，其设计与施工既要符合国家现行的电气照明规范标准，又要满足室内外装饰艺术方面的要求，因而装饰照明是电气照明技术与建筑装饰艺术的有机结合。

3.1　装饰照明的作用

3.1.1　创造并烘托环境气氛

通过装饰性灯具的各种光色和艺术表现力，创造并控制室内外空间的照明气氛和舒适环境，突出重点部位的装饰效果，是建筑装饰设计与施工中必须考虑的重要因素。

营造适宜的空间环境气氛，首先应选择合适的电光源的光色，如宾馆的门厅、宴会厅和卧室等处，宜采用暖色调光源，以给人带来温暖舒适、热情亲切的感觉，而在阅览室、教室、病房等处，则适宜采用冷色调光源，从而产生宁静、轻松和安详的效果。此外，还应考虑不同光色产生的空间距离感。一般而言，暖色光具有使空间缩小和接近的感觉，因而暖色光也称为近色，而冷色光则易使人产生空间放大和疏远的感觉，所以冷色光也称为远色。根据光色的这一视感作用，在狭小的空间内宜采用冷色调光源，而在宽大的室内空间中，可采用暖色调光源。

3.1.2　运用光影使空间产生变化和层次感

合理运用光和影、亮和暗的分布与平衡，有利于突出空间的深度和层次，在装饰照明设计中，应充分利用装饰灯具丰富的表现力，以形成生动的光影效果和明暗对比效果，从而加强空间的变化和层次感。根据建筑物内各个部位的重要性程度，通过空间亮度分布的处理，将重要的部位加以突出，形成一个（或多个）视觉注视中心。

3.2　装饰照明设计的基本原则

建筑装饰照明设计的基本原则是“安全、适用、经济、美观”。

(1)安全性。主要是针对用电事故考虑的。一般情况下，线路、开关、灯具的设置都需有可靠的安全措施。诸如配电盘和照明线路一定要有专人管理，电路和配电方式要符合安全标准，不允许超载。在危险地方要设置明显标志，以防止漏电、短路等火灾和伤亡事故发生。

(2)适用性。是指能提供一定数量和质量的照明，保证规定的照度水平，满足工作、学习和生活的需要。灯具的类型、照度的高低、光色的变化等，都应与使用要求相一致。一般生活和工作环境，需要稳定柔和的灯具，使人们能适应这种光照环境而不感到厌倦。

(3)经济性。照明设计的经济性有两个方面的含义：一是采用先进技术，充分发挥照明设施的实际效益，尽可能以较小的费用获得较大的照明效果；二是在确定照明设施时要符合我国当前在电力供应、设备和材料方面的生产水平。

(4)美观。照明装置具有装饰房间、美化环境的作用。特别是装饰性照明，更应有助于丰富空间的深度和层次，显示被照物体的轮廓，表现材质美，使色彩和图案更能体现设计意图，达到美的意境。但是，在考虑美化作用时应从实际出发，注意节约。对于一般性生产、生活设施，不能过度为了照明装饰的美观而花费过多的资金。

3.3　室内装饰照明的常用方式

3.3.1　花吊灯和壁灯照明

(1)花吊灯装饰效果较佳，在与建筑装饰相协调下造成比较富丽堂皇的气氛，能突出中心，色调温暖明亮，能得到光源的亮度，有豪华感，光色美观。

布灯时，应注意用同类型壁灯作辅助照明，使照度均匀，获得比较效果，要求房间的高度较高；为节约用电，照明开关应易于控制；避免用荧光灯管（环形）做的吊灯（易产生眩光），建议用能漫射光线的材料做灯罩。

这种方式适用于饭店宾馆的大厅、大型建筑物的门厅。

(2)壁灯作为室内的辅助照明，在墙上能得到美观的光线，重点突出，表现出室内的宽阔。

3.3.2　点光源嵌入式直射照明

这种照明方式是将点光源灯具按一定格式嵌入顶棚内，并与房间吊顶共同组成所要求的花纹，使之成为一个完美的建筑艺术图案。如图8-19所示。因此，顶棚的造型极为重要，否则将达不到预想的艺术效果。

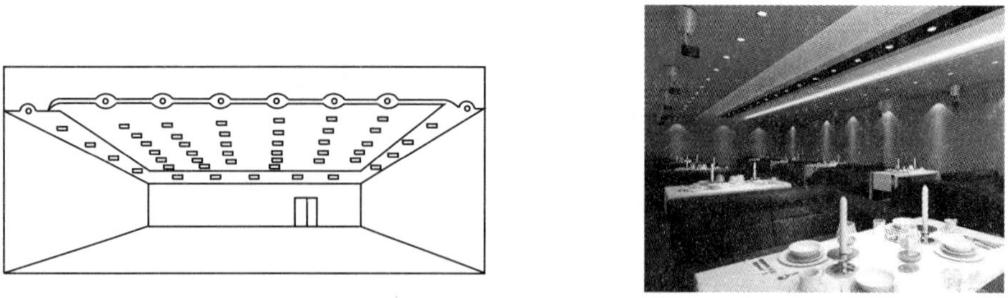

(a)　　　　　　　　　　(b)

图 8-19　点光源嵌入式直射照明

这种照明的特点是防眩光保护角较大，能够使被照面获得较高的照度，并具有特殊的格调，使室内气氛宁静而不喧闹，常用于较大面积的会堂和餐厅等场所。

注意照明开关的分组控制会破坏建筑要求的光图案的完整。为避免顶棚太暗，可将顶棚做成非同一个平面，以便形成层次，主顶棚较高、顶棚四周高度较低，增加两顶棚之间的辅助照明，如图 8-19(b)所示。

3.3.3　光盒和光带照明

在实际工作中，常采用嵌装于顶棚的散光面积较大的矩形照明器，这种照明装置称为光盒(或凹槽灯)。当光盒连续布置成一条时便成为很长的带状照明装置即光带。

光盒和光带可以采用成品嵌装式照明器嵌装而成，也可以在现场装配建造。由成品照明器组装成的光带，其发光面是断续的，但其产生的照度仍可相当均匀。欲得到连续的发光面，可以与建筑专业配合设计。

光盒和光带的光源通常为单列或多列布置的荧光灯管，其透光面可以采用磨砂玻璃、有机玻璃或栅格结构。其发光面可以与顶棚齐平，也可以凸出顶棚面。当采用漫射材料做散光面时，发光面凸出的方式能使顶棚有较大的亮度。

光盒与光带能够造成良好的照明，在照明扩散度、均匀度方面，仅次于发光顶棚，但方向性却比发光顶棚好些。对于要求方向性较好的场所(如有浮雕的场所)，采用光盒或光带比采用发光顶棚好。光盒和光带可以构成各种图案，使房间的建筑构图不至于单调。

3.3.4　发光天棚

发光天棚是将嵌入顶棚的光带或电光源连成一片而形成的，如图 8-20 所示。为提高发光天棚的效果，可在光源上加反光灯罩，并选用透光性适当的透光材料。在满足室内照度要求的前提下，应注意发光天棚上亮度的均匀性。亮度不均匀的发光天棚，会出现令人不舒适的光斑，影响到室内的美观和装饰效果。

3.3.5　光檐

这是一种常用的艺术照明方式，能充分表现建筑物的空间感、体积感，获得照明、装饰的双重效果，光线柔和，天棚明亮。适用于艺术场所照明，如剧场、观众厅、舞厅等。如图 8-21所示。光檐是在房间内的上部墙与顶棚交界处，在檐内装设光源，光线从檐口射向顶棚并经顶棚反射而照亮房间。为了将光源隐蔽，檐要有一定的高度，但又不应挡住光线射向顶棚的最远部分，这样才能得到较均匀的顶棚亮度。

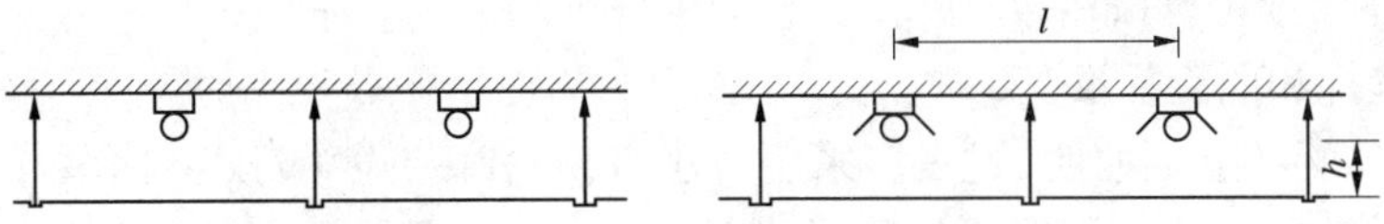

(a)无灯罩　　(b)有灯罩

图 8-20　发光天棚

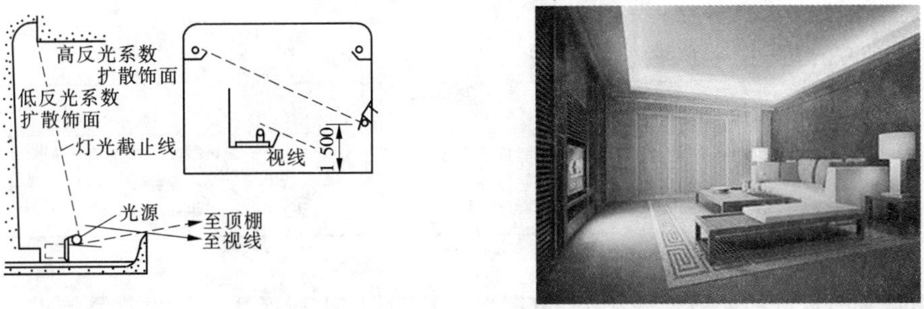

图 8-21　光檐照明　（单位:mm）

3.3.6　光梁

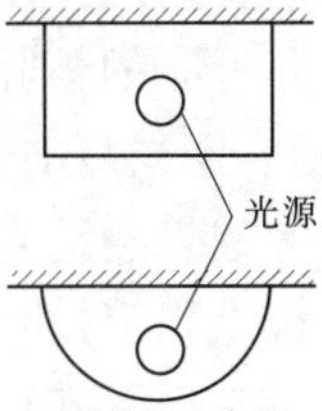

图 8-22　光梁

光梁是将一定造型的灯具突出顶棚表面而形成的带状发光体,如图 8-22 所示。光梁形成的光照效果可使室内清晰明朗,使得空间具有一定的长度感、宽度感和透视感。

3.4　装饰照明中应注意的问题

(1)光源的散热问题。大多数热辐射光源的表面温度很高,气体放电光源配用的镇流器也会发出大量热量。《建筑设计防火规范》(GB 50016—2014)中规定,开关、插座和照明灯具靠近可燃物时,应采取隔热、散热等防火措施。

卤钨灯和额定功率不小于 100 W 的白炽灯泡的吸顶灯、槽灯、嵌入式灯,其引入线应采用瓷管、矿棉等不燃材料作隔热保护。

额定功率不小于 60 W 的白炽灯、卤钨灯、高压钠灯、金属卤化物灯、荧光高压汞灯(包括电感镇流器)等,不应直接安装在可燃物体上或采取其他防火措施。

(2)电器设备的选择。气体放电光源的功率因数一般很低,因而电路中的电流较大,在选择导线和开关设备时,应按允许载流量进行选择或校核。

4　建筑物泛光照明

对有重要意义和观赏价值的大型楼、堂、馆、所等建筑物,常需要设置供夜间观赏的泛光照明。这种泛光照明如果处理得当,会产生各种动人的艺术效果。

4.1 光源选择和照度标准

我国建筑物的立面照明,过去多采用沿建筑物轮廓装设彩灯(又称串灯)的方式。这种方式简单易行,但难于体现建筑物本身的立体感,艺术效果也欠佳,而且耗电量较大。近年开始较多地采用泛光灯作为立面照明的光源,泛光灯的光色好,立体感强,所需照明器的功率较小,可以节约电能消耗。采用泛光灯的立面照明称为泛光照明。

泛光照明所需照度的大小应视建筑物墙面材料的反射率和周围的亮度条件而定。建筑物泛光照明所需照度值列于表8-4。

表8-4　建筑物泛光照明的照度推荐值

墙面色泽	墙面材料	反射系数(%)	周围环境条件		
			明亮	暗	很暗
			推荐平均照度(lx)		
明	明亮的大理石、白色或奶油色瓷砖、白色粉刷	70~85	150	50	25
中	混凝土、明亮的灰色或褐黄色石灰石、面砖	45~70	200	100	50
暗	灰色石灰石、砂岩、普通黄褐色的砖块	20~45	300	150	75
暗	普通红砖、褐色砂岩、黑色或灰色的砖块	10~20	500	200	100

相同光通量的照明灯光投射到不同反射率的墙面上所产生的亮度是不同的。如果被照建筑物的背景较亮,则需要更多的灯光才能获得所要求的对比效果;如果背景较暗,仅需较少的灯光便能使建筑物的亮度超过背景;如果被照建筑物附近的其他建筑物室内照明是通亮的,则需要更多的灯光投射到建筑物的立面上,否则就难以得到突出的效果。

4.2 泛光灯的安装位置

建筑物泛光照明要求有比较均匀的照度,能够形成适当的阴影和亮度对比,因此必须正确地确定投光灯的安装位置。

选择泛光灯安装位置时,要注意建筑物本身所具有的特点,如有纪念性建筑物或有观赏价值的风景区重要建筑,有条件可使投光灯离开建筑物一定距离设置;如果被照的建筑物地处比较狭窄的街道,则泛光灯可在建筑物本体上安装。街道泛光灯安装方式如

(a) 在邻近建筑物上安装　(b) 在靠近建筑物地面上装置　(c) 在建筑物本体上安装　(d) 在街道上设置投光灯柱

图8-23　街道泛光灯安装方式

图8-23所示。在远离建筑物外安装泛光灯时，如图8-24所示，为了得到较均匀的亮度，其距离 D 与建筑物高度 H 之比不应小于1/10，即 $H/D \geq 1/10$。在建筑物本体上安装泛光灯时，如图8-25所示，泛光灯凸出建筑物的长度取0.7～1.0 m。低于0.7 m时，会使被照射的建筑物的照明亮度不均匀，而超过1 m时又会在投光灯的附近出现暗角，使建筑物周边形成阴影。

任务8.4　照明设计

1　照明设计的目的和内容

照明设计的目的在于利用光学知识和电气技术，为室内外空间做出“安全、适用、经济、美观”的光照设计，从而获得令人满意的光照环境。

照明设计的内容一般包括：

(1)根据各类照明场所的视觉工作要求以及室内环境确定设计照度；

(2)按照室内装饰的色彩以及工作面对配光和光色的要求选择电光源与灯具；

(3)确定照明方式并布置灯具；

(4)根据布置的灯具，验算室内照度值；

(5)根据照明配电系统中末级配电箱的供电范围，确定各末级照明配电箱的位置，同时考虑三相照明负荷的平衡；

(6)计算各支线和干线的计算电流，以确定导线型号、截面以及保护管管径等，并进行电压损失的校核；

(7)选择开关、保护电器和计量装置的规格型号；

(8)绘制照明施工图，包括照明平面图和配电系统图，列出主要设备材料表，编写设计施工说明和注意事项。

以上内容(1)～(4)属于光照设计，它既是建筑电气设计中的一项基本内容，也是建筑装饰设计的一个组成部分；内容(5)～(8)属于供配电设计，应符合有关电气技术的规程规范要求。这两大部分内容存在着内在的联系，在进行照明设计时，必须从整体考虑，相互兼顾。

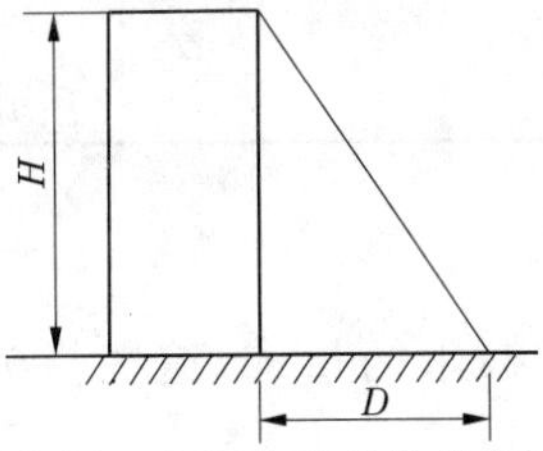

图8-24　在远离建筑物外安装

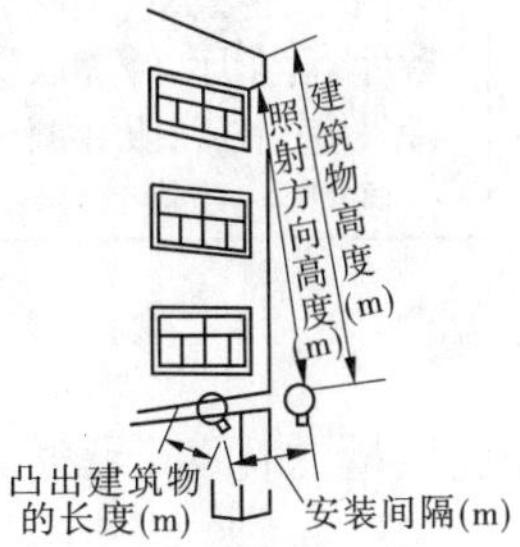

图8-25　在建筑物本体上安装

2 照度标准

人们观察外界景物时，要求被观察的景物上具有一定的照度，在一定的范围内提高照度值，有利于提高视觉功能，但照度值并非越大越好。《民用建筑电气设计规范》(JGJ 16—2008)中规定的照度分级为:0.5、1、3、5、10、15、20、30、50、75、100、150、200、300、500、750、1 000、1 500、2 000、3 000、5 000(lx)，是一个大约以 1.5 为公比的等比级数。

照度标准是根据不同的照明场所，结合我国的国情，在照明设计中应该采用的一系列照度标准值。表 8-5 所列为各类建筑的照度标准值，其他建筑物的照度标准值可从有关规程规范中查得。

表 8-5 各类建筑中不同房间照度标准值

建筑性质	房间名称	标准值(lx)
居住建筑	厕所、盥洗室 餐室、厨房、起居室 卧室 单宿、活动室	5 ~ 15 15 ~ 30 20 ~ 50 30 ~ 50
科教办公建筑	厕所、盥洗室、楼梯间、走道、 食堂、传达室 厨房 医务室、办公室、会议室、实验室、阅览室、书库、教室 设计室、绘图室、打字室 计算机房	5 ~ 15 30 ~ 75 50 ~ 100 75 ~ 150 100 ~ 200 150 ~ 300
医疗建筑	厕所、盥洗室、楼梯间、走道 病房、健身室 X 线诊断室、化疗室、同位素扫描室 理疗室、麻醉室、候诊室 解剖室、化验室、药房、诊室、医生值班室、挂号处、病案室 手术室、加速器治疗室、电子计算机 X 线扫描室	5 ~ 15 15 ~ 30 30 ~ 75 30 ~ 75 75 ~ 150 100 ~ 200
商业建筑	厕所、更衣室、热水器 楼梯间、冷库、库房 一般旅馆客房、浴池 大门厅、售票室、小吃店 餐厅、营业厅、钟表眼镜店、银行出纳厅、邮电营业厅 理发室、书店、服装商店 字画商店、百货商场	5 ~ 15 10 ~ 20 20 ~ 50 30 ~ 75 50 ~ 100 70 ~ 150 100 ~ 200

3 照明质量

照明环境质量的优劣，是通过照明质量的有关指标来衡量的，这些指标包括以下几个。

3.1 适宜的照度水平

照明设计的结果应使得参考平面(工作面)上的照度水平达到规定的照度标准值。

3.2 照度的均匀度

照度的均匀度是指参考平面(工作面)上的最低照度与平均照度的比值。当照度均匀度在0.7以上时,主观感觉比较均匀;当低于0.5时,主观上感觉明显不均匀,易引起视觉疲劳。

3.3 频闪与照度的稳定性

气体放电光源的频闪现象是由其发光原理所决定的,频闪现象将引起光通量的波动,从而导致照度的不稳定。此外,电源电压的波动也会引起照度的波动。

3.4 眩光控制

在视野内,如果出现很亮的东西,就会刺眼,这种刺眼的亮光称为眩光。眩光的强弱与光源的亮度及其面积成正比,与周围环境亮度成反比。在实践中可通过减小眩光光源的亮度或减小眩光光源进入视野的面积来限制眩光,如在教室、报告厅、会议室等场所采用管状荧光灯时,应将灯管顺着主要的视线方向,以减小进入视野内的光源面积。限制眩光的方法是使灯具具有一定保护角,并配合适当的安装位置和悬挂高度,或者限制灯具的表面亮度。

3.5 光源的显色性

在需要正确辨色的场所,应采用显色指数高的光源,如白炽灯、卤钨灯或日光色荧光灯和日光色镝灯等。

3.6 避免阴影

在工作面上应避免出现阴影,布置灯具时,可将方向性很强的灯具分散布置,对要求无阴影的场所,可采用发光天棚、间接或半间接型灯具。

任务8.5 建筑供配电系统及电气照明施工图

建筑电气照明施工图是用规定的电气符号、图形来表示线路和实物,并用它们组成完整的电路,用来表达电气照明设备的安装位置、配线方式以及其他一些安装要求。因此,设计者必须按照国家的相关电气技术标准和通用图形符号绘制电气照明施工图,正确而简明地表明自己的设计意图。而电气施工技术人员根据电气照明施工图,便可以按设计意图编审工程概预算,编写施工计划,组织设备、材料并指导施工。

1 建筑电气施工图的组成

一套完整的电气工程施工图,由图纸目录、设计施工总说明、主要材料设备表、配电系统图、平面布置图、控制原理图、安装接线图、安装大样图(详图)等部分组成。

(1)图纸目录。列出新绘制的图纸、所选用的标准图纸或重复利用的图纸等的编号、名称及数量。

(2)设计施工总说明。一般包括施工图的设计依据;本工程项目的设计规模和工程概况;电气材料的用料和施工要求说明;采用新材料、新技术或者特殊要求的做法说明;配电系统图和平面布置图中没有交代清楚的内容,例如配电箱的安装高度、干线和支线的敷设方式和部位、导线种类和规格及截面积大小等内容。对于简单的工程,可在电气图纸上写成文字说明。

(3)主要材料设备表。包括工程中所使用的各种设备和材料的名称、型号、规格、数量等,它是编制购置设备、材料计划的重要依据之一。

(4)配电系统图。如供配电系统图、照明系统图、电缆电视系统图等。系统图反映了系统的基本组成、主要电气设备、各级控制关系、各级控制设备和保护设备的规格容量、各路负荷用电容量及导线规格、敷设方式等。

(5)平面布置图。平面布置图是电气施工图中的重要图纸之一,如照明平面图、防雷接地平面图等,用来表示电气设备的编号、名称、型号及安装位置、线路的起始点、敷设部位及所用导线型号、规格、根数、保护管管径大小等。通过阅读系统图,了解系统基本组成之后,就可以依据平面布置图编制工程预算和施工方案,然后组织施工。

(6)安装大样图(详图)。安装大样图是详细表示电气设备安装方法的图纸,对安装部件的各部位注有具体图形和详细尺寸,是进行安装施工和编制工程材料计划时的重要参考。

此外,还有控制原理图、设备布置图、安装接线图等。

2 电气施工图的阅读方法

2.1 熟悉电气图例符号,弄清图例、符号所代表的内容

常用的电气工程图例及文字符号可参见国家颁布的《电气图形符号标准》。

2.2 阅读顺序

针对一套电气施工图,一般应先按以下顺序阅读,然后再对某部分内容进行重点识读:

(1)看标题栏及图纸目录。了解工程名称、项目内容、日期及图纸内容、数量等。

(2)看设计说明。了解工程概况、设计依据等,了解图纸中未能表达清楚的各有关事项。

(3)看设备材料表。了解工程中所使用的设备、材料的型号、规格和数量。

(4)看系统图。了解系统基本组成,主要电气设备、元件之间的连接关系以及它们的规格、型号、参数等,掌握该系统的组成概况。

(5)看平面布置图。如照明平面图、防雷接地平面图等。了解电气设备的规格、型号、数量及线路的起始点、敷设部位、敷设方式和导线根数等。平面图的阅读可按照以下顺序进行:电源进线→总配电箱→干线→分配电箱→支线→电气设备。

(6)看控制原理图、安装接线图、安装大样图。了解系统中电气设备的电气自动控制原理、电气设备的布置与接线、电气设备的具体安装方法、安装部件的具体尺寸等,以指导设备安装调试工作。

2.3 抓住电气施工图要点进行识读

在识图时,应抓住要点进行识读,如:

(1)在明确负荷等级的基础上,了解供电电源的来源、引入方式及路数;

(2)了解电源的进户方式是由室外低压架空引入还是电缆直埋引入;

(3)明确各配电回路的相序、路径、管线敷设部位、敷设方式以及导线的型号和根数;

(4)明确电气设备、器件的平面安装位置。

2.4　结合土建施工图进行阅读

电气施工与土建施工结合得非常紧密,施工中常常涉及各工种之间的配合问题。电气施工平面图只反映了电气设备的平面布置情况,结合土建施工图的阅读还可以了解电气设备的立体布设情况。

2.5　熟悉施工顺序,便于阅读电气施工图

如识读配电系统图、照明与插座平面图时,就应首先了解室内配线的施工顺序。

(1)根据电气施工图确定设备安装位置、导线敷设方式、敷设路径及导线穿墙或楼板的位置;

(2)结合土建施工进行各种预埋件、线管、接线盒、保护管的预埋;

(3)装设绝缘支持物、线夹等,敷设导线;

(4)安装灯具、开关、插座及电气设备;

(5)进行导线绝缘测试、检查及通电试验;

(6)工程验收。

2.6　识读时,施工图中各图纸应协调配合阅读

对于具体工程来说,为说明配电关系,需要有配电系统图;为说明电气设备、器件的具体安装位置,需要有平面布置图;为说明设备工作原理,需要有控制原理图;为表示元件连接关系,需要有安装接线图;为说明设备、材料的特性、参数,需要有设备材料表等。这些图纸各自的用途不同,但相互之间是有联系并协调一致的。在识读时,应根据需要,将各图纸结合起来识读,以达到对整个工程或分部项目全面了解的目的。

3　常用电气施工图的图例

为了简化作图,国家有关标准制定部门和一些设计单位有针对性地对常见的材料构件、施工方法等规定了一些固定的画法式样。表8-6是电气照明工程常用图例。

表8-6　电气照明工程常用图例

⊗	普通灯		三管荧光灯		按钮盒
	防水防尘灯		安全出口指示灯		带保护接点暗装插座
○	隔爆灯		自带电源事故照明灯		带接地插孔暗装三相插座
	壁灯		天棚灯		暗装单相插座
	嵌入式方格栅吸顶灯	●	球形灯		单相插座
	墙上座灯		暗装单极开关		带保护接点插座
	单相疏散指示灯		暗装双极开关		插座箱
	双相疏散指示灯		暗装三极开关		电信插座
	单管荧光灯		双控开关		双联二三极暗装插座
	双管荧光灯		钥匙开关		带有单极开关的插座
	动力配电箱		电源自动切换箱	▬	照明配电箱

4 常用电气文字标注

4.1 照明灯具的标注

灯具的标注是在灯具旁按灯具标注规定标注灯具数量、型号、灯具中的光源数量和容量、悬挂高度和安装方式。照明灯具的标注一般用于平面图中。文字标注方式一般为：

$$a - b\frac{c \times d \times n}{e}f$$

式中 a——灯具的数量；

b——灯具的型号或编号；

c——每盏照明灯具的灯泡(管)数；

d——灯泡容量，W；

e——灯具安装高度，m；

f——灯具安装方式；

n——光源的种类，可省略。

灯具安装方式文字符号(国标符号)见表8-7。

表8-7 灯具安装方式文字符号

安装方式	标注文字符号	安装方式	标注文字符号
自在器线吊式	SW	嵌入式	R
链吊式	CS	墙壁内安装	WR
管吊式	DS	顶棚内安装	CR
吸顶式	C	柱上安装	CL
壁装式	W	支架上安装	S

4.2 配电线路的标注

配电线路的标注用以表示线路的敷设方式及敷设部位，采用英文字母表示。配电线路的标注格式为：

$$a - b(c \times d)e - f$$

其中 a——线路的编号；

b——导线的型号；

c——导线的根数；

d——导线的截面积，mm^2；

e——敷设方式及保护管管径，mm；

f——线路的敷设部位。

导线的截面积有1、1.5、2.5、4、6、10、16、25、35、50、70、95、120、150、185、240 mm^2 等。

配电线路敷设方式文字符号见表8-8，配电线路导线敷设部位文字符号见表8-9。

表 8-8 配电线路敷设方式文字符号

敷设方式	标注文字符号	敷设方式	标注文字符号
焊接钢管	SC	金属线槽	MR
电线管	MT	塑料线槽	PR
塑料硬管	PC、PVC	金属软管	CP
阻燃塑料硬管	FPC	镀锌钢管	RC
电缆桥架敷设	CT	明敷	E
钢索	M	暗敷	C

例如：$WP_1-BV(3\times50+1\times35)-CT-CE$，则表示 1 号动力线路（$WP_1$），导线型号为铜芯塑料绝缘线（BV），3 根 50 mm^2（3×50）、1 根 35 mm^2（1×35），沿顶棚面（CE）用电缆桥架敷设（CT）。

又如：$WL_2-BV-3\times2.5-SC15-WC$，则表示 2 号照明线路、3 根 2.5 mm^2 铜芯塑料绝缘导线穿直径 15 的钢管沿墙暗敷。

表 8-9 配电线路导线敷设部位文字符号

敷设部位	标注文字符号	敷设方式	标注文字符号
沿钢索槽敷设	SR	暗敷设在梁内	BC
沿屋架或跨屋架敷设	BE	暗敷设在柱内	CLC
吊顶内敷设	SCE	暗敷设在墙内	WC
沿墙面明敷设	WE	暗敷设在顶棚内	CC
暗敷设在地面内	FC	电缆沟敷设	TC

5 电气施工图实例

图 8-26 ~ 图 8-33 为某汽车销售公司的电气工程图。该汽车销售公司为五层建筑，一层为汽车展厅及卖场，二至四层为汽车修理中心，五层为工作人员办公场所。

5.1 设计施工说明

5.1.1 建筑概况

本工程为三类建筑，建筑主体五层，建筑物高度为 23.5 m，面积为 4 100.0 m^2。

5.1.2 设计依据

(1)低压配电设计规范（GB 50054—2011）；

(2)建筑物防雷设计规范（GB 50057—2010）；

(3)民用建筑电气设计规范（JGJ 16—2008）；

(4)建筑照明设计标准（GB 50034—2013）；

(5)2009 年全国民用建筑工程设计技术措施——电气；

(6)内部各专业互提的资料。

5.1.3　设计内容

(1)电力配电系统；

(2)照明系统；

(3)建筑物防雷、接地系统；

(4)电视、电话及网络系统。

5.1.4　供电导线的选择及敷设

自变电所引入的电源线采自 YJV22－1kV 电力电缆－0.8 m 埋地引入，供电电压为 220/380 V，电缆在进户处穿焊接钢管保护，并伸出散水坡 100 mm。

未注处插座分支线路均采用 BV－3×2.5 mm^2 导线，未注处照明分支线路均采用 BV－2.5 mm^2 导线。导线 2 根穿 PC16，3 根穿 PC20，4～6 根穿 PC25。

5.1.5　设备选择及安装方式

(1)各层配电箱，除一层配电间明装外，其他均为暗装；安装高度为底边距地 1.5 m。

(2)照明开关、插座均为暗设，除注明者外，均为 250 V，10 A，插座均为底边距地 0.3 m，开关底边距地 1.3 m，距门框 0.2 m 安装。

(3)出口标志灯在门上方安装时，底边距门框 0.2 m；若门上无法安装时，在门旁墙上安装，顶距吊顶 50 mm。

5.1.6　建筑物防雷、接地及安全

(1)本工程防雷等级为三类，建筑的防雷满足防直击雷、防雷电感应及雷电波的侵入，并设置总等电位联接。

(2)接闪器采用在女儿墙上安装的避雷带(ϕ10 镀锌圆钢)作为接闪器，并形成不大于 24 m×16 m 的避雷网，并与引下线牢固相连。

避雷带支架做法：在女儿墙上预埋 25×4 镀锌扁钢作为支架，外露长度为 0.1 m，支架间距 1.0 m，转弯处 0.5 m。

(3)引下线利用混凝土柱内两根直径不小于 16 mm 的主筋通长焊接作引下线，间距不大于 25 m。引下线位置详见防雷平面图。外墙引下线在室外地面下 1 m 处引出与室外接地线焊接。

(4)接地极：接地装置利用地基梁的钢筋，要求所有地基梁的主筋均应与引下线焊接。

(5)建筑物四角的外墙引下线在距室外地面上 0.5 m 处设测试卡子，防雷接地与其他电气接地采用统一接地装置，其总接地电阻应不大于 1 Ω。施工完成后实测接地电阻，不能满足要求时，增加人工接地极。

(6)所有露出屋面的金属管道及金属构件均应与屋面避雷带可靠连接。所有防雷接地装置中的金属件均应镀锌。

(7)本工程采用总等电位联接，总等电位板由紫铜板制成。

(8)本工程接地形式采用 TN－S 系统。

5.1.7　弱电系统及线路敷设

电视系统：电视信号线埋地引入，在一层设前端放大器，通过各层分支箱将信号输送至各电视终端。

电话系统:电话电缆埋地引入,在每层设电话分线箱。

网络系统:多模光纤从室外埋地引入,在一层设网络配线架。

5.1.8　其他

(1)施工做法参见《建筑电气安装工程图集》及现行有关国标执行。

(2)未尽事宜由现场配合解决,电气专业应与土建密切配合,预埋管线、预留孔洞、箱体留洞以建施为准。

(3)电气装置施工、安装及验收按《建筑电气安装工程施工质量验收规范》(GB 50303—2011)执行。

5.2　设计施工图

本工程施工图纸如下:

(1)干线系统图如图8-26所示。

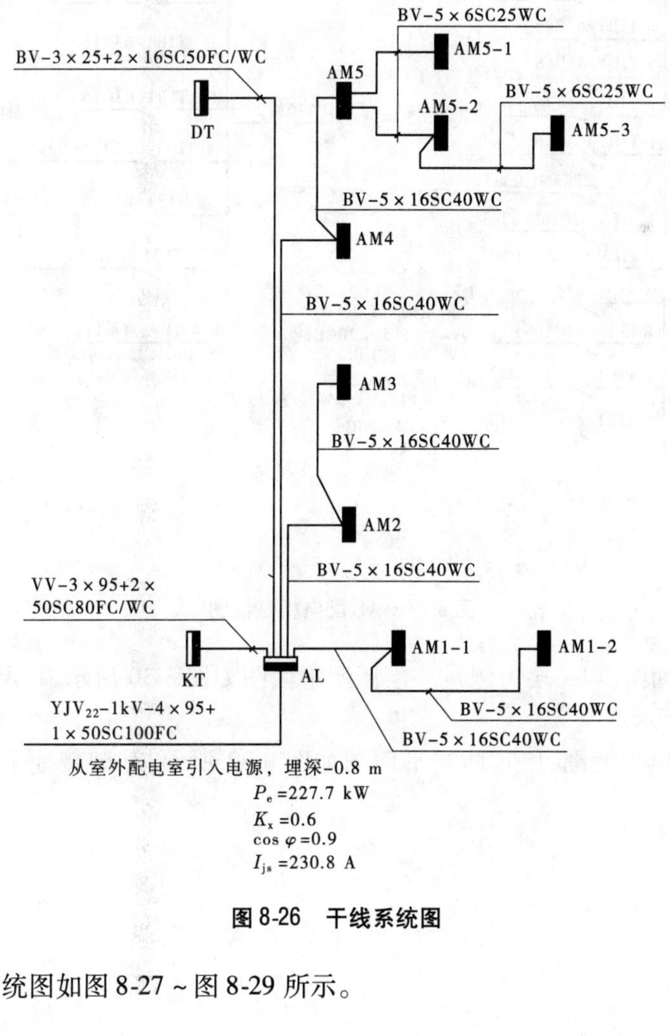

图8-26　干线系统图

(2)配电系统图如图8-27~图8-29所示。

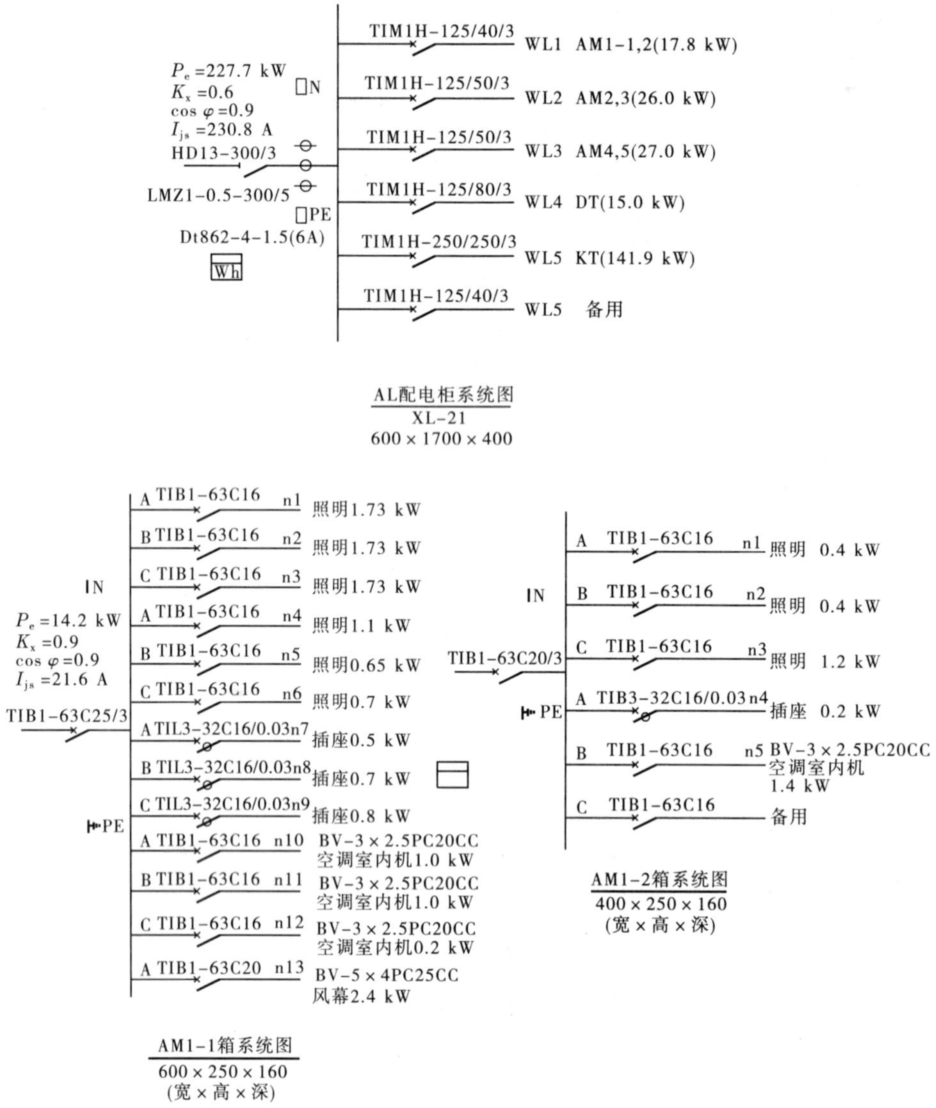

图 8-27　AL 配电柜系统图

(3)照明平面图(以一层为例):一层照明平面图如图 8-30 所示,一层干线及插座平面图如图 8-31 所示。

(4)防雷接地平面图:屋顶防雷平面图如图 8-32 所示,基础接地平面图如图 8-33 所示。

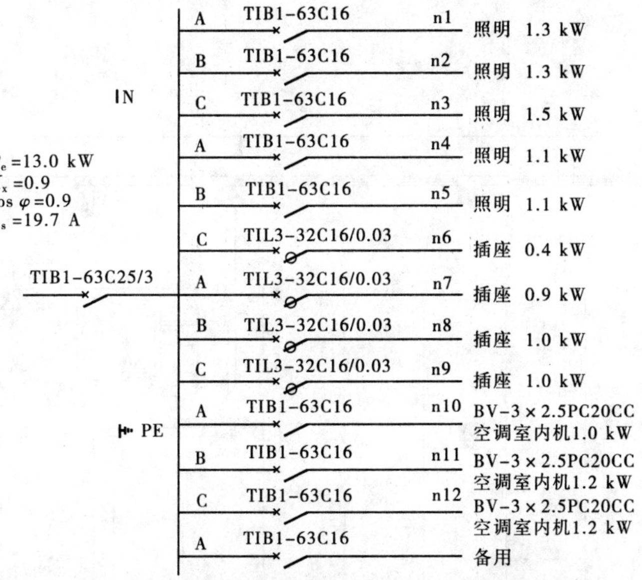

图8-28　AM2(AM3、AM4)(600×250×160)箱系统图

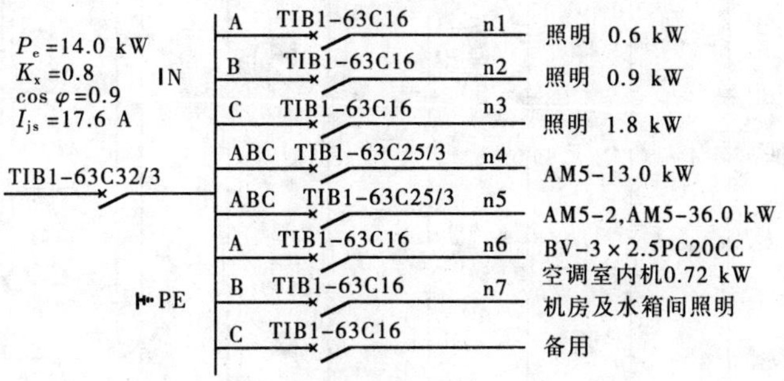

AM5箱系统图

600×250×160
(宽×高×深)

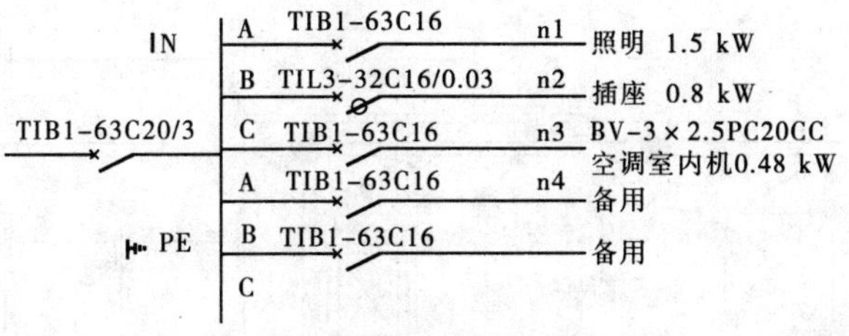

AM5-1(AM5-2,AM5-3)箱系统图

400×250×160
(宽×高×深)

图8-29　AM5箱系统图

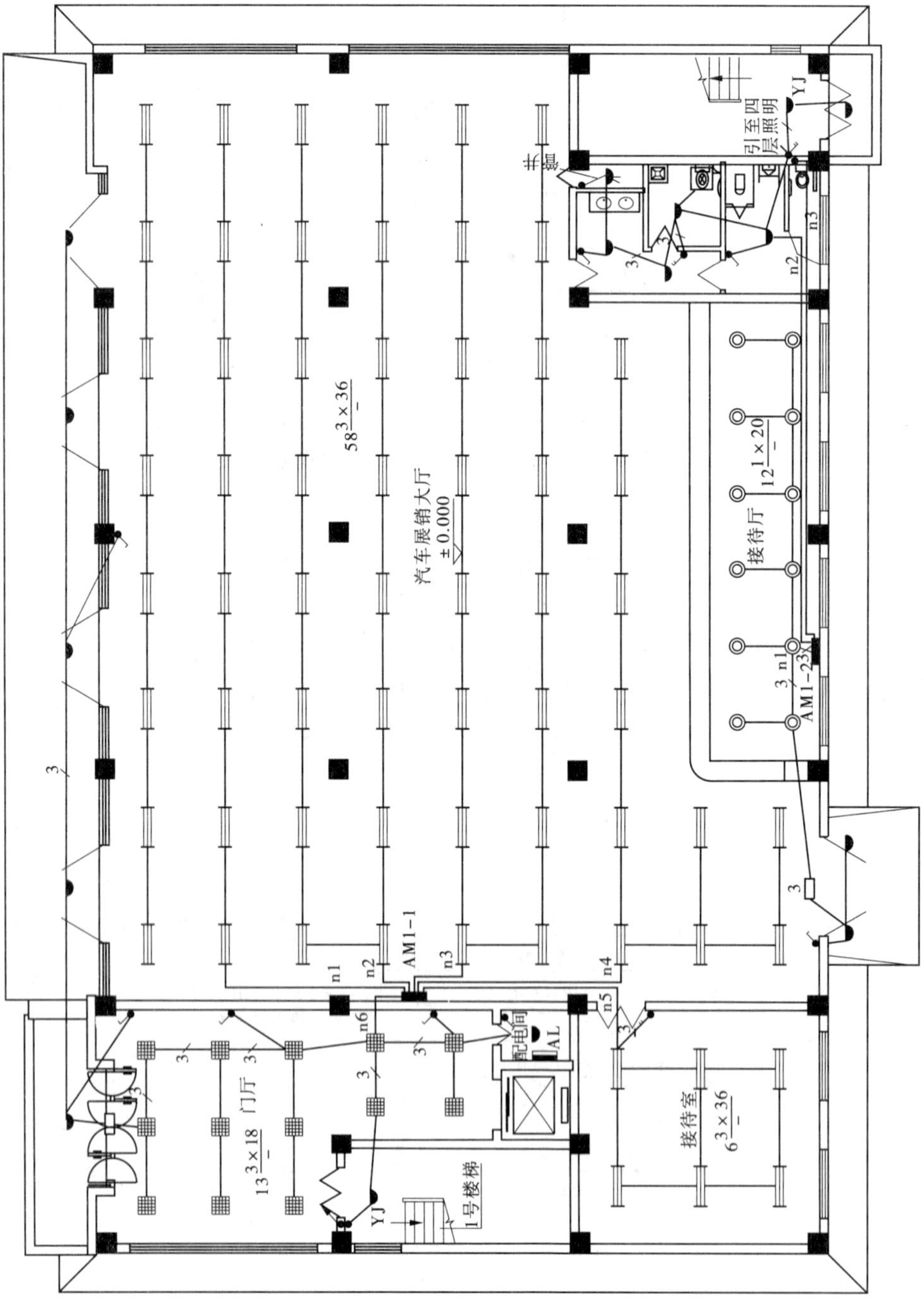

图 8-30　一层照明平面图

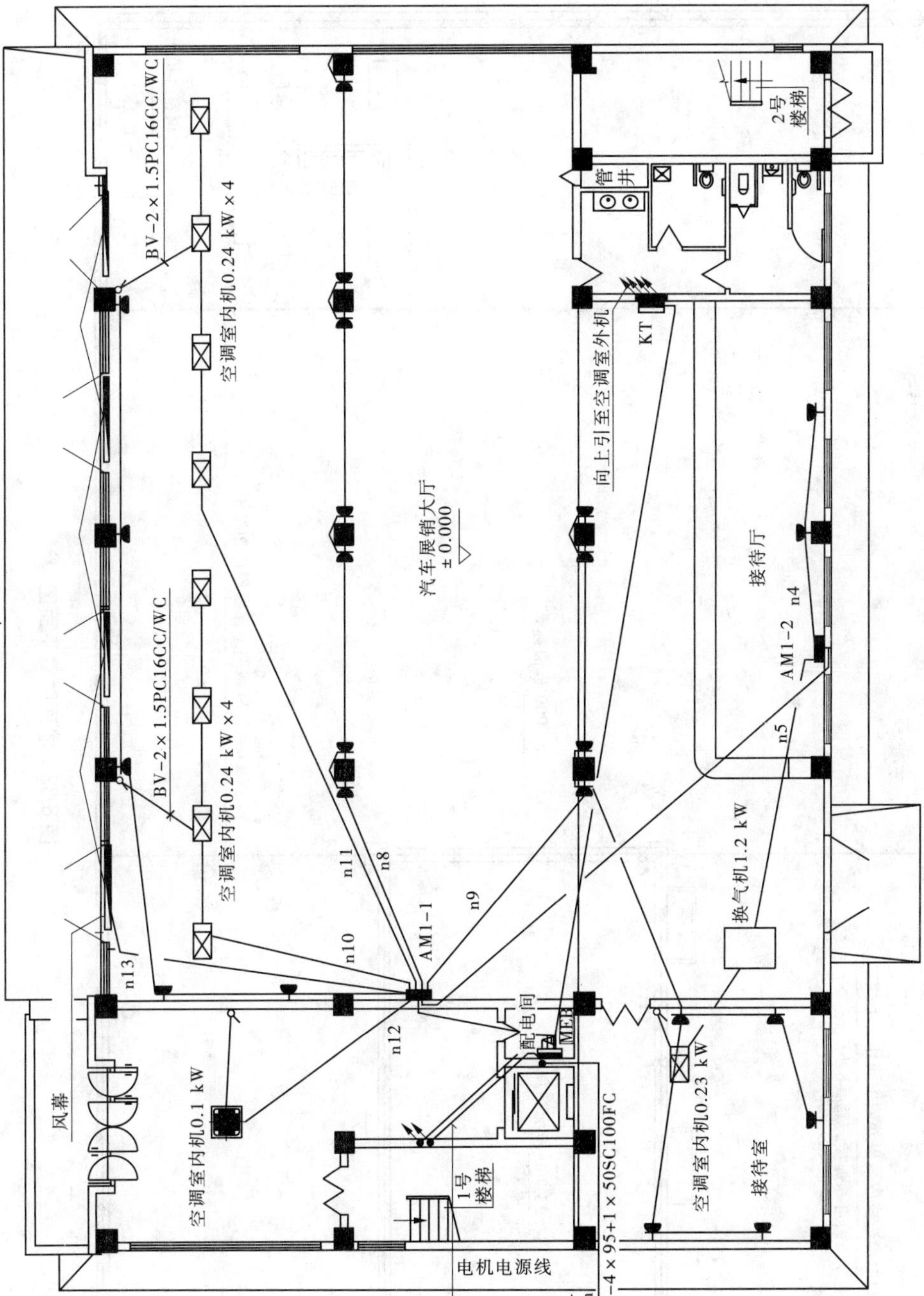

图 8-31　一层干线及插座平面图

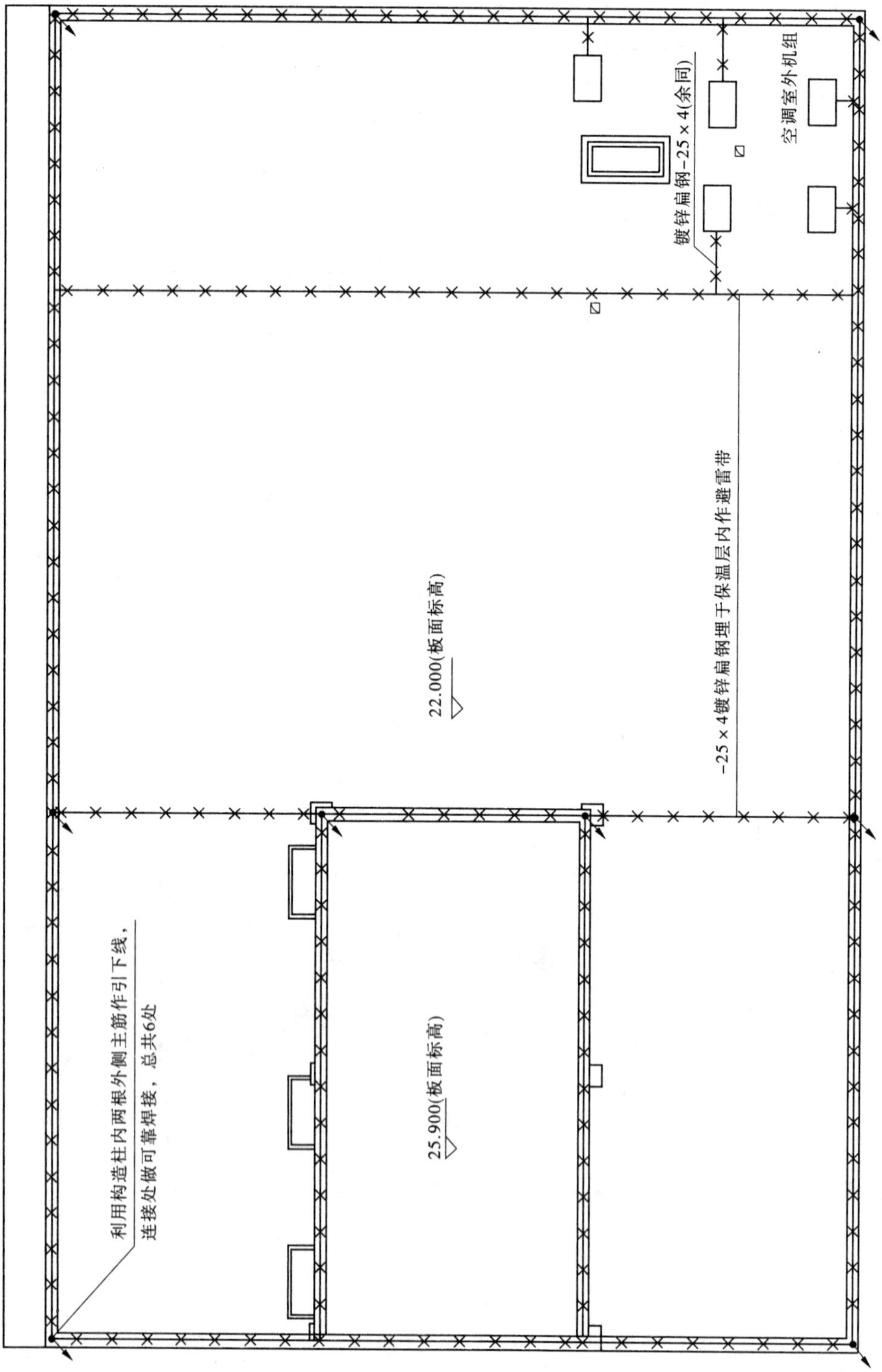

图 8-32　屋顶防雷平面图

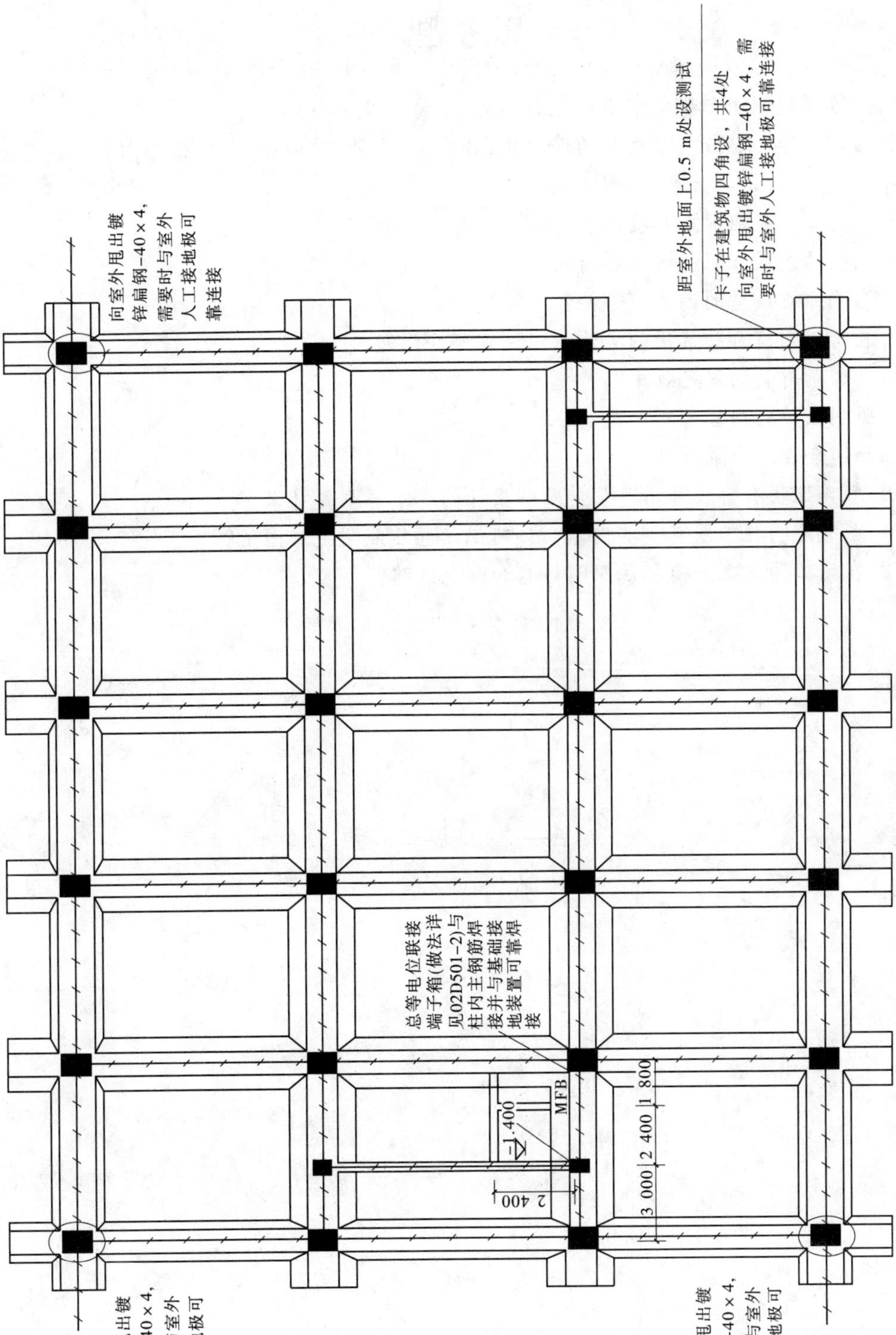

图 8-33　基础接地平面图　（尺寸单位:mm）

思考题

1. 简述建筑照明工程中常用电光源的种类、特性及其应用。

2. 名词解释:①照度;②灯具的保护角;③光梁、光带、光檐;④发光天棚;⑤色温;⑥显色性。

3. 灯具布置时应考虑哪些因素?

4. 照明的方式和照明种类各有哪些?

5. 影响照明质量的因素有哪些?

6. 装饰照明有哪些常用的方法?应注意哪些问题?

7. 什么是灯具的发光效率?

8. 照明设计的内容有哪些?

9. 如何合理地布置灯具?

10. 装饰照明有哪些作用?装饰照明设计的基本原则是什么?

11. 电气照明施工图有哪些内容?如何识读电气照明施工图纸?

12. 在施工图纸上如何标注照明灯具和配电线路?

学习项目9　建筑弱电系统

【教学要求】

通过本项目学习，使学生了解电话通信系统、有线电视与闭路电视系统、防盗与保安系统、广播音响系统；熟悉综合布线系统。建筑弱电系统发展十分迅速，要不断掌握新的知识，使建筑弱电系统的综合布线跟上时代发展的要求。

建筑弱电系统是建筑电气工程的重要组成部分。由于弱电系统的引入，使建筑物的服务功能大大地扩展，增加了建筑物与外界信息的交换能力。

建筑弱电系统是实现建筑物内部以及内部和外部间的信息交换、信息传递及信息控制，是应用各种电子设备，将电能转为各种信号，并对信号进行接收、处理、传输和显示，以满足人们对各种信息的需要和保持相互联系的各种系统，通称为弱电系统。

常见的建筑弱电系统有共用天线电视系统、建筑通信系统、建筑音响系统、保安监视系统、火灾报警与联动控制系统、建筑智能化系统、综合布线等。

任务9.1　有线电视系统

有线电视从最初的共用天线电视接收系统（MATV），到有小前端的共用天线电视系统（CATV），由于它以有线闭路形式传送电视信号，不向外界辐射电磁波，所以也被人们称为闭路电视（CCTV）。

目前，电缆电视（CableTV，也称CATV）在我国也一律称为“有线电视”，其传输手段也不局限于同轴电缆，现已采用光缆、微波以及多路微波分配系统（MMDS）。

有线电视几乎汇集了当代电子技术许多领域的成就，包括电视、广播、传输、微波、光纤、数字通信、自动控制、遥控遥测和电子计算机等技术。

如图9-1所示，有线电视系统包括天线及前端设备、信号传输分配网络和用户终端（或用户输出端）。

在有线电视能够通达的地区，只需采用电视电缆将建筑物室内网络与城市有线电视网连接起来，根据信号的强弱，在系统中适当位置设置线路放大器，即能满足一般的收视要求。

接收天线的作用是获得地面无线电视信号、调配广播信号、微波传输电视信号和卫星电视信号，接收天线可分为引向天线、抛物面天线、环形天线和对数周期天线等。

前端设备主要包括天线放大器、混合器、干线放大器等，它是CATV系统中最重要的组成部分。天线放大器的作用是提高接收天线的输出电平和改善信噪比。干线放大器的作用是将干线信号电平放大，以补偿干线电缆的损耗，增加信号的传输距离。混合器的作用是将接收的多路信号混合在一起，合成一路输送出去，而且多路信号互不干扰。

传输分配网络由线路放大器、分配器、分支器和传输电缆等组成。线路放大器的作用是补偿传输过程中因用户增多线路增长后的信号损失，如图 9-2 所示。分配器的作用是将一路信号等分成几路来进行分配，常见的有二分配器、三分配器、四分配器，如图 9-3 所示。

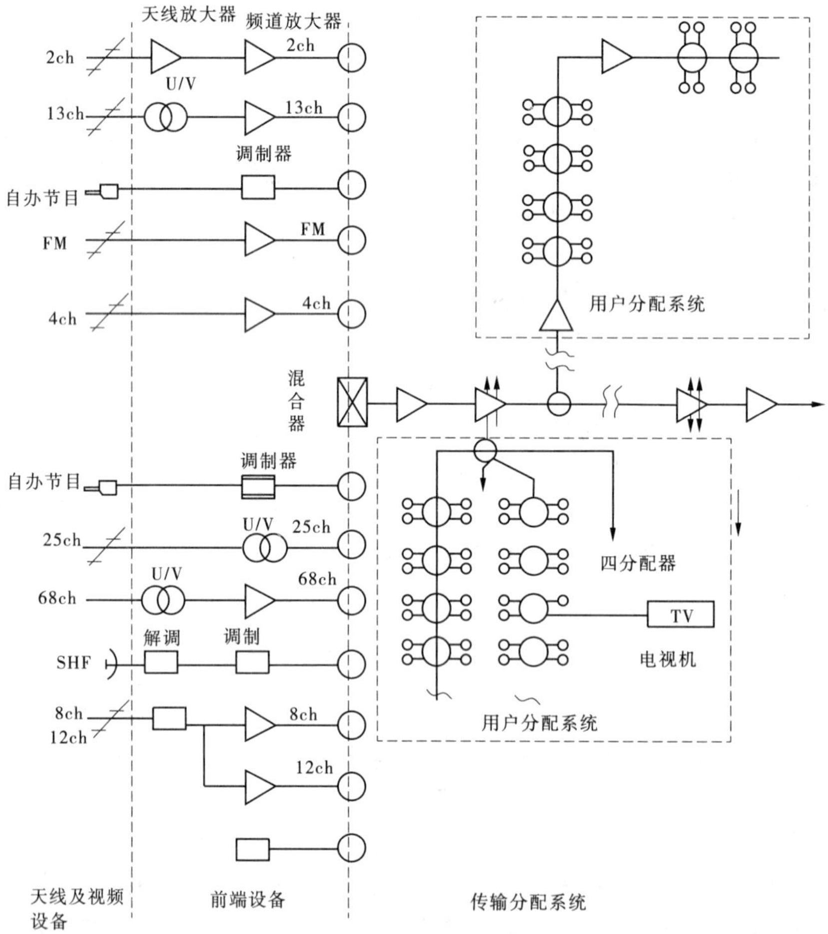

图 9-1 有线电视系统的组成

分支器的作用是将干线信号的一部分送到支线，分支器与分配器配合使用可组成形形色色的传输分配网络。在分配网络中，各元件之间均用传输电缆连接，构成信号传输的通路。传输电缆一般采用同轴电缆，可分为主干线、干线、分支线等。主干线接在前端与传输分配网络之间，干线用于分配网络中各元件之间的阵接，分支线用于分配网络与用户终端的连接。

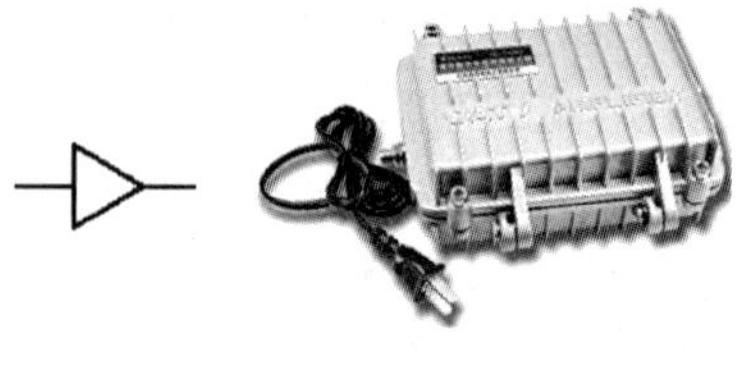

图 9-2 线路放大器

在共用天线电视系统中常用的同轴电缆有 SYV 型、SYFV 型、SDV 型、SYKV 型、SYDY 型等，其特性阻抗均为 75 Ω，如图 9-4 所示。有线电视线路在用户分配网络部分，多采用 SYKV－75 型同轴电缆。室内采用暗管敷设，但不得与照明线、电力线同线槽、同出线盒（中间有隔离的除外）、同连接箱安装。

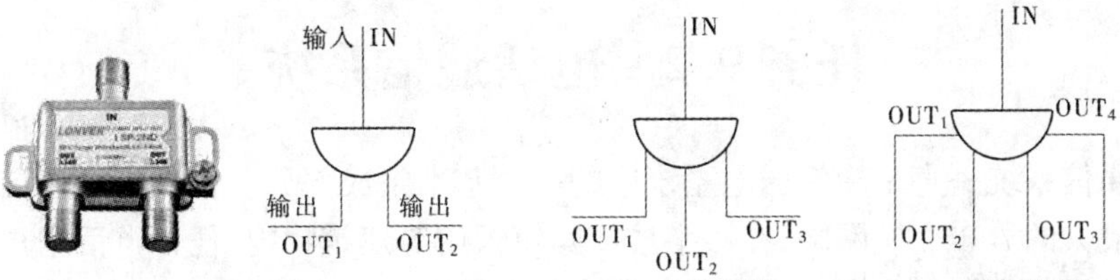

(a) 二分配器　(b) 三分配器　(c) 四分配器

图 9-3　分配器

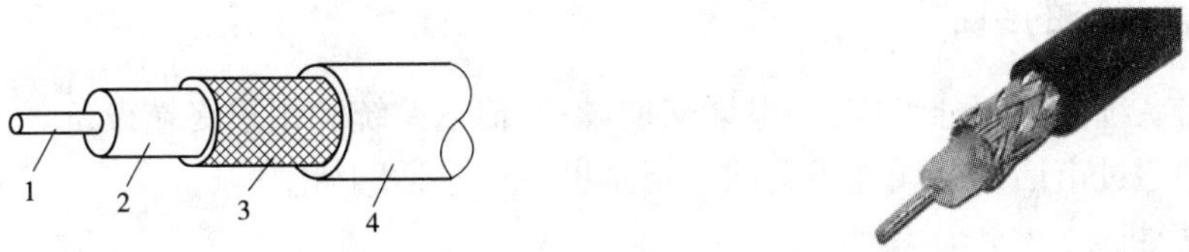

1—导体;2—绝缘介质;3—编织网;4—保护套

图 9-4　同轴电缆

用户终端又称为用户接线盒,是共用天线电视系统供给电视机电视信号的接线器。用户接线盒有单孔盒和双孔盒之分。单孔盒输出电视信号,双孔盒可输出电视信号和调频广播信号。终端插座盒的外形和安装位置对室内装饰会产生一定的影响,其安装高度一般在室内地面以上 0.3 ~0.4 m。

图 9-5 为某住宅楼内有线电视线路系统图。

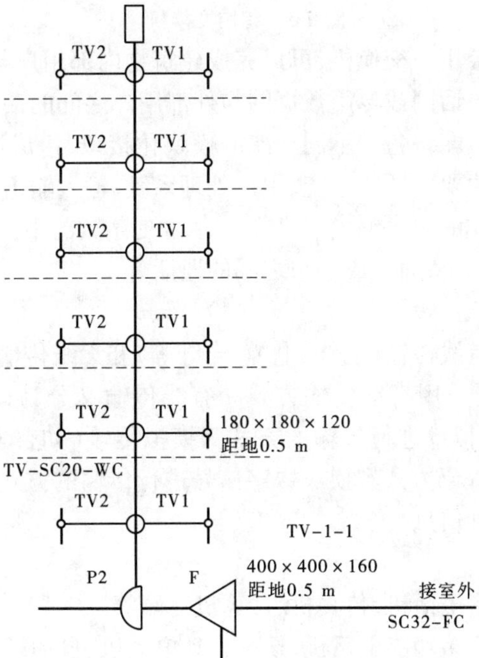

图 9-5　某住宅楼内有线电视线路系统图

任务 9.2　电话通信系统

电话通信系统一直是建筑弱电系统中的一个基本组成部分。目前电话通信网络已成为世界上最大的分布交换网络,在写字楼或宾馆饭店等建筑物内,任一电话用户都可以通过市话中继线与全国乃至全世界电话网络中的其他电话用户进行通话。随着信息技术的迅猛发展,电话通信网络所能发挥的作用已经远远超出了人们最初对它的期望。

1　电话通信系统的组成

电话通信系统由三部分组成,即电话交换设备、传输系统和用户终端设备。任何建筑物内的电话均通过市话中继线连成全国乃至全世界的电话网络。

1.1　电话交换机

电话交换机是接通电话用户之间通信线路的专用设备,目前最先进的是数字程控电话交换机。如图 9-6 所示。

图 9-6　程控交换机

现代化建筑中的程控用户交换机,可以完成建筑物内部用户与用户之间的信息交换,以及内部用户通过公用电话网或专用数据网与外部用户之间的话音及图文数据传输。程控用户交换机通过控制机配备各种不同功能的模块化接口,组成通信能力强大的综合数据业务网。程控交换机主要由话路系统、中央处理系统、输入输出系统等三部分组成。程控交换机预先把交换动作的顺序编成程序集中存放在存储器中,然后由程序自动执行控制交换机的交换连续动作,从而完成用户之间的通话。

1.2　电话传输系统

电话传输系统分为有线传输(明线、电缆、光纤等)和无线传输(短波、微波中继、卫星通信等)。通信工程主要采用有线传输方式。有线传输又分为模拟传输和数字传输两种,将信息转换成电流模拟量进行传输的方式为模拟传输(如普通电话采用模拟语音信息传输);将信息按数字编码方式转换成数字信号进行传输的方式为数字传输(如程控电话交换采用数字传输各种信息)。

1.3　用户终端设备

用户终端设备主要指电话机、传真机、计算机终端等。

电话机的种类还包括多功能电话机、扬声自动电话机、自动录音电话机、电视电话机,以及集电话、传真、复印等各种功能于一体的奇特的电话机。

2　电话通信设备及传输设备

电话通信设备包括分线箱(盒)、交接箱、电话机。分线箱(盒)分为明装和暗装两种,交接箱的安装可分为架空式和落地式两种,电话机则是通过接线盒与传输线路连接。

传输线路中分市话电线电缆、双绞线、光缆等。常用市话电缆有 HQ 型低绝缘铅包市话电缆、HYQ 型聚氯乙烯绝缘铅包市话电缆,建筑物内的电话干线常采用 HPVV 型塑料绝缘塑料护套通信电缆,引至电话的配线常采用 RVS. 2 ×0. 5 塑料绝缘的软绞线。电话线缆的敷设应符合《城市住宅区和办公楼电话通信设施验收规范》(YD 5048—1997)的有关规定。

双绞线是用于数字通信传输的双绞线缆。光缆是数据通信中传输容量最大、传输距离最长的新型传输媒体。

3　室内配线系统

电话系统的室内配线形式主要取决于电话的数量及其在室内的分布,并考虑系统的可靠性、灵活性及工程造价等因素。常见的配线系统有下列几种。

3.1　各层独立的配线方式

如图 9-7 所示,从室内电话组线箱内分别引出独立电话电缆至各层分线箱,然后采用塑料绝缘导线作为用户线,从分线箱引至各电话终端出线盒。该方式的优点是各层电缆线相互独立,互不干扰,便于系统的检修和改造扩建,具有一定的灵活性。其缺点是电缆管线多,造价高,该系统一般适用于各层电话数较多且有可能发生变化的场合。

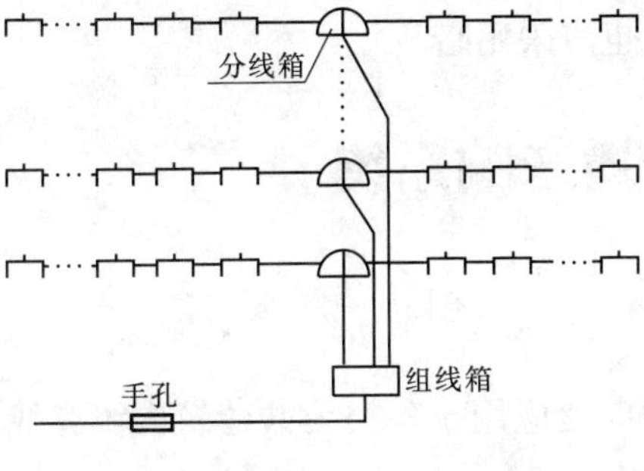

图 9-7　独立的配线方式

3.2　分级配线方式

如图 9-8 所示,每隔若干层设一只容量较大的分线箱,再将出线电缆接到各层容量较小的分线箱。若某些楼层内电话数量较少,也可不设置分线箱。该方式的优点是竖向上升电缆管线较少,缺点是电缆接续次数增加,可能的故障点也相应增加,其可靠性比独立配线方式差。

该方式一般适用于高层建筑中层数较多但每层内电话数量较少的情况。

3.3　递减式配线方式

如图 9-9 所示,将各层内分线箱串接,电缆对数逐层递减。其优点是电缆管线少,造价低,缺点是系统缺乏灵活性,不便于今后的改建和扩建。该方式一般适用于建筑物层数少、各层内电话数量分布不均匀且有可能发生变化的场合。

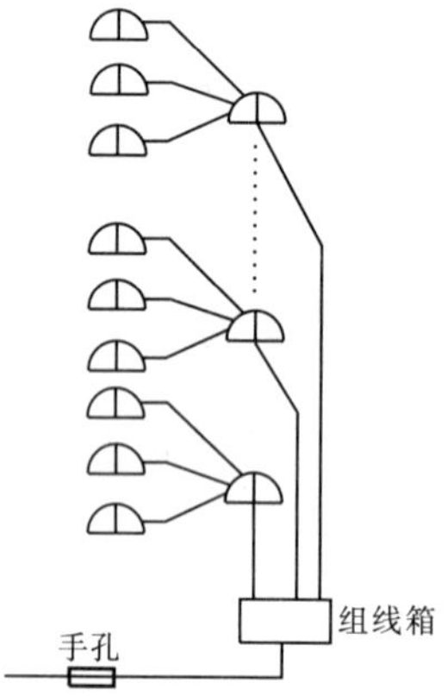

图 9-8　分级配线方式

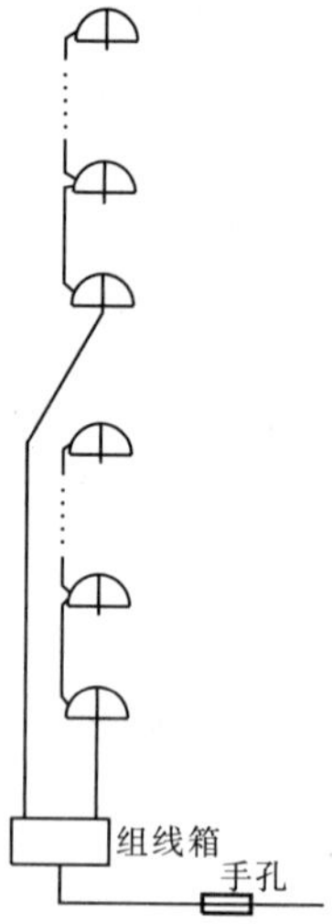

图 9-9　递减式配线方式

4　管线敷设

室内电话线路的敷设应考虑经济合理、便于施工维护、安全美观等方面的因素，管线的敷设方式主要有暗敷设、明敷设和沿墙敷设等几种方式。

暗敷设方式是将电话电缆或导线穿在建筑物内预埋的暗管、桥架或电缆井内。新建的建筑物或对美观要求较高的建筑物内常采用暗敷设方式配线。在暗敷设的配线系统中，分线箱、分线盒、过路盒和电话终端出线盒也应采用暗装。

任务 9.3　广播音响系统

1　广播音响系统的分类

作为一种通信和宣传的工具，有线广播被广泛应用于各类公共建筑内。有线广播系统通常可分为下列几种类型：

（1）业务性广播系统。设置于办公楼、商场、教学楼、车站等建筑物内，以满足业务和行政管理等要求为主的语音广播系统。该系统一般较简单，在设计和设备选型上没有过高的要求。

（2）服务性广播系统。如大型公共活动场所和宾馆饭店内的广播系统，以背景音乐和对客房广播为主。

（3）火灾事故广播系统。对具有综合防火要求的建筑物，特别是高层建筑，应设置紧急广播系统，用于火灾时或其他紧急情况下，指挥扑救并组织引导人员疏散。该系统对运行的可靠性有很高的要求，应保证在发生紧急情况时仍然能正常工作足够长时间。

（4）厅堂扩声系统。厅堂扩声系统是指礼堂、学术报告厅、剧场、体育场馆、宴会厅、卡拉 OK 厅等的音响系统。

(5)专用的会议系统。专用的会议系统如同声传译系统等,该系统有其特殊要求。

一般情况下,建筑物内的一个广播系统常常兼有几个方面的功能,如业务广播系统也可作为服务性广播使用,对于既有业务广播(或服务性广播)要求,又有火灾事故广播要求的建筑物,通常的做法也是只采用一套广播系统,平时作为业务广播或服务性广播,火灾或其他紧急情况下,转换成火灾事故广播。

2　广播音响系统的组成

广播音响系统其基本组成可用图9-10的框图表示。

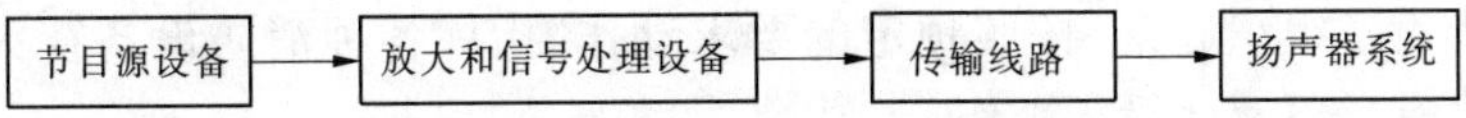

图9-10　广播音响系统的组成框图

(1)节目源设备通常由节目源和设备组成。节目源是指无线电广播(调频、调幅)、激光唱片(CD)、MP3和光盘等。节目源设备有调谐器、激光唱机和MP3播放器以及传声器(话筒)、电视伴音(包括影碟机、录像机和卫星电视的伴音)等。

(2)放大和信号处理设备。该部分是整个广播音响系统的控制中心,包括调音台、前置放大器、功率放大器和各种控制器及音响加工设备等。

(3)传输线路由于系统和传输方式的不同,对传输线路有不同的要求。室内广播线一般可采用铜芯双股塑料绝缘导线(如RVB或RVS型)或电缆,线径为$2\times0.5\ mm^2$或$2\times0.8\ mm^2$,导线应穿钢管或塑料管沿墙、地坪或吊顶暗敷,保护管的预埋和穿线方法与强电线路相同。

(4)扬声器系统作为广播系统的终端输出设备,其选择的合理与否将在一定程度上影响整个系统的工作性能。扬声器分为电动式、静电式和电磁式等若干种,其中电动式扬声器应用最广。选择扬声器时应考虑其灵敏度、频率响应范围、指向性和功率等因素。

图9-11是某宾馆音频传输背景音乐与火灾广播系统图。

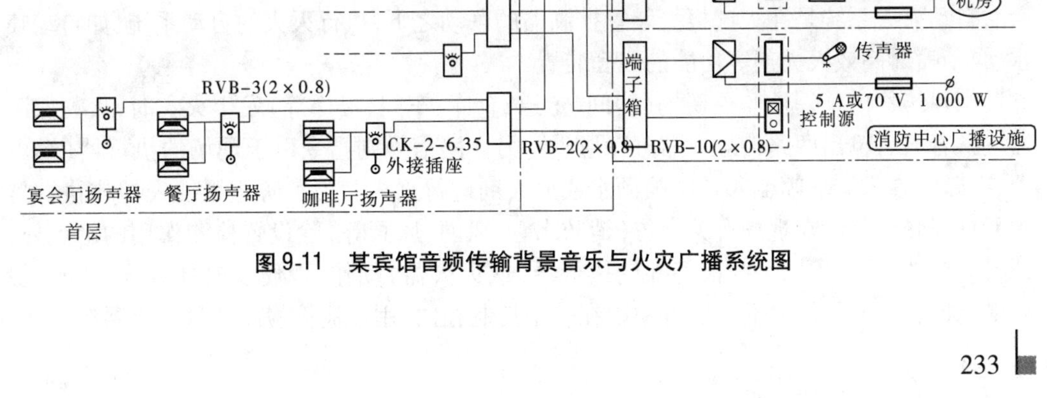

图9-11　某宾馆音频传输背景音乐与火灾广播系统图

任务9.4　火灾自动报警与消防联动控制系统

火灾自动报警系统是现代消防系统中的一个重要组成部分，是现代电子工程与计算机技术在消防中应用的产物。“报警早，损失小”是人们在与火灾做斗争的漫长过程中总结出的一个经验。火灾自动报警系统在各类建筑物内的应用，实现了火灾的早期报警，为及时采取各种措施扑灭火灾赢得了宝贵的时间。

火灾自动报警系统在报警的同时，还具有“联动”功能，即通过控制线路将消防给水设备和防排烟设备组织起来，按照预定的要求动作，指挥各种消防设备在火灾时密切配合，各司其职，有条不紊地投入工作。

火灾报警与自动灭火系统已成为现代建筑中不可缺少的组成部分，并越来越受到人们的重视。

1　火灾自动报警系统的基本原理

1.1　火灾自动报警的基本原理

火灾自动报警与消防联动控制系统由火灾探测系统、火灾自动报警系统及消防联动系统和自动灭火系统等部分组成，实现建筑物的火灾自动报警及消防联动。

控制器是火灾报警系统的心脏，是分析、判断、记录和显示火灾的部件。控制器（报警控制器）是通过探测器（探头）不断向监视现场发出巡测信号，监视现场的烟雾浓度、温度等，由探测器不断反馈给控制器，控制器再将输入的由烟雾浓度或温度转换而成的电信号与控制器内存储的正常整定值进行比较，判断火灾是否发生。当确认发生火灾时则在控制器上首先发出声光报警，并显示烟雾浓度，显示火灾区域或楼层房间号的地址编码，并打印报警时间、地址、烟雾浓度等。同时向火灾现场发出警铃或电笛报警，与此同时，在火灾发生楼层的上下相邻层或火灾区域的相邻区域也发出报警信号，显示火灾区域。各应急疏散指示灯亮，指示疏散路线。

为了防止探测器失灵或火警线路发生故障，现场人员发现火灾也可以通过安装在现场的手动消防按钮和火灾报警电话直接向控制器传呼报警信号。另外，在目前的火灾报警产品中，一般把控制器和集中报警声光控制装置、打印和显示装置成套设计和组装在一起，称为火灾自动报警装置。

1.2　自动灭火的基本原理

自动灭火系统是在火灾报警装置控制器的联动之下，执行灭火的自动系统，如自动喷水、自动喷射高效灭火剂等功能的成套装置。

当建筑物内某一被监视现场（房间、走道、仓库、车间、楼梯等）发生火灾时，火灾探测器确认着火后输出两路信号：一路信号报警，另一路信号则指令设于现场的执行器（继电器、电磁阀等），开启喷洒阀及时喷洒水或灭火剂进行灭火。为了防止系统失控或执行器中元件、阀门失灵，在现场有关部位（消防水管、风门、风阀等）除设置检测作用的触点外，还设有手动开关，用以手动报警并使执行器（或灭火器）动作，以便及时扑灭火灾。一般把继电器、接触器、信号显示器等集中在一个控制箱内，用以遥控检测各种灭火系统。

灭火系统通常有两种方式，一种是湿式消防系统（水灭火系统），另一种是干式消防系统。高层建筑常用的为湿式消防系统，主要包括消火栓消防系统和自动喷水灭火系统。

2　火灾自动报警系统组成

火灾自动报警系统主要由火灾探测器和火灾报警控制器组成。火灾探测器将现场火灾信息（烟、温度、光）转换成电气信号，传送至自动报警控制器；火灾报警控制器将接收到的火灾信号经过运算（逻辑运算）处理后认定火灾，输出指令信号。一方面启动火灾报警装置，如声光报警等；另一方面启动灭火联动装置，用以驱动各种灭火设备；同时也启动联锁减灾系统，用以驱动各种减灾设备。火灾探测器、火灾报警控制器、报警装置、联动装置、联锁装置等组成了一个实用的自动报警与灭火系统。

2.1　火灾自动报警控制系统形式

火灾监控系统有三种基本形式：区域报警系统、集中报警系统和控制中心报警系统。

2.1.1　控制中心报警系统

如图9-12所示，集中火灾报警控制器设在有人值班的消防控制室内，其他消防设备及联动控制设备，可采用分散就地控制和集中遥控两种方式，各消防设备工作状态的反馈信号，必须集中显示在消防控制室的监视或总控制台上，以便负担总体灭火的联络与调度功能。控制中心报警系统探测区域可多达数百甚至上千个。本系统适用于规模大，需要集中管理的群体建筑及超高层建筑。

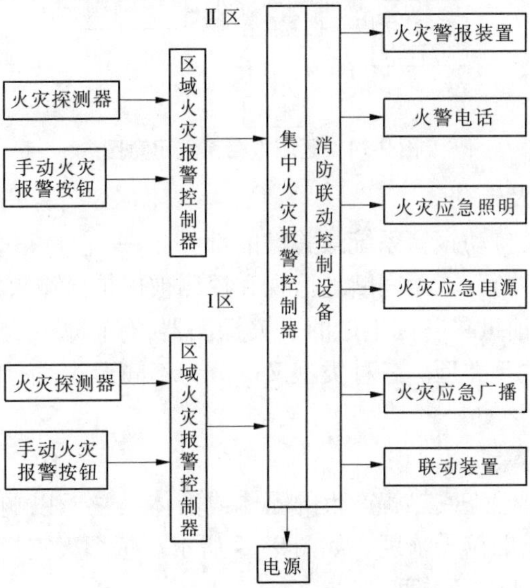

图9-12　控制中心报警系统示意图

2.1.2　集中报警系统

如图9-13所示，集中系统用的报警控制器，对于一个建筑内的消防控制室，数量不宜超过两台。

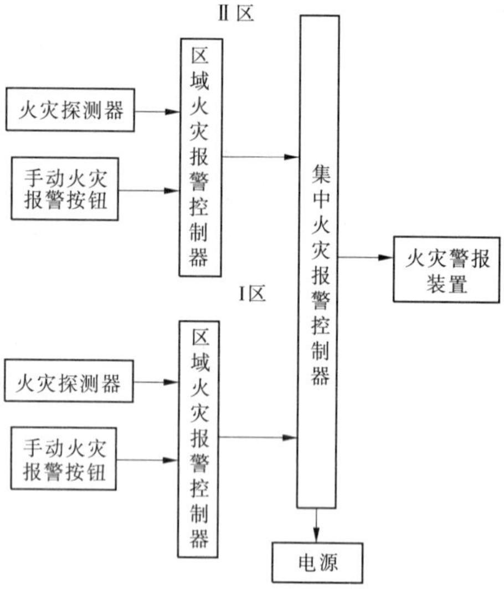

图 9-13　集中报警系统示意图

2.1.3　区域报警系统

如图 9-14 所示，其保护对象仅为某一局部范围，在一个建筑物内只能有一个这样的系统。

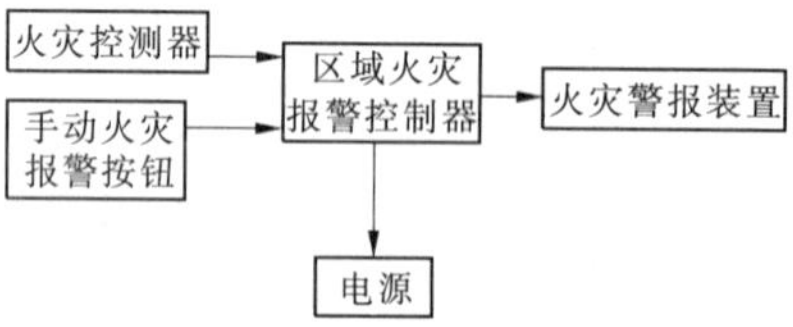

图 9-14　区域报警系统示意图

2.2　火灾探测器类型及选用

火灾探测器是火灾自动报警系统最关键的部件之一，它是整个系统自动检测的触发器件，犹如系统的感觉器官，能不间断地监视和探测被保护区域火灾的初期信号。根据火灾探测方法和原理，目前世界各国生产的火灾探测器，有感烟式、感温式、感光式、可燃气体探测式和复合式等主要类型。各种类型又可分为不同形式，按其结构造型分类，可分为点型和线型两大类。

2.2.1　感烟火灾探测器

感烟火灾探测器对燃烧或热解产生的固体或液体微粒予以响应，用以探测火灾初期燃烧所产生的气溶胶或烟粒子浓度。如图 9-15 所示。感烟火灾探测器又可分为离子型、光电型、电容式或半导体型等类型。

2.2.2　感温火灾探测器

感温火灾探测器响应异常温度、温升速率和温差等火灾信号。如图 9-16 所示。常用的有定温型（环境温度达到或超过预定值时响应）、差温型（环境温升速率超过预定值时响应）和差定温型（兼有差温、定温两种功能）。

2.2.3　感光火灾探测器

感光火灾探测器主要对火焰辐射出的红外光、紫外光、可见光予以响应，故又称为火

图9-15 感烟火灾探测器

图9-16 感温火灾探测器

焰探测器,常用的有红外火焰型和紫外火焰型两种。

2.2.4 可燃气体火灾探测器

可燃气体火灾探测器主要用于易燃、易爆场所中探测可燃气体的浓度。主要用于宾馆厨房或燃料气储备间、汽车库、压气机站、炼油厂、燃油电厂等存在可燃气体的场所。

2.2.5 复合火灾探测器

复合火灾探测器可响应两种或两种以上火灾参数,主要有感温感烟型、感光感烟型、感光感温型等。火灾探测器外形如图9-17所示。

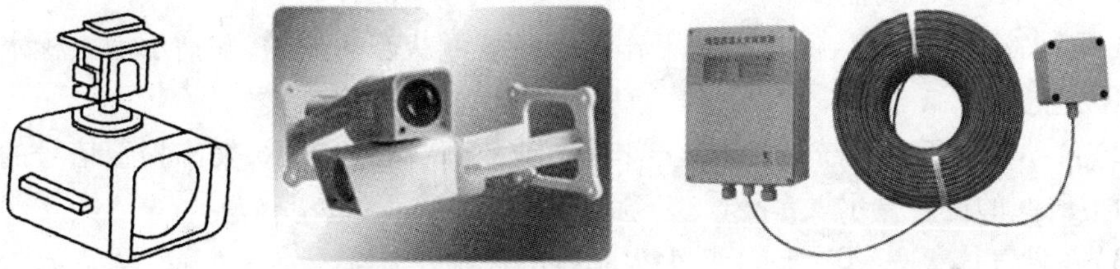

(a) 红外光束感烟探测器　　(b) 线型感温火灾探测器

图9-17 火灾探测器

2.2.6 探测器的选用

一般而言,感烟探测器适合于火灾初期有大量烟雾产生而热量和火焰辐射很少的场合;若估计到火灾发展迅速,且有强烈的火焰辐射和少量的烟、热,则应采用感光探测器;在可能发生无烟火灾或正常情况下有烟和蒸气滞留的场合,如厨房、锅炉房、发电机房、吸烟室等处,应采用感温探测器;在有可能散发可燃气体和可燃蒸气的场合,应采用可燃气体探测器;若估计到火灾发生时有大量热量产生,有大量的烟雾和火焰辐射,则应同时采用几种探测器,以对火灾现场的各种参数的变化做出快速反应;若对某些场合的火灾特点无法预料,应进行模拟试验,根据试验结果进行选择。

2.3 火灾报警控制器

在火灾自动报警系统中,火灾探测器是系统的"感觉器官",随时监视周围环境的情况。而火灾报警控制器则是该系统的"躯体"和"大脑",是系统的核心。

火灾报警控制器的作用是向火灾探测器提供高稳定度的直流电源;监视连接各火灾探测器的传输导线有无故障;能接收火灾探测器发送的火灾报警信号,迅速、正确地进行转换和处理,并以声、光等形式指示火灾发生的具体部位,进而发送消防设备的启动控制信号。

火灾报警控制器按其用途分为区域报警控制器、集中报警控制器和通用报警控制器。

区域报警控制器用于火灾探测器的监测、巡检、供电与备电，接收监测区域内火灾探测器的报警信号，并转换为声光报警输出，显示火灾部位等。其主要功能有火灾信号处理与判断、声光报警、故障监测、模拟检查、报警计时、备电切换和联动控制等。

集中报警控制器用于接收区域控制器发送的火灾信号、显示火灾部位和记录火灾信息、协调联动控制和构成终端显示等，主要功能包括报警显示、控制显示、计时、联动联锁控制、信息传输处理等。

通用报警控制器兼有区域和集中控制器功能，小型的可作为区域控制器使用，大型的可以构成中心处理系统，其形式多样，功能完备，可按其特点构成各种类型的火灾自动报警系统模式。

3　消防联动控制系统

联动控制系统具有若干对输出控制接点，用于系统中各种设备的联动控制。根据建筑物内报警位置、火灾自动灭火装置以及防排烟设备的设置情况，控制系统应包括下列全部或部分设备的控制功能：

(1)消火栓水泵的启、停控制和工作状态或故障状态的显示，并指示消火栓水泵启动按钮的位置。

(2)自动喷淋灭火系统的控制、工作状态或故障状态的显示，发出报警信号的水流指示器和报警阀的位置显示。

(3)各种气体灭火和泡沫、干粉灭火系统的控制。

(4)接收到火灾报警信号后，停止有关部位的风机，关闭防火阀，并接收被控设备动作的反馈信号。

(5)启动防排烟系统，包括防烟、排烟风机和正压风机等，并接收被控设备动作的反馈信号。

(6)火灾被确认后，应关闭有关部位的防火门和防火卷帘门，并接收反馈信号。对防火卷帘门，通常采用两段式控制，接到报警信号后，卷帘门先下降到一半高度位置(或1.8 m高度)，经一段延时后，再下降到底，防火卷帘门两侧应安装手动控制按钮，以便于现场控制。

(7)强制建筑物内的所有电梯降至底层，并接收反馈信号，对自动化程度要求较高的建筑物，可采用电梯前室内的感烟探测器联动控制电梯迫降。

(8)切断有关部位的非消防电源，并接通火灾事故照明系统。

(9)按一定的疏散顺序接通火灾报警装置和火灾事故广播系统，对业务广播与事故广播共用的系统，应切换到火灾事故广播系统，以便及时指挥和组织人员疏散。

总而言之，火灾自动报警系统是涉及火灾监控各个方面的一个综合性的消防技术体系，也是现代化智能建筑中的一个不可缺少的组成部分。其安装施工是一项专业性很强的工作，须经过公安消防部门的批准，并由具有许可证的单位承担。设计和施工必须严格按照国家有关现行规范执行，以确保系统实现火灾早期报警及各种设备的联动。

任务9.5　安保系统

由于现代建筑的大型化、多功能、高层次和高技术的特点，使它的安保系统更显得必不可少，而且要求更加智能化，更加完善。

1　现代建筑对安保系统的要求

现代建筑要求安保系统能实现如下功能。

1.1　防范

不论是对财物、人身还是重要数据和情报等的安全保护，都应把防范放在首位。也就是说，安保系统使罪犯不可能进入或在企图犯罪时就能察觉，从而采取措施。把罪犯拒之门外的设施主要是机械式的，例如安全栅、防盗门、门障、保险柜等；也有机械电气式的，例如报警门锁、报警防爆门等；还有电气式的各类探测触发器等。

为了实现防范的目的，报警系统具有布防和撤防功能，即当工作人员离开时应能布防，例如一个门，工作人员离开时布了防，当工作人员以后正常进入，则通过开“锁”，使系统撤防，这样就不至于产生误报。

1.2　报警

当发现安全受到破坏时，系统应能在安保中心和有关地方发出各种特定的声光报警，并把报警信号通过网络送到有关安保部门。

1.3　监视与记录

在发生报警的同时，系统应能迅速地把出事的现场图像和声音传送到安保中心进行监视，并实时记录下来。另外，系统应有自检和防破坏功能，一旦线路遭到破坏，系统应能触发出报警信号；在某些情况下布防应有适当的延时功能，以免工作人员还在布防区域就发出报警信号，造成误报。

2　安保系统的组成

根据安保系统应具备的功能，现代建筑的安保系统一般应由以下四部分组成。

2.1　门禁系统

有两类情况，一是正常进入，但对人员需加以限制的门禁系统，此系统主要是对进入人员的身份进行辨识；二是针对不正常的强行闯入的门禁系统，此系统主要是通过设定的各种门磁开关等发现闯入者并报警。

2.2　防盗报警系统

自动防盗报警系统就是利用各种探测装置对楼宇重要地点或区域进行布防，当探测装置探测到有人非法侵入时，系统将自动发出报警信号。附设的手动报警装置通常还有紧急按钮、脚踏开关等。

2.3　电视监视系统

该装置是把事故现场显示并记录下来，以便取得证据和分析案情。显示和记录装置通常与报警系统联动，即当报警系统发现哪里出现事故时，联动装置使显示和记录装置跟踪显示并记录事故现场情况。

2.4 周界防范

周界防范即楼宇巡更系统。

3 门禁(出入口)管制系统

3.1 门禁(出入口)管制系统的基本结构与功能

一般的门禁管制系统的基本结构如图9-18所示，基本上由三个层面的设备组成。最基本的层面是与进出门的人员和车辆打交道的辨识装置、电子门锁、可视对讲、出口按钮、报警传感器、门磁开关、报警喇叭等，它们的信号连接到控制器。

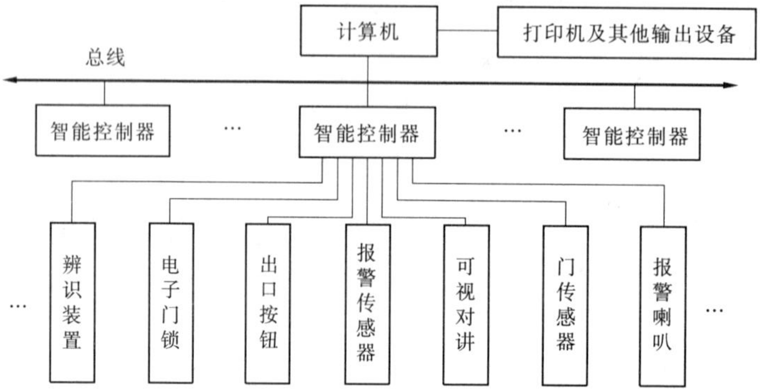

图9-18 门禁(出入口)管制系统的基本结构

每个控制器管理着若干个门，可以自成一个独立的门禁系统；多个控制器通过网络与计算机联系起来，构成全楼宇的门禁系统。计算机通过管理软件对系统中的所有信息加以处理。

门禁系统的主要功能如下：

(1)管理各类进出人员并制作相应的通行证，设置各种进出权限。

(2)凭有效的卡片、代码和特征，根据其进出权限允许进出或拒绝进出。属黑名单者将报警。

(3)一般门内人员可用手动按钮开门。

(4)特殊管理人员可使用钥匙开门。

(5)在特殊情况下，由上位机指令门的开关。

(6)门的状态及被控信息记录到上位机中，可方便地进行查询。

(7)断电等意外情形下能自动开门。

(8)对某时间段内人员的出入状况或某人的出入状况可实时统计、查询和打印。

(9)可与考勤系统结合。

(10)根据特殊需要，系统也可以外接密码键盘输入、报警信号输入以及继电器联动输入，可驱动声、光报警或启动摄像机等其他设备。

3.2 门禁管制系统

3.2.1 辨识装置

在正常情况下，门禁系统对进入人员身份加以辨识，即系统把进入人员的身份特征和预存的特征相比较,只有与允许进入人员(受权人)的特征相同者,系统才会让其进入。

3.2.2　电锁和门磁开关

门禁系统所用电锁一般有三种类型:电阴锁、电磁锁和电插锁,视门的具体情况选择。电阴锁和电磁锁一般可用于木门和铁门,电插锁则用于玻璃门。电阴锁一般为通电开门,电磁锁和电插锁为通电锁门。

3.2.3　控制器

控制器是门禁系统的核心,它由一台微处理机和相应的外围电路组成。如将读卡器比作系统的眼睛,将电磁锁比作系统的手,那么控制器就是系统的大脑,由它来确定某一张卡是否为本系统已注册的有效卡,该卡是否符合所限定的授权,从而控制电锁是否打开。

4　可视对讲系统

可视对讲系统是在对讲机－电锁门安保系统的基础上加电视监视系统而成。

4.1　工作方式

对讲机－电锁门安全安保系统是在楼宇的入口处设有电锁门,上面设有电磁门锁,平时门总是关闭的。在入口的门边外墙上嵌有大门对讲总按钮盘。来访者需依照探访对象的楼层和单元号按按钮盘的相应按钮,此时被访者的对讲机铃响。被访者通过话机与来访者对话。

4.2　可视对讲系统构成

可视对讲系统由主机(室外机)、分机(室内机)、不间断电源和电控锁组成。

主机、分机如图9-19所示。

图9-19　可视对讲系统的主机、分机

主机系列功能如下:

(1)有摄像、呼叫、对讲、开锁等功能;

(2)LCD中文菜单操作提示;

(3)CCD镜头角度可调,使摄像效果达到最佳;

(4)黑白主机CCD具有红外线夜视功能,彩色主机CCD具有超亮LED补光功能;

(5)按键自动夜光功能;

(6)980D11G、980DC11G型号具有IC感应卡一体化门禁功能;

(7)数码式操作键盘、总线制布线、防拆报警功能;

(8)最大容量为9999户分机,有密码开锁功能可设置999组开锁密码。

分机的主要功能如下:

(1)可监视室外主机,与室外主机、同户室内分机通话;

(2)支持门前铃,可监视门前铃,并与门前铃进行可视对讲;

(3)具有免扰功能;

(4)具备独立锁控功能,可控制住户门锁;

(5)支持小区信息发布(与相应的联网设备配套使用);

(6)报警及求助功能。

5 防盗报警系统

5.1 防盗报警系统的基本结构

防盗报警系统一般由探测器、区域控制器和报警中心控制器三个部分组成，如图9-20所示。图中最底层是探测和执行设备，它们负责探测非法闯入等异常报警，同时向区域控制器发送信息。区域控制器再向报警控制中心计算机传送所负责区域内的报警情况。

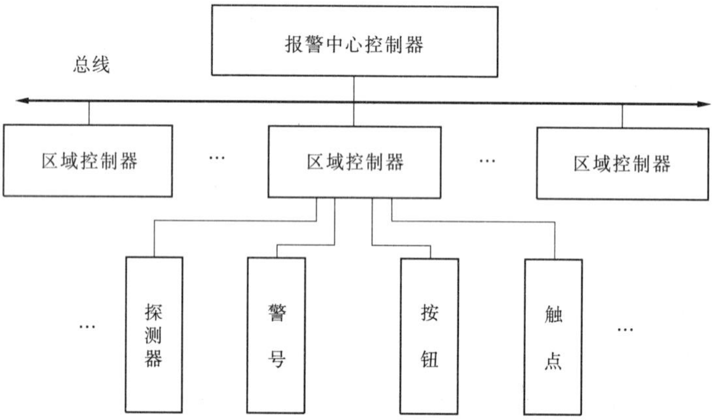

图9-20 防盗报警系统结构示意图

报警中心控制器通过通信接口和计算机连接，由计算机负责管理整幢楼宇的防盗报警系统。

5.2 防盗报警装置

防盗报警装置是根据探测器传送来的信息而发出报警的。按探测器工作方式，可分为接触式和非接触式两大类。接触式的有干簧管、微动开关等；非接触式的有红外线、超声波和微波做成的探测器。

主要有以下几种：

(1)电磁式探测报警装置。

(2)主动红外线探测报警装置：①遮断式主动红外线探测报警装置；②反射式主动红外线探测报警装置。

(3)被动式红外线报警装置。

(4)微波防盗报警装置。

5.3 防盗报警装置的选用

探测器的选用主要根据是：

(1)保护对象的重要程度。例如对于保护对象特别重要的应加多重保护等。

(2)保护范围的大小。小范围可采用感应式报警装置或反射式红外线报警装置，要防止人从门窗进入可采用电磁式探测报警装置，大范围可采用遮断式红外线报警器等。

(3)防御对象的特点和性质。例如，主要是防人进入某区域的活动，则可采用移动探测防盗装置，可考虑微波防盗报警装置或被动式红外线报警装置，或者同时采用两者作用兼有的混合式探测防盗报警装置等。

6　楼宇巡更系统

现代建筑出入口多，进出人员复杂，为了维护楼宇的安全，必须有专人负责安全巡逻，重要地方还需设巡更站，定时进行巡更。

智能楼宇的巡更系统是一个由微机管理的应用微电子技术的系统。巡更系统属于周界防范系统。

6.1　巡更系统的构成

巡更系统分为在线和离线两种形式。

6.1.1　*在线巡更系统*

巡更员按规定时间和路线到达（不能迟到，更不能绕道）每个巡更站，并输入该站密码，或使用钥匙向微机管理中心报到，信号通过巡更控制器输入计算机，管理人员通过显示装置了解巡更实况。

巡更站的数量和位置由楼宇的具体情况而定，一般有几十个点以上，巡更站多安装于楼宇内的重要位置。

6.1.2　*离线巡更系统*

离线巡更系统是在每一巡更站安置一个类似磁卡一样的记忆装置（信息钮），各个巡更站间均无联接。巡更员只需拿着巡更棒（类似读卡机）在每个巡更站感应一下，巡更站的资料就可输入巡更棒，巡更员完成整个巡更路线后把巡更棒交回安保中心，输入计算机，即可了解整个巡更情况。

这种系统较简单，具有安装简便，无须布线，方便快捷，可达到数百个巡更点和多条指定的、有规划的或受时限的巡更路线等优点。系统投资少，安全可靠，寿命长，是智能小区首选的电子巡更系统。

6.2　巡更系统的功能要求

（1）巡更系统必须可靠连续运行，停电后应能维持24 h工作。

（2）备有扩展接口，应配置报警输出接口和输入信号接口。

（3）有与其他子系统之间可靠通信的联网能力，且具备网络防破坏功能。

（4）具备先进的管理功能。用彩色图形显示巡更路线、巡更到位情况、巡更不到位报警。在不到位的巡更点处要求提示信息，例如具有明显的闪烁，并发出报警声；为保安人员制定多种巡更时制、巡更路线及巡更次数，操作人员只需简单操作即能选定；在巡更间隔时间可调用巡更系统的巡更资料，并进行统计、分析和打印等。

任务9.6　智能建筑与综合布线系统

1　智能建筑的概念

智能建筑是信息时代的必然产物，是建筑业和电子信息业共同谋求发展的方向。

20世纪80年代以来，计算机技术、信息技术、控制技术、通信技术等得到了迅速的发展，并以极快的速度渗透到了人们生产和生活的各个领域。在建筑领域，自从第一幢智能化建筑1984年在美国建成以来，世界各地相继出现了兴建智能化建筑的热潮，在这一领域，我国是20世纪90年代才开始起步，虽然起步较晚，但发展速度令世界瞩目。

智能建筑是实现结构、系统、服务、运营及其相关全面综合，达到最佳组合，构造高效率、高性能与高舒适的大楼或建筑。

2 智能建筑的组成

智能建筑主要由系统集成中心、综合布线系统、楼宇自动化系统、办公自动化系统、通信自动化系统五大部分组成。

智能建筑所用的主要设备通常放置在智能化建筑内的系统集成中心（System Integrated Center，SIC）。它通过建筑物综合布线与各种终端设备，如通信终端（电话机、传真机等）、传感器（如烟雾、压力、温度、湿度等）的连接，"感知"建筑物内各个空间的"信息"，并通过计算机进行处理后给出相应的控制策略，再通过通信终端或控制终端（如步进电机、各种阀门、开关等）给出相应的控制对象的动作反应，使大楼具有所谓的某种"智能"。

所谓智能的含义，包括了以下几个方面：楼宇自动化（BA）、通信自动化（CA）、办公自动化（OA），形成"3A"智能建筑。

为了更突出某项功能，提出防火自动化（FA），以及把建筑物内的各个系统综合起来管理，形成一个管理自动化（MA）。加上FA和MA这两个"A"，便成为"5A"智能化建筑了。

但从国际上来看，通常定义BA系统包括FA系统，OA系统包括MA系统，因此一般只采用3A的提法，便于全面和正确理解"智能建筑"定义的内涵。

图9-21说明了智能建筑由智能化建筑环境内的系统集成中心利用综合布线连接并控制"3A"系统的组成模式。

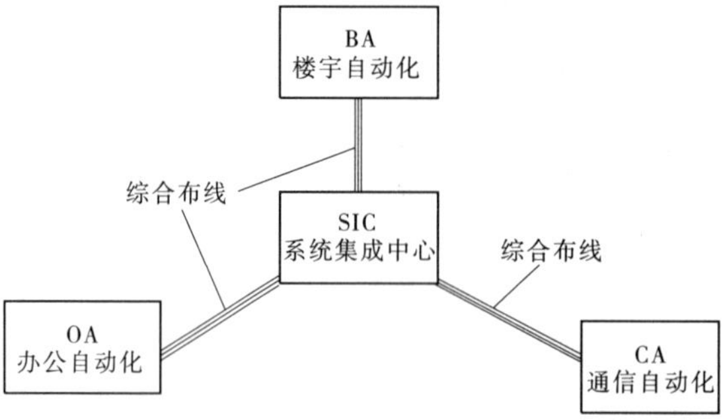

图9-21 智能建筑环境

2.1 系统集成中心

系统集成中心，是以计算机为主体的智能建筑的最高层控制中心，监控整个智能大厦运作。它通过综合布线系统将各个系统连为一体，实施统一管理和监控，同时为各子系统之间建立起一个标准的信息交换平台。

2.2 综合布线系统

大厦所有信息的传输系统，可以传输数据、语音、影像和图文等多种信号，支持多种厂商各类设备的集成与集中管理控制。

通过统一规划、统一标准、模块化设计和统一建设实施，利用同轴电缆、双绞线或光缆介质（或无线方式）来完成各类信息的传输，以满足智能化建筑高效、可靠、灵活性等要求。

2.3　楼宇自动化系统（BA）

楼宇自动化系统是将建筑物（或建筑群）内的电力、照明、空调、运输、防灾、保安、广播等设备以集中监视、控制和管理为目的而构成的一个综合系统。

2.4　办公自动化系统（OA）

办公自动化系统是由计算机技术、通信技术、系统科学等高新技术所支撑的辅助办公的自动化手段，其主要包括电子信箱、视听、电子显示屏、物业管理、文字处理、共用信息库、日常事务管理等若干部分。它将主要完成各类电子数据处理，对各类信息实施有效管理和辅助决策者做出正确迅速的决定的功能。

2.5　通信自动化系统（CA）

智能建筑中的信息通信系统应具有对于来自建筑物内外各种不同信息进行收集、处理、存储、传输和检索的能力。为用户提供包括语音、图像、数据乃至多媒体等信息的本地和远程传输的完备的通信手段和最快、最有效的信息服务。

智能建筑中的信息通信系统包括语音、数据通信、图文通信和卫星通信等几个部分。主要包括卫星通信、无线寻呼、会议电视、可视图文、传真、电话、有线电视、数据通信等若干部分。

综上所述，智能建筑实质上是利用电子信息系统集成技术将BA、CA、OA和建筑有机地结合为一体的一种适合现代信息化社会综合要求的建筑物，综合布线系统是实现这种结合的有机载体。

3　综合布线系统

综合布线系统（Premises Distribution System，PDS），又称为开放式布线系统，是建筑物或建筑群内部之间的传输网络。它能使建筑物或建筑群内部的语音、数据通信设备，信息交换设备，建筑物自动化管理设备及物业管理等系统之间彼此相连，也能使建筑物内的信息通信设备与外部的信息通信网络连接。

综合布线系统是为了满足综合业务数据网（ISDN）的发展需求而特别设计的一种布线系统，它采用一系列高质量的标准材料，以模块化的组合方式，把语音、数据、图像和部分控制信号系统，用统一的传输媒介进行综合，从而在智能建筑中组成一套标准、灵活、开放的布线系统。

3.1　综合布线系统的特点

综合布线系统的特点主要表现在它具有兼容性、开放性、灵活性、可靠性、先进性和经济性，而且在设计、施工和维护方面带来方便。

3.1.1　兼容性

所谓兼容性是指其设备或程序可以用于多种系统中的特性。综合布线系统将话音信号、数据信号与监控设备的图像信号配线经过统一的规划和设计，采用相同的传输介质、信息插座、交连设备、适配器等，把这些性质不同的信号综合到一套标准的布线系统中。

3.1.2 开放性

综合布线系统由于采用开放式的体系结构，符合多种国际上流行的标准，几乎对所有著名的厂商都是开放的，如 IBM、DEC、SUN 的计算机设备，AT&T，NT，NEC 等交换机设备。并对几乎所有的通信协议也是开放的，如 EIA-232-D、RS-422、RS-423、ETHERNET、FDDI、CDDE、ISDN、ATM 等。

3.1.3 灵活性

由于所有信息系统皆采用相同的传输介质、物理星形拓扑结构，因此所有的信息通道都是通用的。每条信息通道可支持电话、传真、多用户终端。

3.1.4 可靠性

综合布线系统采用高品质的材料和组合压接的方式构成一套高标准的信息通道。所有器件均通过 UL、CSA 及 ISO 认证，每条信息通道都要采用物理星形拓扑结构，点到点端接，任何一条线路故障均不影响其他线路的运行，为线路的运行维护及故障检修提供方便，从而保障了系统的可靠运行。

3.1.5 先进性

所有布线采用最新通信标准，信息通道均按布线标准进行设计，按八芯双绞线进行配置，通过敷设超 5 类的双绞线，数据最大速率可达到 1 000 Mbps，对于需求特殊的用户，可将光纤敷设到桌面。

3.1.6 经济性

衡量一个建筑产品的经济性，应该从两个方面加以考虑，即初期投资与性能价格比。一般说来，用户总是希望建筑物所采用的设备在开始使用时应该具有良好的实用特性，而且还应该有一定的技术储备。在今后的若干年内应保护最初的投资，即在不增加新的投资情况下，还能保持先进性。

3.2 综合布线系统的组成

综合布线系统一般由工作区子系统、水平子系统、管理子系统、干线(垂直)子系统、设备间子系统和建筑群子系统六个子系统组成。如图 9-22 所示。六个部分的每一部分相互独立，单独设计，单独施工。

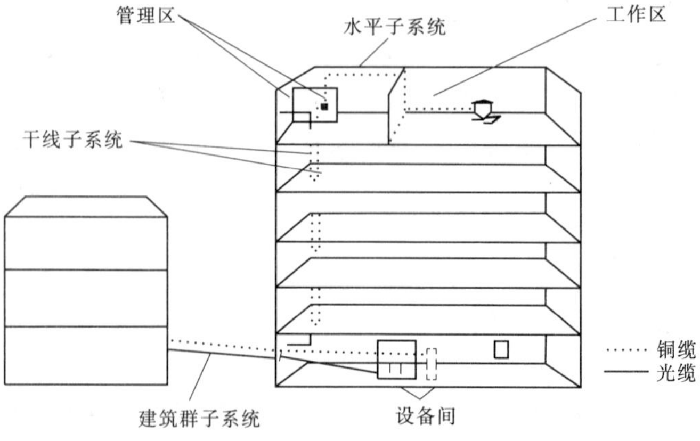

图 9-22 综合布线系统的组成

3.2.1 工作区子系统

提供从水平子系统端接设施到设备的信号连接，通常由连接线缆、网络跳线和适配器组成。如图9-23所示。

工作区常用设备是计算机、网络集线器、电话、报警探头、摄像机、监视器、音响等。

3.2.2 水平主干子系统

水平主干子系统提供楼层配间至用户工作区的通信干线和端接设施。水平主干线通常使用屏蔽双绞线(STP)和非屏蔽双绞线，也可以根据需要选择光缆。如图9-24所示。

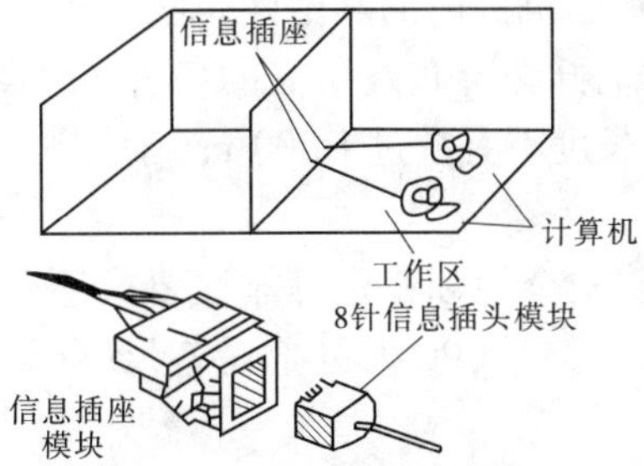

图9-23 工作区子系统图

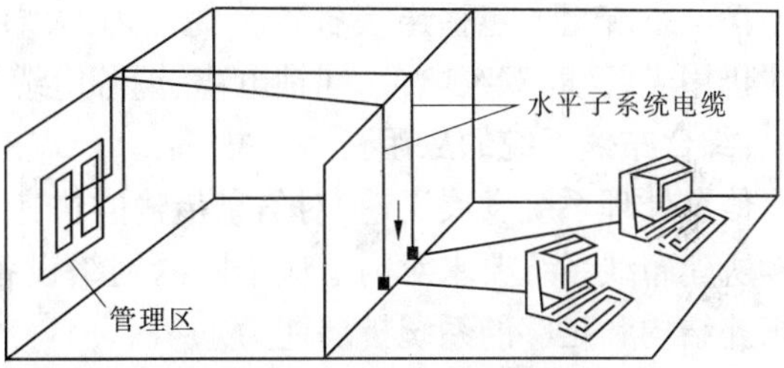

图9-24 水平主干子系统

水平主干子系统的目的是实现信息插座和管理子系统(跳线架)间的连接，将用户工作区引至管理子系统，并为用户提供一个符合国际标准，满足语音及高速数据传输要求的信息出口。该子系统由一个工作区的信息插座开始，经水平布置到管理区的内侧配线架的线缆。系统中常用的传输介质是4对非屏蔽双绞线(UTP)，它能支持大多数现代通信设备。如果需要某些宽带应用，可以采用光缆。信息出口采用插孔为ISDN 8芯(RJ45)的标准插口，每个信息插座都可灵活地运用，并根据实际应用要求随意更改用途。

对于利用双绞线构成的水平主干子系统，通常最远延伸距离不能超过90 m。

3.2.3 干线子系统

干线子系统也称为垂直主干线子系统，是建筑物中最重要的通信干道，通常由大对数铜缆或多芯光缆组成，安装在建筑物的弱电竖井内。垂直干线子系统提供多条连接路径，将位于主控中心的设备和位于各个楼层的配线间的设备连接起来，两端分别连接在设备间和楼层配线间的配线架上。如图9-25所示。

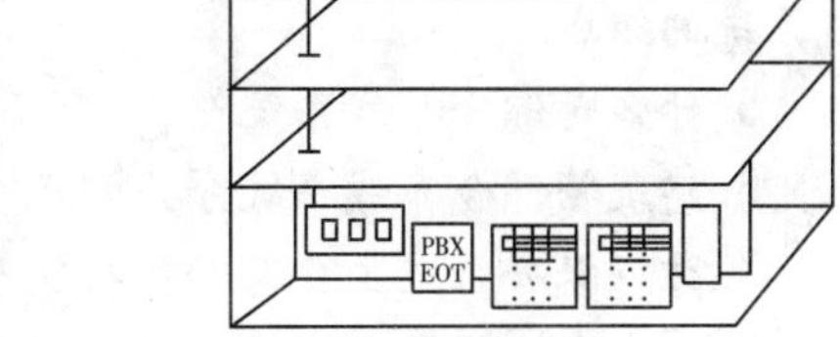

图9-25 干线子系统

3.2.4 设备间子系统

设备间子系统是结构化布线系统的管理中枢，整个建筑物或大楼的各种信号都经过各类通信电缆汇集到该子系统。

该子系统主要由设备间中的电缆、连接器和有关的支撑硬件组成，作用是将计算机、程控交换机、摄像头、监视器等弱电设备互联起来，并连接到主配线架上。设备包括计算机系统、网络集线器、网络交换机、程控交换机、音响输出设备、闭路电视控制装置和报警控制中心等。

3.2.5 管理区子系统

管理区子系统也称管理子系统。在结构化布线系统中,管理子系统是垂直子系统和水平子系统的连接管理系统,由通信线路互联设施和设备组成,通常设置在专门为楼层服务的设备配线间内。

该系统设备包括局域网交换机、布线配线系统及其他有关的通信设备和计算机设备。

3.2.6 建筑群子系统

建筑群子系统的作用,是构建从一座建筑物延伸到建筑群内的其他建筑物的标准通信连接。系统组成包括连接各建筑物之内的线缆、建筑群综合布线所需的各种硬件等。配线仍用光纤缆、双绞电缆、同轴电缆、铜芯电缆等,但长度不宜超过 1 500 m。

3.3 综合布线系统的应用

信息处理系统发展迅速,对信息传输的快速、便捷、安全性和稳定可靠性要求越来越高。所建布线系统要求对内适应不同的网络设备、主机、终端、PC 及外部设备,具有灵活的拓扑结构和足够的系统扩展能力。

综合布线系统的适用场合和服务对象逐渐增多,目前主要有以下几类:

(1)银行、证券交易所、宾馆饭店、商店等商务领域;

(2)各大公司、贸易中心、综合办公楼等办公写字楼领域;

(3)大学校园、各大公司、政府机构等建筑群领域;

(4)各交通运输领域;

(5)医院、急救中心等卫生及健康领域;

(6)电信、邮政、新闻广播、电视、出版领域;

(7)高级住宅、智能小区等居住领域。

思考题

1. 建筑弱电系统主要包括哪几个部分?

2. 室内电话系统可采用哪些配线方式?

3. 简述火灾自动报警与消防联动控制系统的组成及其工作原理。

4. 简述电话通信系统、建筑广播音响系统、共用天线电视系统、安全防范系统、综合布线系统的组成。

5. 什么是综合布线系统?

6. 建筑物综合布线系统分为哪几个子系统?

7. 防盗保安系统主要有哪些功能?

8. 室内火灾报警与消防联动控制系统的作用有哪些?

9. 火灾报警探测器一般如何分类?实际工程中应如何选择和布置报警探测器?

10. 简述智能建筑的定义、功能、组成。

学习项目 10 安全用电与建筑防雷

【教学要求】

通过本项目学习,使学生了解安全电压,熟悉防止触电的措施;掌握接地与接零的概念,掌握低压配电系统的接地方式及接地装置;了解雷电及其危害,掌握防雷分级、防雷措施及防雷装置。

任务 10.1 安全用电基础知识

电能给人们的生活带来了极大的方便,它以生产、输送、使用及控制方便等优点,广泛用于工农业生产、国防科技和人民生活等各个领域。但是用电不当或违章操作,则会造成严重的危害。随着科学技术的不断进步,人民生活水平的不断提高,用电规模的不断扩大,掌握安全用电的知识就显得十分重要了。

1 安全电流

通过人体的电流,超出了人体所能承受的能力,把这种情况视为触电。人体触电时会引起针刺感、压迫感、痉挛、血压升高、昏迷、心悸等症状,严重者可造成死亡。

对人体安全电流的确定通常按以下三个基本条件来考虑:

(1)感知电流。能引起人体感觉的电流称为感知电流。通过试验证明,成年男子的感知电流为 1.1 mA,成年女子的感知电流为 0.7 mA。此电流可在人体中流动很长时间。

(2)摆脱电流。触电电流超过了感知电流,使触电者感到肌肉收缩、痉挛,但可以自行摆脱。通过试验证明,成年男子的最小摆脱电流为 9 mA,成年女子的最小摆脱电流为 6 mA,此电流在人体中可持续 20 ~ 30 s。

(3)危险电流。人触电后引起心室颤动,造成生命危险。试验证明,通过人体的电流在 30 mA 以下通常不会有生命危险。

2 安全电压

2.1 人体电阻

人体的电阻一般在 10 000 Ω 左右。情绪乐观、身心健康、手有老茧的人的人体电阻较大;反之,情绪悲观、过度疲劳的人的人体电阻较小。

皮肤粗糙、情绪稳定的人的人体电阻较大;反之,皮肤细嫩、情绪过度紧张、发热出汗的人的人体电阻较小。

2.2 安全电压

根据人体的电阻可求出通过人体的安全电压为 12 V,空气干燥、工作条件好的地方安全电压可为 24 V、36 V,这是我国规定的安全电压的三个等级。

安全电压是相对的。如在同等条件下，触电时间长，接触面积和压力大，则危险性大；反之，危险性小。

3 触电的形式及触电急救措施

3.1 触电的形式

3.1.1 单相触电

人接触到一相带电导体时，电流通过人体流入大地，形成回路造成触电。由于电流通过人体的路径不同，所以触电的危险性也就不一样，如图 10-1 所示。

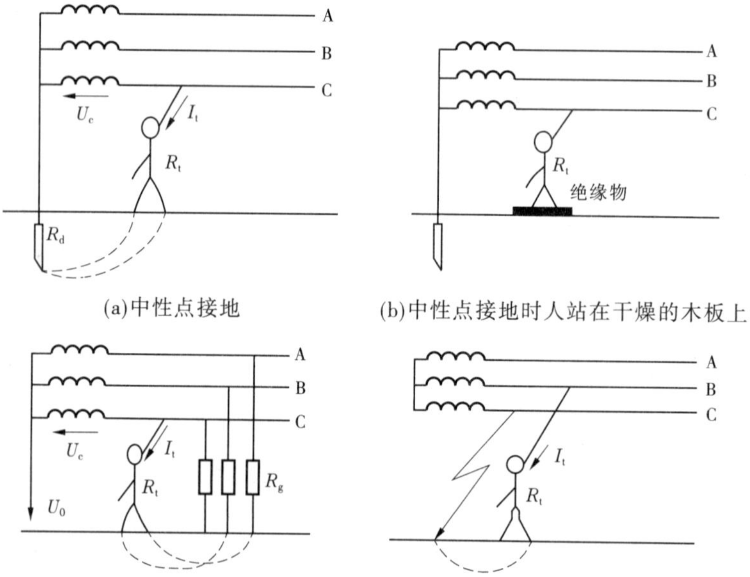

(a)中性点接地　(b)中性点接地时人站在干燥的木板上

(c)中性点不接地　(d)中性点不接地有一相短路

图 10-1　单相触电

3.1.2 两相触电

人体两个不同部位同时接触两相不同的电体（尤其是双手），电压直接加在人体上，使人体变成导体，与电源形成回路造成触电。这时，人体的电压要比单相触电时的电压高，而且电流会直接通过心脏，这是一种最危险的触电形式，如图 10-2 所示。

3.1.3 跨步电压触电

跨步电压触电一般发生在电气设备接地发生故障，而人在接地电流流入的地点周围行走时，双脚恰好处于不同的电位圈上，导致触电。其双脚间的电位差称为跨步电压，如图 10-3 所示。

3.2 触电急救措施

人体触电的形式多种多样，有机械设备的问题，也有个人安全意识不强的原因。但是一旦触电事故发生了，也应冷静地面对现实，采取以下相应措施，把事故的损失减至最小。

（1）切断电源。当触电事故发生后，应立即切断电源。这里需要强调的是，普通的照明开关并不能把电源真正断开，因为普通的照明开关只能切断一根火线，即一相电源，而触电者有可能不在你切断的这一相，所以要切断电源应立即切断总电源，使触电者脱离危险。

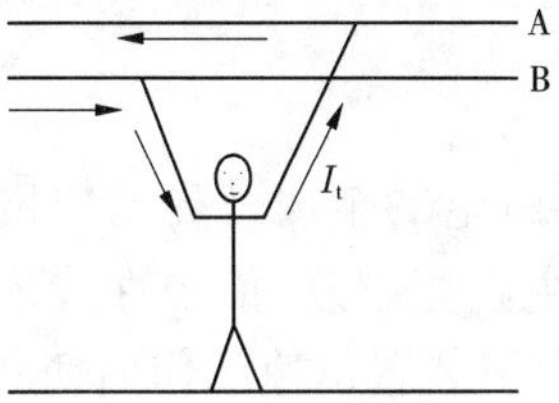

图10-2　两相触电

图10-3　跨步电压触电

(2)用绝缘物移走带电导线。当触电事故发生后,如果没有办法立即切断电源,应就近找一些可用的绝缘物体(如干燥的木棒、竹竿等)将电源移开,使触电者脱离电源。

(3)用绝缘工具切断导线。当触电事故发生后,如果没有办法立即切断电源,或找不到合适的绝缘物体,在紧急情况下可用绝缘工具(如用带有绝缘柄的电工钳,木柄斧、刀等)切断电源,使触电者脱离电源。

(4)当触电事故发生后,如果以上办法都不能实现,救护者可以拉扯触电者的衣服,使触电者脱离电源。

(5)救护人员在救护的过程中不能用手直接操作,应用单手握住绝缘物体进行救护,以确保自身的安全。

(6)救护人员在救护的过程中,应注意触电者所处的位置,避免发生二次事故。如在高处,应采取预防触电者坠落的措施;如在平地,也应注意触电者的倒地方向,避免头部摔伤。

(7)如果触电者情况很危险,应根据情况采取必要的急救措施。若触电者神志清醒,最好去医院即时抢救。若触电者已经失去知觉,但有呼吸,心脏还在跳动,首先应将触电者放在空气流通、舒适安静的地方平躺下,然后解开他的衣扣和腰带以利呼吸,并立即请医护人员到现场或去急救中心抢救。若触电者已经失去知觉,呼吸困难或停止呼吸,应立即为触电者进行人工呼吸和胸外心脏按压法急救。

任务10.2　防止触电措施

1　保护接地与保护接零

在我们日常生活和工作中,经常遇到电气设备因绝缘损坏或带电的导体碰壳而造成外壳带电,这样就可能发生人体触电事故。为了防患于未然,应该按供电系统接地形式的不同,分别采取保护接地或保护接零的安全措施。

所谓接地,即将电气设备的某些部分用导线(接地线)与埋在土壤中或水中的金属导体(接地体)相连接。

1.1　保护接地

在中性点不接地的电网中,把故障情况下可能呈现危险的对地电压的金属部分与大地紧密连接起来即进行接地,构成IT系统,如图10-4所示。

一旦发生碰壳事故,利用接地体具有很小的电阻,将碰壳设备对地电压限制在安全电压以下。

但应该注意的是，保护接地只适合于中性点不接地的电网，在中性点接地的电网中使用不能完全保证安全。

1.2 保护接零

在中性点接地的电网中，将电气设备正常情况下不带电的金属外壳与电网的中性线紧密连接，构成 TN 系统，如图 10-5 所示。一旦设备发生碰壳事故，借中性线形成单相短路，漏电电流将上升为很大的短路电流，迫使线路上的保护装置迅速动作而切断电源。

1.3 重复接地

TN 系统中，将中性线上一处或多处通过接地装置与大地再次连接，称为重复接地，如图 10-6 所示。重复接地的作用如下：①降低漏电设备的对地电压；②减轻中性线断线的危险；③提高过电流保护动作速度。

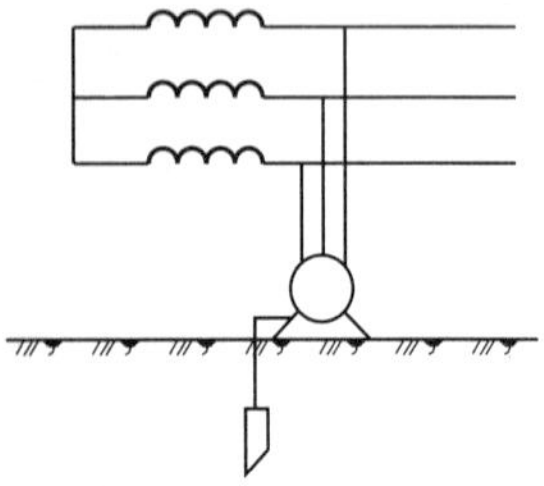

图 10-4　保护接地

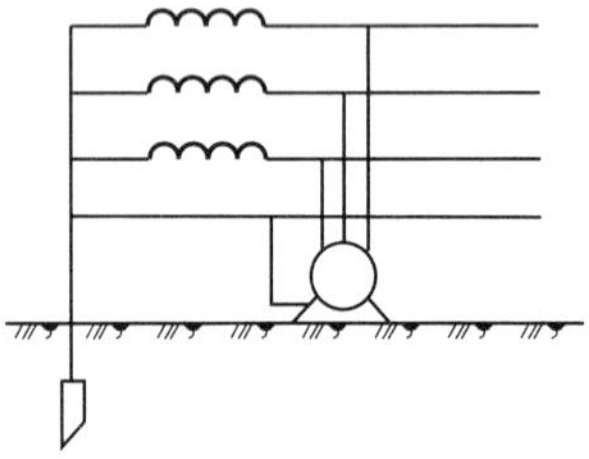

图 10-5　保护接零

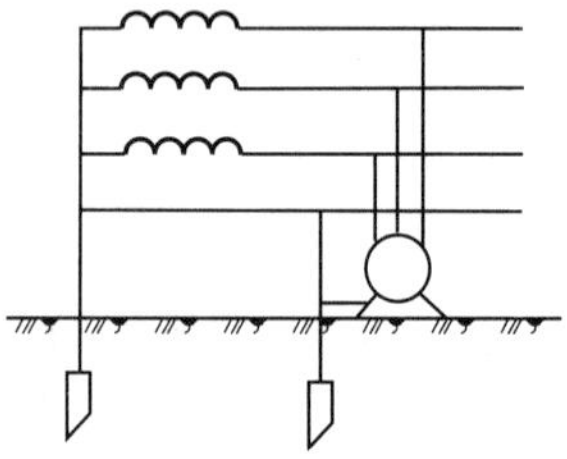

图 10-6　重复接地

2 等电位联接

为了提高接地故障保护的效果和供配电系统的安全性，将建筑物内可导电部分进行相互连接的措施，称为等电位联接。等电位联接包括总等电位联接和辅助等电位联接，如图 10-7 所示。

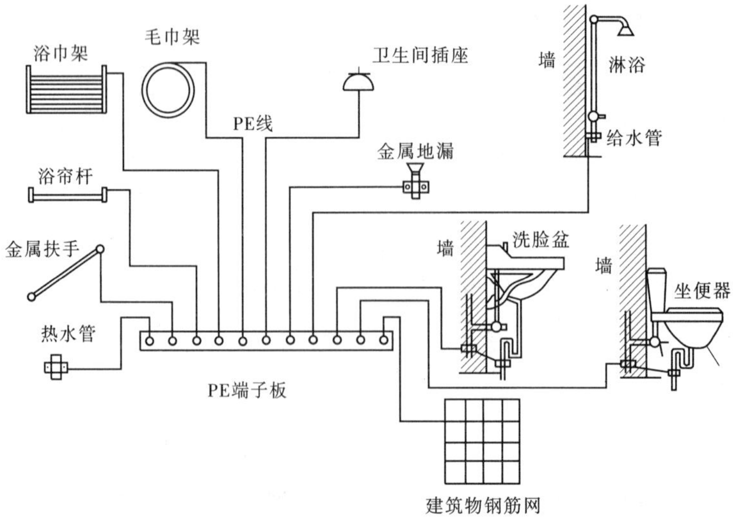

图 10-7　等电位联接示意图

总等电位联接中包括：

(1)保护线干线；

(2)从用电设备接地极引来的接地干线；

(3)建筑物内的金属给排水管道、煤气管、采暖和空调管等；

(4)建筑物内的金属构件等导电部分。

总电位联接干线的截面应不小于电气装置最大保护线截面的一半，且不小于6 mm^2，采用铜导线时，其截面可不超过25 mm^2，若采用非铜质金属导体，其截面应能承受相应的载流量。

当电气设备或设备的某一部分接地故障保护的条件不能满足要求时，应在局部范围内做辅助等电位联接。辅助等电位联接中应包括局部范围内所有人体能同时触及的用电设备的外露可导电部分，条件许可时，还应包括钢筋混凝土结构柱、梁或板内的主钢筋。

等电位联接是接地故障保护的一项重要安全措施，实施等电位联接可以大大降低在接地故障情况下电气设备金属外壳上预期的接触电压，在保证人身安全和防止电气火灾方面具有重要意义，已经逐步为广大工程技术人员所认识和接受，并在工程实践中得到了广泛的推广应用。

任务 10.3　建筑防雷

雷电是大气中的自然放电现象，如果没有良好的防雷措施，可能严重破坏建筑物或设备，使国家财产受到重大损失，所以应当对雷电的形成和放电条件有所了解，从而采取有效措施，保护建筑物或设备不受雷击。

1　雷电的形成

云是带电荷的气、水混合物，它是雷电形成的必要条件。雷电的形成实际上是很复杂的，闷热潮湿的天气，地面上的水分受热蒸发，在高空遇到冷空气，水蒸气便凝结成小水滴，由于重力的作用水滴在下降的过程中与被蒸发的热空气发生摩擦，使水滴分离，在水滴分离的过程中，产生了正电荷和负电荷，大水珠带正电荷向地面下降形成雨或悬浮在空中，小水珠带负电荷上升在云层中聚集起来，当电荷聚集到一定数量时，云层便形成了很强的电场，当条件成熟，便击穿空气绝缘，在云层与大地间进行放电，同时伴随着弧光和声音，形成了雷电。

雷电的共同特点是：放电时间短，放电电流大，放电电压高，破坏力很强。

2　雷电的种类

根据雷电造成危害的形式和作用，一般可分为直击雷、感应雷和雷电波侵入三大类。

2.1　直击雷

直击雷也称为直接雷，是指雷云和大地之间的放电，这种雷多为线状雷，强大的雷电流可直接通过建筑物产生巨大的热效应而引起火灾，或使物体内部的水分突然受热蒸发，造成物体内部压力剧增而发生劈裂现象，引起爆炸和燃烧。

2.2 感应雷

感应雷也称为间接雷，是指带电云层或雷电流对其附近的建筑物产生电磁感应而导致高压放电，它是附加条件落雷所引起的电磁作用的结果，造成室内电线、金属管道和大型金属设备的空隙发生放电而引起火灾和爆炸事故。

2.3 侵入雷

侵入雷（雷电波侵入）是指雷云放电形成的高压电沿供电线路、金属管道引入室内，形成火花放电，引起火灾，造成设备的损坏。

3 建筑物防雷分类

建筑物应根据其重要性、使用性质、发生雷电事故的可能性和后果，根据《建筑物防雷设计规范》（GB 50057—2010）规定，按防雷要求分为三类。

3.1 第一类防雷建筑物

（1）凡制造、使用或贮存炸药、火药、起爆药、火工品等大量爆炸物质的建筑物，因电火花而引起爆炸、会造成巨大破坏和人身伤亡者。

（2）具有 0 区或 10 区爆炸危险环境的建筑物。

（3）具有 1 区爆炸危险环境的建筑物，因电火花而引起爆炸，会造成巨大破坏和人身伤亡者。

3.2 第二类防雷建筑物

（1）国家级重点文物保护的建筑物。

（2）国家级的会堂、办公建筑物、大型展览和博览建筑物、大型火车站、国宾馆、国家级档案馆、大型城市的重要给水水泵房等特别重要的建筑物。

（3）国家级计算中心、国际通信枢纽等对国民经济有重要意义且装有大量电子设备的建筑物。

（4）制造、使用或贮存爆炸物质的建筑物，且电火花不易引起爆炸或不致造成巨大破坏和人身伤亡者。

（5）具有 1 区爆炸危险环境的建筑物，且电火花不易引起爆炸或不致造成巨大破坏和人身伤亡者。

（6）具有 2 区或 11 区爆炸危险环境的建筑物。

（7）工业企业内有爆炸危险的露天钢质封闭气罐。

（8）预计雷击次数大于 0.06 次/a 的部、省级办公建筑物及其他重要或人员密集的公共建筑物。

（9）预计雷击次数大于 0.3 次/a 的住宅、办公楼等一般性民用建筑物。

注：预计雷击次数应按本规范附录一计算。

3.3 第三类防雷建筑物

（1）省级重点文物保护的建筑物及省级档案馆。

（2）预计雷击次数大于或等于 0.012 次/a，且小于或等于 0.06 次/a 的部、省级办公建筑物及其他重要或人员密集的公共建筑物。

（3）预计雷击次数大于或等于 0.06 次/a，且小于或等于 0.3 次/a 的住宅、办公楼等一般性民用建筑物。

(4)预计雷击次数大于或等于0.06次/a的一般性工业建筑物。

(5)根据雷击后对工业生产的影响及产生的后果，并结合当地气象、地形、地质及周围环境等因素，确定需要防雷的21区、22区、23区火灾危险环境。

(6)在平均雷暴日大于15 d/a的地区，高度在15 m及以上的烟囱、水塔等孤立的高耸建筑物；在平均雷暴日小于或等于15 d/a的地区，高度在20 m及以上的烟囱、水塔等孤立的高耸建筑物。

4 防雷措施

根据《民用建筑电气设计规范》(JGJ 16—2008)的规定，高度为15 m及以上的建筑物或构筑物，都应有避雷保护。各种户外的照明装置(高杆、广告牌、霓虹灯等)，必须安装避雷保护装置，邻近有高层建筑已设有防雷装置，广告牌仍必须设置专用的防雷装置。

4.1 防雷装置的组成

建筑物的防雷装置一般由三个部分组成，即接闪器、引下线、接地体，如图10-8所示。

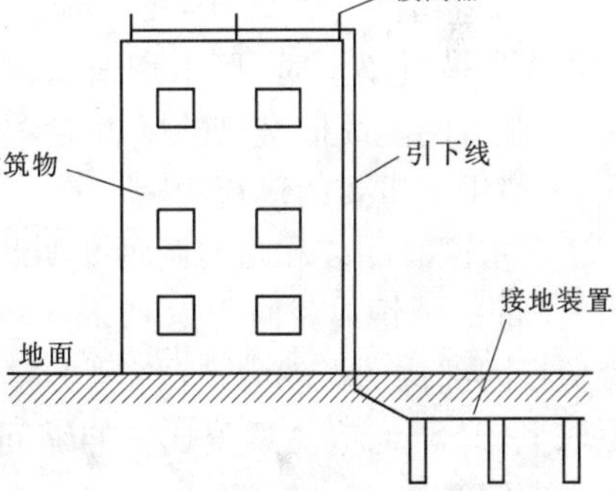

图10-8 建筑物的防雷装置

4.1.1 接闪器

接闪器是专门用来引导雷击的金属导体，可分为避雷针、避雷带、避雷网、兼作接闪的金属屋面和金属构件(如金属烟囱、风管)等。

所有接闪器都必须经过接地引下线与接地装置相连接。

(1)避雷针。避雷针是安装在建筑物突出部位或独立装设的针形导体，通常采用镀锌的圆钢或钢管。

图10-9 (a)是避雷针的针尖，当针长1 m以下时，圆钢的直径不得小于12 mm，钢管的直径不得小于20 mm；当针长1~2 m时，圆钢的直径不得小于16 mm，钢管的直径不得小于25 mm；当针长2 m以上时，可用粗细不等的几节钢管焊接起来，如图10-9(b)所示。避雷针与引下线的连接如图10-9(c)所示。

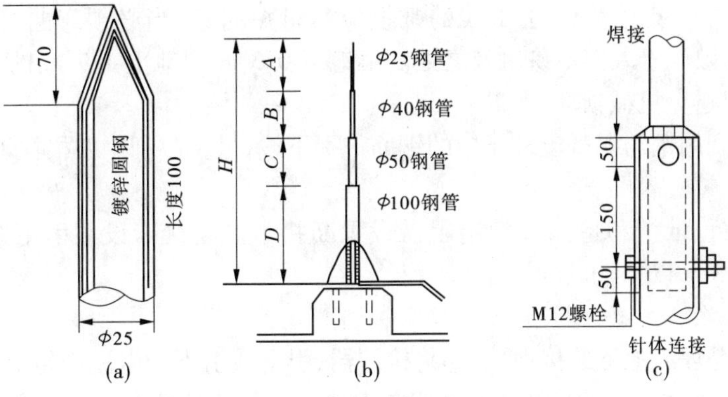

图10-9 避雷针组合尺寸 (单位:mm)

(2)避雷带。人们通过试验发现,不论屋顶坡度多大,都是屋角和檐角的雷击率最高,而且屋顶坡度越大,屋脊的雷击率也越大。通过对不同屋顶坡度建筑物的雷击分布情况调查发现,对于那些屋顶平整,又没有突出结构(如烟囱等)的建筑物,雷击部位是有一定规律性的。避雷带就是对建筑物雷击率高的部位进行重点保护的一种接闪装置,如图 10-10所示。

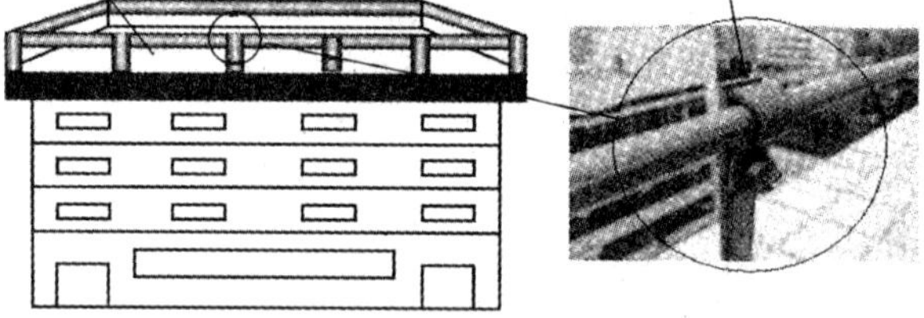

图 10-10　避雷带

(3)避雷网。如图 10-11 所示。当建筑物较高、屋顶面积较大但坡度不大时,可采用避雷网作为屋面保护的接闪装置,避雷网是纵横交错的避雷带叠加在一起,形成多个网孔,一般用于重要的建筑物。

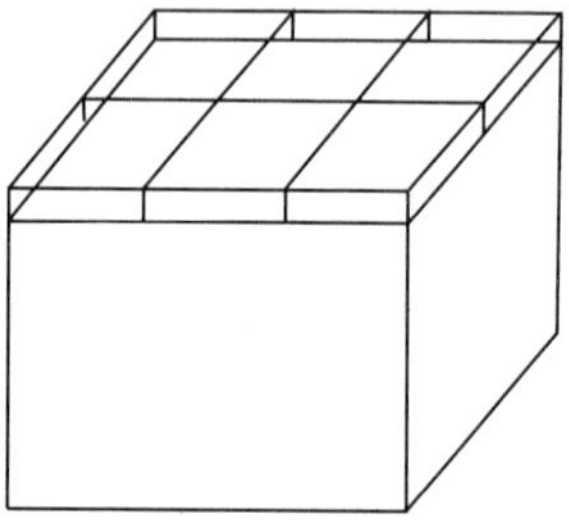

图 10-11　避雷网示意图

避雷网有明装和暗装两种。明装避雷网一般可用直径为 8 mm 的圆钢或截面积为 12 mm × 4 mm 的扁钢做成。为避免接闪部位的振动力,宜将网支起 10 ~ 20 cm,支持点间距取 1 ~ 1.5 m,应注意美观和伸缩问题。暗装时可利用建筑内的钢筋。

4.1.2　引下线

引下线的作用是将接闪器和防雷接地极连成一体,为雷电流顺利地导入地下提供可靠的电气通路。引下线可采用镀锌圆钢或扁钢制成。

引下线可分明装和暗装两种。

明装时一般采用直径为 8 mm 的镀锌圆钢或截面积为 12 mm × 4 mm 的镀锌扁钢。在易受腐蚀部位,截面积应适当加大。引下线应沿建筑物外墙敷设,敷设时应保持一定的松紧度。从接闪器到接地装置,引下线的敷设应尽量短而直,当必须弯曲时,弯角应大于 90°。引下线应敷设于人们不易触及之处。由地下 0.3 m 到地上 1.7 m 的一段引下线应加保护设施,以避免机械损坏。

暗装时可利用钢筋混凝土柱子中的钢筋作引下线,最少应利用四根柱子,每柱中至少用到两根主筋。

为便于运行、维护和检测接地电阻需设置断接卡。断接卡设在引下线上距离地面 0.3 m 以上、1.8 m 以下处。

4.1.3　接地装置

接地装置是埋入地下的接地体,它将接闪器、引下线引入的电流均匀疏散到大地中。

(1)自然接地体。自然接地体是利用与大地有可靠连接的金属管道和建筑物的金属结构(基础、地梁内的钢筋)等作为接地体。

(2)人工接地体。人工接地体一般采用镀锌角钢或镀锌钢管,接地线采用镀锌扁钢或镀锌圆钢。

人工接地体分垂直接地体和水平接地体。垂直埋设的接地体可采用直径50 mm的钢管或角钢,长度为2.5 m,间隔5 m埋一根,顶端埋深不低于0.6 m。用水平连接线(水平接地体)将其连成一体。如图10-12所示。

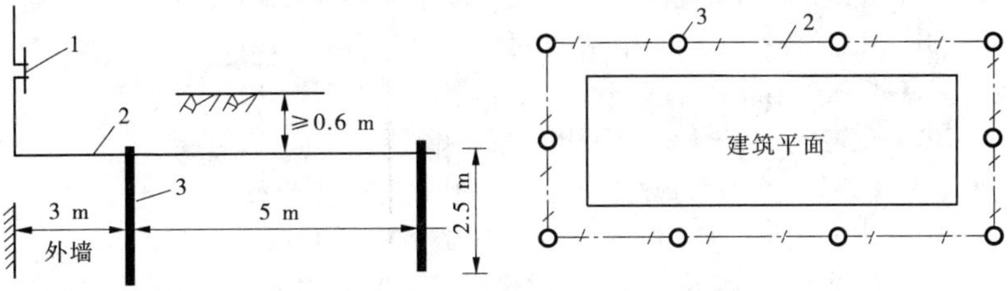

1—断接卡;2—水平接地体;3—垂直接地体

图10-12　人工接地体示意图

埋接地体、接电线时,应分层填土、分层夯实,不得回填砖石、灰渣之类杂土。

4.2　防雷装置安装的注意事项

(1)避雷针应装在距离道路3 m以外的地方,以便人畜通行。

(2)为防止侵入雷,不能将照明线、电话线、电视电缆线架设在避雷针杆上。

(3)引下线安装要牢固。

(4)安装防雷装置之前,应检查外观是否完好,如瓷体有无裂缝;瓷套底座和盖板之间是否封闭完好;用摇表测量绝缘电阻,其阻值应在1 000 MΩ以上。

(5)利用建筑物钢筋混凝土屋面板作为避雷网时,钢筋混凝土板内的钢筋直径应大于3 mm。

(6)40 m以上的建筑物引下线应大于两根,其间距小于30 m,如技术处理上有困难,最多不应大于40 m,最好沿建筑物周边均匀引下。

(7)引下线固定点间距应小于2 m,应避开建筑物的出入口和行人易接触的地点。易受机械损伤的地方应加保护措施。

思考题

1. 我国建筑业规定的安全电压有几个等级?适用于什么场合?
2. 常见的触电形式有几种?
3. 什么叫自然接地极和人工接地极?
4. 简述预防触电的保护措施。
5. 雷电的种类有哪几种?
6. 防雷装置由哪几个部分组成?
7. 低压配电系统中采用等电位联接有何实际意义?
8. 接地和接零有何实际意义?
9. 发生触电事故应采取哪些急救措施?

参 考 文 献

[1] GB 50016—2014 建筑设计防火规范[S]. 北京:中国计划出版社,2015.

[2] GB 50096—2011 住宅设计规范[S]. 北京:中国建筑工业出版社,2011.

[3] GB 50054—2011 低压配电设计规范[S]. 北京:中国计划出版社,2012.

[4] GB 50057—2010 建筑物防雷设计规范[S]. 北京:中国计划出版社,2011.

[5] JGJ 16—2008 民用建筑电气设计规范[S]. 北京:中国建筑工业出版社,2008.

[6] GB 50034—2013 建筑照明设计标准[S]. 北京:中国建筑工业出版社,2014.

[7] GB 50303—2015 建筑电气工程施工质量验收规范[S]. 北京:中国计划出版社,2016.

[8] CJ/T 164—2014 节水型生活用水器具[S]. 北京:中国标准出版社,2014.

[9] GB 50118—2010 民用建筑隔声设计规范[S]. 北京:中国建筑工业出版社,2010.

[10] GB 5749—2006 生活饮用水卫生标准[S]. 北京:中国标准出版社,2006.

[11] GB 50058—2014 爆炸和火灾危险环境电力装置设计规范[S]. 北京:中国计划出版社,2014.

[12] 凌代俭,马荣生. 装饰工程设备[M]. 南京:东南大学出版社,2012.

[13] 赵丙峰,侯根然. 建筑设备[M]. 北京:中国水利水电出版社,2011.

[14] 孙桂涧. 建筑设备[M]. 郑州:黄河水利出版社,2013.

[15] 王青山,王丽. 建筑设备[M]. 北京:机械工业出版社,2014.

[16] 崔莉. 建筑设备[M]. 北京:机械工业出版社,2007.

[17] 赵兴忠. 建筑设备工程[M]. 北京:科学出版社,2014.